欧亚古典学研究丛书

乌云毕力格 主编

青册金鬘

蒙古部族与文化史研究

乌云毕力格 著

上海古籍出版社

本书为国家社科基金重大研究项目"西域历史语言研究"
（批号10&20086ZD086）的阶段性成果之一

1

2

图版一 金刚手菩萨坛城1、2

1

2

图版二 胜乐金刚坛城1、2

目　　录

绪论　蒙古部族与文化研究述说　1

上编　蒙古部族史研究

第一章　喀喇沁的起源与名称　11

第二章　阿苏特蒙古的结局　21

第三章　和硕特的起源与名称　38

第四章　《金轮千辐》所载扎鲁特蒙古　46

第五章　东土默特蒙古　64

第六章　喀尔喀三汗的登场　103

第七章　1655年以前的喀尔喀扎萨克　121

下编　文本与蒙古文化史研究

第八章　蒙古"浑臣"考　143

第九章　《白史》中的文武二治　158

第十章　"五色四藩"的来源及其内涵　170

第十一章　额尔德尼召的建造
　　　　——围绕额尔德尼召主寺新发现的墨迹　192

i

第十二章	谭巴里塔斯佛教摩崖石刻	204
第十三章	内齐托音喇嘛相关的顺治朝满文题本	220
第十四章	内齐托音喇嘛与锡埒图库伦旗	243
第十五章	《阿萨喇克其史》之作者	263
第十六章	乌珠穆沁公滚布扎卜	276
第十七章	亦邻真先生与黑城出土畏吾体蒙古文文书研究	286
第十八章	一份黑城出土畏吾体蒙古文文书	292
第十九章	1431年木刻版畏吾体蒙古文佛经序与跋	301

绪论　蒙古部族与文化 研究述说

一

　　北方游牧民族的部族史研究是一个非常有趣的领域。我国汉语学界往往以"部落史"指代部族史,这其实是不严谨的,也是不正确的。根据《辞海》的解释,部落是"原始社会的一种社会组织。由两个以上血缘相近的胞族或氏族组成。通常有自己的地域、名称、方言和宗教习俗,以及管理公共事务的机构。"(1989年版缩印本,上海辞书出版社,第519页)部族则有两种含义:一,在中国汉文历史文献中指历史上的部落、氏族,最初指一个族体(如契丹、氐、羌),后指一个族体内的各部分;二,对俄、德等西方语言中一种社会学术语的译语,指原始社会以后、前资本主义阶段的人们共同体(同上)。据此看来,在学术术语中,"部落"是指原始社会组织,而"部族"是指前资本主义阶段的"民族"或其内部分支,在社会性质上与部落不同。因此,部族史包括部落史,但不能等同于部落史。在古代汉文典籍中,将非华夏族群及其分支集团习称某某"部落",这是儒家文人在"华夷之辨"思想指导下视他们为未开化野蛮人的结果。这种认识和表述影响极深,直到当代,不少学者先入为主地认为游牧民族的社会史是一部部落史,他们的文化是部落文化;而在很多作家和导演创作的历史小说、影视作品中,北方游牧民族几乎无不例外地被表现为极其野蛮、愚昧、残忍和无秩序的群体,不曾想他们何以轮番统治欧亚大陆至千万年,而且与中原农耕文明始终并存。其实,各游牧族群的部落史并不为华夏人所了解,只有他们进入文明社会并和内地王朝发生各种关系后,中原士人才开始对他们略知一二。历史地看,北方游牧民族创造的文化和文明对华夏文明影响不小,只可惜长期被忽略,没有得到很好的研究罢了。

蒙古部族史大体经过了三个阶段：第一是部落阶段，即成吉思汗统一蒙古各部之前的以父系血缘为纽带形成的各氏族、部落活动时期；第二是蒙古民族共同体形成过程中的新部族增生阶段，从成吉思汗建立大蒙古国到蒙古皇室从内地退回草原的一个半世纪；第三是各部重新整合、滋生大小游牧集团阶段，时间大致相当于北元初年到清代各类蒙古旗的建立为止。三个阶段的发展脉络各异，历史内容各具特色。元代以后，蒙古的社会组织从千户演变为爱玛、鄂托克，因此北元时期的部族和爱玛、鄂托克之间其实并没有质的区别。

蒙古部落史的源头不见诸记载，一般认为，唐代活动在呼伦贝尔草原和大兴安岭东西的室韦各部是蒙古各部的先人。《旧唐书》中第一次记载了"蒙兀室韦"，他们生活在望建河（额尔古纳河）流域。9世纪中叶，随着回鹘汗国的灭亡，蒙兀室韦始入蒙古高原。根据14世纪波斯文史书《史集》记载，蒙古人最初住在额尔古涅昆（昆意为"悬崖"）的陡峭山岭中，后因人口繁衍，住的过于拥挤，于是走出山中，奔向平原。《元朝秘史》开篇就讲，蒙古的始祖为孛儿帖赤那（苍狼）和妻子豁埃马阑勒（白鹿），渡过腾汲思水，来到斡难河源之不儿罕合勒敦山。《史集》与《元朝秘史》记载的两个传说反映了同一时期的同一事件。在外蒙古高原上，蒙古人很快繁衍，形成被称作"尼鲁温蒙古"和"迭儿列斤蒙古"两大体系的大大小小的氏族和部落，如蒙古部的孛儿只斤、合塔斤、兀鲁兀、忙兀、泰赤兀、别速、雪你、捏古思、翁吉剌、兀良哈、燕只斤等。此外，蒙古高原上还分布着原蒙古人各部，如札剌亦儿人、塔塔儿人、蔑儿乞人、外剌人、八儿忽人等以及蒙古化的突厥人，如克烈人、乃蛮人等。这些形形色色的部落和氏族，有的处于原始状态，而有的已经处于文明阶段甚至是前资本主义"民族"状态。

成吉思汗的统一战争，完全改变了蒙古草原的社会性质。1206年，成吉思汗宣布建立大蒙古国，将全国百姓分为95个千户。原则上，千户是地缘组织，被打败的部落和氏族统统被瓜分到各个千户里，有些千户虽然仍拥有原部落或氏族的旧名，但名存实亡，其构成早已改变。蒙古血缘部落组织完全被打破，取而代之的是新的地缘

绪论 蒙古部族与文化研究述说

社会组织。这些组织不再是原始社会阶段的"部落",而是崭新的地缘军政合一的社会组织,他们的统一体便是蒙古民族共同体。

接下来,蒙古部族史进入了新的阶段。众所周知,成吉思汗及其继承者们进行了长期的对外战争,西征中亚、西亚,进而扫荡钦察草原和东欧平原,南下灭西夏、金朝、大理国和南宋,征服吐蕃,形成了横跨欧亚的大帝国。成吉思汗以来蒙古人的"世界征服者"角色,对蒙古民族共同体产生了很大的影响:一方面输出大量蒙古人口,他们的后裔消融在当地民族中,有的形成新的族群;另一方面,又有大量外族人口来到蒙古地方并蒙古化,形成新的蒙古部族。蒙元时期融入蒙古的著名的外来部族有钦察人、阿速人、康里人、唐兀人等,还有像契丹、女真以及来自西方的形形色色的"色目人"等,没有保留原先的名称而蒙古化的人群则数不胜数。蒙元帝国时期的蒙古本土就像一个民族大熔炉,把各色人种带入蒙古,熔合出一个个新的蒙古部族。

1368年,元朝退出中原回到蒙古高原,史称北元。蒙古汗廷游牧化,蒙古各种政治势力、军事组织和游牧人集团兴衰迭起,有的发展壮大,有的分裂甚至消散,还有的相互重新组合。经过大致一个世纪的混乱和整合,在蒙古高原中部形成了六大游牧集团,被称作六大万户或六大兀鲁思,其下面也形成了很多爱玛或鄂托克,他们无一例外的都是地缘游牧社会集团。同时,在蒙古高原的东部,在元代东道诸王(成吉思汗诸弟及其后裔)的领地上形成了若干万户,在瓦剌(卫拉特)也形成了若干个大的游牧集团。到了17世纪上半叶,蒙古东邻女真人异军突起,建立爱新国(大金),很快形成叫作满洲的民族共同体,征服蒙古各部,继而建立大清国,在蒙古建立扎萨克旗、内属旗和八旗等军政组织。经过百余年的经营,至18世纪中叶,满洲人征服了东西蒙古全境。在此过程中,蒙古内部部族的兴亡、更迭的历史极其复杂。北元时期新兴的游牧集团和以往帝国时期蒙古各部是什么关系?北元蒙古各部是怎么形成的?清朝时期蒙古各旗和北元各部关系又如何?已经消亡的部族去到哪里了?新的大小游牧集团又从何而来?这些都是蒙古部族史关注的重大而复杂的课题。

蒙古部族史研究一直是以往蒙古史研究的一个重要内容。蒙古族源的探讨,可以说是该课题的一个重要环节。百余年来,帕拉斯、俾丘林、伯希和、内田吟风、白鸟库吉、马长寿、韩儒林、亦邻真等国内外学者对此问题进行了长期有益的探索,提出了"匈奴说"和"东胡说"两种不同意见,至今莫衷一是。蒙古高原各部的族属问题,比如克烈人、乃蛮人等是蒙古化的突厥人还是突厥化的蒙古人,有很大的争论。北元时期蒙古各大万户和鄂托克的组成、他们的名称、他们的演变都是部族史争论激烈的部分。东西方学者同样花费长时间大精力研究这些课题,其中日本学者冈田英弘的《答言汗六万户的起源》《四卫拉特的起源》,和田清的《东洋史研究·蒙古篇》,乌兰的《〈蒙古源流〉研究》,宝音德力根的《15世纪前后蒙古政局、部落诸问题研究》(博士学位论文)对北元时期蒙古各部和万户的起源与流变提出过不少独到的见解。

二

本书上编部族史研究部分共分七章。前三章的内容涉及蒙元时期外来人口形成的三个蒙古部在北元和清代的演变,四至七章探讨北元时期南、北和西蒙古若干部的形成与构造。

今天内蒙古赤峰市南部有喀喇沁旗和宁城县,辽宁省有喀喇沁左旗(简称喀左),这些旗县在清代为喀喇沁旗左、右、中三旗,因此这里的蒙古人一直自称为"喀喇沁蒙古"。但是,他们不是喀喇沁。真正喀喇沁人的先祖不属于蒙古部落,连操蒙古语族语言的部落都不是,他们来自遥远的里海以北伏尔加河流域的钦察草原,操突厥语。就在蒙元时期,他们被纳入蒙古的"民族大熔炉",不仅成为一个新的蒙古部族,而且在元代政治史上曾经荣耀繁华。北元时期,喀喇沁人的活动仍有很大的历史影响。但明清改朝换代之际,他们的命运又一次发生重大变化,只给蒙古高原和蒙古民族留下了他们传奇的历史和响亮的名字,自己则被引入到另一个更大的"民族大熔炉"里去了。

阿苏特部的历史和喀喇沁有些类似,而且阿苏特部曾经是喀喇沁万户的一个组成部分。阿苏特的远祖是古代高加索地区的阿兰人,今天北高加索地区的奥赛梯人与阿苏特部是近亲。2002年夏天,笔者在撰写《从17世纪蒙古文和满文"遗留性史料"看内蒙古历史的若干问题》系列论文时,在李保文整理并影印出版的《十七世纪蒙古文文书档案(1600—1650)》中发现了内容似乎有某种关联的3份文书。这3份文书是典型的"孤文书",关于它的作者、收信人、时代背景毫无交代,只凭相关知识积累可发现它们相互之间的联系。经笔者仔细研究,发现这3份文书的内容涉及阿苏特部的内部情形和最后去向,因此如获至宝,喜出望外。2003年初,笔者在日本东京外国语大学访问研究期间完成文稿,定名为《阿苏特部的结局》,2月23日从东京寄出稿子,准备在蒙古史论丛《明清档案与蒙古史研究》第三集发表。但后来这份手稿经过一校后下落不明,论丛也在这个第三集上夭折了。再后来,在其他论文中发现此文稿主要见解,笔者这才恍然大悟,但还是选择了缄口。在此想说的只是,孤本文书就像一团谜,在其中发现历史事件的相互联系是很难的,而这恰恰是研究部族史时必备的训练。言归正传。阿苏特在北元时发展壮大,成为草原上一个重要的游牧集团,但17世纪前期满蒙战争中,他们未能保全,最终分流到满洲八旗和蒙古其他部中。

上编第三章探讨的是中亚卫拉特蒙古的一支和硕特蒙古的起源与名称。该部的独特之处在于,他们原先是成吉思汗胞弟合撒儿后裔统治下的部族,统治家族姓孛儿只斤,游牧在蒙古高原的东部,他们的远亲是今日分布在内蒙古通辽市和其他盟、市境内的科尔沁蒙古。16、17世纪时,和硕特人十分强盛,牧地扩张到中亚腹地,其首领成为四部卫拉特联盟的盟主,冠以汗号。和硕特部的名称和古代蒙古部族形成的某些特别形式有关,也值得探讨。

第四、五章分别探讨了南部蒙古的东土默特和扎鲁特两部。两部形成的时间都比较晚。扎鲁特部先人在蒙元时期的历史比较模糊,其部名亦尚未得到准确解释。扎鲁特蒙古人现在生活在内蒙古东部的通辽市北境,但16世纪却游牧在呼伦贝尔市和蒙古国接壤地区一带的哈拉哈河流域,属于蒙古喀尔喀万户右翼的一个鄂托克。东土默特是一个很"年轻"的部,形成于16世纪末。他们由两部分人组成,处于统治地位的是蒙古六大万户之一的土默特万户的分支,而处于从属地位的是土默特贵族亲家兀良哈家族统治下的百姓。他们从今天的内蒙古乌兰察布市境内逐渐向南、向东迁徙,从河北省和北京北的交界处一带一直向东移动,最后到了辽宁省阜新、北票、朝阳一带。从这些部族的历史中,我们可以比较具体地看到晚近蒙古部族形成的路径和形态。

第六章的内容涉及喀尔喀蒙古。喀尔喀人是构成今天蒙古国的主干族群,历史上和扎鲁特蒙古同属于喀尔喀万户。16世纪后半叶开始,喀尔喀万户的右翼向北发展,到清代时占据了整个蒙古高原的北部。但是,喀尔喀蒙古在广袤的北蒙古高原上始终没有建立一个统一的汗国,而是形成了三个汗部。那么,蒙古各部究竟通过什么样的组织和机制维持其政治秩序和社会秩序?这当然是一个很重要的问题。第七章《1655年以前的喀尔喀扎萨克》从蒙古社会中的"扎萨克"体制入手,从一个侧面探讨了以上提到的问题。应该指出,这是蒙古部族史研究不可或缺的一个部分,也是使该领域研究得以深化的一个重要环节。

三

蒙古文化遗产丰富,取之不尽,研究没有尽头。蒙古人对文化具有非常开放的心态,自古如此。加之蒙古人国际见识早而广,因此其文化具有多元性。在蒙元时期,蒙古人除继承历代蒙古高原游牧人所创造的游牧文明的养分外,还吸收过基督教聂思脱里派(景教)、佛教、伊斯兰教、道教和儒学的各种文化因素。忽必烈皇帝的母亲是虔诚的景教徒,而皇帝本人和皇后则笃信佛教,蒙古臣子中则有各种宗教信徒。蒙古流传至今的古代文化成就有《元朝秘史》、《蒙古源流》、《黄金史》等历史和文学名著,也有古希腊文学作品《亚历山大传》的蒙古帝国时的译本、汉文《孝经》的元代蒙译本、藏文《萨迦格言》的元代译本,还有译自回鹘语的元代佛经和译自藏文的《甘珠尔经》、《丹珠尔经》以及《格斯尔》故事和长篇英雄史诗《江格尔》等世界文学宝库中的珍品,至于近世以来蒙古的文人和文化

绪论　蒙古部族与文化研究述说

成就更是难以尽述。蒙古的民族文字就有畏吾体蒙古文、八思巴文、索永布文、瓦金达剌文、托忒文、斯拉夫文等多种。除此之外,在语言、艺术、建筑、科技、天文、医学等等广义的文化领域中,蒙古人都做出过卓越的成就。蒙古人对东西文化交流的推动史无前例,这个历史反过来也表现在蒙古文化中。国内外蒙古文化研究成果很多。

然而,本书下编涉及的蒙古文化史内容极其有限,连冰山一角都算不上。这里笔者只谈了四方面的内容:第八至十章探讨了16世纪蒙古人接受藏传佛教格鲁派信仰后的西藏文化影响及其表现,第十一至十四章谈了藏传佛教影响下南、北、西蒙古佛教政治文化和宗教文化的片段,第十五、十六章考述两位清代蒙古文人的事迹,第十七至十九章关乎畏吾体蒙古文文字遗产及其研究的点滴。

文本是蒙古文化史的重要资料,文本研究是文化史研究的重要手段。蒙古文化史相关文本的研究至少有以下几点突出的要求:一,手抄本是蒙古文本的主要形式,流传至今的蒙古文献大部分是手抄本,而且同一文献往往有多种手抄本,有的甚至具有20种不同版本。这就首先要求文本之间的比较研究。二,蒙古文化史相关文本具有多语种、多文字的特点,因此,其研究要求很高的语言学素养和多种语言知识。三,因为蒙古文化的多元性和交流范围的广泛性,文本研究还要求多种相关异文化的丰富知识。

举一两个例子。

蒙古语文献《十善法白史》是系统阐述蒙古政教二道的著作,因此对文本中出现的 ANKA 和 KILBAR 一对词义对立的蒙古语词的解读十分关键。以往国内外学者一直把它解读为 enke 和 kilbar,解释为"和平"与"幸福"的意思。《十善法白史》有20种不同手抄本,在不同版本中 KILBAR 这词还被替换成了 jiq-a 或 čing。笔者在考察这些词的古近词义和相关藏文词语的基础上,又据蒙古政教并行理论的内涵,最后确认这两个词实际表达的意思是"文"和"武",因而才正确理解了文本讲述的国政之文武双面和教法之显密二宗。

额尔德尼召主寺所保留蒙古文墨迹,文义不通,晦涩难解。如不了解喀尔喀万户和土默特万户的特殊关系,不了解额尔德尼召建寺时土默特历史背景，就无法解释该墨迹所含内容。如不了解流行在蒙古地区的佛教密宗金刚乘无上瑜伽部的信仰，那么蒙古人所说的"五色四藩"就难以理解。还有，如不清楚清朝初年的宗教政策背景和库伦旗历史与内齐托音喇嘛事迹，没有头绪的零星的满文档案可能就会变成毫无意义的废纸。最后，如《1431年木刻版畏吾体蒙古文佛经序与跋》一文所展现的那样，如能够利用好语言学手段，从几百年前的已经发黄的文本中我们或许还能够微微听到古人发出的声音。这就是文本的魅力和活力所在！

上　编
蒙古部族史研究

第一章　喀喇沁的起源与名称

今天提起"喀喇沁"一名，人们立即就会想到清代的喀喇沁三旗，甚至只会想到今天内蒙古赤峰市的喀喇沁旗。其实，今天的喀喇沁旗的喀喇沁蒙古人只是古老而庞杂的喀喇沁人集团的一小分支而已。

喀喇沁的历史，可以追溯到13世纪蒙古西征时期的高加索地区的钦察人。元代，喀喇沁的先人是皇帝的怯薛军队及其家属。在14世纪末至16世纪初之间，喀喇沁为庞大的蒙古游牧集团，15世纪中期以后归入应绍卜万户。达延汗统一东蒙古后，在原蒙古六万户确立了成吉思汗黄金家族的直接统治，达延汗三子巴儿速孛罗后裔成为应绍卜万户的统治家族。16世纪后半期，喀喇沁万户逐渐取代了应绍卜万户的地位和名称。喀喇沁万户的统治者们向东发展，使兴安岭南部（山阳）的兀良哈蒙古成为其属部，与其统治家族兀良哈氏结为姻亲，形成喀喇沁台吉与兀良哈塔布囊的所谓"山阳台吉—塔布囊"体系。1627年，察哈尔林丹汗西征，征服了右翼蒙古诸兀鲁思。1628年，喀喇沁万户解体。巴儿速孛罗后人统治下的喀喇沁本部与女真—满洲人的爱新国结盟，万户其他成员或归降爱新国，或逃散。1635年，满洲人正式把喀喇沁本部并入爱新国，分隶蒙古八旗，他们不再被称作喀喇沁人了。原喀喇沁属部的兀良哈蒙古人（时已改称喀喇沁）则被编立扎萨克旗，后来发展成为三个喀喇沁旗。如此，喀喇沁一名被兀良哈人保留至今。下面，就喀喇沁人的起源与名称的由来做一考述。

"喀喇沁"一名，源于元代的"哈剌赤"。"哈剌赤"与蒙元时期的钦察人和钦察卫有着密切的关系。

钦察人，原居住在额尔齐斯河流域。"钦察"（Kipçak）一名，源于中世纪伊朗语。Kip，意为"红色"或"浅色"；Çak，是对所有草原居民的统称。所以，"钦察"意即"浅肤色的草原居民"。钦察人还曾被称作"库曼人",该名来自位于高加索的库曼河。他们是一个伊朗—突厥混合民族。7世纪的时候,钦察人被突厥人所逐,向西迁徙。11世纪中期定居于伏尔加河流域和乌克兰草原地带。他们曾多次与基辅俄罗斯进行战争,钦察人的一部分留居东方,12世纪中期始建花剌子模王国。

蒙古与钦察人的交往,始于13世纪初。据《蒙古秘史》载,鼠儿年(1204)铁木真大败蔑儿乞惕人,在撒阿里旷野掳获其部众。蔑儿乞惕首领脱黑脱阿别乞与其子忽都、赤剌温等逃脱。铁木真跟踪追击,直到阿尔泰山。次年,铁木真在额尔齐斯河流域打败了蔑儿乞惕残余部队,脱黑脱阿别乞被杀,忽都等三个儿子经过康里,逃到了钦察。① 该书又载,1205年,铁木真令速不台乘铁车穷追忽都等。铁木真说:"他们如果变成鸟飞上天去,速不台,你要变成海青飞起去捉捕;他们如果变成旱獭钻进地里,[速不台,]你要变成铁锹刨挖去擒拿;他们如果变成鱼儿到了海中,速不台,你要变成网络去捞获。"②该书第236节记载:"速不台携铁车,追击蔑儿乞惕脱黑脱阿之子忽都、赤剌温等,追至垂[河],[把他们]灭亡后回来了"。③ 第262节载,1216年又命速不台远征康里、钦察等十一国,渡过伏尔加河和乌拉尔河,直到基辅。④

速不台征蔑儿乞惕和钦察事,在《元史·速不台传》里也有记载。1216年,成吉思汗遣速不台率兵歼蔑儿乞惕残余。1219年,速不台在蟾河与蔑儿乞惕交战,尽降其众。"其部主霍都奔钦察,速不台追之,与钦察战于玉峪,败之。"⑤1223年,速不台再征钦察,擒获其酋长玉里吉之子,"余众悉降,遂收其境。"⑥

《蒙古秘史》所记忽都,就是《速不台传》所称的霍都。垂河即蟾

---

① 《元朝秘史》,四部丛刊本,第197—198节。另参考亦邻真《〈蒙古秘史〉回鹘体蒙古文复原本》,内蒙古大学出版社,1987年。
② 《元朝秘史》,第199节。
③ 同上,第236节。
④ 同上,第262节。
⑤ 宋濂等:《元史》卷一二一《速不台传》,中华书局,1976年,第2975—2976页。
⑥ 《元史》卷一二一《速不台传》,第2976页。

河。可见,钦察人因收留了成吉思汗的夙敌蔑儿乞惕人头目忽都,遭到了蒙古大军的征伐。13 世纪 20、30 年代,钦察人被蒙古征服。据"句容郡王世绩碑"载,铁木真为了索要火都(即忽都),征讨了钦察人。在窝阔台汗时期,1237(丁酉)年,钦察首领亦纳思之子忽鲁速蛮遣使归附蒙古帝国。后来,蒙哥又受命率师征伐钦察,终使忽鲁速蛮之子班都察"举族来归"。① 据西方文献记载,钦察人的一部分在其库灿汗(1202—1241)的率领下,于 1239 年逃亡到匈牙利。

蒙古征服钦察后,其首领班都察率部分钦察军队随蒙古军征战。先在攻克阿速首府麦怯斯时立功,后又率钦察百人随忽必烈征大理,伐宋朝,"以强勇称"。

班都察子土土哈武勇善战,屡立战功。1277 年(至元十四年),诸王脱脱木、失烈吉发动叛乱,土土哈率兵讨伐,夺回被掠皇祖大帐并寇抄诸部。次年,奉命率钦察骑兵千人,从伯颜大军北征,败失烈吉党羽于阿尔泰山,立大功。因此,忽必烈皇帝下令"钦察人为民户及隶诸王者,别籍之户,户给钞两千贯,岁赐粟帛,选其材勇,以备禁卫"。② 这就是说,被带到蒙古地区的钦察人,不论其身份,全部另编为籍,交土土哈管辖,并选其精锐编成了宿卫军。1286 年,正式设立钦察亲卫军,以土土哈为都指挥使,"听以族人将吏备官属",③成为元朝侍卫亲军的主力之一。

钦察首领归附蒙古后,还世代掌管元朝皇室的马群。据《元史》记载,土土哈之父班都察"尝侍左右,掌上方马畜,岁时拥马乳以进,色清而味美,号黑马乳,因目其属曰哈剌赤"。④ 因此,班都察之属钦察人还被称作"哈剌赤"。这些哈剌赤牧户分别隶属太仆寺下皇家牧场,在全国共有 14 处,但主要集中在大都、上都、玉你伯牙和折连怯呆儿一带。"马之群,或千百,或三五十,左股烙以官印,号大印子马。……牧人曰哈赤、哈剌赤,有千户、百户,父子相承任事。"每逢太庙祭祀、驾仗及宫人出入,哈剌赤牧户都要为其提供乳酪及马匹。

---

① 苏天爵:《元文类》卷二六,世界书局影印本,1967 年,叶 7b—叶 8a。
② 《元文类》卷二六,叶 9a。
③ 同上。
④ 《元史》卷一二八《土土哈传》,第 3132 页。

皇帝及诸王百官到上都,各立"取乳室",饮用马乳。回上都时,太仆卿遣使征集乳马到京师后,"俾哈赤、哈剌赤之在朝为卿大夫者,亲秣饲之,日酿黑马乳以奉玉食,谓之细乳"。

自诸王以下则供"粗乳"。① 可见,"哈剌赤"一名源于酿造黑马乳的职业。黑马乳还称作"细乳"。这些人,无论是在朝廷为卿大夫者,还是在官牧场牧马的,都被叫作"哈剌赤"。显然,哈剌赤一名不是蒙元时期牧马人之统称,而是由酿制细乳者的专业名称变成了钦察牧户的别称,由此又变成了其他官牧场牧马人的泛称。须知,只有"大印子马"群的牧人才称为"哈剌赤"。土土哈家族历代兼任太仆寺要职,管理着哈剌赤牧户。

因为在元朝的钦察人得名为"哈剌赤",其军队也随之被称为"哈剌赤军"。哈剌赤军的精锐被编为元廷的钦察卫,世代由土土哈家族掌控。哈剌赤军队则驻防在漠北地区,仍归土土哈家族管辖。到了1291年,经土土哈奏请,这支军队发展到了一万人的规模。② 当然,哈剌赤军并非清一色的钦察人,而是包括多民族成分,只有其各级军官多为钦察人。

土土哈和床木儿父子,率领哈剌赤军,为元廷屡建战功。在1277年和1278年平定失烈吉之战以后,土土哈于1286年在阿尔泰山御击叛乱诸王海都,1287年征叛乱宗王乃颜。1288年,败叛王哈丹,尽得辽左诸部。1289年,土土哈从皇孙晋王征海都,在杭海之役立大功。战后元廷论功行赏,忽必烈欲先钦察之士,土土哈谦让,忽必烈说:"尔勿饰让,蒙古人诚居汝右,力战岂在汝右耶?"1292年,在阿尔泰山获海都之众三千户,并奉命进取乞里吉思。1293年,取乞里吉思,复败海都于欠河。1297年,土土哈死,其子床木儿袭父职,领征北诸军逾阿尔泰山,攻巴邻,立奇功。

武宗领军漠北,"军事必咨于床木儿"。1301年,床木儿大败海都于阿尔泰山,重创叛王都哇于兀儿秃地方,"都哇之兵几尽"。成宗夸奖他道:"自卿在边,累建大功,事迹昭著,周饰卿身以兼金,犹

---

① 《元史》卷一〇〇《兵志三》,第2553—2554页。
② 《元史》卷一二八《土土哈传》,第3134页。

不足以尽朕意。"①1306 年,成宗崩,床木儿迎海山即帝位,被封为句容郡王。在仁宗时期,1314 年,败叛王也先不花军,次年,又败也先不花所遣将军也不干等,又进军铁门关,胜利而归。②

1322 年,床木儿死。其子燕铁木儿为答剌罕、太师、右丞相、太平王;撒敦为左丞相;答里袭封父爵为句容郡王,驻守漠北。1328 年,燕铁木儿发动兵变,拥立文宗,把持朝政。在燕铁木儿死后,其子唐其势不满伯颜专政,说"天下本我家天下",谋乱伏诛。③

通过以上史实可以看到,土土哈祖孙三代在元代历史上扮演了长达半个多世纪的重要角色,在元廷的政治、蒙古地区的政治军事方面,都具有相当重要的地位,起到过非常关键的作用。他们之所以能够如此显赫,是因为在内把持着钦察卫,在外控制着哈剌赤军。至 1322 年,因为钦察卫兵非常多,为千户者凡三十五,所以分成左右二卫。到了 1329 年,又分出龙翊卫,三卫同归燕铁木儿统辖。④ 漠北哈剌赤军则一直被土土哈家族掌握,迟至 1335 年,仍在燕铁木儿之弟答里手中。⑤

1368 年元朝灭亡后,元惠宗脱欢帖木儿北撤到蒙古草原。到了 14 世纪之后,元代的一些宿卫亲军和一些官机构的名称作为蒙古人游牧集团的名称,重新出现在蒙汉史书中。后面将要提到的阿速特部和应绍卜部就是一例。15 世纪初出现在明人记载里的"哈剌陈",则是前面讨论的"哈剌赤",也就是说,是来自元代驻防漠北的哈剌赤军。元朝灭亡后,哈剌赤军和与之相关的哈剌赤牧户变成了强大的部族集团,但原钦察卫退到漠北以后,是否也和哈剌赤军合流,因为史料欠缺,无从考证。总之,"哈剌赤"被称作"哈剌陈",或作"哈剌嗔"、"呵剌嗔"、"哈剌庆"、"喀喇沁"等等,均为"哈剌赤"一词的

---

① 《元文类》卷二六,叶 13a。
② 《元史》卷一二八《土土哈传》,第 3137—3138 页。
③ 《元史》卷一二八《土土哈传》,第 3138 页;卷一三三至一三八,第 3236—3334 页。
④ 《元史》卷一三八《燕铁木儿传》,第 3331 页。
⑤ 曹永年:《关于喀喇沁的变迁》,《蒙古史研究》第四辑,内蒙古大学出版社,1993 年。

复数形式的不同汉字音写形式。

这里有必要对"哈剌赤"的词义做一考辨。

关于"哈剌赤"的词义,国内外学者一直意见大体一致,都训为"酿黑马乳者",蒙古语形式为 Qarači。1993 年,曹永年对此提出了异议,认为"哈剌赤"即"兀剌赤",意为"牧马人"。

曹永年引用宋人彭大雅和徐霆的《黑鞑事略》"其马"条记载的"牧者谓之兀剌赤,回回居其三,汉人居其七",便断言"兀剌赤即哈剌赤"。至于为什么,曹永年没有做解释。接着他又引用了《元史》"兵三:马政"里的"马之群,或千百,或三五十……牧人曰哈赤、哈剌赤;有千户、百户,父子相承任事"的记载,得出了"遍布全国之群马所的牧人均名哈赤、哈剌赤,显然,哈剌赤一名在蒙元时期本是牧马人之统称"的结论。① 很明显,曹永年的结论是依据这样一种推论:牧者=兀剌赤,牧人=哈剌赤,牧者=牧人,因此,兀剌赤=哈剌赤。然而,简单地运用这类等式恰恰是民族语文学的最大忌讳。

《元史》"兵三:马政"记载的"哈剌赤"到底指什么人?据该书记载,1263 年元世祖忽必烈设立群牧所,隶太府监,后逐渐升为太仆院。院废,立太仆寺,先隶宣徽院,后又改隶中书省。其职责是"典掌御位下、大斡耳朵马",即皇帝和成吉思汗大斡耳朵的马。这类马群的马,左股烙以官印,号称"大印子马"。这类马群的牧马人叫作"哈赤、哈剌赤"。② 也就是说,太仆寺管辖的马群不是一般民间马群,而是皇家马场的马群,即所谓的"大印子马"群,只有牧放这类马群的人才叫"哈剌赤"。他们是皇家马场的牧马人。蒙古的一般牧马人通称为"阿都赤",在"哈剌赤"一名出现之前如此,出现之后仍是如此,这在《蒙古秘史》和《华夷译语》等许多文献中有足够的证据,兹不一一列举。

"哈剌赤"之名,来源于酿造黑马乳或被称作"细乳"的钦察人的职业。前引《土土哈传》载,班都察"掌上方马畜,岁时拥马乳以进,色清而味美,号黑马乳,因目其属曰哈剌赤"。《句容郡王世绩碑》也

---

① 曹永年:《关于喀喇沁的变迁》,1993 年。
② 《元史》卷一〇〇《兵志三》,第 2553—2554 页。

第一章　喀喇沁的起源与名称

记载,"世祖皇帝西征大理,南取宋,其种人以强勇见信,用掌畜牧之事,奉马湩以供玉食,马湩尚黑者,国人谓黑为哈剌,故别号其人哈剌赤"。① 当时亲自喝过宫廷黑马乳的徐霆写道:"初到金帐,鞑主饮以马奶,色清而味甜,与寻常色白而浊,味酸而膻者大不同,名曰黑马奶,盖清则似黑。……玉食之奉如此。"②"色清而味美,号黑马乳","清则似黑",道出了"哈剌"一词的真正含义。该词除了"黑",还有"清"的意思,自古到今,一向如此。可举"哈剌乌苏"(Qar-a usu,清水)、"哈剌阿剌吉"(Qar-a ariki,白酒)、"哈剌兀都儿"(Qar-a edür,白天、清日)等等很多例子,都没有"黑"的意思,而应训为"清"。"哈剌赤"就是管清色马乳(即所谓的细乳)的人,原来是酿造这种马乳的钦察人的别称。所以,只有哈剌赤才有"在朝为卿大夫者",一般"阿都赤"是不可能的。皇家牧场的牧马人统统被称作"哈剌赤",是因为那些真正的哈剌赤人——钦察人掌管着"上方马畜",即皇家马群。

那么,兀剌赤和哈剌赤是否是同一个词?答案是否定的。

先看"兀剌赤"的词义。在《蒙古秘史》中,该词共出现五次,前四次以"兀剌阿臣"的形式出现,旁译为"马夫",最后一次以"兀剌赤泥"形式出现,旁译为"马夫行",即"马夫"的宾格。据方龄贵考证,"兀剌赤"在《元典章》中近二十见,③均指用铺马迎送乘驿的人,即驿夫。在明朝时期的史书和辞书中,对"兀剌赤"也有解释。《元史·兵志二》"宿卫":"典车马者,曰兀剌赤、莫伦赤。"④《华夷译语》"人物门":"马夫,兀剌赤。"⑤可见,"兀剌赤"是管理铺马、司驿站的人。

但是,前引《黑鞑事略》在谈到蒙古马群时说,"牧者谓之兀剌

---

① 《元文类》卷二六,第14a页。
② 彭大雅、徐霆:《黑鞑事略》,《王国维遗书》本,上海书店出版社,1983年,第234页。
③ 方龄贵:《元明戏曲中的蒙古语》,汉语词典出版社,1991年,第48页。
④ 《元史》卷九九《兵志二》,第2524页。
⑤ 《华夷译语》,《北京图书馆古籍珍本丛刊》6,书目文献出版社,2000年;另参考《元史语解》,皇子门:"乌拉齐,驿站人也。"职官门:"乌拉齐,司驿站人也。"乌拉齐即兀剌赤。

赤,回回居其三,汉人居其七"。因此,很多人据此认为,"兀剌赤"还有"牧马人"之意。其实,宋人所见"兀剌赤"并非一般的牧马人,而是驿站的马夫。根据有三。其一,徐霆自注说,"凡马四五百匹为群队,只两兀剌赤管,手执鸡心铁挝,以当鞭捶,马望之而畏。每遇早晚,兀剌赤各领其所管之马,环立于主人账房前,少顷各散去。每饮马时,其井窟止可饮四五匹,各以资次先后于于而来,饮足而去,次者复至。若有越次者,兀剌赤远挥铁挝,俯首驻足,无或敢乱,最为整齐。"①从这一叙述中可以看到,这些马匹每天被赶到主人帐前,饮井水,而且训练有素,个个对兀剌赤俯首驻足,是地地道道的驿站用马。一般马群不会、也不可能这样牧放,一般马群的马儿也不可能如此驯顺,这是稍有畜牧业常识的人一眼就能看出来的。其二,这些兀剌赤的七成是汉人,三成是"回回"。这更能够说明,宋人所见到的马群不是一般的马群。如果是一般的马群,管理马群者岂没有一个蒙古人?其三,陶宗仪的《南村辍耕录》(1366)有明确记载,"乌剌赤(即兀剌赤——笔者),站之牧马者"。②宋人所谓"牧者谓之兀剌赤",无疑指驿站的牧马者。③

再看"兀剌赤"的词源和字音。从蒙古语语音规则看,"兀剌赤"和"哈剌赤"不可能是同一个词。在蒙古语语音变化中,断然没有开口元音必然滑向合口元音的规律。就是转写成汉字时,也不能把开口元音随意转换为合口元音,即使有少数这样的例子,也不是因为某种规律所致。

据伯希和研究,"兀剌"本是古突厥语,读作 ulaq 或 ulagh,在唐代的《大慈恩寺三藏法师传》里就被译写为"邬落",④意思为供行人

---

① 《黑鞑事略》,第228—229页。
② 陶宗仪:《南村辍耕录》卷十,涵芬楼影印本,叶2b。
③ 郭造卿:《卢龙塞略》,中国史学丛书三编,学生书局,1987年。该书有"马牧曰阿都兀赤,又曰兀剌赤"的说法。该书于1610年刊行,是综合前人诸说的结果,不足为证。
④ "愿可汗师怜师如怜奴,仍请敕以西诸国给邬落马递送出境。""法师从求使人及邬落,欲南进向婆罗门国。"转引自方龄贵《元明戏曲中的蒙古语》,第50—51页。参见《大慈恩寺三藏法师传》,中华书局,2000年,第21页;第31页。

第一章 喀喇沁的起源与名称

乘骑的马,类似驿马。在《高昌馆杂字》里,马夫仍被称作"兀剌只"。① 此语转入蒙古语,读音变为ula`à,汉译"兀剌"。在《蒙古秘史》中"兀剌"出现过两次,第一次是"扯里混兀剌",旁译为"军的马匹",第二次为"兀剌古出",旁译为"骑坐马匹气力"。② 丁国范和方龄贵都据此认为,"兀剌"还有另外一个独立的义项,即"马匹"、"马"。③ 实际上,在《蒙古秘史》的行文中,该两处的"兀剌"指供远征军和宿卫军人乘骑的马匹,仍保留着原突厥语的本义在内。此处不作一般的"木里"(马)或"阿忽答"(骟马),这可能是因为这些马匹是专供行人乘骑的。正因为该词有这样特殊的含义,在窝阔台汗时期有了驿站之后,兀剌就专指驿站之马。所以,《事林广记》中"蒙古译语"就说"铺马:兀剌"。④

在记写元代蒙古语语音方面,八思巴字文献最具说服力,因为它能够较准确地音写蒙古语词的读音。在1277—1289年间的忽必烈皇帝的两道八思巴字圣旨和1280—1292年间的一道八思巴字圣旨里,均提到了"兀剌"一词,其形式都是ulaa,⑤而不是hulaa。不难看出,忽必烈时期"兀剌"一词并没有诸如"呼剌"的带有词首h辅音的读法。兀剌赤是"兀剌"加表示职司的名词后缀"赤"的形式。据方龄贵研究,"兀剌赤"在元明时期的戏曲作品中也多次出现过,⑥但是没有一处作"呼剌赤"或"哈剌赤"。元明戏曲作品中的蒙古语借词是生活语言的直接反映,从中也可以窥见,ula`ači一直是零声母词。

总之,"哈剌赤"就是Qarači,由表示"清色"的Qara和表示职司的名词后缀či构成,意即"清澈的马乳(即细乳)制作者","哈剌赤"与"兀剌赤"是完全不同的两个词。

---

① 《华夷译语》,第435页。
② 《元朝秘史》,第199页;第214节。
③ 丁国范:《释"兀剌赤"》,《元史论丛》第一辑,中华书局,1982年;方龄贵:《元明戏曲中的蒙古语》,第51页。
④ 《事林广记》续集卷八,中华书局,1963年影印元至顺刻本。
⑤ 照那斯图:《八思巴字和蒙古语文献 I 研究集》,东京外国语大学亚非语言文化研究所编,1990年,第8、13、23页。
⑥ 方龄贵:《元明戏曲中的蒙古语》,第46—52页。

元代的哈剌赤军及其家属演变为15世纪以后的哈剌陈人,后来成为蒙古中央六万户之一——应绍卜万户的重要成员。在明代文献中,哈剌陈有多种音写形式。至清代统一写成了喀喇沁。关于应绍卜万户如何演变为喀喇沁万户,喀喇沁万户如何解体,而在清初兀良哈人又如何"冒名顶替"喀喇沁人等事情,在本章开头部分已经简单交代过了。

第二章 阿苏特蒙古的结局

阿苏特(Asud,汉文又作阿速或哈速等,以下除引文均作阿苏特)部是15世纪蒙古永邵卜(Yüngšiyebü,汉文又作应邵布或永谢布,以下除引文均作永邵卜)万户的主要组成部分和最古老的鄂托克之一。阿苏特曾先后经历过阿鲁台(Aruγtai)、孛来(Bolai)、斡落出(Oroγču)、白加思兰(Bekirsen)、亦思玛因(Isman)和亦不剌(Ibarai)等蒙古汗廷权臣们的统治。达延汗(Dayan Qaγan)统一东蒙古以后,在东蒙古各部确立成吉思汗"黄金家族"的直接统治,阿苏特部最终成为达延汗三子巴尔斯博罗特(Barsbolod)后裔的属民。

16世纪末17世纪初,喀喇沁(Qaračin,汉文又作哈喇陈、哈喇真等,以下除引文均作喀喇沁)万户取代永邵卜万户的地位和名称,阿苏特成为喀喇沁万户所属部落。1627年,察哈尔林丹汗(Čaqar-un Ligdan Qaγan)西征,征服右翼蒙古各部。1628年秋天,永邵卜等右翼各部抗击林丹汗失败,永邵卜、阿苏特二部遭到灭顶之灾。最后,阿苏特由阿巴噶部(Abaγ-a)和清朝所并,在清朝被编入满洲八旗。因此,在内蒙古形成内扎萨克各旗之际,在历史上曾经活跃几百年的阿苏特和永邵卜竟落得没有一寸土地、一个佐编制的可悲下场,完全销声匿迹。

本章将重点讨论达延汗以后阿苏特历史的某些问题,并以17世纪前期蒙古文书和《旧满洲档》等满文档案史料为主,考察阿苏特部的灭亡。

一、阿苏特的起源和15—16世纪的阿苏特部

在谈到成吉思汗"黄金家族"统治下的阿苏特部以前,有必要简

单介绍一下阿苏特部的历史由来。对此，前人有较为深入的研究。①

阿速特部的名称，来自高加索地区的阿兰人（Alans, Alanen）。阿兰人属于印欧语系的伊朗语族草原居民。1世纪时，阿兰人生活在北高加索一带，经常劫掠阿尔美尼亚和小亚细亚。370年被匈奴所征服。部分阿兰人被赶到中欧和西欧，和日耳曼人和西哥特人合流。大部分阿兰人则留居高加索地区，他们的后裔就是今天北高加索的奥塞梯人。1239年，蒙哥、贵由率领的蒙古军征服高加索的阿兰人（蒙古人称之为阿速），精选其一千壮丁组成阿速军，交由阿塔赤率领，带回蒙古，从此蒙古人中始有阿兰人。据《元史·杭忽思传》记载，"杭忽思，阿速氏，主阿速国。太宗兵至其境，杭忽思率众来降，赐名拔都儿，锡以金符，命领其土民。寻奉旨选阿速军千人，及其长子阿塔赤护驾亲征。及还，阿塔赤入直宿卫。"②1309年，元廷设立阿速左右二卫，阿速卫成为元朝侍卫亲军中的精锐之一。③1368年元朝灭亡，阿速、钦察等诸卫侍卫亲军及其老营随元廷北撤，至15世纪初逐渐形成为冠以阿速卫之名的游牧部落，蒙古语称Asud（阿速特，是阿速的复数）。

15世纪初，阿苏特部和喀喇沁部在阿苏特贵族阿鲁台管辖之下。他拥立本雅失里（Boniyaširi）为汗，掌握蒙古朝廷的实权。1434年，阿鲁台被瓦剌（Oyirad）贵族脱欢（Toγon）所杀。1438年，脱欢拥立脱脱不花（Toγtobuq-a）为蒙古汗，控制喀喇沁等诸部。脱欢时期，阿苏特部首领为阿鲁台之子伯颜帖木儿（Bayantemür）。后来，脱脱不花和脱欢之子也先（Esen）君臣反目，也先杀死脱脱不花而夺取汗位。但是，1454年也先汗在瓦剌内讧中被杀，阿苏特首领伯颜帖木儿也一同被杀。其后，喀喇沁部主孛来统辖喀、阿诸部。1465

---

① 请参见〔日〕和田清：《东亚史研究（蒙古篇）》，东洋文库刊，1959年；乌兰：《〈蒙古源流〉研究》，辽宁民族出版社，2000年；薄音湖：《关于永谢布》，《内蒙古大学学报》1989年第1期；宝音德力根：《应绍不万户的变迁》，《西北民族论丛》第二辑，中国社会科学出版社，2003年，第149—169页。
② 《元史》卷一三二《杭忽思传》，第3205页。
③ 《元史》卷九九《兵制二》，第2527页。

年,孛来被成吉思汗庶弟别里古台(Belgüdai)后裔毛里孩(Mouliqai)所杀,哈、阿诸部落入斡罗出(又作阿老出)之手,①在他率领下进入黄河河套地区。1470年,崛起于哈密以北一带的畏吾特部首领白加思兰率众进入河套,占据了阿苏特、喀喇沁诸部。原白加思兰率领的各部和斡罗出属下的大部分人在白加思兰的麾下逐渐形成为永邵卜万户。明朝兵部职方司主事魏焕记载,当时永邵卜万户有十个鄂托克。他们是:阿速(Asud)、阿喇真(Qaračin)、舍奴郎(Širanud)、孛来(Buriyad)、当喇儿罕(Danglaγar)、失保嗔(Šibaγučin)、叭儿厫(Barγu)、荒花旦(Qongqutan)、奴母真(Nomučin)、塔不乃麻(Tabun aimaγ)。② 这里既有源自元代侍卫亲军的阿苏特、喀喇沁,源自元代官府所属特定职业户的奴母嗔、失保嗔以及元代五投下后裔塔不乃麻,又有来自瓦剌蒙古的巴儿忽、布里亚特以及当喇儿罕,可见永邵卜万户成分的复杂性。有趣的是,在他们当中无一被称作"永邵卜"的鄂托克,而且,阿苏特和喀喇沁又是当时各鄂托克中最古老、最强大的,所以,该万户总称的来历仍是一个谜。

1479年,白加思兰被他族弟亦思玛因杀死,永邵卜万户易手亦思玛因。亦思玛因等人拥立年仅七岁的达延汗即蒙古大汗位,自己把持朝政。但是,1483年,亦思玛因和达延汗发生战争,亦思玛因率领部分人马逃往甘肃边外。1488年,亦思玛因死。1492年,也先汗孙亦不剌控制亦思玛因部众。1495年,达延汗收服亦不剌部。亦不剌投诚,成为永邵卜万户之主。

1508年,永邵卜的亦不剌和鄂尔多斯的满都赉阿哈剌忽(Ordos-un Mandulai Aqalaqu)作乱,执杀达延汗派往鄂尔多斯作济农的达延汗次子。1510年,达延汗平定右翼叛乱,将蒙古六万户置于大汗直接控制之下,分封其诸子诸孙到蒙古各部。从此,永邵卜万户诸部,归达延汗子孙直接统治。

---

① 参见曹永年《关于喀喇沁的变迁》。
② 魏焕:《九边考》卷七,《北京图书馆古籍珍本丛刊》8,《皇明修文备史》,书目文献出版社,1993年,第446页。

达延汗将蒙古六万户纳入了黄金家族的直接控制之下。但是，随着继续分封和相互抢夺，蒙古六万户很快遭到破坏。永邵卜即是一个典型的例子。达延汗诸子时期，永邵卜万户被分割成喀喇沁、阿苏特和永邵卜三个主要部分，一度称汗的达延汗三子巴尔斯博罗特诸子分得了三部。

据《世系表》关于巴尔斯博罗特后裔的记载，"我托汉卜只剌台吉，营名永邵卜，在宣府张家口边外正北，离边约二十日程。张家口互市。故。子三：恩克跌儿歹成台吉、也辛跌儿台吉、哑速火落赤把都儿台吉。恩克跌儿歹成台吉即永邵卜大成台吉，授龙虎将军，故。子三：恩克七庆台吉、埃声台吉、我焦敬台吉。也辛跌儿台吉，故。子一：把儿忽台吉。哑速火落赤把都儿台吉即合罗气把都儿台吉，授明威将军，见在。子四：唐兀台吉、埃落台吉、千令台吉、虎剌害台吉。"①我托汉卜只剌，就是 Otqon Bodidara 的音写，即幼子博迪达喇。很明显，永邵卜和阿苏特主力在博迪达喇诸子统治之下。从各首领的名号至少可以看出，博迪达喇长子率领永邵卜本部，二子统领原永邵卜的叭儿厥（即巴儿忽，Barγu）鄂托克，幼子主阿苏特部，可能还包括原永邵卜部的当喇儿罕（即唐兀②）鄂托克。

庞大的永邵卜万户解体以后，取而代之的是喀喇沁万户。茅元仪著《武备志》引《兵略》说，"张家口大市厂边外，西北接甘肃边外，大酋永邵卜，部落四万有余，夷酋阿速等，部落二万有余，七庆把都儿，一万有余，俱听哈喇慎王子白洪大调遣，不听管束。"③这里所说的哈喇慎王子白洪大就是喀喇沁汗白洪大（Bayiqundai），是巴尔斯博罗特四子巴雅斯哈勒汗的长子。当时，继其父巴雅斯哈勒汗称喀喇沁汗。巴儿斯博罗特季子博迪达喇诸子得到永邵卜和阿苏特之后，白洪大作为巴尔斯博罗特嫡长孙、完整无损的喀喇沁部（未参加右翼叛乱而保存完整）之汗，成为诸从弟部落的宗主，各部受他管辖。喀喇沁万户和喀喇沁汗的地位就是这样形成的。后来，喀喇沁

---

① 萧大亨：《夷俗记》附《世系表》，万历二十二年自刻本，《北京图书馆古籍珍本丛刊》11，书目文献出版社，1999年。
② 唐兀是"唐兀之当喇儿罕（Tangγud-un Danglaγar）"的简称。
③ 茅元仪：《武备志》卷二〇五，天启刻本。

第二章　阿苏特蒙古的结局

和东土默特(Jegün Tümed)与朵颜兀良哈(Doyon Uriyangqai)联合，形成喀喇沁万户的中心。① 阿苏特和永邵卜成为它的属部。后文将谈到，阿苏特和永邵卜一直和喀喇沁有着十分密切和特殊的关系。

再看看阿苏特部的牧地。

萧大亨《夷俗记》附《世系表》记载，博迪达喇率永邵卜、阿苏特诸台吉在张家口边外正北离边约二十日程的地方驻牧。② 根据郑文彬《筹边纂议》和王鸣鹤《登坛必究》，博迪达喇驻牧青山后正北。③ 可见，这些史料关于永、阿二部牧地在张家口正北的说法，反映了博迪达喇牧地的方位。这个青山当指今内蒙古的乌兰察布历兴和县和商都县交界一带的青山，其正北基本上就是今察哈尔正镶白旗和镶黄旗境。但是，根据《北虏世代》，这个地方在博迪达喇孙子辈的时候，已经变成了那里不剌三子不克台吉所率畏吾慎鄂托克的领地。④ 所以，根据下列史书的记载，永、阿二部分布在再靠北、靠西的地方：茅元仪《武备志》引用《兵略》说，永邵卜、阿苏特、七庆把都儿三部的牧地分布在张家口大市厂边外，西接甘肃边外。⑤ 1601年成书的杨时宁《宣大山西三镇图说》记载"大同巡道辖北东路总图说"时说，"边外与永邵卜巢穴相对，而东则摆腰、兀慎、西则酋妇、东哨打儿汉等住牧"。⑥《北虏世代》列举永邵卜和阿苏特三首领之后说，"以上三酋，营名永邵卜，住于丰洲滩之北，大同塞外。"⑦明末兵部题行档里也有一条值得注意的记载：崇祯九年(1636)三月十一日

---

① 参见乌云毕力格《从17世纪蒙古文和满文遗留性史料看内蒙古历史的若干问题——(4)东土默特台吉塔布囊与爱新国》，《内蒙古大学学报》(蒙古文版)2001年第2期。
② 萧大亨：《夷俗记》附《世系表》。
③ 郑文彬：《筹边纂议》卷一"历代夷名宗派"中国公共图书馆古籍文献珍本汇刊，全国图书馆文献缩微复制中心，1999年；王鸣鹤：《登坛必究》卷二三"胡名"，载《中国兵书集成》，解放军出版社/辽沈书社，1990年。
④ 佚名：《北虏世代》，不克台吉诸子"住大青山之北"，载《北京图书馆古籍珍本丛刊》8，《皇明修文备史》，第494页。
⑤ 茅元仪：《武备志》卷二○五。
⑥ 杨时宁：《宣大山西三镇图说》卷二，万历三十一年刻本，《玄览堂丛书》，广陵书社，2010年。
⑦《北虏世代》，第493—494页。

兵部的"唐报隔镇夷情事"里引"熟夷"报告说,"努尔哈赤四个头目带领部落达子,于三月内到山西边外新城地方住牧,离黄河走三日。又有同来大头目七青憨带领多人,从山后欲要杀黑达子家眷去"。接着,兵部解释说,"山西边外新城即所谓归化城也,离边不及三百里。而黑达远在山后数千里之外。"①"黑达"即永邵卜的把儿忽部。"山后数千里之外"的说法,可能不太准确。但是,这说明,明人还是知道永邵卜远在归化城后面很远的地方。把儿忽有可能驻牧最靠北的地方。可见,在博迪达喇之后,大成台吉、火落赤兄弟继续向西边和北边发展,到了大同边外、丰洲滩之北,即今天的锡林郭勒盟西苏尼特旗、乌兰察布市达尔罕茂名安联合旗一带了。这就是永邵卜、阿苏特的根据地。1628年秋天,永邵卜、土默特联军在埃不哈河一带同林丹汗决战。战役的地望,就在今天的达尔罕茂名安联合旗。② 这恰好说明了永邵卜部牧地的分布。

二、阿苏特部的瓦解及其命运的归宿

阿苏特部命运发生重大转折,是在1627年察哈尔西迁以后。察哈尔西迁,是17世纪上半叶蒙古史上最重大的历史事件之一,其影响十分深远。这次事件的最直接的后果之一,就是导致了喀喇沁万户的解体。

17世纪初,林丹汗(1604—1634在位)即蒙古大汗位。林丹汗时期,东北亚政治史上发生了重大变化。1616年,建洲女真首领努尔哈赤建立了爱新国。努尔哈赤父子极力经营蒙古各部,1619年和1624年分别与蒙古东部的内喀尔喀五部和嫩科尔沁部建立了反明朝、反察哈尔的政治、军事同盟,把矛头指向了蒙古大汗——林丹汗。在这种形势下,林丹汗采取了以武力统一蒙古各部的强硬政

---

① 中国第一历史档案馆藏明朝兵部题行档,张字九十,崇祯九年三月十一日题唐报隔镇夷情事,中国第一历史档案馆:《明档蒙古满洲史料》,缩微胶卷,2000年(下同,以下简称《明档》)。
② 详见王雄《关于察哈尔西迁的几个问题》,《内蒙古大学学报》1989年第1期。

策,讨伐内喀尔喀五部和嫩科尔沁,但均遭失败。到了1627年,东部的五鄂托克喀尔喀和科尔沁与爱新国结盟,连察哈尔万户西拉木伦河以南的兀鲁特、敖汉、奈曼等鄂托克都归附了爱新国。把左翼蒙古诸部尽数丢给爱新国后,林丹汗做出了西迁的决定,准备以右翼蒙古为根据地,再反斾经营左翼诸部。这样,1627年林丹汗西征。结果,在1627—1628年间,右翼诸万户随之纷纷瓦解。

阿苏特部的命运,就是在林丹汗西征的第二年(明崇祯元年、爱新国天聪二年,1628)被决定的。永谢布彻底败亡,阿速特的一部分并入"阿巴噶部",一部分投靠了满洲人。

关于林丹汗西征第二年的总情况,《明档》里有一些记载。崇祯元年六月,宣府巡抚李养冲报道:"虏情万分紧急,粮草一时难供。""数月以来望眼欲穿而马价无消息也,解运中断而缺饷至五阅月也。""阳和、大同之间虏遂乘虚入犯,万马奔驰,各堡惊惶。有报拉去墩军者,有报围定墩台者,有报以数十骑引诱而大兵伏在山沟者。"① 崇祯二年,明朝兵部尚书的题本里提到,"虏王(指林丹汗——笔者)吞噬诸部,兹且纠结八大部二十四哨,蜂屯蚁聚于归化城丰洲滩,以为巢穴"。"但宣镇连年插酋(指林丹汗——笔者)作祟,警报傍午,近又吞并诸夷,直侵河套,所向随风而靡"。"但插酋聚结边外,势甚猖獗,自去秋与哈、卜交兵得胜之后,侵杀河套诸虏,犹如拉朽"。② 后来,崇祯十一年,宣大总督卢象昇回忆说,"崇祯元年,插酋猖獗,掩袭诸夷,大战于大同、得胜边外,如哈喇慎几二三万人,永邵卜几五六万人,卜什兔(即顺义王博什克图——笔者)之东西哨几七八万人,俱为插酋(指林丹汗——笔者)所败,死亡相枕,籍其生者,鸟兽散去,插(指察哈尔——笔者)遂并有诸部之赏。"③

"去秋与哈、卜交兵得胜"中的"交兵",指的是崇祯元年九月埃不哈战役。根据《崇祯实录》,八月,顺义王博什克图和永邵卜之众在埃不哈(今内蒙古达尔罕茂明安联合旗境内的艾不盖河)备兵,九

---

① 《明档》,兵科抄出钦差巡抚宣府等处地方赞理军务兵部右侍郎兼都察院右佥都御史李养冲题稿,崇祯元年六月十三日奉旨。
② 《明档》,兵部尚书王题本(残件),崇祯二年二月二十四日。
③ 中研院历史语言研究所编:《明清史料》丁编第六册,1954年,第575页。

月"插汉虎墩兔(指林丹汗——笔者)与卜石兔、永邵卜战,私卜五榜什妻败走,又屯延宁塞外,穷兵追。"①《明史纪事本末》记载这件事说,"虎墩兔西击卜石兔、永邵卜,败之。都令、色令、宰生、合把气喇嘛追杀袄儿都司吉能兵马之半。又屯延、宁塞外,穷兵追卜石兔。"②根据该档案,林丹汗在埃不哈战役中打败了"哈、卜"二部。"哈、卜"的"哈",指的是哈喇慎(即喀喇沁),实际上是喀喇沁的两个分支阿速特与永邵卜;"哈、卜"中的"卜",是指卜石兔,也就是西土默特部顺义王博硕克图汗及其部众。林丹汗打败了喀喇沁(永邵卜和阿速特)和土默特联军后,乘胜西进,攻打鄂尔多斯部,即所谓"得胜之后,侵杀河套诸虏,犹如拉朽"。鄂尔多斯部没有参加埃不哈战役。

关于阿苏特部的瓦解及其后来的命运,在17世纪前期的蒙古文孤本文书中有直接记载。这些文书至今收藏在北京中国第一历史档案馆。1997年,该馆的李保文氏编辑、整理和影印了这些珍贵文书,定书名为《十七世纪蒙古文文书档案(1600—1650)》(以下简称《蒙古文档》)。③《蒙古文档》分上下两卷。上卷为"有关满蒙关系史的文书",包括61份蒙古文书,是17世纪20—30年代的南蒙古与女真—满洲爱新国之间的官方书信往来。内容涉及南部和东南部蒙古诸集团的大部分,反映了各部政治、经济、军事、社会各个方面的情况以及爱新国与这些集团之间的关系。这些文书中,只有6份在清代文献中经过不同程度和不同性质的改编后流传下来,其余均不见于史乘。在《蒙古文档》的61份文书中,有3份文书与阿苏特有关。这3份文书在清代文献中没有得到流传,它们的发现,在一定程度上填补了前人所不知的历史空白。

接着看看这3份蒙古文文书。

---

① 《崇祯实录》,崇祯元年九月癸未,中研院历史语言研究所校勘:《明实录》(附校勘记),中研院历史研究所,1962年。下文中明代"实录"均引自中研院本《明实录》。
② 《明史纪事本末补遗》卷三,附于谷应泰《明史纪事本末》,中华书局点校本,1977年。
③ 李保文整理:《十七世纪蒙古文文书档案(1600—1650)》,内蒙古少儿出版社,1997年。

第二章 阿苏特蒙古的结局

第一份文书是彻臣戴青(Sečen Dayičing)致爱新国天聪汗(满文为 Sure han,蒙古文称 Sečen Qaɣan)的书,收在《蒙古文档》70—71页,编号22,原件尺寸为:15.5cm×32.5cm。

原文拉丁文转写如下:

正文:70/(1) oom suwasdi šisdem. (2) qolači baɣatur noyan-i üren-i (3) sečen dayičing bičig ilegebe. (4) sečen qaɣan mendü biyu. jrɣuɣan (5) ulus engke saɣutala čoia-in (6) ejen qaɣan yeke nere törü-yi ebdebe. (7) asud tömen sečen qaɣan-i geji iretele (8) abaɣ-a tosju irejü (9) dobtulju abuba. ulaɣan jalaɣatu (10) mongɣul ulus-tu öri öšii-e (11) ügei bile. ken buruɣu kiküle (12) tere degere bayiqu bile. mogɣol ulus olan-i (13) ebderebeči ülegsen-i nigetji buruɣutu (14) kümün-i jalqaqula yamar. (15) sečen qaɣan (16) ekilen nige tömen engke bayinam geji iretele dayisun-i (17) mör-tü daɣariɣdaɣsan-tu beleg jokis (18) ügei bolba. bičig-ün beleg temege (18) bai. (19) sečen dayičing aq-a dügü doluɣula (20) bile čuɣ iretele abaɣ-a (21) tabun noyan-i abaɣ-a dobtolju (22) abuba qoyar irebe.

文书背面的旧满文记录:71/(1) karacin-i holoci baturi beilei (2) bithe

汉译文:

愿吉祥!

火落赤把都儿诺颜之子彻臣戴青遣书。天聪汗安康吧?当六大兀鲁思和平生活之际,声誉之主可汗毁坏了大名誉和国政。当阿苏特万户奔天聪汗来时,阿巴噶前来截住,攻而取之。[我们]和红樱蒙古[一直]没有结过仇。谁做错事,过失应该在他那里。虽然大多数蒙古兀鲁思[已]破灭,但是统一其所剩者,惩罚有罪之人,将如何?认为以天聪汗为首一个万户尚平安,因此来投奔,但是路上[却]遇到了敌人。所以,[所献]礼物不合适了。上书之礼[一峰]骆驼。

彻臣戴青[本来]兄弟七人。在一起来的路上,阿巴噶将[其中]

五个诺颜攻杀。[所以]来了其中的两位。

(文书背面的旧满文记录)喀喇沁的火落赤把都儿贝勒之书

这里的火落赤把都儿诺颜，或爱新国所称火落赤把都儿贝勒（清初，蒙古语的诺颜常译作贝勒），作为阿苏特七台吉之父，当然就是大名鼎鼎的"哑速火落赤把都儿"，即阿苏特部首领火落赤。此人在《蒙古源流》中被称作 Asud-un Nomdara qulači noyan（阿苏特的诺木达喇火落赤诺颜），是蒙古图门扎萨克图汗（Tömen jasaɣtu Qaɣan）时期五大执政之一，与鄂尔多斯的胡图克台彻臣洪台吉（Qutuɣtai sečen qung tayiji）一起成为右翼万户的代表。① 《大黄史》作 Nomudara quluči，《金轮千辐》写作 Nom dara quluči。②

文书背后的记录明确指出，火落赤为"喀喇沁的火落赤把都儿贝勒"，说明当时阿苏特部人自称为喀喇沁人。爱新国清楚地知道，火落赤及其子孙统治下的阿苏特部属于喀喇沁万户。换句话说，直到爱新国时代，阿苏特一直属于喀喇沁万户。这与东土默特部的情况完全一样。东土默特部虽然是土默特部的一支，但是，17世纪20、30年代的满文档案常常称他们的台吉和塔布囊为"喀喇沁的某某"，请看下面的例子：善巴和席兰图是东土默特著名的塔布囊。但是，在爱新国的《旧满洲档》里，往往被记做喀喇沁人。比如，《旧满洲档》2966：8-2967：1（前数为页码数，后数为行数，下同）："Karacin-i daidarhan-i cooha juwe tanggu. sirantu-i cooha emu minggan-be unggihe（派遣了喀喇沁的代达尔汉的二百军队和席兰图的一千军队）。"又如 2989：1-3："juwan duin-de karacin-de unggihe bithe. han-i bithe. jorigtu darhan. sirantu. samba-de unggighe（十四日给喀喇沁的书。汗之书。给卓力克图达尔汉、席兰图、善巴）。" 3925：7 记载："orin nadan-de karacin-i tumed ombu cuher-de unnggihe bithei gisun（二十七日给喀喇沁的土默特鄂木布楚库尔的书云）。" 从最后一个例子中可看得非常清楚，当时无论土默特还是兀良哈，都被认为是

---

① 萨冈彻辰：《蒙古源流》（蒙文），库伦本，柏林，叶 68b。
② 佚名：《大黄史》，乌力吉图校注本，民族出版社，1983 年，第 129 页；答里麻著，乔吉校注：《金轮千辐》，内蒙古人民出版社，1987 年，第 191 页。

第二章 阿苏特蒙古的结局

"喀喇沁的"。所以,德国学者米·瓦雅尔斯认为,喀喇沁表示当时喀喇沁人、土默特人的"国籍",而各自的部落称呼则表示他们的"部落籍"。① 实际上,"喀喇沁"是万户的名称,而喀喇沁、土默特是该万户下属各部名称。

据此,阿苏特后来虽然移帐北方,但是和喀喇沁宗主汗的关系一直很密切,称喀喇沁的阿苏特人。

根据这份文书,阿苏特部遭到林丹汗(文中称声誉之主可汗)的攻击,决定投靠爱新国天聪汗。但在途中被阿巴噶部(这里又称他们为"红缨蒙古",原因不明)劫夺,火落赤之子七台吉中,五人被阿巴噶所杀,只有彻臣戴青等二台吉幸免。他们献上天聪汗的礼物只有一峰骆驼,可见他们人马轻重诸物被阿巴噶劫掠一空。

劫夺阿苏特的阿巴噶是哪一个部落呢?"阿巴噶"这个名称,有广义和狭义之分。广义上,在兴安岭以北游牧的成吉思汗诸弟合萨儿、别里古台和合赤温后裔所领诸兀鲁思泛称"翁牛特"(Ongliγud 有王之民)或"阿巴噶"(Abaγ-a 叔父)。狭义上,16 世纪末期,别里古台后裔分成阿巴噶和阿巴哈纳尔(Abaqanar)二部,游牧在漠北喀尔喀车臣汗境内。1639 年,阿巴噶部归附清朝,迁到漠南。阿巴哈纳尔则 1665—1667 年才徙牧漠南。17 世纪 30 年代初期南下的泛阿巴噶部有四子部落(Dörben Keüked)、阿鲁科尔沁(Aru Qorčin)和翁牛特部。林丹汗 1627 年冬天到达右翼蒙古西部,1634 年病死。所以,从时间上看,被林丹汗打败而东南逃窜的阿苏特部被游牧于喀尔喀车臣汗部境内的阿巴噶部劫夺,几乎是不可能的。因此,这里的阿巴噶也许指泛阿巴噶部中的某一个吧?②

第二份文书还是彻臣戴青的。收在《蒙古文档》110 页,编号 36,原件尺寸为:20 cm×20.6 cm。

原文拉丁文转写如下:

---

① Michael Weiers, Die Eingliederung der Kharatsin 1635, p. 50, in: *Zentralasiatische Studien*,1999‐29(魏弥贤:《1635 年对喀喇沁的合并》,载《中亚研究》,1999‐29,第 50 页)。
② 据最近的研究成果,这部分阿巴噶人应该是指阿鲁科尔沁部。

正文：110/（1）qaγan-i gegen-dü tobaske sečen dayičing qoyar bičig örgün（2）bariba. aruda asud-in qolača baγatur noyan-i doluγan（3）tayiji bile. albatu ulus-ni ölgüde doluγan qušiγu（4）bile. qorutu qaγan-u mör-tü učaralduji. naγaši（5）sečen qaγan-i tüšiyeged yeke ulus-iyen geji joriji qoyar tayiji（6）irebe. tabun tayiji tende abtaba. mani tere γajar-ača（7）inggiji jobaji jjarγaji irebe. albatu ulus bidan-i（8）duratai-ni uγtuji alba tatalγ-a ögbe. dura ügei-ni（9）mandu yaγuma ögkü biši. eyimü-in tulada biγčig-iyer（10）qaγan-i gegen-dü ayilatqaba.

文书末尾的旧满文记录：110/（11）karacin-i cecen daicing

汉译文：

图巴斯克和彻臣戴青二人上书汗明鉴。在山阴，阿苏特火落赤把都儿有七个台吉［儿子］。他们的属民在山阳有七个和硕。因为遭到毒辣的汗的战事，向这里投靠了天聪汗。因为是自己的大兀鲁思，二台吉奔它而来。五个台吉在那里被杀死。从我们那边的地方，如此艰难地到来。我们的属民中，愿意的人迎接我们，并缴纳了贡赋；不愿意的人则不给我们任何东西。因此，上书汗明鉴。

（文书末尾空白上的旧满文记录）喀喇沁的彻臣戴青

根据这份文书，来投靠爱新国的火落赤两个儿子，一个名叫彻臣戴青，另一个叫图巴斯克。前引明代汉籍称，火落赤有四子，显然是漏记了另外三人。所记四人名字，也和这两人的名字难以比定。但无论如何，该文书的说法是可信的，因为它出自火落赤儿子之手。

第二份文书的意义在于，它提供了这样两条重要信息：其一，阿苏特被林丹汗打败后，没有直奔爱新国，而是向南逃往喀喇沁。这在《旧满洲档》里也有旁证。天聪五年（1631）正月二十三日，喀喇沁的多内衮济（Donoi gunji）、博济榜什（Boji baksi）和阿苏特的阿济鼐（Ajinai）遣使爱新国。据称，他们发现了明朝的 7 个远哨，多内衮济令他们带领自己的 300 人回明朝，打算和明朝进行贸易。但是，明朝杀掉了他们的商队人员，只有 6 个人逃回来。可见，阿苏特人留居

第二章　阿苏特蒙古的结局

喀喇沁，和喀喇沁一道与明朝和爱新国进行政治经济活动。这里讨论的阿苏特部彻臣戴青的两份文书，也都是从喀喇沁写的。因为阿苏特是喀喇沁万户所属部落，所以称喀喇沁为"自己的大兀鲁思"。逃往喀喇沁的原因是，火落赤儿子兄弟七人在山阳（即大兴安岭以南）拥有自己的"七旗"属民。这里所说的"旗"，当然不是后来清朝的行政建制，而是蒙古固有的类似鄂托克的社会组织。这条信息关系重大，它说明，阿苏特部的黄金家族成员和喀喇沁、东土默特黄金家族成员一样，在喀喇沁万户中心地区拥有兀良哈塔布囊部落。在《旧满洲档》中，就出现过"阿苏特的塔拉布尔塔布囊"这样的记载，是有力的证据。[①] 这就进一步说明了阿苏特部为喀喇沁万户的一个重要成员，它和喀喇沁贵族的关系非同寻常。需要说明的是，阿苏特台吉们虽然拥有兀良哈塔布囊部落，因为他们游牧在北方，所以不计入"山阳诸台吉与塔布囊"集团。其二，当时，阿苏特部已经溃散，所以它在兴安岭南的属部中已经很难再维持领主地位，其属部的大部分不再向他们纳赋税。阿苏特本部溃散，属部不再受控制，这恐怕就是阿苏特部贵族未能重整旗鼓，清朝建国后未能得到一旗编制的原因所在！后面将要看到，阿苏特残部就留在喀喇沁，后来和他们一道被编入八旗满洲。

第三份文书出自阿苏特其他首领之手。该文书收在《蒙古文档》112—113 页，编号 37，原件尺寸为：20.3 cm×49.5 cm。

原文拉丁文转写如下：

正文：112/（1）erke küčün ken-dür tegüsügsen bögesü tegün-ü

---

① 故宫博物院：《旧满洲档》，台北故宫博物院影印本，1969 年，第 3403 页。罗卜藏丹津《黄金史》说，也先汗俘获明英宗以后，曾令他养在永邵卜的额森萨米家，后来六千乌济业特（即兀良哈三卫）将他送还明朝；英宗在蒙古所生之子后裔在阿苏特，名塔勒拜塔布囊（Talbai Tabunong）（乔吉校注本，内蒙古人民出版社，1983 年，第 586、590—591 页）。《蒙古源流》说，曾经养在阿苏特阿里马丞相处，英宗所生子之后裔在阿苏特，名塔拉拜塔布囊（Talabai Tabunong）（库伦本，柏林，54v，59r）。这实际上反映了阿苏特与朵颜兀良哈的密切关系，所说塔拉拜塔布囊和《旧满洲档》记载的塔拉布尔塔布囊或许是一个人。

köl-（2）dür sögedümü.（3）sečen qaɣan-u gegen-dü bičig örgün bariba.（4）asud-in badm-a qung tayiji-in qatun.（5）sering jayisang noyan . tömen-i qaɣan törüi-yi（6）ebdejü. törügsen-iyen baraqu-du. aldar yeke（7）ner-e. qasa yeke törüi-yi činü tüšiy-e 113/（2）gejü irele. šine kürčü irejü .（3）qaɣan-u gegen-düjolɣan ese čidaba.

文书背面的旧满文记录：112/（8）Karacin-i jaisang taiji elcin-i gajiha bithe jakūn biyade

汉译文：

谁尽有权势，就跪在他的脚下。

上书天聪汗明鉴。当万众之汗破坏国政、失掉骨肉时，阿苏特的巴德玛洪台吉之夫人和色楞寨桑诺颜为了投靠［您的］鼎鼎大名和泱泱玉宝大国而来。［因为］刚刚新到，未能谒见汗明鉴。

（文书背后的旧满文记录）喀喇沁寨桑台吉使者所带来的书。于八月。

巴德玛洪台吉和色楞寨桑之名，见于《旧满洲档》天聪五年的记载。天聪五年（1631）三月二十二日，天聪汗对分隶八旗满洲的蒙古人进行大规模赏赐。其中提到的原阿苏特部贵族有：正蓝旗 gulu lamun-i asud taiji-i deu labashi taiji（阿苏特台吉之弟拉巴斯奇台吉），镶白旗 asud badma hūwang taiji-i jui gumushib taiji（阿苏特的巴德玛洪台吉之子古姆斯奇布台吉），镶红旗 asud talbur tabunang（阿苏特的塔拉布尔塔布囊），正红旗 asud sereng jaisang-ni jui lamashi taiji（阿苏特的色楞寨桑之子拉玛斯奇台吉），镶白旗 kubuhe šanggiyan-i asud badma hūwang taiji-i jui balung taiji, bumbarasi uijeng-ni jui dari taiji, badma hūwang taiji-i jui soobang taiji, emegelji（阿苏特的巴德玛洪台吉之子巴隆台吉，布穆巴拉西魏征之子达里台吉，巴德玛洪台吉之子苏邦台吉、额墨格勒济）等 8 个人。巴德玛洪台吉的三个儿子被编入了镶白旗，色楞寨桑之子被编入了正红旗，其他台吉和塔布囊分别编入到正蓝旗和镶红旗。巴德玛洪台吉为何许人也，史无明确记载。但是，从他的"洪台吉"称号可以推测，他可能就是原

第二章　阿苏特蒙古的结局

阿苏特部之主,火落赤七个儿子之一。因为,阿苏特部作为喀喇沁万户的属部,其最高统治者为洪台吉,归喀喇沁汗管辖。这里上书天聪汗的是他的夫人和属下寨桑,没有提到他本人,肯定是因为他被阿巴噶所杀之故。考虑到火落赤以后其子唐兀台吉领阿苏特部的事实,将巴德玛洪台吉比定为汉文史料所说唐兀台吉,也许不会错。据这些满蒙文文书档案,阿苏特部最重要的首领也遭人上书天聪汗,表示归服。他们被编入了八旗满洲。

确定以上三份文书的年代,对探讨阿苏特部的破灭和归服爱新国的时间,具有至关重要的意义。首先,阿苏特部是被林丹汗打败后归服天聪汗的。这就是说,是在1627年以后。三份文书上,均有旧满文记录,是当时爱新国官员所为。旧满文在爱新国只用到1632年,1632年后改用了新满文。因此,三份文书送到爱新国的时间下限就不晚于1632年。其次,据上引《旧满洲档》,天聪汗对八旗满洲蒙古人进行赏赐是在1631年三月二十二日,所以,这些阿苏特人归附爱新国、被编入八旗当在1631年三月之前。这样,三份文书的年代最晚在1631年初以前。但是,我们已经注意到,第三份文书背后记有"于八月"几个字。据此,三份文书的年代,最迟不会晚于1630年八月。再其次,林丹汗征服右翼蒙古各部的大体过程为:于1627年十月打败喀喇沁部,十一月打败土默特部并占领呼和浩特,1628年九月打败土默特、永邵卜与鄂尔多斯联军,最终征服右翼。在这里,1628年九月是一个很重要的时间。因为阿苏特和永邵卜牧地相连,同属喀喇沁万户,是兄弟部落,所以,他们极有可能在1628年九月和永邵卜一起参加抗击林丹汗的战争,遭到失败后,向东奔喀喇沁本部,途中遭到劫难。那么,三份文书的年代就不会早于1628年九月了。这样,限于史料记载,三份文书的写作年代只能确定为1628年九月至1630年八月之间。这个年代就是阿苏特部破灭和归附爱新国的时间。

上引《旧满洲档》的记载里,还有一个特别值得注意的地方。天聪汗时期,为了收买人心,对蒙古诸部上层不断进行赏赐,分配对明战争中的战利品。按惯例,进行大规模统一赏赐,往往是为了酬劳在同一次战役中建有军功者或为了嘉奖一起新来投诚者。1631年

35

三月二十二日的大规模赏赐,是在三月十五日大赏科尔沁部孔果尔老人之后进行的。此前没有发生过大的战役,也没有别的特别仪式,因此纯粹是为了慰劳新附蒙古。这次受到赏赐的八旗满洲贵族子弟共有83人。其中,确切记载的有：喀喇沁21人,达剌明安13人,阿苏特7人,东土默特6人,这四部人共47人。该四部的这么多贵族同时出现,并非偶然。喀喇沁、东土默特和阿苏特本来就属于一个万户,达剌明安虽非其属部,但牧地与喀喇沁西境相连,又是亲属部落。可以想见,阿苏特败亡后,逃到了兴安岭南部的兀良哈旧地,被他们的原塔布囊部拒绝后,与一些溃散的喀喇沁、土默特和达剌明安等残部一起投奔爱新国,同时被编入了八旗满洲。

此外,还有部分阿苏特人可能被察哈尔吞并。1634年,天聪汗在上都旧城时,曾有阿苏特部15人自察哈尔逃来,归附了爱新国。《清太宗实录》天聪八年(1634)闰八月丁酉条记载,"察哈尔阿苏特部落男子十二名、妇人三口来归。"这是《清太宗实录》唯一一次提到阿苏特之处,而且语句有错误。据《国史院满文档案》记载,这条史料的原满文为：Tere inenggi caharaci asud gurun-i juwan juwe haha. ilan hehe-be gajime ukame jihe,①意为："是日,阿苏特国的男子十二人带着妇女三人从察哈尔逃来"。《实录》的记载会引起"察哈尔的阿苏特"15人来归,或"察哈尔与阿苏特"15人来归的歧义。

总之,阿苏特部瓦解了,不再成为一部了。因此,在后来的内扎萨克49旗中没有阿苏特。

三

综合上述研究,在达延汗死后,其三子巴尔斯博罗特称汗,这一家族势力迅速膨胀。先是,巴尔斯博罗特四子巴雅思哈勒分得了永邵卜万户中的喀喇沁,末子博迪达喇又得到了永邵卜、阿苏特二部。这样,庞大的永邵卜万户四分五裂,阿苏特等部成为新兴的喀喇沁

---

① 《内国史院满文档案》(缩微胶卷),天聪八年闰八月十四日条,中国第一历史档案馆藏。

万户的组成部分。

16世纪末17世纪初,阿苏特在今内蒙古苏尼特旗一带。阿苏特部在火落赤及其七个儿子统治下,约有二万之众。他们和喀喇沁万户本部的关系非常密切,和喀喇沁、土默特台吉一样,在兴安岭南部拥有兀良哈塔布囊属部,17世纪20年代就有7个和硕单位的属民。

林丹汗西征后,在1628年秋天的埃不哈河战役中,永邵卜、阿苏特等部大吃败仗,其部落溃散。阿苏特部在越兴安岭奔喀喇沁的途中,被"阿巴噶"部落劫夺,火落赤七个儿子中有五人阵亡。劫后余生的二台吉虽然到了他们的塔布囊属部,但是已经无力管辖其属部,所以归附了爱新国。后来也有其他阿苏特部人陆续来归,和喀喇沁、土默特等部来归之人一道,被编入八旗满洲。阿苏特人分别被编入镶白旗、正红旗、镶红旗和正蓝旗。

按:2002年夏天,作者在撰写《从17世纪蒙古文和满文"遗留性史料"看内蒙古历史的若干问题》系列论文时,在李保文影印公布的《十七世纪蒙古文文书档案(1600—1650)》中发现了与阿苏特部有关的3份文书,由此探讨阿苏特部的历史,尤其是他们的最终下落。2003年初,在日本东京访问研究期间完成文稿,定名《阿苏特部的结局》,2月23日从东京寄出稿子,准备在国内发表。但因种种原因,该论文集终未能出版。这次有机会在这里发表,深感欣慰。

第三章　和硕特的起源与名称

一

和硕特部是历史上四卫拉特之一，17—18世纪时，曾经统治西藏75年之久，而在青海的统治则长达85年。和硕特人现在主要分布在青海、内蒙古和新疆地区。关于和硕特的论著不少，但他们的来源与名称的源由问题，一直没有得到解决。俄国史学家帕拉斯说，和硕特人由于在一场战斗中所表现出的勇敢而得其名，并补注说，只有"一种独特的变成词源的倾向"才能使他们从河州城的名称中得出这一名称。① 帕拉斯可能猜测，和硕特是从甘肃河州一带迁去的，解释"和硕特"词意时一方面联系"和硕齐"（先锋）一词，另一方面又从历史地理因素着眼。英国学者霍渥斯认为，和硕特原在东蒙古的一个叫作"察干和硕图"（白山咀）的地方居住，所以"很有可能"由"和硕图"得其名。② 著名法国汉学家伯希和则指出，应该把和硕特看作Khoxighun、Khoxvn（直译：鸟喙）的复数，它具有一部分军队（突厥语qoxun）的意思，与汉语"旗"相符。③ 他们三人都认为和硕特是从东蒙古迁来的，但对其原部落、迁徙原因、时间等重要问题均没有做出具体说明。

日本学者须佐嘉橘在《西蒙古部族考》一书中认为，和硕特是离开蒙古中央本土而迁到西部的，他们迁徙的时间"是在元朝尚未退出北京之前"。④ 该氏似乎把忽必烈和阿里不哥的战争看作和硕特西迁的最有可能的时机。然而，这还只是一种猜测，没有史料根据。

---

① 转引自伯希和著，米济生译，《卡尔梅克史评注》，《蒙古史研究参考资料》新编第26-27辑，1983年。
② H. Howorth, *History of the Mongls*, Part I, 1876, p.499.
③ 伯希和上引文，注176。
④ 须佐嘉橘：《西蒙古部族考》（日文），开明堂，1933年，第56—57页。

第三章 和硕特的起源与名称

冈田英弘在《四卫拉特的起源》一文中，提出了和硕特属于东蒙古三卫系的论点。冈田从和硕特乌济耶特这一点着手研究，认为乌济耶特即明朝洪武年间设立的兀良哈三卫中福余卫的我着人。他指出："三卫入卫拉特庇护之下，是在托欢和脱脱不花灭阿鲁台的1434年之后。托欢诱三卫远至西边的独石、宣府、大同、延安、绥德，侵寇明边。好像其子也先时把三卫之众移居于五原方面，或更西到亦集乃之西。也先死后虽然其一部分被放回，恐怕其大部分已留在卫拉特人之中了。并且可能他们被称为乌济耶特，后来变成了'和硕特'。"他肯定说："无论如何，和硕特加入卫拉特是在15世纪中叶。"①

国内学者如马曼丽、胡斯振表示赞同冈田氏的观点，②杜荣坤也认为和硕特出自三卫，并进一步说，在准噶尔部尚未强盛之前，由于和硕特出自成吉思汗家族的血统，所以在四卫拉特中一直被公认为地位最高的部落，处于会盟之首。③

此外，国内还有学者认为和硕特是"和硕"的复数形式，理由是托忒文文献有记载说，和硕特是由东蒙古一个部落的各个和硕的人组成的。这种意见试图从部落构成形式上解释名称由来，但最后还是被名词对音所迷，没能达到预期的目的。

在以上种种猜想和解释中，和硕特起源于三卫之说是较为可信的。如果仔细研究明清时代的一些蒙汉文史料，他们将对这一说法提供更多的根据和补充。至于"和硕特"的含义，也需要做新的探讨。

二

据《皇朝藩部要略》载："厄鲁特旧分四部，曰和硕特，姓博尔济吉特，为元太祖弟哈布图哈撒尔裔……哈布图哈撒尔七世孙，曰阿

---

① 冈田英弘：《四卫拉特的起源》（日文），《史地杂志》83—6，1974年。
② 马曼丽、胡斯振：《四卫拉特联盟初探》，《民族研究》1982年第2期。
③ 杜荣坤：《厄鲁特族源初探》，《西蒙古史研究》，新疆人民出版社，1986年。

克萨噶勒泰,有子二,长曰阿噜克特穆尔……次曰乌噜克特穆尔,即和硕特祖也。"①清代汉、蒙、藏诸文献都把和硕特部的祖先追溯到哈撒尔。这些文献,如《西域同文志》、《如意宝树》和噶旺沙喇布《四卫拉特史》,对和硕特世系的记载相当混乱。尤其是被称为哈撒尔十五世孙的库绥以前的世系,出入相当大,且无旁证。实际上,被认为是"和硕特之祖"的乌噜克特穆尔以上的世系是从东蒙古科尔沁部的世系谱中抄来的。和硕特台吉世系谱是后人根据"和硕特为哈撒尔裔"的传说补编的。如果精心核对一下这些文献中和硕特的系谱,就不难发现,只有库绥以后的部分才是较为可信的。虽然库绥以前的世系谱在次序、人名方面存在相当程度的不准确性,然而目前还没有理由否定"和硕特为哈撒尔后裔"的记载。并且和硕特台吉的姓氏说明,他们无疑是成吉思汗家族成员的后裔。

必须明确指出:所谓"和硕特,姓博尔济吉特,为元太祖弟哈布图哈撒尔裔",实际上只是指和硕特部的上层统治者而言,即指那些出现在世系谱中的贵族。这种记法是古文献的一贯传统。例如,内喀尔喀五部史称是达延汗之子阿尔出博罗忒裔,姓博尔济吉特,但内分巴林、扎鲁特、弘吉拉特、巴岳特和乌济耶特。② 其实,只有内五喀尔喀的王公台吉才是达延汗子孙,广大庶民与此并无瓜葛。

蒙古《大黄史》中有一段记载值得注意。那里说,(和硕特的)"那呼卫征之父为雅岱。母为阿海哈屯。雅岱死,噶亥(又称哈奈洪果尔——笔者)生有拜巴噶斯等二子,姓乌济耶特。"③如上所述,和硕特贵族姓博尔济吉特,哈奈洪果尔据称是哈撒尔十七世孙,故乌济耶特不是他们的姓。乌济耶特是一个古老的部落名称。他是和硕特部的另一个名称。罗卜藏丹津的《黄金史》中提到:"忽图剌合

---

① 《皇朝藩部要略》卷九"厄鲁特要略一",筠渌山房刊本。
② 喇西朋楚克著,呼和温都尔校注:《水晶数珠》(蒙古文),内蒙古人民出版社,1985年,第869页。
③ 《大黄史》(蒙古文),民族出版社,1983年,第179页。

罕之子绰赤、吉儿马兀、阿勒坦,做了 AOIIKAT 氏",①这很可能就是乌济耶特。忽图刺即有名的合卜勒合罕之子,为公元 12 世纪的人孛儿只斤氏。如果《黄金史》所记不误,乌济耶特便是一个相当古老的部落了。乌济耶特这个名称,自然使我们想到东蒙古的"山阳之六千乌济耶特"。《蒙古黄金史纲》载,明成祖朱棣发动"靖难之役"时,"统率自己少数护卫与山阳之六千乌济耶特、水滨之三万女真以及黑城的汉人整兵来伐"建文帝。后来"以拥立之功而赐予六千乌济耶特人以三千'大都',女真人以一千六百'大都'"。② 罗卜藏丹津《黄金史》也有同样的记述。③ 关于朱棣借外兵,发动"靖难之役",《明史·外国传九》有记载:"成祖从燕起兵,患宁王蹑其后,自永平攻大宁,入之。谋胁宁王,因厚赂三卫,说之来。成祖行,宁王饯诸郊,三卫从,一呼皆起,遂拥宁王西入关。成祖复选其三千人为奇兵,从战。天下既定,徙宁王南昌,徙行都司于保定,遂尽割大宁地界三卫,以偿前劳。"④《国榷》也记载:成祖"义旗起建,首下大宁,简兀良哈三千旗为奇兵,立三千营,不忘其德,尽指大宁地与之,割雄镇以资伏莽"。《蒙古黄金史纲》、《黄金史》所谓"大都"(daidu)是指明廷所赐允许在京师贸易的文书。这些记载表明,《蒙古黄金史纲》中的"山阳之六千乌济耶特"与汉文史籍中的"兀良哈三卫"必定是一回事。

然而,乌济耶特并非泛指"兀良哈三卫"。据《武备志》、《登坛必究》记载,当时蒙古语称三卫的名字是,朵颜叫"五两案",泰宁叫"往流",而福余则叫"我着"。⑤ 明人所谓"兀良哈"无疑即"五两案",而蒙古人所谓"乌济耶特"便是福余卫"我着"。"我着"即乌济耶特省去复数语尾的汉字音译。关于"我着"与女真"吾者"部的关

---

① 罗卜藏丹津著,乔吉校注:《黄金史》(蒙古文),内蒙古人民出版社,1983年,第58页。
② 朱风、贾敬颜:《汉译蒙古黄金史纲》,内蒙古人民出版社,1984年,第168页。
③ 罗卜藏丹津著,乔吉校注:《黄金史》,第590页。
④ 《明史》卷三二八《外国传九》,中华书局,1974年。
⑤ 《武备志》卷二二七;《登坛必究》卷二二。

系,已有人做过考证,这里不赘述。①

"兀良哈三卫"是洪武二十二年(1389)设立的。当初,任命故元辽王阿札失里为泰宁卫指挥使。海撒男达奚为福余卫指挥同知,脱鲁忽察尔为朵颜卫指挥同知。除对阿札失里为元太祖季弟斡赤斤后裔有明确记载以外,海撒男达奚等究竟何许人,史书未见交代。现在据和硕特来自乌济耶特,可以认为,海撒男达奚及其子孙可能是哈撒尔裔。但是乌济耶特何时变为哈撒尔后裔的属民,这也尚待考证。

三

乌济耶特离开福余卫迁至漠西,这是在明宣德九年(1434)瓦剌托欢太师攻灭阿鲁台以后。

阿鲁台是东蒙古的一个强大的贵族。他从永乐元年(1403)到宣德九年(1454)死去止,一直和瓦剌抗衡。明宣德六年,瓦剌托欢太师兴师讨伐阿鲁台,阿鲁台败逃集宁海子。② 九年托欢在母纳山(包头西)、察罕恼剌(乌审旗境内)一带攻杀阿鲁台。③ 于是,"瓦剌托欢并兀良哈三卫人马,欲来寻阿鲁台王子",④即联合三卫穷追阿鲁台的残余。接着从正统二年(1437)开始,兀良哈部众大肆侵略明朝的大同、延安、绥德。⑤ 这无疑与他们改附瓦剌有关。从这里可以看出,就在托欢征讨阿鲁台及其残余时,三卫就与瓦剌交通,并向西发展。三卫中的一部分可能被迁到上述一些地区,有的可能还直接参加了托欢的军队。一些托忒文文献的记载是有根据的:和硕特人就在这时投靠了瓦剌托欢太师(详后)。

但是乌济耶特人的大量西迁还在这以后,即托欢之子也先汗时期。正统五年(1440)托欢死后,其子也先统领瓦剌,并开始了统一

---

① 吉日嘎拉:《"我着"与"兀者"考辨》,《内蒙古大学学报》1987年第1期。
② 《明英宗实录》,正统二年十一月辛丑,癸丑;四年九月丁巳。
③ 同上。
④ 同上。
⑤ 同上。

蒙古的活动，正统十一年（1446），也先以"索阿鲁台之孙"①为理由，来攻三卫。次年，也先大肆进攻三卫，"其泰宁、朵颜二卫，已为所胁，惟福余卫人马奔恼温江（嫩江——笔者）"。②

福余（我着）的一部分走避嫩江，但无疑有相当大的一部分被也先带走了。在此以后，也先还把不少三卫之民迁到西边。明景泰三年（1452），一位瓦剌使臣向明廷报告："因为阿鲁台和宁王的根脚在三卫，来取不与，著军来收三卫。如今放回，怕边上人惊，差我领他每来朝。今见三卫老小车辆尽在小黄河、牛头山一带住扎打围"，③据日人和田清考证，小黄河、牛头山皆在归化城北边西拉穆伦河流域。④《明代宗实录》记载，也先还将部分三卫人迁到黄河母纳之地，⑤即小河套一带。又据赤斤卫一个千户说，瓦剌"原抢兀良哈头目猛哥都领一百人马，反往亦集乃东边去了"。⑥ 这个情况在蒙文史料中也有所暗示。据《蒙古源流》载，在土木堡之变时瓦剌"加兵于大同地方，擒获大明正统汗……交与阿里玛丞相留养于六千乌济耶特之高阜和暖地方。"⑦根据明正统帝北狩地理情况，乌济耶特的"高阜和暖地方"当在上述归化城北西拉穆伦和小河套一带。如此种种，都说明也先曾把三卫之民迁到阴山和更西的亦集乃一带。后来虽放回一部分，但无疑仍带走了许多。

四

西迁的乌济耶特人加入四卫拉特以后，组成了新的和硕特部落。那么，"乌济耶特"又怎么变成了"和硕特"呢？

据噶旺沙喇布记载：哈撒尔七世孙阿克萨噶勒泰，其子"阿噜克

---

① 《明英宗实录》，正统十一年春正月壬申；十二年九月己酉。
② 同上。
③ 转引自和田清《兀良哈三卫之研究》（日文），《东亚史研究（蒙古篇）》，东洋文库，1958年，第347页。
④ 同上。
⑤ 同上。
⑥ 《明代宗实录》，景泰五年六月丙申。
⑦ 沈曾植著，张尔田补：《蒙古源流笺证》卷五，中国书店，2008年。

特穆尔和乌噜克特穆尔。(乌噜克特穆尔)没有从哥哥那里分得遗产,便去投靠厄鲁特卫拉特的托欢太师","托欢太师赐予和硕特之名"。① 这说明,在15世纪30年代,托欢太师攻灭阿鲁台及其残余时,福余卫的一些贵族已经加入了托欢军队里,他们便是最初的和硕特人。这位乌噜克特穆尔应当说实有其人,只是在福余卫诸头目中找不到对应的名字。

另一部托忒文文献记载这件事说:"阿噜克特穆尔与乌噜克特穆尔分遗产,阿噜克特穆尔从诸和硕抽出劣弱之民分予其弟。乌噜克特穆尔怨恨其兄,走日没方向,投靠厄鲁特之托欢太师。托欢太师以女妻之,收为女婿。称(他们)为和硕特。"② 可见,明朝虽设三卫,以指挥使、指挥同知统之,然而三卫内部仍有和硕、鄂托克等社会组织。乌噜克特穆尔投靠托欢,除了当时瓦剌与三卫交通密切之外,还因为福余卫内部争夺各和硕,即乌济耶特(我着)诸和硕之民。

很显然,和硕特是由乌济耶特诸和硕人组成的。但和硕特并非"诸和硕"之意。以"诸和硕"、"诸鄂托克"、"诸爱玛克"一类词命名一个部落也不怎么可能,因为由若干和硕、鄂托克组成部落是所有部落的共同点。实际上,和硕特(Qošod)即 qošiyad,意为"每一对"、"每两个"是最有可能的,因为这是蒙古人组成部落的一个古老方式。据《史集》记载,拙赤答儿马剌是札剌亦儿部人,在成吉思汗时代,"这个部落中还出了个名叫火沙兀勒的大异密。他有个兄弟,名叫主速黑。当成吉思汗攻占了乞台和女真地区想要屯兵该境以保卫该地区和人民时,因为他们两人都很矫健英勇,他就下令从每十户中抽出两人,编为三千人,交给他们,并将该国境土托付给他们"。"这以前,忽沙兀勒的名字为另外一词,当那支由诸十户中抽人组成的军队全部交给了他时,他才被称为这个名字,这是从组成这支军队(所含有的)那个意义(一个词)派生出来的"。③ 这就是说,火沙兀勒部落是从每十户中抽出两个人组成的,他这个名称是从表示

---

① 噶旺沙喇布:《四卫拉特史》(托忒文),《汗腾格里》1985年第4期。
② 《遵依成吉思汗之大道辅佐皇室记》(托忒文),《汗腾格里》1985年第4期。
③ 拉施特编,余大均、周建奇译:《史集》第一卷第一分册,商务印书馆,1983年,第314—315页。

第三章 和硕特的起源与名称

"每两个"的 qošiyad 一词派生出来的。乌噜克特穆尔最初投靠托欢时,他的部落是从我着各和硕里抽人组成的,这就不难想见,他们这一部落名称也来自 qošiyad 一词。蒙古史书说和硕这个名称出现在托欢时期,是可信的。

综上所述,可以得出这样的结论:和硕特的统治者是哈撒尔后裔,当初是明兀良哈三卫中福余卫的首领。瓦剌托欢太师时期,福余卫的部分首领和属民投奔了瓦剌,始称和硕特。后来也先一度统一蒙古,又将不少三卫之众带到漠西。这些人在瓦剌可能大部分加入了和硕特部。从后人称和硕特为乌济耶特的记载来看,和硕特部民中我着人占大多数。

经过一个世纪的岁月,和硕特逐渐增大,到 16 世纪中叶,雄冠四卫拉特。博尔济吉特氏贵族成了"卫拉特汗"。和硕特在百多年里是怎样发展壮大的,史书几乎没有记载。有人认为由于和硕特是成吉思汗的直系血统,当准部强盛之前,它在四卫拉特中一直被公认为是地位最高的部落。其实,当时卫拉特人并不那么推崇成吉思汗"黄金家族"。托欢太师在成吉思汗八白室里口出大话是众所周知的典故。有两个事实倒可以说明和硕特强盛的一些原因。第一件事是,当时统领卫拉特的绰罗斯贵族内讧,绰罗斯部落分成了绰罗斯和杜尔伯特两部。这件事发生在也先死后的 15 世纪后半叶。① 当时卫拉特统治家族的削弱,为新兴的和硕特部落之强盛提供了有利的条件。第二件事是,据帕拉斯说,和硕特在同不里阿耳汗的战争中表现出了勇敢,故得名"和硕特"。② 关于和硕特名称的由来前已提及,这里不赘述。所说的不里阿耳汗即乌兹别克的阿布杜尔汗,与托欢之孙也失特穆尔是同代人。从和硕特游牧地位置考察,他们世处卫拉特西部,正与乌兹别克、哈萨克等民族接壤。这件事从一个侧面说明和硕特部是在乌兹别克、哈萨克等部的战争中,逐渐强大起来的。

---

① 《皇朝藩部要略》卷九。
② 转引自冈田英弘《四卫拉特的起源》。

第四章 《金轮千辐》所载扎鲁特蒙古

一、答里麻其人与《金轮千辐》

《金轮千辐》(*Altan kürdün mingɣan kegesütü*),全称为《九卷本黄金家族明史·黄金家族之心欢或曰金轮千辐》(*Altan uruɣtan-u toda teüke, alan yasutan-u sedkil-ün činggel, altan kürdün mingɣan kegesütü kemek bičig*)。作者本名确札木苏(Čoyijamsu),或称答里麻(Dharm-a)。Dharm-a,梵文,意为"教法",是他藏文名确札木苏(Chos kyi rgya mtso,意为"法海")的翻译。答里麻的尊称为 ölemji biligtü,意为"广慧"。答里麻在书中曾记载,该书的作者为"jarud-un qosiɣun-dur törögsen ülemji biligtü kemekü dharma bui bi(出生在扎鲁特旗的呼作广慧的答里麻我)。"①

关于答里麻的身世,至今还没有找到确切记载。据《金轮千辐》记载,扎鲁特右旗札萨克毕噜瓦(Biru-a)有两个儿子,长索诺木贝勒(Sonom beyile),次诺门达赖(Nom-un-dalai)。② 索诺木是扎鲁特右旗的第五任札萨克,任职时间在雍正十二年(1734)至乾隆二十五年(1760),③是答里麻的同时代人。其弟诺门达赖,蒙古语意为"法海",译成藏文为 Chos kyi rgya mtso(确札木苏)。据此,这位诺门达赖很像是答里麻的蒙古语名字。出生在旗札萨克家的大喇嘛有机会追求学问,也有机会登上寺庙住持喇嘛的高位。这些似乎都在说明,诺门达赖就是答里麻。但是,这并非没有问题。首先,他自称为

---

① 答里麻:《金轮千辐》卷四,哥本哈根本,叶 21b。
② 答里麻:《金轮千辐》卷四,呼和浩特本,叶 11a。
③ 祁韵士:《钦定外藩蒙古回部王公表传》卷三《扎噜特部传》,武英殿刊本。参见包文汉、奇·朝克图整理:《蒙古四部王公表传》,内蒙古大学出版社,1998 年。下文除强调时简称为《王公表传》。

第四章 《金轮千辐》所载扎鲁特蒙古

"出生在扎鲁特"的人,没有提到自己是扎鲁特札萨克子弟或出生在黄金家族的人,这在当时是不可思议的事情。其次,更为重要的是,答里麻在说明写成该书的年代时,特意提到了扎鲁特左旗的札萨克阿第沙。阿第沙也是答里麻的同时代人,在康熙四十七年(1708)至乾隆二十九年(1764)期间任札萨克。在乾隆四年(1739)《金轮千辐》成书时,索诺木和阿第沙二人都健在,都在任札萨克。假如答里麻是索诺木的亲弟,为什么不提本家兄长和本旗札萨克,而偏偏提及右旗札萨克?所以,在发现确凿证据之前,笔者还不能贸然断言,答里麻到底出身于扎鲁特台吉家还是哈喇出(平民)家。

答里麻在书的跋中提到,"qamuɣ-iyar qan činggis bogda-yin törögsen usun morin jil-eče qad-un ündüsün delgeregseger inaγsi qamuγ-un ejin tngri-yin tedgügsen-ü dödüger on qamuγ-a tusa bötügsen široi qonin jil kürtel-e tabun jaγun dalan nayiman jil boluγad(自从众人之主合罕成吉思博克多诞辰的水马年诸汗之根源发祥以来,到共主乾隆四年普成土羊年,经历了五百七十八载)","auqan-u da vang čoyimfil kiged adiša beile-ten-eče degegsi činggis bogda kürtel-e adali döčin nigen üy-e bolqui-dur(从敖汉大王垂木丕勒和阿第沙贝勒上溯到成吉思博克多成为四十世代时)",①写完了该《金轮千辐》。敖汉郡王垂木丕勒为昭乌达盟副盟长,②阿第沙贝勒是扎鲁特右翼旗札萨克,③乾隆四年为1739年。根据以上信息点,德国学者海希西推断,答里麻可能是扎鲁特右旗人,他这部书成书于1739年。

根据海希西研究,答里麻在1741年至1742年间曾参加过章嘉活佛若贝多吉组织的《Menrged γarqu-yin oron(智慧之源)》编写组。《智慧之源》是翻译《丹朱尔经》的蒙藏文对译辞书。在那里,他的名

---

① 答里麻:《金轮千辐》卷六,呼和浩特本,叶5b—叶6a。
② 垂木丕勒于康熙四十七年(1708)袭札萨克多罗郡王,雍正二年(1724)授副盟长,乾隆八年(1743)命御前行走,十五年(1750)卒。参见《钦定外藩蒙古回部王公表传》卷二六《札萨克多罗郡王班第列传》。
③ 阿第沙于康熙四十七年(1708)袭札萨克多罗达尔汉贝勒,乾隆二十九年(1764)削札萨克,卒。参见《钦定外藩蒙古回部王公表传》卷二九《追封多罗达尔汉贝勒色本列传》。

字被写作"jarud širegetü ülemji bilig-tü erdeni guosi chos rgya mtso（扎鲁特·席埒图·广慧·额尔德尼固什·确札木苏）"。① 答里麻还翻译了西藏医典 *Lantab*（*lhan thabs*）和一部佛典 *onal namančilaqui-yin tayilburi gem-ün qaranɣui-yi arilɣaɣči naran jula*。② 可见，答里麻是扎鲁特旗某寺主持喇嘛（席埒图），具有额尔德尼固什法号，精通蒙藏文。他编写辞书，翻译佛经和医典，丰富了蒙古文化宝库，是 18 世纪时期杰出的文人。

《金轮千辐》共六册九卷。第一册共四卷，由前言、世界的形成、众生的起源、印藏蒙皇室史四卷构成；第二册为成吉思汗史；第三册为从窝阔台合罕到林丹合罕的历史；第四册为答言合罕诸子世系；第五册为成吉思合罕四弟世系；第六册为印度、四裔、九卿、十万户蒙古及卫拉特世系。

《金轮千辐》有三种抄本传世。一是内蒙古社会科学院图书馆藏抄本（一般作呼和浩特本），原本可能是东土默特葛根庙藏书；二是哥本哈根丹麦皇家图书馆所藏抄本（民国二十三年即 1934 年哲里木盟科右后旗布琳讷巴达喇〔Bürinebadara〕手抄本，一般称哥本哈根本），20 世纪 40 年代得自内蒙古某地，1958 年德国学者海希西影印出版；三是俄罗斯圣彼得堡东方研究所藏抄本（一般称圣彼得堡本），20 世纪 20 年代得自内蒙古，尚未整理出版。1987 年内蒙古社科院乔吉对勘哥本哈根本和呼和浩特本，铅印出版了校注本。③ 比较三抄本的文字可知，呼和浩特抄本时间最早，而哥本哈根抄本和彼得堡抄本属于同一时间，根据笔迹，很可能都出自布琳讷巴达喇之手。

答里麻在编纂《金轮千辐》时参考过大量的蒙古文、满文和藏文的典籍，也利用了一些蒙古世系谱资料。答里麻《金轮千辐》的最具价值的部分是五部喀尔喀的史料，尤其是其中当时昭乌达盟扎鲁特

---

① Walther Heissig, *Die Familien-und Kirchengeschichtsbeschreibung der Mongolen*, I, 16.–18. *Jahrhundert*, Asiatische Forschungen, Band 5, Otto Harrassowitz, Wiesbaden, 1959, pp. 135–136.
② W. Heissig 1959, p. 136.
③ 答里麻著，乔吉校注：《金轮千辐》（蒙古文）。

第四章 《金轮千辐》所载扎鲁特蒙古

二旗和巴林二旗贵族世系的资料特别珍贵。答里麻作为扎鲁特旗德高望重而有学问的大喇嘛,一定见到过扎鲁特、巴林等旗王府的世系资料。五部喀尔喀史和扎鲁特、巴林等四扎萨克旗贵族系谱资料,是答里麻《金轮千辐》的核心史料价值所在。

下面,就《金轮千辐》所载扎鲁特蒙古问题进行几点初探。

二、关于扎鲁特部与所属爱马克问题

答里麻《金轮千辐》对内喀尔喀五部历史提供了其他史书所不载的弥足珍贵的史料。答里麻关于五部的记载是这样开篇的:"Sayin dayun qalq-a qaγan-u ür-e tabdaγar köbegün alčubolud alaγ-un arban qoyar Küriy-e kemekü qalq-a-ača, jarud baγarin, qonggirad, bayud, öjiyed, kemekü ebür-ün tabun otuγ-a qalq-a-yi jakiruγsan noyad-inu, alčubolud-ača qurqači tayiji qasar noyan, jarud qurqači-yin tabun köbegün-inü, obaši oyijing, sobuqai darqan uban boyimu doγsin, sonin dayičing šuuγan joriγtu, qong batur tabuγula tabun otoγ-i nijiged duruγlabai.(赛因达延汗第五子阿尔楚博勒特。具有阿拉克十二营之称的喀尔喀中,统辖扎鲁特、巴林、弘吉喇特、巴岳特、乌济叶特等山南五鄂托克喀尔喀的诸诺颜为[如下]:阿尔楚博勒特生虎喇哈赤台吉哈萨尔诺颜。扎鲁特虎喇哈赤之五子为:乌巴什伟征、苏巴海达尔汉、兀班贝穆多克新、索宁岱青、炒花卓力克图巴图鲁,各长五鄂托克之一。)"①

解读这段记载,我们从中可以了解以下几个重要事实:

首先,蒙古人对五喀尔喀的称谓应该是"山南五鄂托克喀尔喀"(öber-ün tabun otoγ qalq-a)。蒙古人所谓 öber(山南)、aru(山后),是指大兴安岭南和北,原本是纯粹的地理概念。在满文《清太祖武皇帝实录》作 monggo gurun-i sunja tatan-i halha,蒙古文作 monol-un tabun otoγ-un qalq-a(蒙古五部喀尔喀),对应的汉文为早期《清太祖武皇帝实录》的"蒙古国跨儿跨五卫"或康熙、乾隆时期《清太祖高

① 答里麻:《金轮千辐》卷四,呼和浩特本,叶10b。

皇帝实录》里的"蒙古五部喀尔喀"。因此,现在通用的"内喀尔喀五部"的称呼是非历史的、不正确的。

其次,喀尔喀五部分别为扎鲁特、巴林、弘吉喇特、巴岳特和乌济叶特。这是答里麻第一次明确指出的,在他之前没有一部蒙古文史书或者其他满汉文资料明载。关于这一点,学者们已做充分的论述,此不赘述。

其三,山南、山后的喀尔喀人还被统称为"阿拉克十二营(alaγ-un arban qoyar küriy-e)"。佚名《黄金史》、《蒙古源流》等17世纪史籍在记载达延汗时期蒙古各部时,都曾提到过"十二鄂托克喀尔喀"。众所周知,北七鄂托克喀尔喀是达延汗末子格哷森扎七子分家产后形成的,而山南五鄂托克喀尔喀是在达延汗孙子虎喇哈赤的五个儿子分家产后形成。因此,佚名《黄金史》等书的这一记载,不符合事实,是根据后世情形上推的。但是,它倒反映出,虽然16世纪30年代以后喀尔喀分成了南北两部,但在相当一段时间内,仍被统称为"喀尔喀十二鄂托克"。答里麻记载的"阿拉克十二营喀尔喀"之称,有力地佐证了这一点。答里麻所记载的"alaγ(阿拉克)"(拉西朋苏克写作"aγlaγ〔阿克拉克〕"),有什么具体含义,目前还没有说明的资料。

其四,答里麻的"扎鲁特虎喇哈赤"的提法,为我们提供了关于扎鲁特部乃至喀尔喀万户组成的一个重要的信息。萨冈彻辰《蒙古源流》记载达延汗平定蒙古右翼三万户的答兰特哩衮战役时,指出了该战役中立功的五个功臣之名,其中提到过"五鄂托克喀尔喀人巴阿孙塔布囊"。① 后来,萨冈彻辰还有一处记载,达延汗"把满都海彻臣夫人的独生女儿脱啰勒图公主下嫁给了扎鲁特人巴阿孙塔布囊。"②答兰特哩衮战役时,五鄂托克喀尔喀尚未形成。五喀尔喀晚在16世纪后半期才形成,所以参加这次战役的应该是南北喀尔喀分离以前的大喀尔喀万户。那么,巴阿孙是喀尔喀万户异姓贵族,他所属的扎鲁特,应该是当时喀尔喀万户的旧鄂托克之一。据罗密

---

① 萨冈彻辰:《蒙古源流》,库伦本,叶65a。
② 同上,叶66b。

第四章 《金轮千辐》所载扎鲁特蒙古

所写《蒙古博尔济吉特氏族谱》(1735)可知,《蒙古源流》所记"巴阿孙",其实并非塔布囊的真名。该书载:"Töröltü güngü-yi aruud ayimaγ-un BASOOA darqan tabunang-dur qolbuuqui。"① 其中被写成 BASOOA 的词,按蒙古语读法规则,既可读成 Basud(巴苏忒),也可读作 Besüd(伯苏忒)。根据作者的汉文原文,这句话为"图鲁尔图公主适扎鲁特部伯苏忒达尔汉塔布囊。"② 据此,BASOOA 就是 Besüd(伯苏忒)。伯苏忒当然不是人名,而是鄂托克名,而且是喀尔喀万户的一个鄂托克之名,有名的"七和硕喀尔喀"(即阿鲁喀尔喀=山后喀尔喀)之一就是由伯苏忒和额勒济根构成的。③ 可见,为达延汗建立大功而得到达尔汉称号并与脱啰勒图公主成婚的这位塔布囊,不是名叫巴阿孙的人,而是伯苏忒鄂托克的一名勇士。这说明,扎鲁特是构成喀尔喀万户的几个旧大鄂托克之一,该鄂托克与伯苏忒有密切关系。

《金轮千辐》所谓"扎鲁特虎喇哈赤"的记载,进一步证明了这个观点。达延汗将末子格呼森扎分封到喀尔喀右翼后,他具有了"札剌亦儿浑台吉"称号,这在《大黄史》和《阿萨喇克其史》等史书中有明确记载。因为,右翼的最大部为札剌亦儿部,领有札剌亦儿部的人就是右翼的最高首领。同样,达延汗将第五子阿尔楚博勒特分封到喀尔喀左翼后,他率部南下兴安岭,在他死后,其部众被他独生子虎喇哈赤继承。这位虎喇哈赤具有"扎鲁特虎喇哈赤"之称,可见,扎鲁特是左翼的最大部,左翼首领因此拥有"扎鲁特的某某"之称。这个名称道出了山南五喀尔喀最初的势力对比,换句话说,扎鲁特曾经是山南五喀尔喀的头号大部。

据日本学者研究,喀尔喀万户的前身是蒙元时期的五投下。④

---

① 罗密著,那古单夫、阿尔达扎布校注:《蒙古博尔济吉特氏族谱》,内蒙古人民出版社,1989年,第308页。
② 罗密、博卿额:《蒙古家谱》,中国公共图书馆古籍文献珍本汇刊(史部),《清代蒙古史料合辑(一)》,全国图书馆文献缩印复制中心,第382页。
③ N. P. Shastina, Shara Tudji-Mongoliskaya Letopicy XVII Beka, Moskva/Leningarad, 1957, p.110.
④ 冈田英弘:《达延汗六万户的起源》(日文),《夏博士还历纪念东洋史论丛》,山川出版社,1975年。

蒙元时期的五投下,指札剌亦儿、弘吉剌、亦乞列思、兀鲁兀和忙兀五部所属千户。五部首领皆成吉思汗及其继承者的功臣贵戚。在蒙元时期,五部属于左翼,占左翼蒙古40千户中的16个,位于蒙古东南部。在元朝灭亡以后,五部势力发生过一些变化。比如,在右翼应绍卜万户中,曾有过叫作"塔不乃麻"的鄂托克,"塔不乃麻"应为蒙古语"五爱玛"（Tabun ayimaɣ）之义。1470年,兀鲁兀部人、达延汗的舅父斡罗出少士（Oroču Šigüši）率众进入黄河河套,与满都古勒汗、博罗呼济农和乩加思兰会合。不久,斡罗出被乩加思兰逐出河套,他所率领的塔不乃麻鄂托克被乩加思兰吞并,融入后来的应绍卜万户里。塔不乃麻是仍以五投下冠名的一个鄂托克,是蒙元时期五投下的后裔。① 从他们首领的出身看,其中兀鲁兀是势力最雄厚的集团。然而,五投下的主要部分在哈拉哈河流域组成了新的游牧集团——万户,即喀尔喀万户。该万户分左右两翼,右翼以札剌亦儿为长,左翼则以扎鲁特为冠。

下面,根据答里麻的记载,对扎鲁特部左右翼之分及其所属各爱玛和鄂托克做初步分析。

答里麻记载,虎喇哈赤的长子乌巴什伟征是扎鲁特部首领。乌巴什伟征生巴颜达尔伊勒登、弘吉多克新、托博瑚莫尔根、图岱都喇勒、布尼色辰、劳萨和硕齐六人。其中,巴颜达尔伊勒登、弘吉多克新二人的部属构成了左翼扎鲁特（jegün jaruud）,托博瑚莫尔根、图岱都喇勒、布尼色辰、劳萨和硕齐部属构成了右翼扎鲁特（baraɣun jaruud）。

根据答里麻记载,巴颜达尔伊勒登的长子为忠图汗,忠图汗的儿子为内齐汗。忠图父子相继称汗,他们显然是整个扎鲁特部的最高首领。喀尔喀五部中只有扎鲁特之长称汗,再次说明了扎鲁特在五部中的领袖地位。到顺治年间,内齐汗的儿子尚嘉布被清廷授予了扎鲁特左翼扎萨克旗的扎萨克贝勒。

又据答里麻记载,掌扎鲁特右翼的是乌巴什伟征的四子图岱都喇勒。答里麻称此人为"baraɣun jaruud terigülen jakiruɣsan dural

---

① 乌云毕力格:《喀喇沁万户研究》,内蒙古人民出版社,2005年,第23页。

noyan(主掌右翼扎鲁特之都喇勒诺颜)",而称作图岱都喇勒的其他兄弟为"baraɣun jarud-dur qariyatu(附属右翼扎鲁特)"的某某。在顺治年间,都喇勒诺颜的儿子色本(《金轮千辐》作 seben darqan batur〔色本达尔汉巴图鲁〕)被清廷授予扎萨克达尔汉贝勒,掌管扎鲁特右翼旗。

在扎鲁特鄂托克下,有若干个爱马克,分别由左右翼的大诺颜们管辖。比如:在左翼,忠图汗的二弟济农伟征(汉文文献作忠嫩)"长左翼扎鲁特之扎哈其特(jaqačid)"(《水晶数珠》作 jaɣučid);四弟沙喇巴拜"长阿尔巴特(arbad)"(《水晶数珠》同);五弟昂安达尔汉巴图鲁"长哈尔努特(qaranud)"(《水晶数珠》作 qarnuɣud);七弟果弼而图都凌"长察噶特(čaɣad)"(《水晶数珠》作 čaɣud)。在右翼,忠图汗的叔父布尼色辰的后裔"长马哈其鲁特(maqačilaɣud)"(《水晶数珠》同)。此外,《水晶数珠》还记载,内齐汗三子色凌后裔为左翼扎鲁特额龙古特氏(oronɣud obuɣtan)之诺颜。[①]

这里提及的扎哈其特(jaqačid)、阿尔巴特(arbad)、哈尔努特(qaranud)、察噶特(čaɣad)、马哈其鲁特(maqačilaɣud)、额隆古特(oronɣud),都是扎鲁特所属的爱马克名称。久而久之,这些爱马克名称变成了姓氏,如今大部分可能以汉姓的变异形式存在,需要做进一步的田野调查研究。当然,答里麻记载的爱马克可能是当时尚知名的大爱马克,扎鲁特所属的爱马克应该不止于此。

三、扎鲁特世系谱的若干问题

如前所说,答里麻《金轮千辐》关于五喀尔喀的最核心的和最具史料价值的部分,就是五部统治家族的系谱。在答里麻之前,没有一位史家如此详细地记载五部贵族世系。答里麻身为扎鲁特人,对扎鲁特黄金家族成员的世系记载得极其详细。在《金轮千辐》后,还有巴林史家拉西朋苏克的《水晶数珠》详细记载过五部喀尔喀世系

---

① 呼和温都尔校注:《水晶数珠》(蒙古文),内蒙古人民出版社,1985年,第872页。

谱，但是，前者是后者的重要史料来源。

《金轮千辐》的扎鲁特世系谱较为全面。但是，因为抄本流传所带来的问题和该书本身的原因，仍有两个重要问题需要补充。其一，是《金轮千辐》抄本的遗漏；其二，是扎鲁特蒙古内属八旗成员的系谱补充。

1. 关于忠图汗世系问题

前文提及，答里麻《金轮千辐》有三种抄本传世。在呼和浩特本中，关于扎鲁特汗忠图的世系均不全。根据该抄本，忠图汗的世系如下：

（扎鲁特首领乌巴什伟征，其长子巴颜达尔伊勒登，其长子忠图汗）jongtu qan-ača abatai neiyiči qan, tegün-eče čangbu törö-yin noyan-ača kitad beyile, töbed, enedkeg, amu, dorji, lalu jirɣuɣula bui. kitad beyile janbu beyile, ombu tusalaɣči quyar bui. jambu beyile-eče biru-a beyile, delgerenggüi tusalaɣči, balai ɣurbaɣula bui. biru-a beyile-eče, sonom beyile, nom-un-dalai qoyaɣula bui. töbed-eče mila, tegün-eče gerel-tü ten. dorji-ača šaɣdur, aquluɣan darmaširi ten. lalu-ača batu, asaraltu qoyar bui. *eyetü batur-ača manju, solq-a, güyiči, lanči, erdeni tabuɣula. güyiči-eče kemen darqan tayiji labuɣ, ubaši ɣurbaɣula. kemen-eče darqan tayiji samanta. sereng-eče kübeg, šitar qoyar bui. dabu tayiji-ača bandi, emči, bütegel, aruɣundalai, tabuɣula bui. tayilangqu-ača abida, örölü, tuqatan ɣurbaɣula bui.*

"忠图汗生阿巴泰内齐汗，其子常嘉布多罗诺颜，其子奇塔特贝勒、图伯特、鄂讷特和克、阿木、多尔济、拉鲁六人。奇塔特贝勒生占布贝勒、阿穆瑚朗协理二人。占布贝勒生毕噜瓦贝勒、德勒格楞贵协理、巴莱三人。毕噜瓦贝勒生索诺木贝勒、诺门达赖二人。图伯特生米拉，米拉生格埒勒图等。多尔济生沙克都尔、阿瑚鲁三、达尔玛什礼等。拉鲁生巴图、阿萨喇勒图二人。额伊图巴图鲁生满珠、苏勒哈、贵齐、兰齐、额尔德尼五人。贵齐生克门达尔汉台吉、拉布克、乌巴什三人。克门生达尔汉台吉萨满塔。色凌生库博克、西塔尔二人。达布台吉生鄂齐尔、班底、鄂莫齐、博特勒、阿润达赖五人。

第四章 《金轮千辐》所载扎鲁特蒙古

太朗瑚生阿比达、斡噜鲁、图哈坦三人。"①

这里记载了乌巴什伟征及其子孙六代人。但是,我们在引文中用斜体字表现的额伊图巴图鲁以下的诸人和前辈的世系关系断链,无法得知他们是谁的后裔。显然,呼和浩特本《金轮千辐》有遗漏。

有幸,圣彼得堡本和哥本哈根本完整地记载了忠图汗后裔世系。所缺全文如下:"jongtu qan-ača abitai neiyisi qan, tegünče čangfabu beyile, eyetü batur abai sereng tayiji dabu tayiji, tayilingqu tayiji tabuɣula.(忠图汗生阿比太内西汗,②内西汗生额伊图巴图鲁阿拜、色凌台吉、达布台吉、太朗瑚台吉。)"③可知,额伊图巴图鲁以下人都是内齐汗诸子后裔。

2. 内属系统及其系谱补充

日本学者楠木贤道早已指出,扎鲁特被编为左右二扎萨克旗以外,还有相当一部分部众被编入满洲八旗(最初编入正蓝旗,后改隶镶黄旗)。他们是左翼的喀喇巴拜系统和右翼的巴克贝勒、额尔济格以及罗色和硕齐系统。④

虽说喀喇巴拜、巴克贝勒等人已被编入满洲八旗,但是,答里麻在《金轮千辐》中仍然记载了他们的世系。在《金轮千辐》成书的乾隆初年时,外藩蒙古仍视其满洲八旗中的远亲为同族同宗。在雍正年间,八旗蒙古人罗密也曾编著《蒙古博尔济吉特氏系谱》,八旗蒙古人也视外藩蒙古为自己的亲骨肉。

那么,答里麻关于内属扎鲁特远亲的记载如何?

(1)关于右翼的巴克贝勒,答里麻记载如下:

baɣ darqan-u üre dotur-a daɣaɣsan. baɣ-ača dekimü včir sang malčiq-a dorgim-a qojodai kiy-a dörbegüle. dekimü-eče čaɣdul kiy-a

---

① 答里麻:《金轮千辐》卷四,呼和浩特本,叶10b—叶11a。
② 即阿巴泰内齐汗。阿比太(abitai)是阿巴泰(abatai)的误写,而内西(neyisi)是科尔沁方言对内齐(neiči)的读音。
③ 答里麻:《金轮千辐》卷四,圣彼得堡本,叶23—叶24。
④ 楠木贤道:《编入清朝八旗的扎嚕特部蒙古族》(日文),《自然·人间·文化——地域统合与民族统合——》,筑波大学大学院历史·人类学研究科,2001年3月。

čoγtu aγsan［asqan］①amban qoyar čoγtu-ača qurča buyantu qoyar. qurča-ača bayartu dorgi amban. včir sang-ača almas efu, dügüreng dorgi amban qoyar. malčiq-a-ača včir kiy-a, včir-ača qonan. qojodai-ača sari sab kiy-a, yadai kiy-a, bayasqulang kiy-a tan ede bui. gülüčaγan-u qošiγun-dur bui amui.

"巴克达尔汉之裔内属。巴克生德赫木多尔济、鄂齐里桑、马拉齐哈多尔奇玛、瑚珠岱侍卫四人。德赫木生侍卫绰克都勒、绰克图侍郎二人。绰克图生库尔察、布颜图二人。库尔察生内大臣巴雅尔图。鄂齐里桑生阿拉玛斯额驸、内大臣都凌二人。马拉齐哈生鄂齐尔侍卫,鄂齐尔生呼纳。瑚珠岱侍卫生萨里萨巴侍卫、雅泰侍卫、巴雅斯呼朗侍卫。今隶正白旗。"

在清雍正十三年(1735)至乾隆九年(1744)间清弘昼等编纂的《八旗满洲氏族谱》(以下简称《氏族谱》)卷六六"附载满洲旗分内之蒙古姓氏·博尔济吉特氏·扎鲁特地方博尔济吉特氏"内,有扎鲁特黄金家族出身的旗人官吏传记。这是根据清朝官方授职授爵的旗档撰写的官书,其记载的可信度当然比《金轮千辐》高。该卷一开篇就是巴克贝勒传。整理该传内容发现,巴克贝勒后裔中有官职和爵位的人如下:

巴克贝勒,镶黄旗人。长子多尔济、次子鄂齐里桑德赫玛、三子满济汉、四子瑚珠岱。鄂齐里桑德赫玛之子楚辂、图瑚鲁克、鄂齐尔。图瑚鲁克子碧礼克图、沙晋达赖、特古思。巴克贝勒孙子察克都尔、玛禄、绰克图、札提。曾孙诺木齐、布颜图、库尔查、兆德、图勒苏。元孙(玄孙)巴札尔、常明保、玛济、公山、四格、札木苏。四世孙巴哈纳、岳尼。②

据此,《金轮千辐》记载的巴克贝勒长子德赫木多尔济,应为多尔济;德赫木是德赫玛之误,是次子鄂齐里桑德赫玛的名字的一部

---

① 原文作 aγsan,是满文 ashan(ashan-i amban,意为"侍郎")的蒙古语转写错误。
② 弘昼等编:《八旗满洲氏族通谱》,辽海出版社影印本,2002年,第722—723页。

分;三子马拉齐哈多尔奇玛的马拉齐哈,应为满济汉的笔误,四子瑚珠岱准确无误。在巴克贝勒孙子中,《金轮千辐》记载的绰克图不是鄂齐里桑之子,而是多尔济子;鄂齐尔侍卫不是满济汉的儿子,而是鄂齐里桑的儿子;绰克图之子库尔查、布颜图准确无误。其余人与《氏族谱》记载基本上对不上号。答里麻说他们隶正白旗误,应为镶黄旗。①

(2) 关于右翼的额尔济格,《金轮千辐》有如下记载:"(忠图汗叔父托博瑚莫尔根,托博瑚莫尔根次子额尔济格卓力克图,)eljige joriɣtu-eče tangmau jirɣalang toqu, gümü, gümüši dürbegüle. jirɣalang-ača bayiqu, dorji qoyar. bayiqu-ača očir, tegünce keši, tegünče ayuši, amča. ayuši-ača qušiq-a bošoɣ tan bui.(额尔济格卓力克图生堂茂、济尔哈朗图瑚、古穆、库穆什四人。济尔哈朗生拜瑚、多尔济二人。拜瑚生鄂齐尔,鄂齐尔生克西,克西生阿玉石、阿玛察。阿玉石生瑚什哈博硕库等。)"②

《氏族谱》载:额尔济格,镶黄旗人。长子古穆、(次?)子沙赍、三子阿兰柴。古穆子色尔特,无嗣。沙赍子古禄,其子阿海、德尔格尔,阿海子鄂札尔,德尔格尔子栋保、珠尔素。阿兰柴子舒尔瑚纳,其子色札普,其子达色。额尔济格孙隆华、阿喇普坦。额尔济格曾孙玛什、苏达。③

关于额尔济格子孙,《金轮千辐》和《氏族谱》记载差异巨大,二者中能对上号的只有额尔济格的一个儿子古穆和曾孙鄂齐尔(即鄂札尔)。显然,答里麻对额尔济格后裔的情况知之甚少。

(3) 关于罗色和硕齐,答里麻记载如下:"übaši üyijang-ün jirɣuduɣar köbegün leüse④ qošiɣuči-ača burqatu čökür, nayan, böke, diyan, bayiɣal anu, čuu jirɣuɣula.(乌巴什伟征六子罗色和硕齐生布颜图楚库尔、那颜、布克、典、白噶勒、阿努、楚六人。)"⑤

---

① 弘昼等编:《八旗满洲氏族通谱》,第722页。
② 答里麻:《金轮千辐》卷四,呼和浩特本,叶12a。
③ 弘昼等编:《八旗满洲氏族通谱》,第723页。
④ 此人名可以读作 lausa(一般音写为劳萨)和 leüse(罗色),均为汉语"骡子"的蒙古化发音。
⑤ 答里麻:《金轮千辐》卷四,呼和浩特本,叶15a。

《氏族谱》载:"镶黄旗罗色和硕齐,巴克贝勒同族。其孙希喇,原任头等侍卫;曾孙沙济,原任佐领;元孙伊德都,现任骁骑校。"①

《金轮千辐》仅仅记载了罗色和硕齐诸子,而《氏族谱》则只记载他的有官职的孙子、曾孙和玄孙,故二书内容无法相互对勘。

(4)关于左翼喀喇巴拜之系统,答里麻记载:忠图汗之弟"qar-a babai-yin ür-e dotur-adaγaγsan. qar-a babai-ača šibatu ildeng kiy-a, laskibu dayičing kiy-q, sükeči kiy-a, sangγarjai kiy-a. laskibu-ača rašiyan qošiγun ejen, aralai kiy-a. sükeči kiy-a-ača gendün kiy-a. arašiyan-ača aranai qošiγun ejen. edüge ačitu dayidu ten bui.(喀喇巴拜之裔内属。喀喇巴拜生西巴图伊尔登侍卫、拉什喜布岱青侍卫、苏克齐侍卫、桑噶尔斋侍卫。拉什喜布侍卫生阿尔善都统、阿尔赖侍卫。苏克齐侍卫生根敦侍卫。阿尔善生阿喇尼都统。现有阿齐图、岱图等。)"②

《氏族谱》载:喀喇巴拜,镶黄旗人。长子头等大臣拉什喜布,孙都统、刑部尚书阿尔善、头等侍卫阿尔赖、头等侍卫安济拉、根都里、色德理、萨宾、副都统兼佐领塞冷、佐领依萨穆、骑都尉兼一云骑尉鄂对。鄂对子骑都尉兼一云骑尉永札、费扬古。费扬古子云骑尉普庆。喀喇巴拜曾孙都统理藩院尚书兼佐领阿尔鼐、头等侍卫及侍卫班领纳穆塔尔、三等侍卫都思哈尔、噶尔马、鄂齐理、护军参领兼佐领巴特马、七品官碧礼克图、德尔格尔、步军校二格。元孙(玄孙)内大臣步军统领兼佐领阿齐图、詹事府少詹事拉萨理、骁骑校阿兰泰、六品官诺尔布、八品官四格。四世孙散秩大臣兼佐领安楚库、右卫副都统保云、散秩大臣副都统兼佐领保德。五世孙阴生色楞泰。③

两书相比较,《金轮千辐》对喀喇巴拜诸子记载较全,《氏族谱》则只记载了拉什喜布一人。《金轮千辐》对喀喇巴拜诸子后裔记载有很多遗漏,但所记人物的父子关系交代清晰,而后者虽然对拉什喜布后代记载较全面,然而只交代他们的辈数,不记载父子关系。

---

① 弘昼等编:《八旗满洲氏族通谱》,第723页。
② 答里麻:《金轮千辐》卷四,呼和浩特本,叶11b。
③ 弘昼等编:《八旗满洲氏族通谱》,第722页。

总之,《金轮千辐》对八旗内扎鲁特人的记载有很大的欠缺,应该用《氏族谱》等满汉文文献加以补充。但是,答里麻的记载说明,在那些扎鲁特蒙古人早在百年前并入满洲八旗的情况下,外藩蒙古人对他们仍具有认同感,并掌握着关于他们的一定资料。

3. 关于阿喇尼家族的石刻资料

在内属八旗的扎鲁特人资料方面,除了史书记载以外,还有部分石刻资料。比如,在《雪屐寻碑录》一书中,就保存着喀喇巴拜后人阿喇尼家族的几个碑文。这些碑文的内容,对研究内属八旗的扎鲁特人有独特的价值。

《雪屐寻碑录》的作者是盛昱,字伯熙,清肃武亲王豪格七世孙,镶白旗满洲人。光绪二年(1867)进士,选翰林院庶吉士,后迁翰林院侍读。盛昱政治上不得志,将精力投注于考据学问。他精通金石,经常在京畿地区搜集旗人碑刻拓片。盛昱既殁,原拓散亡,惟副本尚存。后其表弟杨锺羲整理原稿,以盛昱诗词中有"年年雪屐寻碑"一语,定书名为《雪屐寻碑录》。①

《雪屐寻碑录》收有理藩院尚书阿喇尼家族的三则石刻。这里介绍其中的两则。

第一则是阿喇尼弟纳穆泰的碑文。碑文如下:

> 皇帝诰授资政大夫、一等侍卫、撰达伊都额真(juwan da-i dao ejen,什长蠹章京——笔者注)包公墓碑。公姓包氏,讳纳穆泰。其先固元之苗裔也。居柳城,世王其地,八传而至剌锡禧布。公智勇素裕,踔厉不群,知天命,属我太祖高皇帝首倡大义,率诸部落来归,特授内大臣。生阿剌善公,尚郡主,累官议政大臣、刑部参政、固山额真、都察院左都御史、刑部尚书。生子二,长讳阿尔尼,官议政大臣、都统、理藩院尚书;其次即公也。公生而英敏,工骑射。年十五,章皇帝以功臣子,授三等侍卫。夙夜侍中,寒暑无少怠,盖祗肃忠勤其家训然也。太翁患痘症,甚危,公侍汤药,衣不解带,近阅月。及居丧,毁瘠骨立,勺水不入口者数日,每念遗训,辄呜咽不自胜。顺

---

① 刘小萌:《清代北京碑刻中的旗人史料》,《文献》2001年第3期。

治十六年,海寇郑成功犯金陵,润城失守,势颇猖披。特命内大臣达素南征。公与其兄请从。每战必身先士卒,奋勇摧陷,贼众挠败遁归。犹阻闽中滨海,王师随直捣厦门、戚浦。坳伪总兵房凤连巨船六百余,扬帆迎战,炮声震天,矢石交下。公奋臂大呼,跃登其舟,手刃数十人,擒其巨帅,大军麟附而上,寇尽歼。是役也,公身被数创,而拔鳌周呼,搴旗斩将,功居最焉。公身经百战,尝与贼逼垒,矢集如猬,有捍以盾者,毅然不屑也。公兜鍪饰豹尾,或谓曰:炮与镞趣焉,可奈何,盍去诸?公曰:我生有命自天,安用去为!战愈力,寇望之多辟易,所向无不披靡。今上即位,累迁一等侍卫、撰达伊都额真,诰授资政大夫。每诫族子之列侍中者曰:侍卫,亲臣也。旧制,非有功及勋胄不与。若等务勤日慎,自获王知,尚其勖哉。三藩之叛,屡请出征自效,上不欲离左右,终未允。戊午春,公卧病,数遣侍卫首领费耀色、纳尔泰等问疾。及卒,又遣费耀色致奠。实皆异数云。公貌魁伟,秉性温良,事亲孝,事兄敬,与人交诚信无欺,有悖于理,诮让无所避。《大学衍义》、《通鉴》诸书,退朝之暇,手不释卷,俱能得其奥旨。雅好琴,值风清月白时,一弹再鼓以自娱。尤喜接文士,与论古今成败,每出独断,皆心折焉。其教子也,以读书穷理、饬己敦伦为亟。且曰:习训诂以邀科名,非吾意也。其超达。①

第二则石刻为阿喇尼三子阿进达墓碑。碑文如下:

光禄大夫、议政大臣、都统、理藩院尚书阿公(即阿喇尼——笔者注)第三子阿进达墓碑。生于康熙十四年乙卯五月初八日寅时。公幼而颖异敏捷,长而端凝仁恕,体貌俊伟,精于骑射,且博通经史,洞晓大义。家庭内,事亲以孝,事长以敬。至交友酬答之间,靡不情文周致。每常言曰:男儿立身,以光前裕后,建功立业为志,承藉丰厚,毋庸也。年十三,即选拔内庭随侍。十六岁,随皇长子出征兀鲁特噶尔旦,临阵冲锋,不避矢石。王奖贲曰:尔年尚幼,颇有胆略,可嘉。厥后夙夜靡宁,勤劳惕厉。旋得沉疴,医药罔效,于康熙甲戌年(康熙三十三年——笔者注)十月二十四日申时溘然长逝。易箦之

---

① 盛昱:《雪屐寻碑录》卷十六,《辽海丛书》第九集,辽沈书社,1985年。

夕，呜咽言曰：我忠孝两亏，大志未遂，为天地间之罪人矣。言毕即卒。尚书公太夫人悲恸几绝。次年二月二十七日午时，未亡人傅氏产一子，头角峥嵘，风神秀彻。尚书公太夫人顾之，色喜曰：吾儿虽亡，今有后嗣，寒家有庆，存殁均赖矣。太夫人襁褓捧负，珍如掌珠，锡以佛名众僧保。七岁时，出就外傅，聪慧颖悟，目下数行。至举止端详，语言谨慤，常曰：吾幼而无父，幸赖祖母鞠育，日后倘能成立，不知何以报刘也。故祖母爱护益加，晨夕教诲，无不承旨。岂意甫十岁，患痘而殇。太夫人及母氏呼号抢地，几不欲生。呜呼痛哉！天道无亲，既夺其子，又夺其孙，桑榆暮景，茕茕孤苦，彼苍者天，何其有极。窃念父子生则相背，死则同穴，爱卜佳城，并埋玉树。灵其有知，倘其化鹤双归，集于松楸之上，安得不痛生者之经营惨烈而哀鸣上下也耶。用伐片石，勒诸墓道。康熙四十四年闰四月十八日妻包门傅氏敬立。①

解读该两则石刻，可以发现以下几个问题：

一，石刻中的"刺锡禧布"，就是《氏族谱》中的"拉什喜布"，"阿尔尼"是"阿尔鼐"，即一般所称的阿喇尼。《氏族谱》中的阿喇尼弟纳穆塔尔，实为纳穆泰之误。阿喇尼还有一个名叫阿进达的儿子和叫众僧保的幼孙。这是蒙汉文系谱所未曾记载过的。

二，内属扎鲁特贵胄累世得到清朝皇室器重。他们内附时间早，对皇室忠心耿耿，战功卓著，为打下清朝江山做出了贡献。根据内属扎鲁特人的情况，清廷从他们中选拔了很多皇帝身边的侍卫以及若干内大臣、议政大臣、都统、尚书等八旗高级官员。就以喀喇巴拜家族为例，在他们中就有都统、副都统、刑部尚书、理藩院尚书、议政大臣、头等大臣、侍卫班领、护军参领等显赫的官员。

三，八旗蒙古人已经相当汉化、儒化。早在康熙年间，内属八旗的蒙古人就已经取汉姓。阿喇尼是扎鲁特部博尔济吉特氏，他们已经取汉姓包（博尔济吉特的简称）。阿喇尼弟称包氏，阿喇尼儿媳自称包门傅氏。

---

① 盛昱：《雪屐寻碑录》卷十，载《辽海丛书》第九集。

八旗蒙古人不仅"工骑射",还崇尚文采。阿喇尼弟纳穆泰"《大学衍义》、《通鉴》诸书,退朝之暇,手不释卷,俱能得其奥旨。雅好琴,值风清月白时,一弹再鼓以自娱。尤喜接文士,与论古今成败,每出独断,皆心折焉。其教子也,以读书穷理、饬己敦伦为亟"。阿喇尼子阿进达"精于骑射,且博通经史,洞晓大义"。他们的行为准则,也已成为儒教说教。比如,阿进达在"家庭内,事亲以孝,事长以敬。至交友酬答之间,靡不情文周致"。阿进达以十九岁病故,死前曾言:"我忠孝两亏,大志未遂,为天地间之罪人矣。"如此等等,可见一斑。

四、《金轮千辐》一书的核心史料价值

答里麻《金轮千辐》的最核心的和最具史料价值的部分是关于五喀尔喀的史料。它的主要史料价值体现在以下几个方面:

1. 提供了关于五部喀尔喀的最权威的解释和较详细的系谱,补充了其他蒙古文史书的记载。

在《旧满洲档》、《清太祖武皇帝实录》等满汉文档案与文献以及其他蒙古文史书中可见有关五部喀尔喀的零散记载。但是,在答里麻前,没有一部文献明确提出过五部的具体成员。答里麻也是最早较完整记载山南五喀尔喀部统治家族系谱的史家。萨冈彻辰的《蒙古源流》对左翼蒙古记载不多,也不甚确切;善巴《阿萨喇克其史》以详细记载达延汗后裔系谱为特点,但重点在于北喀尔喀七鄂托克,对山南五喀尔喀记载仍不全面。《金轮千辐》还留下了关于扎鲁特各爱马克的珍贵记载。总之,答里麻的书是研究山南五喀尔喀部的弥足珍贵的史料。

2. 补充了汉文史料的不足,更正汉文史料的错谬。

在汉文史料中,《钦定外藩蒙古回部王公表传》和《蒙古游牧记》为记载清代蒙古王公世系的权威性史料。但是,这些史料都具有很大的局限性。就以五部喀尔喀系谱为例,这些史书或记载不全,或记载错谬。比如:

《王公表传》记载:"元太祖十六世孙阿尔楚博罗特,生和尔朔齐

哈萨尔,子二:长乌巴什……次苏巴海,称达尔汉诺颜,号所部曰巴林。"①

在这短短的一段记载里,首先人名有误,和尔朔齐哈萨尔是虎喇哈赤哈萨尔之误;其次,虎喇哈赤有子五人,成为五部喀尔喀之主,《王公表传》记载成了两个儿子,遗漏了另三个儿子;再者,巴林为喀尔喀旧鄂托克名,并非苏巴海号所部为巴林,应该说,苏巴海分得了巴林鄂托克。

《王公表传》又记载:"元太祖十八世孙乌巴什,称伟征诺颜,号所部曰扎噜特。子二:长巴颜达尔伊勒登,次都喇勒诺颜。巴颜达尔子五:长忠图,传子内齐,相继称汗。次赓根,次忠嫩,次果弼尔图,次昂安。都喇勒诺颜子二:长色本,次玛尼。"②

根据答里麻记载:巴颜达尔有子八人,《王公表传》遗漏了三人;所记五人中,忠嫩为济农之误,赓根、昂安、果弼尔图分别为沙喇巴拜赓根、昂安达尔汉巴图鲁和果弼尔图都凌之简称。所谓的乌巴什称所部为扎鲁特者,也是错误的说法。扎鲁特最迟在 16 世纪初就已知名,它是大喀尔喀万户时期或者更早形成的鄂托克。乌巴什只不过是分得扎鲁特鄂托克的领主。

---

① 《钦定外藩蒙古回部王公表传》卷二八《巴林部总传》。
② 同上,卷二九《扎噜特部总传》。

第五章　东土默特蒙古

　　东土默特,原为满官嗔—土默特万户的一支。后来,东土默特上层与山阳万户的朵颜兀良哈首领建立了"诺颜—塔布囊"统治体系,加入了喀喇沁万户。1627年林丹汗西征,蒙古右翼诸万户先后被征服。东土默特人在受到林丹汗和明朝的双重打击后,势力日益衰微,最终投靠了满洲爱新国。入清后,东土默特被编为两个扎萨克旗。他们的后裔今天生活在辽宁省境内。

　　过去,有关东土默特人的研究论著寥寥无几。最近几年,笔者在17世纪蒙古文档案文书、满文档案和明朝兵部档案中发现了不少有关东土默特人的"遗留性史料"。以下就是研究这些新史料的初步结论。

一、东土默特部的起源

　　东土默特人本来是15世纪蒙古中央六万户之一的满官嗔—土默特万户的一个成员。

　　最初,满官嗔—土默特万户的首领为脱罗干、火筛父子。1479年,蒙古满都鲁汗与脱罗干率兵击败了把持朝政的权臣乩加思兰。乩加思兰是当时应邵卜万户的首领。是年,满都鲁汗死,少年达延汗即位。1483年,达延汗与脱罗干举兵击败了继乩加思兰后成为应邵卜万户之长的亦思马因。从此,满官嗔—土默特万户代替了应邵卜万户的地位,势力仅次于大汗直属的察哈尔万户。

　　脱罗干死后,其子火筛成为满官嗔—土默特部首领。当时,达延汗也长大成人,而且"为人贤智卓越"。他采取各种措施,加强汗权,巩固统治地位。为了削弱异姓贵族的权力,确立蒙古黄金家族在六万户的直接统治,派其次子到鄂尔多斯万户,三子到满官嗔—土默特部。这引起了异姓贵族的群起反抗,导致了右翼三万户的叛

第五章 东土默特蒙古

乱。右翼叛乱者杀死了达延汗次子。达延汗首先率兵攻打火筛所领满官嗔—土默特部,但是遭到失败。后来,达延汗率领左翼三万户和科尔沁万户,在达兰特哩衮击败叛乱者。火筛投降。

达兰特哩衮战役以后,达延汗将其子孙分封到各部。达延汗第四子阿尔苏博罗特被分封到了满官嗔—土默特部。但是,达延汗死后,其第三子巴尔斯博罗特窃取汗位(1516—1519年在位),对由达延汗分封诸子而业已定型的右翼诸部最高统治权作了有利于其家族的改动。结果,巴尔斯博罗特的次子阿勒坦夺取了满官嗔—土默特部的最高统治权,阿尔苏博罗特则沦落为满官嗔—土默特部的一支多罗土蛮鄂托克之主。①

满官嗔—土默特部之长阿勒坦,就是明人记载中的大名鼎鼎的俺答汗。俺答汗时期,满官嗔—土默特部的势力可谓达到登峰造极的地步。他以土默川(即古丰洲滩)为根据地,建造呼和浩特,不仅控制了右翼三万户,而且还征服了青海地区和西北卫拉特蒙古。开辟了西藏和蒙古的交通,在蒙古引进了藏传佛教的格鲁派。和明朝建立了和平贸易关系,化干戈为玉帛,被明朝封为顺义王。胁迫蒙古大汗获封了汗号。总之,满官嗔—土默特部成为与蒙古大汗部势力相当的大集团。

本章探讨的东土默特部,就是这个满官嗔—土默特部的一支。它的成立,是从俺答汗的长子僧格洪台吉开始的。僧格,汉文史料又作辛爱、省革、黄台吉、都令哈等等。俺答汗的土默特部以呼和浩特所在土默川平原为中心,东边到大同边外,与左边的喀喇沁部为邻。僧格的封地在土默特部的东部,大致相当于今天的河北省沽源、张北、尚义等县和内蒙古兴和县以及与这些县为邻的察哈尔南方各旗地方。僧格与俺答汗的关系一直不睦,他在东方逐渐发展为一个较为独立的势力。

在1550年"庚戌之变"后,僧格继续向东方扩张,经营朵颜兀良哈的一些部落。这为后来东土默特部的形成打下了坚实基础。《万

---

① 宝音德力根:《满官嗔—土默特部的变迁》,《蒙古史研究》第五辑,1997年,第193—194页。

历武功录》的僧格传记载,当时,僧格"月引安滩、把都儿、克失炭等,略伯彦帖忽思,因以所略马牛羊比匿深山中。先是,亡命陈打罕("李家庄贼"头目——笔者)与黄台吉(指僧格——笔者)合兵,略朵颜把卜亥马牛羊得算。乃复谋我蓟门,假以娶妻朵颜故,得久逐潮河水草。顷之,移壁长水海、白庙儿,有吞三卫之志。自是上谷以东,渔阳以西,胡马充塞道路矣。黄台吉亦纵兵掳掠朵颜都指挥哈哈赤马牛羊及车辆过半,意在胁三卫以归,然后连卫而图我,可知也"。① 可见,僧格首先收服了伯彦帖忽思部落。伯彦帖忽思是花当长子革儿李罗的次子革李来的长子。该部后来成为他的属部。然后,征服了陈打罕,即所谓的"李家庄贼",②在"李家庄贼"的引导下,抢掠察哈尔属兀良哈人把卜亥(朵颜兀良哈首领花当四子把儿真的第三子)部落。后来,他又纵兵抢掠哈哈赤(花当第五子),也是察哈尔属兀良哈人部落。

僧格通过姻亲关系,加强与属部的关系。他娶其属部的头目伯彦贴忽思之女大娶只和伯彦打赖(花当四子把儿真的末子)之妹苏布亥以及喀喇沁属部董忽力(花当长子革儿李罗之长子革兰台的第五子)之女宝兔璧只为妾。此外,俺答汗的女儿嫁给了猛古歹(董忽力之兄)的儿子那秃,③僧格的女儿嫁给了伯彦贴忽思的次子炒蛮。当时,蒙古黄金家族的成员们自称"诺颜"或"台吉",而他们的女婿们被称作"塔布囊"。所以,在土默特部和兀良哈属部之内逐渐形成了"诺颜—塔布囊"统治体系。但是,因为僧格不久回呼和浩特,并且为了和他父亲俺答汗之妾、土默特部实力人物三娘子结婚,与娶自其他部落(包括兀良哈在内)的妻妾离了婚。僧格在东边的鄂托克由他的儿子赶兔及其弟弟们继承,最终形成东土默特部,离开满官嗔—土默特万户,归属了喀喇沁万户。

---

① 瞿九思:《万历武功录》,中华书局影印本,1962 年,第 785 页。
② 关于"李家庄贼"的始末,请参考特木勒《朵颜卫研究——以十六世纪为中心》,南京大学博士学位论文,2001 年,第 39—48 页。
③ 详见特木勒《朵颜卫研究——以十六世纪为中心》,第 36—37 页。

二、东土默特与兀良哈的"诺颜—塔布班"体系

僧格在东边的鄂托克由他的儿子赶兔及其弟弟们继承。

赶兔,又作安兔,清译噶尔图,原名蒙古语 Γaltu,是僧格第九子。据《北虏世代》记载,僧格的十四个儿子中赶兔排行第九,第十到第十二子分别为朝兔台吉、土喇兔台吉和土力把兔台吉,"以上三酋俱系安兔同母兄弟,俱住宣府东塞"。① 赶兔是僧格和兀良哈人伯彦打赖之妹苏布亥所生的儿子,②所以,他的朝兔等三个弟弟也是苏布亥所出。赶兔后裔、近代蒙古著名文学家尹湛纳希的家谱记载,噶尔图和他的弟弟们 Tulahtu(土喇兔)、Cohtu(朝兔)、Colmatu(土力把兔)、Burhatu(布尔噶图——此名不见于《北虏世代》,可能出生年代较晚)是东土默特诸台吉的祖先。③ 这证明,《北虏世代》的记载是可信的。显而易见,就从达延汗以来的许多事例证明的那样,赶兔胞兄弟四人,按照传统,受封并占有了他们舅舅所领的鄂托克。这样,赶兔兄弟及其子孙的兀鲁思形成东土默特部落本部,他们与属部的兀良哈首领们一起被称作"土默特的执政塔布囊",④成为喀喇沁万户的一部分。

关于赶兔诸子,蒙汉文史料的记载有所出入。《武备志》记载,长子讫他汗台吉,二子完布台吉,三子巴赖台吉。⑤ 据《明实录》:

> 赶兔的长子名圪炭亥,次子温布,少子毛乞炭。⑥

据《明朝兵部题行档》记载,兄弟三人的名字分别为敖目、七庆和毛乞炭。那里曾经提到,"敖目、七庆与已故弟毛乞炭"。根

---

① 《北虏世代》,第496—497页。
② 同上,第601页。
③ 《尹湛纳希家谱》,内蒙古社会科学院藏蒙古文写本。
④ 李保文整理:《十七世纪蒙古文文书档案(1600—1650)》,第14号文书,第43页。
⑤ 茅元仪:《武备志》卷二〇五"宣府"。
⑥ 《明神宗实录》,万历四十三年六月乙未。

据赶兔后裔、著名的近代蒙古作家尹湛纳希家谱,兄弟三人分别为 Ombu čökür(鄂木布楚琥尔)、Kitaqai(圪他海)和 Mergen dayicing (默尔根代青)。整理以上诸文献记载,赶兔三个儿子的名字应该如下:

圪他汗,又作圪炭亥或圪他海,号七庆:Kitaqai(Sečen)

敖目,又作温布、完布或鄂木布,号楚琥尔:Ombu cökür(Ombu čökekür)

巴赖,或称毛乞炭,号莫尔根代青:Mahu kitad(Mergen dayičing)

《明实录》和《武备志》说圪炭亥为长子,但是《尹湛纳希家谱》说鄂木布(敖目)为长子。再根据《宣镇图说》记载,当初在敖目兄弟之中,实力最雄厚的当属七庆(圪炭亥),据说有一万五千余骑。敖目有众一千八百骑,毛乞炭有二千骑。① 这些数字不一定很精确,但在一定程度上可以说明兄弟三人的势力。据此,圪炭亥为赶兔长子基本可信。②

据《武备志》载,赶兔弟朝兔有子三人,长子名召儿必太台吉,二子瓦红大台吉,三子索那台吉。③ 根据明朝兵部档案《明档蒙古满洲史料》(简称《明档》),1631 年夏,龙门所守备李怀新察称,林丹汗下摆布解生等十七人进口,要求"先要下北路沿边各堡先年夷酋敖目、毛乞炭、阿洪、锁那等一十七台吉旧例赏物"。④ 其中,敖目和毛乞炭是上述赶兔诸子,而阿洪即朝兔次子瓦红,锁那就是其弟索那。《清实录》1629 年的记事中也有以下内容:"土默特部落卓尔毕泰台吉、达尔汉喇嘛、阿浑台吉、阿巴当台吉、索诺木台吉来贡,兼贡礼物"。⑤ 所提到的卓尔毕泰台古,就是《武备志》中的召儿必太台吉;阿浑台吉即瓦红大台吉;索诺木台吉即索那台吉。朝兔诸子的名字,在 17

---

① 金志节纂,黄可润增修:《口北三厅志》,成文出版社,1968 年,第 118—119 页。
② 作者曾经信从《尹湛纳希家谱》,认为敖目是长子,不妥。
③ 茅元仪:《武备志》,卷二〇五"宣府"。
④ 《明档》,兵部署部右侍郎宋等崇祯四年五月九日题。
⑤ 《清太宗实录》,天聪三年六月辛巳,载《清实录》,中华书局影印本,1986 年。以下清帝实录均引自此版本。

世纪20年代的蒙古文文书中也曾出现过。① 据此,此三人的原名分别如下:

召儿必太台吉(卓尔毕泰台吉):jolbitai qong tayiji
瓦红台吉②(阿洪、阿浑台吉):Aqun tayiji
索那台吉(锁那、索诺木台吉):Sunum tayiji

根据明代文献记载,早在万历十八(1590)年,赶兔经营明朝边境上的所谓的"史车二部"。他们是一帮亡命之徒,"诸夷、华人通逃者",或盗窃蒙古牛马,或抢劫明朝村落,根本不是有人所说的什么"摆脱了蒙古贵族和汉族地主阶级封建统治的蒙汉劳动人民",更不是"一支蒙汉人民的联合起义军"。这帮山贼盘踞在渤海所、黄花镇边外,即今天的北京怀柔区境内的长城边外地区。赶兔收服了他们。

据《明实录》的记载,在赶兔死后,他的遗孀满旦改嫁给叫作阿晕的人,与赶兔长子圪炭亥相仇杀。但是,母子矛盾似乎没有演变成为整个土默特部落的内讧。此后,满旦与敖目母子势力逐渐强大起来,兄弟之间很快"复与相合","雄心复起","踵赶兔之故智"。③《明史纪事本末》称,在万历四十六(1618)年时,"满旦母子益态,以万骑攻白马关及高家堡",满旦"以一妇眺踢曹、石间,意不可制"。④据《明档》记载,天启四年(1624)钦差总督宣大山西等处地方军务王国祯就明朝边防和北边形势指出,"今自东事以来,我以示弱,虏气遂骄,重之挑选半空,目复无我。故永邵卜挟数万之众相持数月,毛乞炭亦肆跳梁,白言拆墙拉人,以更否测"。⑤ "东事"指女真—满洲人的对明战争。"白言"指喀喇沁的布颜洪台吉。"毛乞炭"就是敖目的弟弟毛乞炭。那么,这里指出的实际上就是喀喇沁万户的三大

---

① 李保文整理:《十七世纪蒙古文文书档案(1600—1650)》,第47号文书,第138页。
② "瓦红大台吉"的"大"是"台吉"的定语。
③ 《明神宗实录》,万历四十三年六月乙未。
④ 《明史纪事本末》卷二十"设立三卫"条。
⑤ 《明档》,天启四年八月十二日兵科抄出钦差总督宣大山西等处地方军务兼理粮饷右部右侍郎兼都察院右佥都御史王国祯题本。

成员——永谢布、喀喇沁和东土默特。

到了1629年初,赶兔和朝兔诸子部落,都已归附敖目。据崇祯元年九月初七日(1628.10.03)题、九月二十七日(10.23)奉旨的李养冲的一份文书记载:

> 敖目、七庆与已故弟毛乞炭鼎足而立,各拥强兵,列帐山后林丛中,险不能进,攻不能入,而时窥内地,每岁蹂躏于永宁之东,号称劲敌。①

又据九月二十九日(10.25)的兵科抄出李养冲题本:

> 敖、庆兄弟三人止兵三千,不意毛酋损后,纠结诸夷,合并六七千,大非昔日可比矣。②

可见,毛乞炭在1628年10月以前就已经死去。七庆死于1628年10月25日。崇祯元年冬天,明廷得报七庆已死,但是"或云当阵,或云带伤回巢而毙",故下令严查缘由。宣大巡按叶成章对此进行了详细调查,将调查结果写成题本呈于兵部。其中写道:

> (九月)二十九日报,七庆死了,满营齐哭。举问今日哭怎么缘故。敖首下夷人颇颇会恰说,七庆官儿、宰生恰台吉俱被你南朝上阵打着。七庆箭炮眼发死了,宰生恰台吉阵上回来即死。还有许多带伤夷人不教外人看见。颇颇说称,你们不要与人说,敖目官儿利害,不教你们南朝知道。……臣看得,敖、庆兄弟房中之最黠者也。迩来无岁不犯,至今岁则犯而至再至三矣。天厌其恶,殛此元凶。九月初四日大举入犯永宁,我军炮打箭射,七庆带伤回巢,于九月二十九日(10.25)死矣。③

在叶成章的另外一份题本残本中还写道:

---

① 《明档》,兵科抄出钦差巡抚宣府等处地方赞理军务兵部右侍郎兼都察院右佥都御史李养冲谨题。
② 《明档》,兵科抄出钦差巡抚宣府等处地方赞理军务兵部右侍郎兼都察院右佥都御史李养冲题,崇祯元年九月二十九日奉旨。
③ 中研院历史语言研究所编:《明清史料》甲编第八册,1930年,第707页。

第五章　东土默特蒙古

> 七庆死,而其众尽归敖目,桀骜之性,叛附靡常。①

这样一来,到了1628年10月底,敖目的两个弟弟都已死去,他们的兀鲁思归敖目管辖,敖目的势力迅速壮大。入清以后,在东土默特,只有敖目(清译鄂木布)及其后人独秀一枝,原因就在这里。

朝兔诸子也听命于敖目。后面将提到,朝兔长子卓尔毕泰台吉曾经作为敖目的使臣到满洲爱新国,把敖目的书呈上天聪汗。在《清实录》里,卓尔毕泰台吉、阿浑台吉、索诺木台吉作为敖目的属下台吉频频出现。

僧格之妾苏卜亥的兄长伯彦打赖为了保证明朝方面的赏物,经常向明朝密报土默特部的活动,与僧格发生了冲突。1567年苏卜亥死后,伯彦打赖欲投靠明朝被拒绝,后来完全被僧格控制。1615年伯彦打赖死后,赶兔杀死其表兄长男,兼并了伯彦打赖部落。② 史料显示,赶兔还控制了继母大壁只的部众。据《蓟镇边防》载,"大比只巢住在无碍,去边三百五十里(乃辛爱妾)"。可是,《武备志》上说,"东夷兀爱是营名,与下北路龙门所相对,离独石边一百余里……酋首安兔,故。"该书还援引《职方考》说,"蓟镇系朵颜三卫属夷。东北系擦恼儿(察汉儿之误)。西北系青把都儿、大壁只、赶兔等部落住牧。"大比只,即大壁只。无碍就是兀爱。安兔即赶兔。不难发现,在苏卜亥死后,赶兔与其继母一起游牧,大壁只的原驻牧地兀爱随之变成了赶兔的地方。此外,17世纪初期有名的兀良哈塔布囊善巴、赓格尔等都是东土默特的塔布囊。善巴的祖父是俺答汗的属民猛古歹。关于俺答汗与猛古歹的联姻关系、后来东土默特人的"满官嗔"之名的由来等,特木勒作了令人信服的考证。③ 这位猛古歹,是花当的后裔,归附土默特俺答汗的恩克(影克)的兄弟。据《卢龙塞略》,"猛古歹,妻伯彦主喇。子曰罕麻忽,曰那彦伯来,曰那秃,曰那木赛。""伯彦主喇其男亦为安滩婿。"④安滩指俺答汗。再据《王

---

① 《明档》,宣大巡按叶成章崇祯二年二月初九日题本。
② 特木勒:《朵颜卫研究——以十六世纪为中心》,第33—35页。
③ 同上,第36—38页。
④ 郭造卿:《卢龙塞略》卷十五"考部",学生书局,1987年。

公表传》记载:"善巴,土默特部人,姓乌梁罕,元臣济拉玛十三世孙。祖莽古岱由喀喇沁徙居土默特,有子三:长哈穆瑚;次诺穆图卫征,子即善巴;次鄂穆什固英。"做俺答汗女婿的莽古岱之子,就是善巴的父亲诺穆图(那秃)。赓格尔是善巴的近族。据此,土默特其他贵族属部的塔布囊们,至少是俺答汗的一些塔布囊们,加入了后来的东土默特部。因此,应该说,东土默特部的塔布囊部落不仅包括僧格的属民,而且还包括原来俺答汗等人的一些属部。

顺便说一下,当时东土默特部的游牧地分布在今天的北京市北部、河北省北部和辽宁省西部一带。对此,本书下编中有专门考证。

三、东土默特与林丹汗的战争

1627年林丹汗的西征,对东土默特人来说,是一场大灾难。

林丹汗的察哈尔军队没有立即攻打东土默特,因为他们的牧地位于喀喇沁的南部,不在察哈尔西进途中。但是,敖目等诸诺颜,作为喀喇沁万户的一员和"山阳诸诺颜与塔布囊"集团的一部分,有义务跟随喀喇沁汗抵抗察哈尔。他们的命运是息息相关的。所以,在1628年元月初至二月初之间发生"昭城之战"时,即喀喇沁汗、洪台吉的军队与察哈尔在呼和浩特对阵时,敖目成为喀喇沁阵营里的一个重要人物。

根据科尔沁奥巴洪台吉致天聪汗的书,参加这次战事的当事人报道,"大兀鲁思(喀喇沁万户——笔者)没有参加,参加的是布颜阿海、汗阿海和鄂木布的主营"。[①] 也就是说,喀喇沁汗拉斯喀布、喀喇沁洪台吉布颜阿海以及鄂木布三人的部众参加了战争。这位鄂木布,不是别人,正是东土默特部首领敖目。《王公表传》"扎萨克固山贝子固穆列传"记载,"察哈尔林丹汗恃其强,侵不已,固穆父鄂木布楚琥尔约喀喇沁部长苏布地等,击察哈尔兵四万于土默特之赵城"。"约喀喇沁部长苏布地等"云云,不符合事实,但是,其中可以窥见鄂

---

① 李保文整理:《十七世纪蒙古文文书档案(1600—1650)》,第49号文书,第5页。

第五章　东土默特蒙古

木布(敖目)确实参加了这次战役。那么,敖目的"主营"(hool qorii-a),指的是什么?应该是指东土默特本部,也就是说,他的塔布囊们没有参加这次战役。

因为喀喇沁—东土默特联军在昭城的失败,1628年初,喀喇沁汗东奔到卫征等塔布囊处,东土默特则避到白马关边外。据李养冲题本称:

> 敖、庆(鄂木布与弟七庆——笔者)等酋连年虽称狡诈,屡犯鼠窃,不过挟赏。自插酋(林丹汗——笔者)西来,逼彼潜藏白马关等处边外驻牧,斜(纠?)结东奴,西合白言部夷(喀喇沁——笔者),借势狂逞,于七月内聚兵二三千,突犯靖胡,被我官军割夷级,夺夷器、马匹,怀恨不散……①

鄂木布当时尚未"纠结东奴",但是被迫向白马关边外迁移是事实。在1628年秋天爱新国"取通贵"之役后,因为林丹汗西撤,鄂木布部众又回到了龙门所边外地方。

1628年秋天,林丹汗在埃不哈战役中打败了阿苏特、永邵卜和西土默特部联军。此后,乘胜西上,讨伐西窜的西土默特部长博硕克图汗并进军河套的鄂尔多斯部,所向披靡。到了次年,又挥戈东进,讨伐东土默特部。

1629年当时的蒙古文文书和明朝兵部档案,都保留着有关察哈尔—土默特战争的珍贵的第一手资料。先看《明档》中崇祯二年五月三日兵部题行稿:

> 宣府巡抚郭兵部尚书臣王等谨题,为夷情事,职方清吏司案呈奉本部送准,塘报内称,崇祯二年闰四月二十七日,准镇守宣府总兵官侯世禄手本内称,本月二十五日,据东路永宁泰(参?)将孙庆禀称,二十四日辰时,据周四沟守备高崇让禀称,二十三日戌时,据长哨钱丙报称,探得敖目转调石槽峪沟口住牧耳森台吉部落夷人,俱突起帐前往地名白塔儿聚齐。随据守口夷人名石鸡子复密报,敖目将本边住牧各夷尽数撤聚,若讲赏不遂,定要谋犯周四沟、观头二

---

① 《明档》,兵科抄出钦差巡抚宣府等处地方赞理军务兵部右侍郎兼都察院右佥都御史李养冲谨题。

73

堡。又据原差出口委官张满进口报称，敖目索要部落月米二千两，但因插兵来征，甚是慌乱，似有起帐情形等情。又据靖胡堡守备郭秉忠禀，据原差尖夜曹江口报，哨至边外地名红石湾，离边约远六十余里，迎遇敖目守口夷人乞炭说称，有插汉儿家精兵大约三百余骑，将龙门所边后瓦房沟住牧七庆部落夷人、牛羊、马匹赶去，并抢去七庆台吉儿子小台吉，其耳森、打力的两个娘子，随带夷人往东南白马关边后行走。又说，敖目选差精兵百骑，去哨插兵，未知还干何事。又拨步夷带斧砍树当路。见得本酋甚是慌忙，声说往白马关原巢，要回顾家李等情。又据上下北路参将查官正等禀报相同缘由。各转报到镇。除行沿边参守等官与同防兵着实提备、侦探外等，因移会到职。准此为照，敖目近因新收卜石兔部落宾兔台吉等，乃原降插酋，今复叛，投敖目。而本酋近得此夷，志骄气盈，随尔放肆，要挟业经，发兵边口，正在讲袭间。今幸天厌其恶，令插酋杀掠部落，抢去头畜，以致本酋自顾不遑，匆匆东去……①

  根据宣府巡抚郭的塘报，林丹汗（即所谓"插酋"）攻打东土默特部的导火线，是敖目不久前收下了来投奔他的宾兔台吉。宾兔台吉本来是西土默特首领博硕克图汗（即卜石兔）的属下，西土默特被察哈尔打败后，向林丹汗投降。可能到了1629年初，宾兔台吉又叛离察哈尔，投奔了敖目。宾兔台吉部落的归附，曾经一度加强了敖目的势力。敖目因此"志骄气盈，随尔放肆"。

  宾兔台吉的叛附敖目，是林丹汗攻打东土默特的借口而已。林丹汗在压服西部蒙古部落以后，肯定回头来收拾喀喇沁万户的残余，以保证与明朝往来路线的安全。据以上报道，林丹汗军队在崇祯二年闰四月二十日（1629.6.11）左右攻进龙门所边外瓦房沟一带，抢掠原来七庆台吉的部落，抢去七庆台吉之子（敖目侄儿）和牲畜。敖目一边派哨兵探察哈尔，并砍树堵住山路，一边向明朝索要月米，率众又向白马关边外撤退。

  此后，五、六月份，察哈尔和土默特之间战争仍在进行。敖目在

---

① 《明档》，兵部尚书王崇祯二年五月初三日题，宣府巡抚郭塘报。

第五章　东土默特蒙古

1629年五月致天聪汗的书信中写道：

> 天聪汗明鉴。额尔德尼杜棱洪巴图鲁台吉以书上奏。天聪汗的谕旨，于蛇年闰四月初十日到达我们这里。恶毒的汗的鄂托克在去年取通贵时曾经溃散撤回。[但是]现在又回到了原牧地。[他们]朝暮向我们发来精兵。我们跟他们在作战。如果[天聪汗您]慈爱众生，请起驾光临把我们的仇敌压服在我脚下……①

额尔德尼杜棱洪巴图鲁台吉，就是敖目（详后）。蛇年闰四月初十日，即公元1629年6月1日。"恶毒的汗"指林丹汗。"去年取通贵"，说的是1628年秋天聪汗征伐察哈尔一事。该文书中还提到，"到现在的五月份"，可知这个书信是在1629年五月内写成的。可见，在五月份，察哈尔仍然派遣精锐部队攻打土默特，敖目等进行抵抗。

关于土默特与察哈尔的战事，《明档》里还有一份重要文书。这是崇祯二年六月二十日（1629.08.08）兵部题宣府巡抚郭塘报行稿。题行稿中说：

> 兵部尚书臣王等谨题，为塘报夷情事。职方清吏司案呈奉本部送（据）准　宣府巡抚郭塘报前享等因，又该宣府总兵官侯世禄塘报同前事内称，崇祯二年六月十五日，据东路永宁参将孙庆塘报，案照本月十一日各将齐赴东河边口，与敖目差来召儿计等三个喇嘛、挨尧什等四个他不能带领夷人一百余名，里外两家睹面苦讲一番。各夷回称，感诸上老爷天恩服欸，言定十三日阁刀盟誓。陡于十二日午时，有拨儿马达子来调喇嘛、他不能说，有达子二千余骑，已过满套儿，不知是否东夷、插夷。各喇嘛、他不能等随即回巢。又据原差通丁克什兔、罗一栋等带领喇嘛徒弟班的进口飞报说称，敖酋闻报，带领夷兵前去迎敌。又敖目说称，我们旧事讲成，已在十三日阁刀。我心忙，不能顾此。差班的在里边住着，以为准信。两三日事定，插刀血誓。卑职随差通丁克什兔，同守备郭乘忠差长哨曹江等出口侦

---

① 李保文整理：《十七世纪蒙古文文书档案（1600—1650）》，第29号文书，第91页。

探。一面飞传各堡守防等官严加防备。再照插兵见形,敖酋凶吉未保。查得,敖酋住牧相近周四沟、黑汉岭、四海冶边界,倘插兵逼近,敖酋无路奔逃,倘投边里,请乞兵马预备等情塘报到职。据此看得,所报二酋相持情形已露。虽事在房中,且逼近陵寝,而防备为最吃紧。本职业已先行选发本职下任丁千总侯奇带领夷丁二百名,次发新旧两营步兵一千名,又会发练兵游击熊维藩铜陵本营军丁五百名前去。东路永宁分布沿边一带紧要冲堡,设伏防御外,系干房中情形,理合塘报等因,各到部。①

据此,崇祯二年六月十二日(1629.07.31),察哈尔军队2 000余人经满套儿来攻东土默特部的腹地。可见,此时察哈尔控制了喀喇沁本土和相连的满套儿地区。当时,敖目正在和明朝边臣进行谈判,准备次日"插刀盟誓",与明朝议和。由于察哈尔的进攻,敖目不得不匆忙出兵迎敌。

《明档》中七月还有一则报道,似乎与土默特的战争有关。据宣大督师王象乾崇祯二年七月十四日塘报:

(据抚夷参游守备庞永禄等禀称)初十日申时有大赵、二赵、民安大、黄举因,送插酋宴赏回进口说称,见得王子营盘捉马,甚是慌惧。有守备甄祥问守口夷人,密说:东边有奴酋(指女真——满洲人,这里确切指天聪汗——笔者)、跌儿半口肯(指蒙古四子部落)、孛罗蒿儿泌(沁)(又作"卜罗蒿儿趁"、"卜罗好儿慎"、"卜罗合儿气"等,都是蒙古语Boru qorcin的不同译写。根据《明朝档案》的多处记载,孛罗蒿儿沁相当于清代文献中的"嫩科尔沁"。孛罗蒿儿沁的孛罗,蒙古语为Boru,意为"褐色的"。这个名称,似乎与"白鞑靼"、"黑鞑靼"等部落名称同属一类——笔者)、汪路(蒙古语Ongliɤud,明代其他文献中又作汪流,清代译作翁牛特——笔者)、古儿半那不哈(蒙古语的ɤurban abaɤ-a,意为"三个叔父"。蒙古人称成吉思汗诸弟合撒儿、哈赤温和别力古台后裔部落为古儿半那不哈,因为合撒儿、哈赤温和别力古台三人是成吉思汗诸子的叔父。

---

① 中研院历史语言研究所编:《明清史料》甲编第八册,第718页。

第五章　东土默特蒙古

三叔父后裔包括阿鲁科尔沁、茂明安、乌喇特、四子部落、翁牛特、哈喇车哩克、阿巴哈、阿巴哈纳尔等部,实际上就是所谓的"阿鲁蒙古"。但是,已经迁到大兴安岭南部的合撒儿后裔部落嫩科尔沁不计在内——笔者)、老歹青(不详——笔者)、永邵卜各酋聚兵同来,声言要犯抢插、汉等情。王子着实慌张,随起帐上马,望来踪迎堵去。讫仍留营尾头目解生一名,帐房俱各安扎在边,其逐日应有互市买卖,俱照旧规遵行,并无阻滞。上西路参将王慎德、张家口守备刘惠禀报相同节禀到。职案查插酋祭天开市日期已经塘报外,今又赴口领宴交易,俱遵照旧规举行。偶因东奴等酋举兵相加,率众迎堵,水火之势已见,胜负之分在即。①

据此,林丹汗带领军队匆忙出发,据说将迎击满洲—东蒙古联军。这条记载,没有得到《旧满洲档》和《清太宗实录》等满洲方面史料的证实。据后者记载,1629年十月,满洲—蒙古联军攻打了明朝边境,而在此之前没有对察哈尔采取任何军事行动。林丹汗在崇祯二年夏、秋主要是征讨东土默特部。因此,有充分的理由认为,林丹汗这次征讨的不是满蒙联军,而是东土默特部。

林丹汗对东土默特的进攻持续了将近半年时间。敖目于蛇年九月十八日(1629.11.02)致满洲天聪汗的书信中这样写道:

……这次派使者的缘由,是因为跟随天聪汗,[向他]纳贡的心是真切的,所以如此不断地派遣使者。我虽想亲自向你纳贡,但是我的兄弟被察哈尔杀的杀,四处逃散的逃散。就是我自身也每月在和罪孽的察哈尔交锋。如果我去了,[察哈尔]将乘虚而入,兀鲁思[也]没有了管治。因此未能成行。若想向[你]那里迁徙,可是没有车马,应该注意到,所以还不能迁徙……②

敖目虽然在崇祯二年四、五月已经同满洲爱新国取得了联系,但是并没有立即东迁。只因为林丹汗的不断进攻,使东土默特的存

---

① 中研院历史语言研究所编:《明清史料》乙编第一册,1936年,第61页。
② 李保文整理:《十七世纪蒙古文文书档案(1600—1650)》,第19号文书,第60页。

亡成为问题,这才导致敖目亲往满洲投降。

四、东土默特与爱新国的关系

清代史书对东土默特归附满洲爱新国的记载,完全不符合历史事实。

《王公表传·扎萨克固山贝子固穆列传》记载:

察哈尔林丹汗恃其强,侵不已,固穆父鄂木布楚琥尔约喀喇沁部长苏布地等,击察哈尔兵四万于土默特之赵城。①

张穆著《蒙古游牧记》"土默特右翼旗"条记载:

扎萨克郡王品级固山贝子游牧。元太祖十九世孙鄂木布楚琥尔,与归化城土默特为近族。父噶尔图,以避察哈尔侵,由归化城移居土默特。林丹汗恃其强,侵不已。鄂木布楚琥尔愤甚,因约喀喇沁苏布地等,共击败之于赵城,恐不敌,天聪二年,偕苏布地上书乞援,寻来朝。九年,编所部佐领,授扎萨克,掌右翼事。②

两书记载完全错误。噶尔图(赶兔)早在 1618 年以前就已经死去,根本谈不上要避 1627 年以后察哈尔侵略。噶尔图并非从归化城移居土默特,相反,其父僧格将宣府边外的兀鲁思留给噶尔图继承,自己回到了归化城(呼和浩特)。若说鄂木布楚琥尔的土默特右翼旗人,则是从宣府边外的噶尔图根据地迁徙而来。至于"鄂木布楚琥尔约喀喇沁部长苏布地等"击败察哈尔,"天聪二年偕苏布地上书乞援,寻来朝",都是无中生有、毫无根据的话。

那么,事实真相又是什么样呢?

1628 年 8 月 31 日,喀喇沁与满洲结盟。大概就在与喀喇沁结盟过程中,满洲人了解到了"山阳诸诺颜与塔布囊"的整体情况,知道了东土默特与喀喇沁的特别关系。所以,到了 1629 年初,满洲人

---

① 《钦定外藩蒙古回部王公表传》卷二六《扎萨克固山贝子固穆列传》。
② 张穆:《蒙古游牧记》,收入李毓澍主编:《中国边疆丛书》8,文海出版社影印本,1965 年,第 104—105 页。

第五章　东土默特蒙古

开始和东土默特打交道。完全可以肯定,这与"昭之战"和喀喇沁的苏布地没有直接关系。

天聪汗给东土默特上层的第一份书,流传到现在,今珍藏在中国第一历史档案馆。其内容如下:

（1）O ＋ sečen qaγan-i bičig. （2）tümed-in jasaγ bariγsan tabunong-uud-tu ilegebe. （3）ülke-yin tabunong-uud törö kelelčejü čaγaja nigetčü mandu（4）qariča yabulčanam. tani otoγ qola-yin tula. mani elči tan-du（5）kürügsen ügei. tani elči mandu kürči iregsen ügei.

（6）čaγaja nigeddui-e geküle elči ilege. tere elčile tani（7）bida elči ilegejü qariča yabulčay-a. ülke (tümed)-in tabunong-uud（8）nige bolju čaqar-tu dayisun boluγsan tula ene ügei（9）kelem bida. ta čaqar-luγ-a el bolusa ene üge kelejü bičig ilegekü（10）ügei bile. （11）sečen qaγan-u nögüge on öbul-ün ečüs sara-yin yisün sine.

"遗书于土默特诸执政塔布囊。山阳诸塔布囊与我们议和,统一法度,和我们往来。因为你们的鄂托克①[离我们]远,我们的使者未曾到你们那里。你们的使者[也]没有来到过[我们这里]。若欲统一法度,就派来使者。我们将和你们的那些使者一道派去使者,建立往来关系。因为山阳诸塔布囊联合起来成为察哈尔的敌人,所以我们才说这个话。假如你们和察哈尔是友好的,我们不会说这个话,不会写给这个书。天聪汗二年冬末月初九。"②

天聪汗二年冬末月初九,即公历1629年1月2日。天聪汗得知东土默特部也受到林丹汗的攻击,他们和喀喇沁一样变成察哈尔的"敌人"之后,派使者到东土默特。上述书信是写给东土默特所属塔布囊们的。有人认为,这份书是天聪汗写给遭到察哈尔进攻的西土

---

① 或可译为"你们的牧地"。"牧地（nutuγ）"和"鄂托克（营,otoγ）"在蒙古文写法上,只差一个识点。而在17世纪前半期以前,蒙古文辅音n的识点基本上不写。
② 李保文整理:《十七世纪蒙古文文书档案（1600—1650）》,第14号文书,第43页。

默特诸诺颜的第一封信,误。因为,一,在西土默特没有所谓的"执政塔布囊",它是顺义王直属部落。"诺颜—塔布囊"统治体系,是喀喇沁万户所独有的。二,在1635年以前满洲人所说的土默特,就是指喀喇沁万户所属土默特,即后来的东土默特。所以,这份文书是写给东土默特塔布囊无疑。根据这份文书,在此以前,因为满洲和东土默特相隔很远,未曾有过往来。这次行动,可以看作是天聪汗广泛争取反察哈尔蒙古各部势力的一个具体步骤。

与此同时,天聪汗还给东土默特诸台吉写了书信。这份文书的外部特征相当有趣。在书中,天聪汗自称"女真汗",后来又改写为"天聪汗",比一般行提写四个字。同时,把喀喇沁汗和西土默特博士克图汗也提写,而且比天聪汗高一个字。但是,天聪汗的语气非常严厉,用词很尖刻。文书的外部特征和内容互为表里,既说明了天聪汗对蒙古诸部汗王的礼遇,又表达了对他们的严厉态度。文书内容如下:

A:(1) O ＋(jürčid-ün qaγan) <u>sečen qaγan</u>. Jolbitai qongtaiji. Oombu čökekür taiji. (2) aqun sunum taiji. Abadang taiji. edün noyad-tu(3) bičig ügbe. čaqar-in qaγan manai yaγu abula. (4) mini mordaγsan ner-e-ni. qaračin-i(5) O ＋＋qaγan. Tonoi günji. Buyan qong taiji. Nada elči ilegeji. ösiyetü kümün-i(6) mini ösi-e-yi abči öggüsei geji ene nigültü qara qaγan jegün(7) tümen-i noyad-i küm alaba geji. ügei bolγai-a. gegsen-dü bi(8) ene üge-yi jüb bainam geji. tengri-dü sačuli sačuji amaldaji(9) mordala bi. ta ene čaγajan-du ese oruγsan buyu. čaqar(10) čamadu (e1) <u>e1</u>. mandu dayisun buyu. oda ta nada yaγuma buu sana. bi(11) tandu aγurlanam bi.

ene gem-iyen arilγai-a geküle. qara qaγan-i otoγ-i(12) ötter tursiji üjeji naγasi ötter elči ilege. bi mordasu(13) či jaγadan-tai kilgeji yabutala ülü ačirqu-čini yaγu bi. (14) O ＋＋bosuγ-tu qaγan. Jinung qaγan. yöngsiyebü-yin noyad. qaračin-i qaγan. ekilen baraγun γurban tümen-i(15) noyad čimadu törül bisi buyu. mini törül buyu. ta(16) törül-in yukiji ülü medekü bainam. γajar-in qola-ača

第五章　东土默特蒙古

(17) sonusču kelekü üge mini ene. Jirɣuɣan sara-du elči (18) tursi. Doluɣan sarain arban tabun-du elči kürči ire.

B: karačin-i jobiltu qong taiji bithe.

"(女真汗)天聪汗遗书于卓尔毕泰洪台吉、鄂木布楚琥尔台吉、阿洪、索诺木台吉、阿巴当台吉等诸诺颜。察哈尔汗没拿过我的任何东西。① 我出征[察哈尔]的名义是因为喀喇沁汗、托内衮济、布颜洪台吉给我派来使者,请求说:请给我们报仇吧。这个罪孽的汗把左翼万户的诸诺颜全部杀死了。消灭[他]吧。我认为此话有道理,[所以]向天献祭宣誓,出征了。你们难道没有参加这次军事约定吗?难道察哈尔对你们是朋友,对我们是敌人吗?你们现在不要怨我。我在生你们的气。如果想痛改前非,立即去探坏汗的鄂托克,火速往我们这里派使者来。我将出征。你为什么和敌人相连而不顾?以博硕克图汗、济农汗、永谢布诸诺颜、喀喇沁汗为首的右翼万户的诺颜们,难道不是你的亲族吗?你们怎么会不知道自己的亲族呢?在遥远的地方听说以后,就说这些话。六月份里去哨探,七月十五日派来使者。"

文书背面用旧满文写的字:

"喀喇沁卓毕勒图洪台吉之书"。②

李保文认为,该文书是喀喇沁部的卓毕勒图洪台吉致天聪汗的书信。③ 这无疑是错误的。

该文书的发件人和收件人非常明确,不必讨论。下面看看文书成书的时间:文书中提到的喀喇沁汗、洪台吉和托内衮济等遣使于天聪汗一事,指的是"昭之战"以后喀喇沁台吉与塔布囊派使者到盛京的事,时间在天聪二年二月一日(1628.03.06)。天聪汗答应喀喇沁的邀请,祭天出征,指的当然是天聪二年第一次察哈尔远征。这

---

① 此句直译为"察哈尔的汗拿过我什么?",意思是说,林丹汗本来没有抢掠我们,我们出兵完全是为了给你们报仇。
② 李保文整理:《十七世纪蒙古文文书档案(1600—1650)》,第47号文书,第138—139页。
③ 同上,第137页。

次远征半途而废,于天聪二年九月二十二日(1628.10.18)班师。这次远征夭折的原因,主要是因为蒙古嫩科尔沁部没有出兵所致。当时,在喀喇沁万户与满洲已经订盟的情况下,东土默特没有参加远征。可见,天聪汗班师以后,派人严厉谴责嫩科尔沁首领奥巴洪台吉的同时,也向东土默特派了使节。因此,文中提到的六、七月份,肯定是指1629年夏秋。根据天聪汗给土默特塔布囊们写信的时间是天聪二年十二月初九日,写给台吉们的时间也大致是这个时候。收信人"卓毕勒图洪台吉"可能就是卓尔毕泰洪台吉。当时满洲人认为,东土默特台吉的首领是卓尔毕泰洪台吉,把他的名字写在鄂木布(敖目)的前面,说明了这一点。

  根据文书中天聪汗的指责,他当时已经得知,喀喇沁汗与洪台吉当年派使者到沈阳,游说他出兵察哈尔时,鄂木布不仅知情,而且曾经约定出兵。但是,他没有出兵,惹天聪汗"生气"了。据将要引用的鄂木布的信,鄂木布认为,这些话是投奔满洲的喀喇沁万户的一些人为了诽谤他才说的。

  这份书信在整整五个月后,于蛇年闰四月初十日(1629.06.01)才到土默特首领鄂木布(敖目)手里。鄂木布收到这封信的当时,正处于与察哈尔交战状态。鄂木布很快回了天聪汗的来信,其内容饶有味道。他在信中,一方面叙述了自己和察哈尔交战情况,并为天聪汗提供从察哈尔那里探听到的情报;另一方面,他又提醒天聪汗,不要轻信从喀喇沁万户投奔天聪汗的那些人的流言蜚语。他极力表现自己对满洲人的好感和对察哈尔的怨怼的同时,暂时不对天聪汗表态要投奔满洲。也就是说,他一方面给自己留条后路,不得已的时候去投靠天聪汗,一方面又不愿意立刻投奔满洲,因为当时他和察哈尔的战争刚刚开始。鄂木布的书信是这样写的:

A:(1) O + Oom suwasdi siddam. (2) + sečen qaγan-u gegen-e,erdeni dügüreng qong baγatur taiji bičig-iyer(3) ayilatqai-a. (4) + sečen qaγan-u jarliγ-un bičig tamaγ-a, man-du moγair jil-ün sabin dörben(5) sarayin arban sinede kürči irebe. Qoorutu qaγan-i otoγ (6) nidunna tüngkei-yi abqudu qoyisi dürbeji ečiji bile. (7) oda mün

第五章　东土默特蒙古

otoγ-daγan basa kürči irebe. örlüge üdesi（8） man-du buq-a čerig ireji yabunam. Tegün-luγ-a bida（9） qadqulduji bayinam. Yerü qamuγ-iyan örüsiyeji qayiralaqu（10） bolusa, ügede bolji ireged, ösiyetü kümün-i mani, ölmin-（11） du oruγulji ögkü ajiyamu. man-du tere qoorutu qaγan-i（12） jüg-eče nigen üge sonusdaba, sonusdaγči üge yaγubi geküle,（13） qoyar jayisang ekileji mani（14）＋qaγan-i qoyinača nekegseger geji mün čaqar-in bosqul kelenem. Mani baraγun（15） tümed-ün bosqul keleküden, nekegseger bisi baraγun tümed-tü （16） urbaji oruba genem. Ene qoyar jayisang ekileji urbaba gegči-（17） inü, luu jil-ün ebül-ün ekin saradu urbaγsan bayinam, tegün-eče （18） inaγsi oda-yin tabun Sara kürtele yisün Sara bolba, oda boltala （19） nigeči kele ügei genem, ene qoorutu qaγan-i otoγ inaγsi iregči （20）＋bosoγ-tu sečen qaγan ekilen tümed,（21）＋jinong ekilen ordus yöngsiyebü tümen, qalq-a tümen, üjümüčin qaučid,（22） ögeled tümen ede bügüdeger nigetün čuγlaji, tere urbaγči qoyar（23） jaisang-in üge-yi abči mordaji ayisui geji sonusmujin-i（24） inggiji mengdeji inaγsi sirγuji iregčin-i ene bayinam. yerü（25） baraγun tümed-eče abuγsan kümün-i ügei-ten-i-ni orkiji, bai-（26） tai-gini abči yabuγči boluγad bei-e-gini alaγad, mal-i-ni qaučin（27） ulus-I abunam genem. čerig-tüni nemeri boluγsan ügei bayinam.（28） tere qoortu qaγan-i jegün tümen-eče abuγsan čerig-ün toγ-a-yi（29）＋sečen qaγan gegen-degen ayiladuγsan boii-a, ene üge-yi γadaγur bosqul,（30） dotuγur Kitad-un üge čüm adali kelenem, yerü yambar bolusa（31） jakirγ-a bing bariča-yi erten-eče jarliγ-iyan bolji ilege. tegüni（32） kelegči ügen-i čiγana-ača ayiji ireji bayiγad, qadamsaji kelegčin-ni（33） baraγun tümen-i abuba bida, oda jürčid-tü ayalaqu boii-a（34） geji kelenem genem, mani ölge tümen-i kejiyele geji qamiγasi（35） ečim geji kelekü bayinam, ene qorutu qaγan-i mör-tü tümed（36） qaračin-i taiji-nar ese daγariγdaγsan nigeči ügei, bi γajar-in（37） berke-i sitüji baraγun γar törül-iyen abči mendü γarči bile.（38） bosu törül mani güyiče yadaγad, onča yadaba gegsen metü,（39） nadala nidü maγuyilaji

83

güjirleji yabunam.（40）+ sečen qaɣan-u gegen-dü Jolaɣalduqula mani güjir kelekü boluɣujin, eyimü（41）üge sonusqula, jergečegülji ünen-i-ni olultai bai.

B：tumed ombo qong taiji

"愿吉祥!

致天聪殿下。额尔德尼杜棱洪巴图鲁台吉以书上奏。天聪汗的谕旨,于蛇年闰四月初十日到达我们这里。恶毒的汗的鄂托克在去年取通贵时曾经溃散撤回。[但是]现在又回到了原牧地。[他们]朝暮向我们发来精兵。我们跟他们在作战。如果[天聪汗您]慈爱众生,请起驾光临,把我们的仇敌压服在我脚下。我们从那个恶毒的汗的地方听到了一个消息。听到的消息是这样的:察哈尔的逃人说,两个宰桑为首,一直在追赶我们的汗。据我们西土默特的逃人说,不是一直在追,而是叛附了西土默特。所谓两个宰桑为首进行反叛,是龙年初月的事。从那时候到现在的五月份,已经过了九个月了,[但是]至今没有一点消息。这个恶毒的汗的鄂托克往这边过来的原因,是因为听说以博硕克图车臣汗为首的土默特,以济农为首的鄂尔多斯、永邵卜万户、喀尔喀万户、乌珠穆沁、浩奇特、厄鲁特万户,他们全部聚集在一处,听取那两个反叛宰桑的话,[向林丹汗]打来。所以慌张,向这边奔逃而来。据说,[林丹汗]把从右翼万户抢到的人,遗弃贫穷,择取富庶,[后又]杀死了富人,吞并了[他们的]牲畜和兀鲁思。[因此]对其军队无所裨益。那个恶毒的汗从左翼万户所取得的军队人数,天聪汗已经知道了吧。这些话,外面的逃人和内地的汉人说的都一样。无论如何,请你趁早传来[你的]命令和[我们要缴纳的]贡赋。他们本来从那边害怕而逃来,[但]还扬言:我们已经拿下了有翼万户,现在将出征女真人。他们说我们山阳万户无论何时都无处可去。在这个恶毒的汗的战乱中,我们喀喇沁、土默特的诸台吉没有一个不受损失的。我凭仗地势险要,率领右翼亲族,安然逃脱。其他亲戚没能够赶上,备受苦难。[所以]与我反目,在诬陷我。担心[这些人]见到天聪汗殿下以后要诽谤我。如果[你]听到这样的话,应该对证证实。"

第五章　东土默特蒙古

背面,用老满文写着:

"土默特鄂木布台吉的。"①

这里的额尔德尼杜棱洪巴图鲁台吉,不是西土默特(清代称归化城土默特)首领、顺义王博什克图(卜石兔)汗的儿子鄂木布额尔德尼,而是东土默特的鄂木布。文书的作者报道说,从西土默特来到他那里的逃人,带来了有关察哈尔二宰桑在九个月以前叛附西土默特的消息。叛附西土默特就是叛附博什克图汗父子。如果作者是西土默特的鄂木布,这么大的事情不会在九个月后从逃人嘴里得知。此其一。其二,文书说,"以博硕克图车臣汗为首的土默特,以济农为首的鄂尔多斯、永邵卜万户、喀尔喀万户、乌珠穆沁、浩奇特、厄鲁特万户,他们全部聚集在一处",向林丹汗打过来。所以,林丹汗"向这边奔逃而来"。这说明,所说的"这边",必定在西土默特等右翼诸部落以外的地方。在文书中,西土默特被说成是"以博硕克图车臣汗为首的土默特"。如果该文书出自西土默特的首领博硕克图汗之子鄂木布的手,他不会这样称呼西土默特。其三,文书作者援引了察哈尔人的这样一句话:"(察哈尔扬言:)我们已经拿下了右翼万户,现在将出征女真人。他们(察哈尔人——笔者)说我们山阳万户无论何时都无处可去"。文书的作者显然是山阳万户的人。其四,从当时情况来看,一直到1632年,林丹汗控制着从呼和浩特到宣府边外的广阔地区,满洲人从来没有过和西土默特、鄂尔多斯等右翼部落取得联系的机会。再说,在1635年以前的满文档案中所提到的"土默特",无一例外地统统指东土默特。最后,还有一个决定性的证据。在中国第一历史档案馆发现的鄂木布的另外一份文书,根据其书写的笔体和所用笔墨,与上述鄂木布的信,完全出此同一个人的手。这个书信的背后,用旧满文写着:"蛇年九月十八日卓尔毕泰洪台吉所拿来的书"。这个卓尔毕泰洪台吉,就是东土默特首领鄂木布的堂兄弟(见后文)。这完全证明了两封信均出自东土默

---

① 李保文整理:《十七世纪蒙古文文书档案(1600—1650)》,第29号文书,第91—92页。

特首领之手。

根据"从那时候到现在的五月份"这句话,可以断定,上引文书是蛇年五月(1629.06.21—7.20)写成的。该文书显示,当林丹汗击溃喀喇沁万户时,鄂木布率领他的右翼亲族幸免于难。所谓的"右翼亲族",指的就是东土默特黄金家族一支,他们是喀喇沁万户中的右翼。根据《清太宗实录》,天聪三年六月二十八日(1629.08.16),土默特台吉卓尔毕泰洪台吉、达尔汉喇嘛、阿浑台吉、阿巴当台吉和索诺木台吉"来朝贡"。①《钦定蒙古回部王公表传》也记载:土默特部于天聪"三年六月遣台吉卓尔毕泰入贡,寻率属来朝",②说的是同一件事。据此可以肯定,鄂木布致天聪汗的书信于1629年8月16日到达盛京。土默特使团的首领显然是卓尔毕泰。清人说他们来访的目的是"寻率属来归",这个目的与鄂木布书信的内容相一致。

遭到察哈尔的攻击以后,鄂木布完全是"凭仗地势险要"逃脱了厄运。关于东土默特根据地的分布,前文已经做过交代。明人陈组绶对这个地方的险要形势有一段精彩的描写,可以引来参考:

教目(鄂木布)旧巢,逼近京后。四围皆山,壁立如削,林木茂密,其中旷衍。周匝约百里,水斥卤,可煮盐。土肥沃,可屯田。南北不通,东西有小径,崎岖陡峭,车马难驰,惟攀缘可行。东通古北、白马、石塘、墙子路一带;西径通四海冶、石匣、永宁诸处。其隘口皆一夫可阨。西北约三十里,即大川广泉,故漯水也。离开平不盈日可到。川之东,即白海子,可通大宁、喜峰、罗文,与束不的等酋为邻。西二百里许,望骆驼山,即宣大、山西边也。繇此可通丰洲、套夷及延绥。天启中,插汉拥数十万众西袭,摆言大、永卜邵等部,所向摧灭,独教目众不满千,敢与相梗。插怒而击之,反为所败,损其精骑数百。此非兵不相敌,盖险不可攻也。③

鄂木布正因为占据如此有利的地理优势,所以面对强大的察哈

---

① 《清太宗实录》,天聪三年六月辛巳。
② 《钦定外藩蒙古回部王公表传》卷二五《土默特部总传》。
③ 《口北三厅志》,第220—221页。

第五章　东土默特蒙古

尔军队，不至于迅速战败。但是，地理优势并不是决定性的因素。到了1629年秋末，鄂木布已经逐渐失去了抵抗能力，他最终不得不向天聪汗表示归附的诚意。

鄂木布表示归附天聪汗的文书，语多谦卑，意且诚恳：

（1）O ＋Oom suwasdi siddam.（2）＋sečen qaγan-u gegegen-e, erdeni dügüreng qong baγatur taiji bičig-（3）iyer ayiladqai-a. Jirγuγan yeke ulus-tu sasin törü-tü（4）qan qaraču yerü bügüde-dü čaqar-in nigül-tü qaγan（5）yeke gem kiji yabuqu-yin tulada yamar bolusa sanaγaban（6）uridu elči bičig-iyer aiyladqaγsan minu tere bile.（7）tete mani elčin ende kürči ireged kelegsen ügen-ni（8）＋sečen qaγan-i yamar bolusa jakirγ-a jarliγ-i tuntai mergen kii-a-du（9）bai geji keleji bile. bi tedüi tere mani elčid-yin üge-yi（10）sonusuγad tuntai-yin üge-i abču qariγu ali bolusa（11）sanaγsan sanaγaban tuntai Mergen kii-a-bar,（12）＋sečen qaγan-u gegegen-dü ayiladqai-a gegsen sanaγ-a-mini yeke bile,（13）teyin atala edüge tere tuntai mergen kii-a ende ese kürči irebe,（14）kürgei irei-e gegsen burγatu tayiji ese kürgeji ilegebüü（15）ende. Tuntai mergen kii-a öber-ün tusar saγatai ese（16）irejem bolbau. Ese irebe ged yaγakiji elči-yen（17）ülü ilegem geji, ayusi tayiji boru tayiji qoyar-（18）tu ilegegsen（19）＋sečen qaγan-i elči-le, bi, jasai inji kii-a ekileji qoyar（20）küteči-tei ilegebe. Ene elči ilegekü-yin učir inu（21）＋sečen qaγan-u qoina-ača daγaju, alba-yan barii-a gegsen sanaγ-a（22）minu ünen-ü tulada elči-yen tasural ügei yabuγuluγči（23）ene. Bi beyeber ečijü albai činu barim geküle（24）aq-a degü minu čaqar-tu abtaqun-i abtaji jüg büri（25）ečikün-i ečibe. Minu bei-e bai baitala sara büri nigül-tü（26）čaqar-la jolγalduji bainam bida. ker-be bi ečim（27）geküle qoyiγur minu čölegedeji ulus-tu minu jakirγ-a（28）ügei-yin tulada ečin ese čidaba. negüji ečim geküle（29）yeke ulus-tu minu unulγ-a ačilγ-a ügei-yin tulada（30）negüji ülü čidaji bayinam. Činu dergete ende tendeče（31）ečigsen noyad Tabunong-uud qaračuud čaγajin-du činu（32）oruγsad olan

87

bayinam. Tede bügüde nadača maɣu noyad. (33) ulus-ni minu ulus-ača maɣu ulus buyu, mün adali uridu (34) + boɣda-yin üres. Mün jögegsen albatu-ni ajiyam-i-a. tede (35) bügüde ali-ba jüg-eče čuɣlabači. (36) + činu sayin aldar nere-yi sonusči čuɣlaɣsan bayija, aɣuta (37) gün-e Sanaqui-bar olan-i baɣtaɣaji yerü-yi ejilem gele. (38) oɣjum doɣsin aɣali-bar ɣaɣča-yi bariji ülü (39) bolum gele. Ene nigül-tü čaqar-un qaɣan doɣsin aburitai (40) olan-du qoor yeketei tulada, torül-či bolba ükün (41) ükütele ügeyiren ügeyiretele tegün-dü ülü ečigči meni (42) tere bile. či aɣuta gün-e sedgigsen-dü arban jüg-eče qura (43) metü oruju čuɣlaɣči tere bisi boyu. nigen duratu (44) qoladaki bügesü tusatu. Bosu sedkil-tü dergeteki (45) bügesü qoor-tu gele. jegün baraɣun-daki törül törügsen (46) minu ali-ba jüg büri ečibeči, ɣaɣča minu sedkil (47) + sečen qaɣan-u qoina daɣaji albai činu bariqu sedkil minu (48) čige bayija. činu čaɣaja-du oruɣsan noyad tabunong- (49) uud qaračuud dotuɣsi kitad-tu, ɣadaɣsi čaqar-tu (50) urbaqu sedkil bai-či bolba minu sedkil-dü yerü (51) urbaqu ügei ünen ɣaɣča sanaɣaban ayiladqaba.

B: Meihe aniya uyun biyai juwan jakūn-de jolbitai qong taiji benjihe bithe.

"愿吉祥!

致天聪汗殿下。额尔德尼杜棱洪巴图鲁台吉以书上奏。因为察哈尔的罪孽的汗对六大兀鲁思(=六万户)、对政教、对汗和平民、对所有的一切犯有大罪,[所以]我前次通过使者和书信奏闻了自己的想法。我们的那些使者到这里来说,天聪汗的谕旨在屯泰莫尔根恰那里。我听说我们那些使者的话以后,就很希望,听取屯泰[捎来的]话,通过屯泰向天聪汗回复并奏闻我的想法。但是,如今屯泰莫尔根恰没有到这里来。或许要送他来的布尔噶图台吉没送过来?或者屯泰莫尔根恰自行决定迟缓而没来?怎能因为他没有来,我停止派遣使者?所以和天聪汗派往博罗台吉、阿玉石台吉二台吉的使者一道,派去了扎赛音济恰和二马夫。这次派使者的缘由,是因为跟随天聪汗[向他]纳贡的心是真切的,所以如此不断地派遣使者。

第五章 东土默特蒙古

我虽想亲自向你纳贡,但是我的兄弟被察哈尔杀的杀,四处逃散的逃散。就是我自身也每月在和罪孽的察哈尔交锋。如果我去了,[察哈尔]将乘虚而入,兀鲁思[也]没有了管治。因此未能成行。若想向[你]那里迁徙,可是没有车马,所以还不能迁徙。从各处去到你那里的诺颜、塔布囊和平民们,很多接受了你的法令。他们都是比我次的诺颜,他们的兀鲁思比我的弱小。[但]还同样是先前圣人的后裔,[先前圣人]所收养的阿勒巴图(=有纳贡义务的属民)。他们虽然从四面八方聚集在一起,不都是听到你的好名誉而聚集的嘛。常言说,高瞻远瞩,则能容纳众人主宰未来;暴躁性急,则连一个人也抓不住。因为这个罪孽的察哈尔汗性情暴躁,所以即便是他的亲族,也直到死亡,直到穷困潦倒,都不到他那里去。因为你高瞻远瞩,[人们]像雨滴一般从四面八方聚集在你那里。志同道合的人,相隔遥远也是有帮助;心志相异的人,虽在身旁也是有害。虽然左右翼的亲戚[有可能]去四面八方,但是只有我跟在天聪汗后面,向你纳贡。此心至诚。虽然听从你的法令的诺颜、塔布囊们可能有向里面投奔汉人,向外面投奔察哈尔的念头,我心里却绝没有叛变的念头。以奏闻真诚不二的心。"

文书背面:

"蛇年。九月十八日卓尔毕泰洪台吉所拿来的书。"①

送来这封信的使者名卓尔毕泰洪台吉。前已提及,鄂木布的第一封信就是卓尔毕泰带到盛京的。在鄂木布两个亲兄弟死后,在土默特诸台吉里地位仅次于鄂木布的当然是他叔父的长子。此人有洪台吉称号,在鄂木布的对外活动中作首席代表是理所当然的事情。所以,这封信的作者是东土默特的鄂木布毫无疑问。另外,信里提到了与天聪汗有使节往来的三个台吉,他们的身份也说明,这个文件与西土默特没有关系。三台吉中的第一位,是布尔噶图台吉。布尔噶图是当时喀喇沁知名的大台吉之一,他是喀喇沁汗拉斯

---

① 李保文整理:《十七世纪蒙古文文书档案(1600—1650)》,第19号文书,第60—61页。

喀布的堂兄弟。① 后来在对明朝的战争中立了军功,天聪汗为他赐名代达尔汉。② 另外两个台吉,分别为博罗台吉和阿玉石台吉。这两个人都是东土默特台吉。1635年东土默特被编为两个"和硕"的时候,在鄂木布楚琥尔的和硕里有位博罗,有丁107人;在赓格尔和善巴的和硕里有位阿玉石,有丁110人。③ 这两个人就是这里出现的博罗台吉和阿玉石台吉。这样说,当然不是仅凭名字对号入座。实际上,《清太宗实录》明确记载了鄂木布信里提到的布尔噶图等三台吉向天聪汗派使者的事情。时间在天聪三年六月十四日(1629.08.02):"蒙古喀喇沁部布尔噶图代青、卓尔毕台吉、土默特部落阿玉石台吉、俄木布台吉、博罗台吉等遣使四十五人来朝,贡骆驼、马匹、彩缎等物甚盛,并奏欲归附朝廷之意"。④ 正像鄂木布在信中说的那样,当时天聪汗派屯泰莫尔根恰到喀喇沁的布尔噶图和土默特的阿玉石、博罗等台吉处,显然是对这些台吉的回访。这三个人的牧地与鄂木布牧地不远,可是离逃到河套地区的西土默特相隔几千里。据说屯泰还要到鄂木布那里,但是不知何故,最后没有到。鄂木布当时在对林丹汗的战争中失利,投靠天聪汗心切,所以来不及等待屯泰的到来,和阿玉石等人的使节一道,派出了自己的使者。使者的名字叫扎赛音济恰。可是,根据文书背面上的满洲方面的备注,这封信最后不是由扎赛音济恰,而是由卓尔毕泰台吉转呈天聪汗的。有可能,卓尔毕泰在六月份到达盛京后一直在那里,还没有回来。无论如何,卓尔毕泰把鄂木布的这封可以称之为归附表文的书信,于九月十八日(1629.11.02)交给了天聪汗。

那么,鄂木布什么时候离开土默特根据地,投奔爱新国了呢?这个问题在《明档》里有答案。

崇祯四年正月十五日兵部题行稿援引宣府总兵董继舒察报,报

---

① 罗卜藏丹津著,乔吉校注:《黄金史》,第659页。
② 《旧满洲档》,台北故宫博物院影印本,1969年,第4871页。
③ 同上,第4143—4144页。
④ 《清太宗实录》,天聪三年六月丁卯。其中提到的土默特的俄木布台吉,后来同样编入了鄂木布楚琥尔的和硕,他有丁20人,是一个小台吉(《旧满洲档》,第4243页)。

告了"哨探捉获夷妇事"。崇祯三年十二月三十日,丁夜刘国甫等哨探到大瓦房沟地方,捉获了两名蒙古妇女。她们的口供里有以下信息:

> 二妇供说,一名叫特轮住,系夷人黑石兔的老婆;一名叫克令住,系夷人苦思柰的老婆。俱系敖目部落下夷人。有敖目于崇祯二年十一月内投了奴儿哈赤营内,多不遂心,至今不知存亡。又说,有韩僧前于崇祯三年十月二十四五日,将敖目官儿常骑黑骠色战马一匹骑回,仍引领着精兵达子呵计[讨]、兵完[兔]等三十余名,又引着毛乞炭下哑兔害姚妓生的女子,有十来岁,假充小台吉,在于蓟镇白马关边外地名石并一带住牧吃赏。还有散夷五六百名,牛马不多,因你们东北路前者出口杀死我们许多达子,不敢离边,俱各远避,见在地名一克哈赤儿、毛哈赤儿一带驻牧,并无帐房,止有三五个一伙在各山嵯沟岔潜藏。①

据此可以了解,鄂木布(敖目)最后在崇祯二年十一月内(1629.12.15—1630.01.12)投靠天聪汗,东奔到满洲营内。直到崇祯三年十二月,鄂木布没有回到一克哈赤儿和毛哈赤儿一带(即汤河上游)的老根据地,所以留在那里的人们"至今不知(敖目)存亡"。据特轮住和克令住的口供,留在汤河上游的土默特人不过五六百名。

明朝宣大总督崇祯三年六月的塘报也证明了这个消息。他根据永宁参将孙庆等人的禀报说:"据此为照,敖目虽曰小丑,从来狡猾,为永宁一带大害。去冬投奴,敢肆谩书,寻复贪我市赏,就我绦旋"。②

"去冬投奴",就是崇祯二年(1629)冬天投靠满洲之意。

总之,1629年6月中旬,林丹汗攻入东土默特地区。鄂木布"自顾不逞,匆匆东去",往白马关边外一带撤退。鄂木布一边抵抗察哈尔的进攻,一边和满洲爱新国进行积极联系。天聪汗利用察哈尔西迁以后的南蒙古政治形势和林丹汗军事进攻下喀喇沁万户诸贵族的心态,积极争取喀喇沁、土默特诸诺颜和塔布囊。鄂木布因为不

---

① 《明档》,宣府总兵董继舒崇祯四年正月十五日禀报。
② 《明档》,宣大总督魏云中崇祯三年六月二十五日塘报。

敌察哈尔,1629年6月开始往东移动,最后在1629年11月派遣卓尔毕泰台吉到盛京,正式表示归附天聪汗。1629年末1630年初,鄂木布率部东迁。可以说,林丹汗发动的战争,是东土默特归附满洲的主要原因。

五、东土默特的结局

东土默特人在1620年代末期曾经强大一时,但在林丹汗和明朝的两面夹攻面前,蒙受了巨大的损失。东土默特投靠满洲以后,最初还企图返回龙门所以北的老根据地,但在明朝的军事压力下终于放弃了这个念头。入清以后,满洲人在东土默特设立了两个扎萨克旗,指定了新的牧场。

(一)永宁之变

1620年代初期,东土默特还很强大。只是遭到林丹汗的进攻以后,东土默特才迅速走向衰落。这些事情前面已经讲过了。

1628年,鄂木布等避林丹汗迁到白马关边外以后,不断进犯明边。前载李养冲的题本中提到:

> 敖、庆等酋连年虽称狡诈,屡犯鼠窃,不过挟赏。自插酋西来,退彼潜藏白马关等处边外驻牧,纠结东奴,西合白言部夷,借势狂逞,于七月内聚兵二三千,犯靖胡,被我官军割夷级,夺夷器、马匹,怀恨不散。今又借兵数千,拥众拆墙,又犯委属,大举欲抢延庆州,其势不小。幸官军拒敌,杜维栋、王乾元安营坚壁,彼冲数阵不开,反被用枪炮击死多夷……①

好像,鄂木布等七月间曾经犯抢明朝靖胡堡失利。但是,九月份的战事倒不是叶成章所说的那样,明军"安营坚壁",土默特"反被枪炮击死多夷"。叶成章受了边防低级军官的蒙骗。九月份的战

---

① 《明档》,兵科抄出钦差巡抚宣府等处地方赞理军务兵部右侍郎兼都察院右佥都御史李养冲谨题。

第五章　东土默特蒙古

事,说的是"永宁之变"。这次事变发生后,参加永宁战事的各将领隐瞒败绩,提出虚假军报,但终于引起了朝廷的猜疑。在崇祯帝严令澄清事实之后,钦差巡按直隶监察御史王会图秘访相关地方,经一番调查,终于水落石出。

"永宁之变"发生在崇祯元年九月四日(1628.09.30)。按照王会图秘密查访所得,其经过大体如下:东土默特于九月初三日夜间入犯,边哨放炮传烽。永宁(今北京市延庆县永宁镇)参将杜(维栋)因天色昏黑,不便出城。至四更时分,因闻蒙古人已过了阎家堡(今延庆县阎家庄),随即统领兵马及宣府防兵出城迎敌。天将明时,南山王(乾元)参将也领兵马前来支援。在永宁至香营(今延庆县香营)的途中,杜、王合兵扎营,与土默特人对阵相持。土默特人大声呐喊,作冲击状,宣府兵马先逃,杜王之军随之崩溃,步兵被土默特人杀死许多。杜王二人带领残兵到永宁城里吃饭,听闻怀来营、龙门所、靖胡堡军队来援,便出城合营。宣兵将怀来援军当成土默特人,又逃走。据称,如不来援军,永宁城也难保。事后,为了欺上瞒下,"查兵数,死兵已补活;欲验腰牌,则旧牌已换新牌;欲令告状,则家家恐吓,处处阻拦;欲看死身,则有主的各人领取,无主的到处藏埋"。据王会图调查,在永宁之变中,宣府兵死了106人,南山兵约400名,永宁兵约300名,①共计800余人。这是明末明蒙之间的一次较大战役,明军蒙受了巨大损失。

不久,九月二十九日,明军似乎向东土默特进行了报复。在战争中,明军打死了东土默特重要首领之一、鄂木布之兄七庆,但是自身损失也相当大。叶成章说,"此役也,我兵固多损伤,而歼其巨魁",②就是证据。

到了1629年,情况发生了重大变化。如前文指出,6月中旬,林丹汗大举进攻东土默特,鄂木布仓促退向白马关边外。鄂木布一边抵抗察哈尔的进攻,一边和满洲爱新国进行积极联系,最后在1629

---

① 《明档》,兵科抄出钦差巡按直隶监察御史王会图题本,崇祯元年十月二十三日奉旨。
② 《明档》,宣大巡按叶成章崇祯二年二月初九日题本。关于七庆之死,参见《明清史料》甲编第八册,第707页。

年11月正式表示归附天聪汗。1629年末1630年初,鄂木布率部东迁,亲自到爱新国。

(二) 东土默特的东迁

那么,1629年6月以后,鄂木布的主力迁到了什么地方呢?宣大总督魏云中的崇祯三年(1630)塘报提供了许多第一手资料。现摘录如下:

崇祯三年六月十七日,据怀隆道右参议陶尔德呈报,本月十三日申时据永宁参将孙庆手本报,本年六月十一日申时据四海冶守备饶胤禀称,本月十一日巳时据远哨夜不收徐四报称,有守口夷人背都儿从曹家寨前来到边说,有教目台吉并喇嘛等俱从东回到曹家寨住下,要吃彼处赏。将精兵留下,吩咐我们散夷先回各口,待我得便去东路边上问他要赏。……等情到道为照,教目素性慓悍,且又投顺东奴,势焰益炽。今住曹家寨,留精兵,遣散夷,托名要赏,其情叵测。除严行沿边将备等官,一面整顿兵马,布防提备,一面远差通事,侦探确情,另文弛报等因呈报到职。……本年六月二十日,又据该道呈报前事,本月十六日申时据永宁参将孙庆具报,本月十四日午时据周四沟守备高崇让禀称,本月十三日戌时据远探长哨张士贤口报,教目下部落夷人约有三百余骑随带夷帐、牛羊,从东喜峰口边界回到本边境外地名宝山寺下帐住牧,其头畜行囊觉比往时盛多。又于十五日午时据四海冶守备饶胤禀称,本月十四日未时据原差出边长哨夜役何江报称,探得教目部落夷人八班代等随带帐房二十余顶,从东边回来,在于本堡边外伞把沟一带住下,口称系教目发回各口,共约夷人四五百名等情……又据靖胡堡守备郭秉忠禀称,本月十四日申时据原差出哨夜役李京口报,役等哨至边外地名宝山寺等处,离边约远二百余里,遇有旧识夷人猛可代、老奇子说称,教目、喇嘛俱在东边曹家路边外,先差散夷四五百名,随带帐房往这边上各口住牧。我官儿、喇嘛随后亦来边上要赏等因,各禀到职。据此看得,教目与奴酋相通,今部夷渐渐复回,唯恐其中隐藏东夷蓄谋……又据参将孙庆报相同。据此为照,教目虽曰小丑,从来狡猾,为永宁一带大害。去冬投奴,敢肆谩书,寻复贪我市赏,就我缘縰。数月来杳不知踪迹,盖多从奴作虐,今复领部落西来,桀骜之形,已见其端。①

由此可知,鄂木布(敖目)的主营当时迁到了曹家路、喜峰口以北的边外地方。曹家路,在今天河北省遵化市北部的曹家堡一带。所以,曹家路边外,当在今天兴隆县南部临近曹家堡的地方。喜峰口在今天河北省迁西县正北,喜峰口边外则宽城满族自治县地方。可见,鄂木布从现在北京市西北地方跑到了北京市东北,到了当时明朝蓟镇边防范围之内。

(三)明军大破东土默特

根据刚才引用的宣大总督的塘报,崇祯三年六月十一日至十四日(1630.07.20—23)几天,鄂木布带领喇嘛、诺颜等人,从喜峰口边外向西移居曹家路边外,并派遣部落人口四五百到老根据地宝山寺一带。明朝方面认为,鄂木布的这次迁徙可能"隐藏东夷蓄谋",所以严加提防。实际上,鄂木布的此行目的,是来讨要原来明朝方面的赏物。

宣府总兵董继舒禀报称:

连日密侦敖酋消息,今回牧永宁、白河边外一带者,乃其零星部落耳……敖(敖目,即鄂木布——笔者,下同)尚有子公布台吉、登其喇嘛,俱称狡猾为患,况欲来永宁讨要新旧赏物。彼既恋此,是饵就此,伺见乘机,尽可以计图之,方得拔除祸根。待侦有的报,敖果实在何处,与何部落联营,令行禀报。总之,机有可图,务令入我网络,无一脱漏。②

董继舒看穿鄂木布恋赏之心,准备抓住这个机会,把东土默特部一网打尽。

据宣府巡抚杨述程题本,崇祯三年十月十九日(1630.11.22),

---

① 《明档》,宣大总督魏云中崇祯三年六月二十五日塘报。
② 《明档》,兵部尚书梁崇祯三年七月十九日题,宣府总兵董继舒禀报。

总兵孙显祖和董继舒在四海冶和龙门塘子冲等地杀死了大量东土默特人。题本称：

> （十月十九日）随接董总兵塘报，于北路龙门塘子冲等处出口，斩获夷级六十二颗，内据通事谢添银认识有名恰首二颗：觧生恰、把独儿恰。得获牛八只，夷器、弓箭四百六十七件。轻伤家丁二名，射死关马四匹。又据孙总兵塘报，于四海冶等处出口，主客各营兵通共斩获首级一百七十三颗，内据通事马金等认出恰首六颗，得获达马六匹，牛二十七只，夷甲七领，盔九顶，弓矢刀杖夷器共一千五百七十三件。重伤家丁五名，轻伤家丁九名，阵失马一十七匹，回营倒死马二十八匹……少可以剪奴酋之翼，而寒西夷之胆，下可以舒中华之忿，上可以释皇上西顾之忧，岂不为宣镇仅见之一大奇捷哉。①

可见，这次孙显祖和董继舒出边斩杀了235人，获军器2 000余件，而自身几乎没有什么损失。所以，宣府巡抚杨述程称之为"宣镇仅见之一大奇捷"。其实，董孙二总兵屠杀的是东土默特返回故地的零星部落，并非鄂木布的精锐。前引魏云中的"敖目、喇嘛俱在东边曹家路边外，先差散夷四五百名，随带帐房往这边上各口住牧"的报告，便是佐证。但是无论如何，这次剿灭对东土默特人的打击极其严重。从此以后，东土默特只有百余人零散留居永宁以北的老家，偶尔袭击明边，②大部分则不再西来，出现了"敖部住牧巢穴，并无夷人踪迹"的局面。此后，正如宣镇监视王坤所说，"永宁边外旧为敖目巢穴，受我戎索有年矣。自叛顺归奴，屡开边衅。崇祯三年始行剿杀，断其抚赏。年来移帐而东，不复敢南向牧马，宣东颇觉安静。"③

（四）并入清朝与扎萨克旗的建立

前文引用的东土默特俘虏特轮住、克令住二人的口供说，"敖目

---

① 《明档》，钦差巡抚宣府等处地方赞理军务都察院右佥都御史杨述程题本，于崇祯三年十一月初八日奉旨。
② 中研院历史语言研究所编：《明清史料》乙编第二册，1936年，第106页。
③ 同上，第124页。

于崇祯二年十一月内投了奴儿哈赤营内"。① 永宁参将孙庆等人的禀报也指出,鄂木布于"去冬投奴,敢肆谩书,寻复贪我市赏"。② 所以,鄂木布投靠天聪汗的时间在崇祯二年冬十一月内,即1629年12月下旬或者1630年1月上旬,这是没有问题的。

但是,鄂木布在爱新国档案记载里第一次出现是在天聪五年正月二十四日(1631.02.24)。《旧满洲档》记载:

3381:(8)(aniya biyai)orin duin-de karacin-i ombu taiji aniya araha doroi(9)han-de hengkileme jihe. ……3393:(7)(ilan biyai)ice inenggi karacin-i ombu cukur-de hengkileme jihe doroi emu morin(8)-de foloho enggemu hadala tohoti hinterhilteriü uksin saca aciti. jai emu morin. emu losa buhe.(9)ice juwe-de karacin-i ombu cukur genehe.

"(正月)二十四日喀喇沁的鄂木布台吉以贺年礼来叩见汗。……(三月)初一日,以喀喇沁的鄂木布楚库尔来叩见之礼,给了他一匹配雕花鞍辔和披上明叶甲胄的马以及一匹马一头骡子。初二日,喀喇沁的鄂木布楚库尔归去。"③

可见,鄂木布投靠天聪汗以后,并没有直奔爱新国。鄂木布率部东迁,到了明朝蓟镇边外游牧。1631年正月,他第一次到盛京拜见天聪汗,祝贺正旦。这次去的东土默特人,还有善巴、席兰图、赓格尔等大塔布囊。④ 此后,东土默特诸塔布囊不断被征调,参加对察哈尔和对明战争。鄂木布等东土默特台吉,则在大凌河战役以后,基本不见于记载,没有多少战功。

但是,1635年天聪汗把喀喇沁、土默特正式并入爱新国时,鄂木布台吉被允许保留管理部众的权力,东土默特部完整地保存了下来。

从1634年起,为了更有效地统辖归降的蒙古各部,爱新国统治

---

① 《明档》,宣府总兵董继舒崇祯四年正月十五日禀报。
② 《明档》,宣大总督魏云中崇祯三年六月二十五日塘报。
③ 《旧满洲档》,第3381、3393页。
④ 同上,第3377—3378页。

者开始在东南蒙古各部划定地界,清查人口。1635年3月24日,爱新国对喀喇沁、土默特人进行清查,查出早期内附的"在内喀喇沁"和仍在蒙古诺颜、塔布囊统治下、尚未并入爱新国的"在外喀喇沁"蒙古壮丁共16 932名。这些所谓的"内外喀喇沁"实际上不仅仅是狭义的喀喇沁人,而且包括东土默特人和其他被称作"喀喇沁"的人(比如阿苏特人)。天聪汗在他们中设立了三个特殊固山和八个一般固山。在三个特殊固山中,第二和第三固山是由东土默特诺颜与塔布囊及其领民组建的。下面看看《旧满洲档》的相关记载。

4143:(1)tere inenggi. Karacin-i monggo-be haha tolofi. dorgi tulergi uheri juwan emu gūsa banjibufi(2)gūsa toome ejen sindaha……(10)ombu cukur uyun tang juwan ilan haha. Batma tabuneng-ni gūsin ilan haha. Ombu taiji juwan 4144:(1)duyin haha. Boroi emu tanggū nadan haha. ahūng hiyai ilan tanggū susai sunja haha. (2)sonum-ni ilan tanggū jakūnju juwe haha. jaisang-ni orin juwe haha. ere uhereme emu minggan. jakūn(3)tanggū. Orin ninggun haha-de ombu cukekur-be gūsai ejen obuha. (4)kengkel emu tanggū jakūnju jakūn haha. karma. jamso. cokto ere ilan niyalmai jakūnju ninggun haha. (5)uljeitu emu tanggū ninju uyun haha. lamashi ninju ilan haha. coskin duin haha. garma ninju(6)haha. ociri orin juwe haha. samba-i ilan tanggū ninju juwe haha. ayusi emu tanggū juwan haha. (7)sabandai emu tanggū nadan haha. lahui uyunju sunja haha. sirantu-i juwe tanggū uyunju ninggun haha. (8)subudi. dorji orin ilan haha. ajinai jakūnju ninggun haha. sereng-ni gūsin jakūn haha. bandi dehi ninggun(9)arasiyan-i gūsin juwe haha. dorji emu tanggū juwan duin haha. ayosi uyunju haha. ere uhereme(10)juwe minggan juwan haha-de kengkel. samba-be acan kadala seme gūsai ejen obuha. ①

"那天,数喀喇沁壮丁数,内外共设十一固山,每固山设额真。……鄂木布楚库尔913丁,巴德玛塔布囊32丁,俄木布台吉14

---

① 《旧满洲档》,第4143—4144页。该资料在《满文老档》和《开国方略》中都被省略,只有《清太宗实录》予以完整地收录。

丁,博罗107丁,阿浑恰355丁,索诺木382丁,斋桑22丁,共计1826丁。命鄂木布楚库尔为固山额真。赓格尔188丁,噶尔玛、扎木苏、绰克图三人86丁,斡尔斋图169丁,拉麻斯希63丁,绰思熙24丁,噶尔玛60丁,俄其尔22丁,善巴362丁,阿玉石110丁,萨班代107丁,拉虎95丁,席兰图296丁,苏布迪、多尔济23丁,阿济奈86丁,色楞38丁,班迪46丁,阿拉西延32丁,多尔济114丁,阿玉石90丁,共计2010丁。命赓格尔和善巴同管,令［他们二人］为固山额真。"

史料里说的"那天",是天聪九年二月六日(1635.03.24)。这个资料详细地交代了东土默特主要台吉和塔布囊的实力。他们拥有的壮丁数量,就是他们出征时能够带领的军队人数,标志着他们支配人口的多寡。该史料显示,鄂木布等东土默特台吉拥有相当多的人口,约占总人口的将近一半。鄂木布等东土默特台吉没有被编入八旗组织,而被编为独立的固山,与他们拥有的实力有直接关系。

必须指出,1635年建立的这两个固山(gūsa),还不是后来在蒙古普遍建立起来的和硕(qosiɣu),即旗。但是,在八旗以外另建三个特别的固山已经表明,爱新国朝廷当时已经开始酝酿针对蒙古部落采取另外一套政治、行政制度的方案。不过,这个方案还没有完全具体化。当时天聪汗可能还只是设想,让那些仍然拥有大量属民的蒙古贵族继续统治他们的兀鲁思,通过其他有效的制度控制他们。在新建的三个特别固山设立"固山额真(和硕之主)",并由天聪汗亲自制定其人选,已经说明了这一点。

天聪十年夏四月乙酉(1636年5月15日),天聪汗受"宽温仁圣皇帝"尊号,改国号为大清,改元为崇德,大清王朝正式建立。崇德皇帝进行了一系列政治、行政制度改革,以适应新的形势。此时,满洲对蒙古的政治、行政制度也初步成熟,在拥有大量的蒙古领民并据有广大牧地的蒙古各大贵族的部落设置了与蒙古八旗制度截然不同的外藩蒙古旗,后来逐渐趋于完备并制度化,成为外藩蒙古扎萨克旗。就在此时,1635年在喀喇沁万户废墟上设立的三个特别固山,逐渐变成了外藩蒙古旗。

《王公表传》记载,天聪"九年,诏编所部佐领,设扎萨克三:曰善巴、曰赓格尔、曰鄂木布楚琥尔。赓格尔者,善巴族也。崇德二年,以罪消扎萨克,善巴领其众,自是土默特分左右翼。命善巴及鄂木布楚琥尔掌之"。① 这个记载有原则性的错误。据前引《旧满洲档》的记载,天聪九年设三固山时,并没有编佐领,更没有设立扎萨克。这是《王公表传》的作者以自己所熟悉的蒙古扎萨克旗的组织形式解释原始资料所致。当时三固山,只设有"固山额真",而没有扎萨克。善巴与赓格尔合掌一个固山这件事,就足以证明,当时的固山与后来的扎萨克旗根本不同。所以,《王公表传》所说,崇德二年消赓格尔的"扎萨克",也纯属误会。据《太宗实录》记载,因为耿格尔(同赓格尔)克明朝昌平时,私自祭纛,所以革去了他的称号。至于其称号,康熙本作"查萨坤虾诺颜号",乾隆本作"革去查萨衮诺颜号"。② 前者是蒙古语"jasaɣ-un kii-a noyan"的音译,后者是"jasaɣ-un noyan"的音译,而且当然前者是原始记载。"jasaɣ-un kii-a noyan",用清代规范的转写,就是"扎萨克恰诺颜"。在入清以前,无论是"扎萨克"还是"恰",都是蒙古社会军事组织和硕里的执政者的称号。赓格尔被称作"扎萨克恰诺颜",可见他不是严格意义上的"扎萨克"。

但是,崇德二年以后,土默特确实被编成了两个扎萨克旗。善巴一旗被称为土默特左旗,俗称"蒙古镇旗";鄂木布楚琥尔旗为土默特右旗。那么,善巴旗为什么被称作土默特旗呢?因为他们历来是土默特黄金家族的阿勒巴图,已经自称为土默特人。这在《旧满洲档》等原始史料里得到了充分的证明。如前所说,他们与外界联系时,基本上用万户的名称,即喀喇沁,但在万户内,自称土默特人,就像喀喇沁的塔布囊自称喀喇沁人一样。不是和田清所说"喀喇沁别部冒用土默特的名称"③的问题。那么,善巴旗为什么又称"蒙古镇旗"呢?蒙古镇,即Mongɣoljin,明代文献的写法为"满官嗔"。蒙

---

① 《钦定外藩蒙古回部王公表传》卷二五《土默特部总传》。
② 《清太宗实录》,崇德二年冬十月庚子。
③ 和田清:《东亚史研究(蒙古篇)》(日文),第604页。

第五章　东土默特蒙古

古中央六万户之一的土默特万户的全称是"满官嗔—土默特"。东土默特人是从该万户中分离出来的,所以,他们自称土默特的同时,还称作满官嗔。东土默特的塔布囊们也随之或称土默特,或称满官嗔,因此,满官嗔一名保留在了东土默特塔布囊中。对此特木勒已有论述。①

土默特二旗建旗时候的牧地在哪里,现在还没有能够直接说明的史料。但是无论如何,东土默特人绝对不是1636年就被安排到现在辽宁省境内的地方。1630年,东土默特被明军大败后,"不复敢南向牧马",因而使"宣(府)东颇觉安静"。可是,迟到1642年底,东土默特人似乎一直没有完全放弃老根据地。比如,1639年,有骑马夷人30余名来到龙门所边外热水塘子驻牧,责令三人到塘子口墙下致蒙古文书信,并说:"我们系温布(即鄂木布——笔者)台吉夷使好人。先年在这边看守边疆。因插汉儿赶散我们,今差我们投禀,仍前愿与里边看边效力",未得允许。② 1642年,在黑汉岭以北边外250余里的黑河一带,有20余蒙古人向明朝哨探说:"我等是敖目差来看旧日住牧的地方,待等雪消,往龙门所讲话"。③ 是年年底,明军长哨在独石口边外遇见鄂木布下人打牲。又在镇安边外,距蓟镇边界不远的头道川地方有"敖夷部落引犬打牲"。④ 所以,至少在1642年底以前,东土默特人仍在宣府和蓟镇边外一带活动。他们被安排到现在辽宁省境内,大致是清朝入关以后。

据《蒙古游牧记》的记载,土默特左旗的牧地在库伦旗南,养息牧牧厂之西,东至岳洋河,南至什巴古图山,西至巴嘎塔布桑,北至当道斯河。土默特右旗旗地在九关台、新台边门外,跨鄂木伦河(敖木伦河),东至讷埒逊山,南至魏平山,西至鄂朋图山,北至什喇陀罗海。⑤

也就是说,左旗基本上相当于今天辽宁省阜新县加内蒙古库伦

---

① 特木勒:《朵颜卫研究——以十六世纪为中心》,第37页。
② 中研院历史语言研究所编:《明清史料》丁编第七册,1954年,第615页。
③ 中研院历史语言研究所编:《明清史料》乙编第四册,1936年,第383页。
④ 《明档》,宣府巡抚李鉴崇祯十五年十一月二十四日塘报。
⑤ 张穆:《蒙古游牧记》,第101—110页。

旗东南部的地方,右旗相当于今天的辽宁省北票、朝阳二县境。

但是,土默特二旗并不是清初就安置在这里的。内蒙古东南部各旗边界的最后划定,大致是在乾隆初年。因为,清初,察哈尔林丹汗的子孙受到清廷的优待,率土领民,被称作"察哈尔国"(1635—1675),其领地基本上相当于今天库伦旗全境。1675年布尔尼叛乱以后,所谓的察哈尔国才被消灭。然而,直到1733年,察哈尔国领地还没有被明确划入周围各旗。《蒙古游牧记》所记载的各旗牧地范围,只能反映19世纪当时的情况。

第六章　喀尔喀三汗的登场

一、绪　　言

　　元朝灭亡以后,蒙古朝廷退回草原,在蒙古形成了许许多多的大小游牧集团,或称"兀鲁思",或称"土绵"(万户)。15世纪初,蒙古分裂为东西蒙古。西蒙古又称卫拉特人,游牧在杭爱山以西、天山以北的草原,东蒙古人主要分布在今天的内蒙古自治区和蒙古国境内。蒙古大汗的牙帐在东蒙古。在蒙古大汗达延汗(1479—1516年在位)即位以前,在东蒙古中央地带已经形成了六个大万户,但是除了大汗所在的察哈尔万户,其余万户都在异姓贵族统治之下。达延汗经过长期的斗争,结束了东蒙古历史上异姓贵族把持朝政的局面,剥夺了异姓贵族对各部的世袭统治权的同时,将自己的子孙分封到六万户,在东蒙古确立了成吉思汗"黄金家族"的直接统治。本章所说的"喀尔喀",就是达延汗子孙统治下的东蒙古六万户之一的喀尔喀万户的一部分。

　　达延汗共有十一子。达延汗将其第六子阿鲁楚博罗特与第十一子格呼森扎分别分封到喀尔喀万户的左翼和右翼。喀尔喀万户早在达延汗或者更早的时代就游牧在今哈拉哈河流域("喀尔喀"是"哈拉哈"的不同汉语音译,部以河得名)。16世纪中叶,喀尔喀左翼随蒙古大汗打来孙南下大兴安岭驻牧,所部号称"山阳喀尔喀",即清朝所谓"内喀尔喀五部",实际上脱离喀尔喀万户而自为一部。入清后,该五部或设立扎萨克旗,或编入八旗蒙古,均不再冠以"喀尔喀"名号。右翼封主格呼森扎从哈拉哈河流域向西面发展,与兀良哈万户接壤,并与之发生了矛盾。16世纪20、30年代,蒙古大汗博迪率领各部征讨并瓜分兀良哈万户,格呼森扎分得了原兀良哈万户的牧地和部分属民。其结果,喀尔喀万户的势力一直延伸到杭爱山,尽有漠北草原。16世纪末17世纪初,喀尔喀万户分布于东自呼伦贝尔的额尔古纳河、西至杭爱山、北自贝加尔湖、南抵南蒙古北部的广袤地区,即今天蒙古国的大部分领土。

格呼森扎死后,其七子析产,形成七个游牧集团,习惯称"七和硕喀尔喀"或"七鄂托克喀尔喀"("和硕"和"鄂托克"均为当时蒙古社会组织名称)。清代所说的"喀尔喀",就是指这部分蒙古人。格呼森扎七子分掌喀尔喀左右二翼,右翼为格呼森扎长子阿什海达尔汉珲台吉、次子诺颜泰哈坦巴图尔、六子德勒登昆都伦及末子萨姆鄂特欢及其后裔诸兀鲁思;左翼为三子诺诺和伟征诺颜、四子阿敏都喇勒和五子达来(无后)及其后裔诸兀鲁思。①

自16世纪末至17世纪30年代,喀尔喀左翼和右翼先后出现了三个汗,左右二翼分成三个汗部。喀尔喀万户的这种变化,对日后喀尔喀历史的发展具有深刻而长久的历史影响。这是清初蒙古史上的一个极其重要的和特别值得研究的课题。但是,因为史料不足,该课题的研究向来没有得到应有的重视和进展。明后期汉籍史料和明朝兵部档案所记蒙古内容,主要涉及延明朝长城的蒙古南方各部,而对地处漠北的喀尔喀人几乎没有记载。清初的汉文史料,早期的主要是《清实录》。它虽然有不少涉及喀尔喀蒙古,但主要反映喀尔喀与后金—清朝的官方往来,对其内部状况和自身的发展不予以足够的关注,况且喀尔喀与后金—清朝很晚在17世纪30年代中期才开始发生使臣往来关系。晚在乾隆年间成书的像《钦定外藩蒙古回部王公表传》(以下简称《王公表传》)和同治年间刊行的《蒙古游牧记》之类的史书,不仅没有弄清本来很不明朗的明末清初喀尔喀史的一些史实,而且相反留下了不少错谬的记载。就前人研究来看,学界对清代汉文史料已经进行过很好的挖掘、梳理和总结,就此问题再进一步研究已相当困难。

近年来,随着清初满蒙文文书档案史料的进一步开放和民族史

---

① 善巴:《阿萨喇克其史》(*Byamba-yin Asarayči neretü [-yin] teüke*),乌兰巴托,2002年影印本,叶48b。祁韵士记载格呼森扎诸子顺序有误,见祁韵士:《钦定外藩蒙古回部王公表传》,乾隆武英殿刊本,参包文汉、奇·朝克图整理标点:《蒙古回部王公表传》(第一辑)卷四五《喀尔喀土谢图汗部总传》,第334页;卷六一《喀尔喀扎萨克图汗部总传》,第424页。

第六章　喀尔喀三汗的登场

研究的深入,民族史许多领域的研究有了新的进展。本章在前人研究基础上,以清初满蒙文档案为主要依据,结合蒙古文、汉文和藏文记述性史料,考述第一代土谢图汗、扎萨克图汗和车臣汗登场的历史背景和过程。

二、阿巴泰的汗号与土谢图汗

文献记载,在喀尔喀首先称汗的是阿巴泰①(1554—1588?)。格呼森扎三子诺诺和,号伟征诺颜,为喀尔喀左翼之长,阿巴泰即其长子。《王公表传》记载:"初,喀尔喀无汗号,自阿巴岱(即阿巴泰——笔者,下同)赴唐古特,谒达赖喇嘛,迎经典归,为众所服,以汗称。子额列克继之,号墨尔根汗。额列克子三,长衮布,始号土谢图汗,与其族车臣汗硕垒、扎萨克图汗素班第同时称三汗。"②据此,阿巴泰称汗的时间在"赴唐古特,谒达赖喇嘛"之后,而所取汗号亦非"土谢图汗",因为其孙衮布"始号土谢图汗"。张穆《蒙古游牧记》记载与《王公表传》有所不同:阿巴泰"赴唐古特,谒达赖喇嘛,迎经典归,为众所服,始汗称,号斡齐赉巴图。按:巴图旧作赛音,今从《理藩院则例》改。《朔漠方略》:'康熙二十六年,土谢图汗奏请敕印表曰:国中向无佛教,自我曾祖往谒达赖喇嘛,得蒙优礼,加以瓦察喇赛音汗之号。于是我地佛法炳如日星。'按:瓦察喇赛音,即斡齐尔赛因。……子额列克嗣,号墨尔根汗。额列克子三,长衮布,始号土谢图汗。"③张穆根据土谢图汗察浑多尔济康熙二十六年的奏折指出,达赖喇嘛赐给阿巴泰的汗号为"瓦察喇赛音汗"。

关于阿巴泰拜见达赖喇嘛的时间,文献中有1585年之后、1586

---

① 清代汉文文献,诸如《王公表传》和《蒙古游牧记》等,将此人名均音写为阿巴岱,从此一直沿用。但是,这种音写是错误的。Abatai 是阿尔泰语系蒙古语族和满—通古斯语族民族中常见的名字。比如,努尔哈赤侧妃生一子,其名满文作 Abatai,汉文作阿巴泰。满文与蒙古文书写规则不同,辅音 -d 和 -t 的写法有别,不会混淆。阿巴泰作为皇子,清国史馆也不会记错其名。今天的蒙古人,读此人名仍发 abatai 之音。
② 《钦定外藩蒙古回部王公表传》卷四五《喀尔喀土谢图汗部总传》。
③ 张穆:《蒙古游牧记》卷七《土谢图汗》,第301—302页。

年和1587年三说。蒙古文史书《俺答汗传》记载,俺答汗之子辛爱都龙汗于青鸡年(乙酉,1585)秋九月二十九日去世,"其后"阿巴泰赛音汗来拜谒达赖喇嘛。① 蒙古喀尔喀部史籍《阿萨喇克其史》记载,阿巴泰于火狗年(丙戌,1586)夏六月十五日前去拜谒达赖喇嘛。② 这两种说法其实可以并为1586年说,因为"其后"并不一定意味着1585年内。但是据藏文《三世达赖喇嘛传》,"喀尔喀多尔济王"(阿巴泰)是在火猪年(丁亥,1587)前来拜见达赖喇嘛的。③ 蒙古文史乘《蒙古源流》亦持此说。④《阿萨喇克其史》是1677年阿巴泰家族的后人善巴撰写的史书,他把阿巴泰拜见达赖喇嘛的时间记载到具体的年月日,可见他掌握着精确的书面或口传资料。阿巴泰拜见达赖喇嘛对其家族及其后裔是莫大的荣誉和重大事件,他们的记忆应该是可靠的,因此阿巴泰汗见三世达赖喇嘛的时间应从《阿萨喇克其史》,即1586年夏天。

据《三世达赖喇嘛传》、《俺答汗传》和《蒙古源流》等蒙藏文史料记载,三世达赖喇嘛应蒙古土默特部辛爱都龙汗之请,于木鸡年(乙酉,1585)从藏地启程,火狗年(丙戌,1586)来到库库克屯(今呼和浩特),在土默特、喀喇沁等万户境内广做佛事,并将俺答汗的遗骨火化,同时接见蒙古各部首领前来谒见,于戊子年(1588)三月在喀喇沁地方圆寂。⑤ 也就是说,在1585—1588年间,三世达赖喇嘛在蒙古。据此,阿巴泰汗谒见达赖喇嘛不是"赴唐古特"(西藏),而是在土默特蒙古的政治文化中心呼和浩特。祁韵士和张穆的说法,不是根据某种史料,而只是根据历代达赖喇嘛世居西藏拉萨的事实随手写下的。

再说阿巴泰的汗号。《俺答汗传》记载,达赖喇嘛"赐封阿巴泰

---

① 《俺答汗传》,内蒙古社会科学院图书馆藏蒙古文抄本,叶43a、b。
② 善巴:《阿萨喇克其史》,叶43b。
③ 五世达赖喇嘛阿旺罗桑嘉措著,陈庆英、马连龙译:《达赖喇嘛三世、四世传》,全国图书馆文献缩微复制中心,1992年,第199页。
④ 萨冈彻辰:《蒙古源流》,库伦本,叶83a。
⑤ 详见乌兰《〈蒙古源流〉研究》,第454—459页。

赛音汗为瓦齐赉汗(vačirai qaɣan)号"。①《蒙古源流》和《阿萨喇克其史》记载一致,均说阿巴泰被授予"佛法大瓦齐赉汗(nom-un yeke vačir qaɣan)"。② 由此可见,"瓦齐赉汗"是"佛法大瓦齐赉汗"的简称。"瓦齐赉",梵文,意为"金刚"。蒙古人的佛教用语中,"金刚"或借用梵文作 vačir(梵文:vajra,蒙古化的读音为 očir,旧译跋折罗),或借用藏文称 dorji(藏文:rdo rje,旧译朵儿只)。根据《阿萨喇克其史》记载,铁蛇年(辛巳,1581),阿巴泰在二十八岁时,从满官嗔—土默特地方来的商人那里听到佛法在土默特地区流传,于是派人敦请喇嘛,皈依佛教。木鸡年(乙酉,1585)建造寺庙,火猪年(丁亥,1587)前往,是年夏六月十五日谒见达赖喇嘛索南嘉措,奉献一千匹骟马为首的许多金银细软。当时,三世达赖喇嘛让他从满屋子的佛像中选取一件,阿巴泰选了变旧了的伯木古鲁巴(paɣmu ruba)像。因此达赖喇嘛说阿巴泰是"瓦齐尔巴尼"(vačirbani,梵文为 vajrapāṇi,意即金刚手③)的转世,并赐予了"佛法大瓦齐赉汗"号。④ 关于阿巴泰的汗号,《蒙古源流》有两种说法,其中一种说法与前引《阿萨喇克其史》的记载相同,但另一种说法非常耐人寻味。据这种说法,阿巴泰谒见三世达赖以后,达赖喇嘛请他选取一副佛像,阿巴泰选取了金刚手的画像(vačirbani körög),在告别时向达赖喇嘛请求:"请赐给我冠有 vačir 之名的汗号吧!"达赖喇嘛回答说:"只是担心对你们蒙古的政统有妨害。"尽管这样说了,但是当阿巴泰再次恳求时,赐给了他"瓦齐赉汗"的称号。⑤ 据诸书的记载,"瓦齐赉汗"的称号来源于瓦齐尔巴尼(vačirbani/vajrapāṇi)。阿巴泰选取的伯木古鲁巴,全称作伯木古鲁巴·朵儿只杰波(phag mo gru pa rdo rje rgyal po,译言伯木古鲁巴·朵儿只王),是藏传佛教帕竹噶举派的创

---

① 《俺答汗传》(蒙文),内蒙古社科院藏本,叶43b。
② 萨冈彻辰:《蒙古源流》,库伦本,叶83a;善巴:《阿萨喇克其史》,叶53a。
③ 乌兰将 vajrapāṇi 译作"金刚持"(第437页),误。"金刚持"的梵文为 vajrathara,藏文为 rdo rje `chang,旧译"朵儿只昌"。Vajrapāṇi 的藏文对译为 lag na rdo rje(或作 phyag na rdo rje),是手持金刚杵、随侍如来的八大菩萨之一。
④ 善巴:《阿萨喇克其史》,叶53a。
⑤ 《蒙古源流》,库伦本,叶83a。

始人(生活在1110—1170年间),为塔波噶举派的嫡系。有趣的是,据《蒙古源流》记载,三世达赖喇嘛其实并不愿意授予阿巴泰"瓦齐赉汗"号,甚至可能未曾认定阿巴泰为金刚手的转世。据研究《蒙古源流》的专家乌兰的研究,《蒙古源流》各版本系统中,在一部分版本中保留了三世达赖起初不肯授予阿巴泰"瓦齐赉汗"号的说法,而一些版本中没有保留。值得特别注意的是,没保留此说的版本正是源于喀尔喀人抄制的 a 本。① 这说明,阿巴泰为金刚手的转世一说,是喀尔喀人有意编造的。所有这些在暗示,喀尔喀阿巴泰汗谒见达赖喇嘛以前,就已经皈依了藏传佛教噶举派,见到达赖喇嘛后,特意迎请了伯木古鲁巴·朵儿只王的佛像,并请求三世达赖喇嘛授予他含有"金刚手汗"之意的汗号。三世达赖喇嘛游历蒙古地方的首要目的,是传播藏传佛教格鲁派教义,所以曾以"担心对你们蒙古的政统有妨害"为由予以拒绝。阿巴泰汗信仰的非格鲁派色彩,为日后他子孙中的哲布尊丹巴呼图克图的前世问题、哲布尊丹巴呼图克图与噶尔丹汗的矛盾问题等诸多重大事件产生了深刻而长远的宗教影响。因为本章论述范围的限制,这个问题暂不涉及。总之,阿巴泰从达赖喇嘛处得到了"瓦齐赉汗"号,按蒙古语习惯,也可以写作"斡齐赉汗",但是张穆依据《理藩院则例》改之为"斡齐赉巴图"是不妥当的。

那么,"瓦齐赉汗"是阿巴泰最初的汗号吗?阿巴泰被达赖喇嘛授以"瓦齐赉汗"号以后喀尔喀才"始有汗"吗?前文引述的《王公表传》和《蒙古游牧记》的回答是肯定的。目前,学术界普遍接受这个观点。但是,蒙古文史籍和档案文书的记载与之相左。喀尔喀人善巴所写《阿萨喇克其史》有一则阿巴泰汗小传,那里记载:"扎赉尔珲台吉的三子诺诺和伟征诺颜在色楞格河畔住牧时,于木虎年(甲寅,1544年——笔者),其妻额成肯卓哩克图合屯生一子。孩子出生时,食指上带有黑色血迹,起名叫阿巴泰。在后来,[他]从十四岁到二十七岁,经常从事征战,收服外敌于自己的权势之下,扶持诸兄弟与自己无二致,最初被尊奉为土谢图汗而闻名于世。"二十八岁时,

---

① 乌兰:《〈蒙古源流〉研究》,第457页。

第六章　喀尔喀三汗的登场

始闻佛事,不久前去谒见达赖喇嘛,被授予"佛法大瓦齐赉汗"号。①根据这个记载,阿巴泰在见到三世达赖以前,在他二十七岁时,就已被推举为"土谢图汗"。有学者据此推断,阿巴泰在1580年已拥有"土谢图汗"号,这是土默特部的俺答汗支持所致。② 但是,这个问题还有深入探讨的余地。

在相关史料中成书最早的《俺答汗传》(1607年成书)记载,"其后,住牧于杭爱汗山者,作坚兵利器之锋芒者,与外族敌人相争战者,喀尔喀万户之主阿巴泰赛音汗(Abatai sayin qaγan)"前来叩见达赖喇嘛,达赖喇嘛"赐封赛音汗为瓦齐赉汗号。"③该书的作者是阿巴泰同时代的人,其书在阿巴泰死后二十年成稿。阿巴泰曾经来过呼和浩特,阿巴泰如有"土谢图汗号",而且该汗号如经俺答汗授予或得到俺答汗承认,《俺答汗传》作者就不会不知道,也不会不记载。据此,阿巴泰1586年谒见达赖喇嘛之前叫作"赛音汗"(Sayin qaγan),而不叫"土谢图汗"。蒙古另一部著名的史书《大黄史》叙述格呼森扎子孙世系时也提到,格呼森扎三子诺诺和伟征诺颜,其子阿巴泰赛音汗(Abatai sayin qaγan),其子额列克墨尔根汗(Eriyekei mergen qaγan),其子衮布土谢图汗(Gümbü tüsiyetü qaγan)。④ 这是阿巴泰汗以"赛音汗"著称的又一佐证。他得"瓦齐赉汗"号后,如张穆所言,被称作"瓦齐赉赛音汗"。阿巴泰死后,其子称"墨尔根汗"。墨尔根汗的儿子衮布称"土谢图汗"。这说明,阿巴泰子孙三代各有不同的汗号,阿巴泰的后继者们没有承袭他的"瓦齐赉赛音汗"之号。到了衮布子察珲多尔济,袭其父"土谢图汗"和曾祖父"瓦齐赉汗"称号,并被尊称"süjüg küčün tegüsügsen vačir tüsiyetü qaγan"(意为"信仰和

---

① 善巴:《阿萨喇克其史》,叶52a、b。
② 宝音德力根:《从阿巴岱汗和俺答汗的关系看喀尔喀早期历史的几个问题》,《内蒙古大学学报》(蒙古文版)1999年第1期,第89页。
③ 《俺答汗传》(蒙文),内蒙古社科院藏本,叶43b。
④ N. P. Shastina, Shara Tudji-Mongoliskaya Letopicy XVII Beka, Moskva/Leningrad, 1957, p.86. 顺便提一下,《蒙古源流》把谒见达赖喇嘛以前的阿巴泰叫作"阿巴泰噶勒珠台吉"(噶勒珠,意为"狂人","台吉"是蒙古黄金家族男子之称)。据《阿萨喇克其史》,阿巴泰在14至27岁之间东征西战,名声大振。很可能,正因为他的戎马生涯,在称汗之前被称作"噶勒珠台吉"。

力量具备的瓦齐赉土谢图汗")。据五世达赖喇嘛说,该称号是察珲多尔济于1674年赴藏谒见达赖喇嘛时,请求五世达赖赐给他的。① 喀尔喀降清后,清朝作为优待条件之一,保留喀尔喀三汗的汗号,因此,察珲多尔济的"土谢图汗"号得以世袭,该部的汗世世代代被称作"土谢图汗"。《阿萨喇克其史》的作者还记得阿巴泰在谒见达赖喇嘛之前就有汗号,但显然把同时代人察珲多尔济和其曾祖的汗号混淆了。

  关于阿巴泰最初的汗号和主要事迹,第二代土谢图汗察珲多尔济呈上康熙皇帝的一份奏折提供了重要的资料。这条史料的背景是这样的:17世纪中后期喀尔喀发生了内讧。1685年清廷遣使西藏,欲通过达赖喇嘛调停喀尔喀内讧,以稳住局势。西藏方面以达赖喇嘛的名义派甘丹寺主持噶尔丹席勒图前往调停,清朝派理藩院尚书阿喇尼协同。在双方的撮合下,喀尔喀汗、呼图克图和诸台吉于1686年秋在库伦伯勒齐尔地方举行会盟,并在噶尔丹席勒图、哲布尊丹巴呼图克图前悬挂佛像,设立重誓,两翼诸诺颜答应将互相侵占之人口各归本主,永行和好。但是,会盟后,各方均未履行诺言。喀尔喀大小诺颜们争先恐后地向清朝遣使上书,各陈其情,力图维护各自的既得利益。所以,1687年一年里,从喀尔喀送来了大批的奏折文书,形成了内容丰富的历史档案。

  土谢图汗察珲多尔济的这份蒙古文奏折,根据它的内容,正是张穆在《蒙古游牧记》中提到的那份康熙二十六年的奏折。这份奏折的抄本收入清朝内阁蒙古堂档案中,保留至今。察珲多尔济在奏折里详述自阿巴泰至自己的历代汗王的事迹,以示自己地位之崇高。奏折一开头就陈述了阿巴泰汗的事迹:"从前,我曾祖父瓦齐赉赛音汗,因国中无佛法,处于黑暗中,前往叩谒普度[众生的]达赖喇嘛索南嘉措,[达赖喇嘛]授予了瓦齐赉汗号。[阿巴泰汗]以佛法之光芒照亮喀尔喀与卫拉特,因此之故,于佛法,[他]在国中大德无比。又,[阿巴泰汗]以赍瑚尔汗为札剌亦儿台吉(指格呼森扎——笔者)长子之后嗣,立他为汗。[后]因卫拉特杀死了赍瑚尔汗,[阿

---

① 阿旺洛桑嘉措著,陈庆英、马连龙、马林译:《五世达赖喇嘛传》,中国藏学出版社,2006年,第852页。

巴泰汗]远征卫拉特,在库博克儿之役大败敌人,征服卫拉特,为[赉瑚尔汗]报了仇。[他]对世俗政统的无比大德如此。"①在察珲多尔济的记述中,阿巴泰汗最初的汗号仍为"赛音汗"。种种迹象表明,阿巴泰1580年所取汗号为"赛音汗",这是毋庸置疑的。阿巴泰汗对喀尔喀人的"政教二道"有重大贡献。在佛法方面,他引进藏传佛教,被达赖喇嘛封为"瓦齐赉汗";在世俗政治方面,他扶持喀尔喀右翼的赉瑚尔,立他为右翼的汗。后来,西蒙古卫拉特人袭杀赉瑚尔汗,阿巴泰汗在库博克儿之役大败卫拉特,保护了右翼。据有学者考证,库博克儿之役发生在1587年。②

概言之,阿巴泰是16世纪后半叶喀尔喀最强悍的首领。汉文史料所记阿巴泰"赴唐古特,始汗称"是错误的,但是"衮布始号土谢图汗"符合事实。入清以后,"土谢图汗"号作为喀尔喀三汗的名号之一,被固定并世袭。

阿巴泰汗虽然没有土谢图汗号,但是作为土谢图汗部的开山之祖是当之无愧的。

三、扎萨克图汗素班第的登场

"扎萨克图汗",是喀尔喀右翼的汗号。前文论及,右翼在赉瑚尔时始有汗号,是左翼的阿巴泰赛音汗立他为汗的。右翼本为格哷森扎长支所在,地位高于左翼,应成为万户之首。但是,左翼阿巴泰势力的发展,使右翼听命于他。

喀尔喀始祖格哷森扎长子阿什海达尔汉珲台吉,其长子巴延达喇,其次子赉瑚尔汗。③ 赉瑚尔生于水狗年(壬戌,1562)。④ 赉瑚尔

---

① 中国第一历史档案馆、内蒙古大学蒙古学学院编:《清内阁蒙古堂档》,1—22卷,内蒙古人民出版社,2005年,第6、18页。
② 详见宝音德力根《从阿巴岱汗和俺答汗的关系看喀尔喀早期历史的几个问题》,第87页。
③ 善巴:《阿萨喇克其史》,叶49b。
④ N. P. Shastina, Shara Tudji-Mongoliskaya Letopicy XVII Beka, Moskva/Leningarad, 1957, p.113.

汗的事迹和卒年，于史籍俱不详。学界曾认为，赉瑚尔汗在1606年曾与喀尔喀人订立盟约，因此认为他至少活到那个年代。① 但是，根据前引蒙古文档案资料，阿巴泰立赉瑚尔为汗之后，卫拉特人杀死了他，因此发生了1587年的库博克儿之役。据此，赉瑚尔被推为汗和被杀，均发生在1580年至1587年之间。②

赉瑚尔汗的长子素班第③为第一代扎萨克图汗。《王公表传》载，"初，赉瑚尔为右翼长，所部以汗称，传子素班第，始号扎萨克图汗，与其族土谢图汗衮布、车臣汗硕垒，同时称三汗。"④这里看不出素班第称扎萨克图汗的具体年代。但是，在蒙古文档案中保留着重要的信息。

喀尔喀兀良哈贵族额尔克伟征诺颜于1686年呈康熙皇帝的一份奏折中讲到，"就是从前，我们［也］是喀尔喀七和硕之一。在拥立博克多汗即位的塔喇尼河会盟上，封我曾祖父伟征诺颜为扎萨克。"⑤我们暂时搁置兀良哈贵族的事情，重要的是博克多汗在塔喇尼河会盟上即位的消息。据喀尔喀右翼另外一个贵族达尔玛什哩的奏折说，"从前，在博克多扎萨克图汗时代，扎萨克图汗之弟我父亲达尔玛什哩在诺颜们中拥有官位。"⑥呈奏人达尔玛什哩名叫卓特巴，奏折中提到的达尔玛什哩是其父亲，名叫乌班第，是扎萨克图汗素班第之弟。⑦ 达尔玛什哩是他们父子的美号。可见，"博克多汗"就是扎萨克图汗素班第。

那么，塔喇尼河会盟是什么时候举行的呢？首先引用喀尔喀属

---

① 若松宽：《哈喇虎喇的一生》，《东洋史研究》22－4,1964年，第30页；冈田英弘：《乌巴什珲台吉传研究》，《游牧社会史探究》32,1969年，第5页。
② 参考宝音德力根《从阿巴岱汗和俺答汗的关系看喀尔喀早期历史的几个问题》，第88页。
③ 清代汉文文献记素班第的名字为"素巴第"。据蒙古文档案和史籍，他名字叫Subandi，故正确的音写为"素班第"。Subandi的弟弟名叫Ubandi（乌班第），可见将此人名字读作Subadi（素巴第）是错误的。
④ 《钦定外藩蒙古回部王公表传》卷六一《喀尔喀扎萨克图汗部总传》。
⑤ 中国第一历史档案馆、内蒙古大学蒙古学学院编：《清内阁蒙古堂档》卷六，第60页。
⑥ 同上，第47页。
⑦ 善巴：《阿萨喇克其史》，叶48b。

第六章　喀尔喀三汗的登场

阿巴哈纳尔部贵族额尔克木古英台吉之奏折。如前所说，17世纪中后期，喀尔喀内部发生内讧，右翼扎萨克图汗与左翼土谢图汗、车臣汗严重对立。在这次内讧中，受右翼扎萨克图汗统治的阿巴哈纳尔部回到左翼故土，又附属了旧主车臣汗。为了调节喀尔喀内讧，清朝和达赖喇嘛于1686年在库伦伯勒齐尔地方举行会盟。在库伦伯勒齐尔会盟上，扎萨克图汗和车臣汗为争夺阿巴哈纳尔部互不相让。因此，额尔克木古英台吉向康熙皇帝呈上奏折，详述阿巴哈纳尔部的历史，尤其是他们和喀尔喀左右二翼的关系。该奏折的有些内容为解开塔喇尼河会盟的疑问提供了重要线索。该奏折称（括弧里为笔者所加内容）："曼殊室利大恰克喇瓦尔迪汗（指康熙皇帝），恩养众生如自己的子孙，为平息喀尔喀之间的纷争，在向众佛的象征和智能之本质圣达赖喇嘛瓦只喇答喇倡议，使派遣噶尔丹席勒图额尔德尼达赖呼图克图（第四十四任甘丹主持），并派遣自己的大臣阿喇尼（理藩院尚书），还让哲布尊丹巴呼图克图相助，为此，七和硕于火虎年（丙寅，1686）之八月在库伦伯勒齐尔地方会盟之际，右翼之扎萨克图汗（名沙喇）与左翼之汗（指车臣汗诺尔布）争夺翁牛特（指阿巴哈纳尔部），土谢图赛音汗（指察珲多尔济）、额尔克岱青诺颜（指《阿萨喇克其史》作者善巴）也说话了。……还有，在九十一年前的猴年在塔喇尼河会盟上，因我们是独立的诺颜，国家大臣里委派了[我们的]斡纳海扎雅噶齐、土虎辉两个大臣，[此事]难道不记载于那个律令里了吗？……"① 根据这份文书，在火虎年（1686）的库伦伯勒齐尔会盟之前九十一年的猴年（丙申，1596），在塔喇尼河畔举行了会盟，会盟上为阿巴哈纳尔部委派了两个大臣，他们的名字分别为斡纳海扎雅噶齐和土虎辉，而且这事已记入"那个律令里了"。

有幸的是，"那个律令"被找到了。1970年，当时苏蒙学者在蒙古一座塔墟中发现了以蒙古文和藏文在桦树皮上书写的《桦树皮文

---

① 中国第一历史档案馆、内蒙古大学蒙古学学院编：《清内阁蒙古堂档》卷六，第49—53页。关于这份文书的解读还请参考宝音德力根《从阿巴岱汗和俺答汗的关系看喀尔喀早期历史的几个问题》，第83—84页；图雅、乌云毕力格《关于猴年大律令的几个问题》，《内蒙古大学学报》（蒙古文版）2007年第1期，第105—109页。

书》。1974年,呼·丕尔烈将《桦树皮文书》中的法律文书以抄本形式向学界公布。其中有一部律令叫作《猴年大律令》。《猴年大律令》前言这样写道:"愿一切吉祥!……黄金家族之汗阿海、执政的哈坦巴图尔诺颜、达尔罕土谢图诺颜、岱青巴图尔诺颜、昆都伦楚琥尔诺颜、卓尔瑚勒诺颜(后面罗列了各位诺颜的名字,此处省略——笔者)大小诺颜为首,开始拟写大律令。此律令于猴儿年春末月,在塔喇尼河畔制定。"《猴年大律令》在谈到这次会盟上任命的各部执政大臣时提到:"……七和硕执政的大臣有这些:汗殿下之和硕齐德勒格尔(以下人名,从略——笔者),哈坦巴图儿之固什浑津(以下人名,从略——笔者),珲津台吉之察纳迈、脱博齐图,翁牛特台吉之斡纳海扎雅噶齐、土虎辉……"①《猴年大律令》前言中提到的"此律令于猴年春末月,在塔喇尼河畔制定"这条记载和关于各部执政大臣的"翁牛特台吉之斡纳海扎雅噶齐、土虎辉"这条记载,与上引额尔克木古英台吉之奏折的内容完全一致。因此,从以上诸条史料中得出结论,塔喇尼河畔会盟毫无疑问是在猴年,即1596年举行的。

根据《猴年大律令》的序言,这是一次全喀尔喀大小诺颜参加的重要的会盟。会盟推举右翼的素班第为扎萨克图汗,任命了喀尔喀各部执政大臣,并制定了全喀尔喀人要遵守的律令。顺便说一下,关于《猴年大律令》的"猴年"及该会盟之首"汗阿海"其人,因当时蒙古文档案史料尚未公布,学界曾有争议。蒙古国学者呼·丕尔烈认为"猴年"为1620年,"汗阿海"指土谢图汗衮布。日本学者二木博史认为"猴年"为1608年,"汗阿海"指扎萨克图汗赉瑚尔汗。俄罗斯学者纳西罗夫认为"猴年"为1620年,"汗阿海"指素班第。

素班第称扎萨克图汗,是一件大事。这是喀尔喀左右翼势力优势发生变化的开端。参加塔喇尼河会盟的有喀尔喀左右二翼的1名汗20名台吉,以扎萨克图汗素班第为首,以其族兄弟哈坦巴图尔为副,尚未称汗的阿巴泰汗之子额列克(1578—?)则以"诺颜"身份居

---

① 呼·丕尔烈:《有关蒙古和中亚国家文化与历史的两部珍贵文献》(蒙文),乌兰巴托,1974年,第59—60、64页。参考图雅、乌云毕力格《关于猴年大律令的几个问题》,第105—109页。

第六章 喀尔喀三汗的登场

于第三位。阿巴泰可能死于1588年左右。他死后多年间该部未能选出汗,可见部内有乱,或至少人心不齐。素班第乘机填补喀尔喀万户的权力空白,在二翼大会盟上称汗。到了17世纪30年代,在第一代土谢图汗衮布和第一代车臣汗硕垒的经营下,左翼势力重振旗鼓。但是,素班第在清朝征服浪潮面前,以喀尔喀万户之主自居,与后金—清朝对抗,并迅速与卫拉特蒙古媾和,1639—1640年初之间建立了著名的蒙古—卫拉特联盟(关于这个问题另文详述)。这又抬高了素班第在喀尔喀的地位。1650年,素班第卒,不久喀尔喀右翼陷入内乱,接着蔓延成全喀尔喀混乱。这个混乱最终导致了喀尔喀降清,而在这个过程中土谢图汗得到清朝的保护,逐渐成为清代喀尔喀的最显赫的势力。

四、硕垒称汗的时间和背景

前文考述了土谢图汗和扎萨克图汗登场的年代和背景。那么,喀尔喀三汗之一的"车臣汗"是怎样产生的呢?为了弄清这个问题,先从第一代车臣汗硕垒的身世说起。

格呼森扎四子名阿敏都喇勒,子二:长子为道尔察海·哈喇·扎噶勒·都固尔格其,无嗣子;二子谟啰贝玛,即硕垒生父。硕垒生于火牛年(丁丑,1577)。① 阿敏都喇勒属于喀尔喀左翼,游牧地在克鲁伦河流域。硕垒作为家族的唯一男性代表,继承了家产,在其父身后成为喀尔喀七和硕之一的大首领。

最早记载硕垒政治活动的是前文提及的《桦树皮律令》。比如,1614年,硕垒就以"洪台吉"的身份出现在左翼诸和硕的几次会盟上,有时被称作"达赖车臣洪台吉"("达赖车臣"为硕垒称汗之前的号)。②

---

① 善巴:《阿萨喇克其史》,叶60a;N. P. Shastina, Shara Tudji-Mongoliskaya Letopicy XVII Beka, Moskva/Leningarad, 1957, p.117.
② 乌云毕力格:《绰克图台吉的历史与历史记忆》,*Quaestiones Mongolorum Dispotatae* 1, Association for International Studies of Mongolian Culture, Tokyo, 2005年,第200—201页。

后来,他在蒙古文档案中又被称作"达赖济农",①可见硕垒在称汗以前已经称"济农"了。1687 年,土谢图汗察浑多尔济呈上康熙皇帝的一份奏折中,提到二翼大人物时写道:"在这里,右翼有贲瑚尔汗、扎剌亦儿的乌巴锡洪台吉、别速特的车臣济农,左翼有瓦齐赖汗、绰克图洪台吉、达赖济农"。② 达赖济农就是硕垒。

  清朝国史文献关于硕垒称汗的记载非常模糊。《王公表传》载:"元太祖十七世孙阿敏都喇勒,有子谟啰贝玛,住牧克鲁伦河,生子硕垒,始号车臣汗。与其族土谢图汗衮布、扎萨克图汗素班第同时称三汗。"③这里看不出硕垒称汗的具体年代和情形。有幸,《清内阁蒙古堂档》中的 17 世纪蒙古文档案给我们提供了重要的历史信息。

  上文提到的土谢图汗察浑多尔济呈送康熙皇帝的蒙古文奏折,论及了硕垒称汗的经过。其书云:"自察哈尔和阿巴噶[二部]来了为数众多的逃人到达赖济农处,奉他为汗。车臣汗自感畏惧,对我父亲(指土谢图汗衮布——笔者)说:'逃来的诺颜们拥戴我,称我为汗。不是我自封[为汗]。若让我作罢我便作罢。'我父汗说:'我不责怪,仍照旧行事。'遂使其照旧行事,汗号亦未曾取消,[车臣汗亦]凡事不违背我父汗的指令。"④

  可以看得出,硕垒称汗与 17 世纪 20、30 年代的蒙古政局的变化有直接关联。林丹汗统治时期是蒙古历史上多事之秋。1616 年,女真建洲部首领努尔哈赤建立了金国(1616—1636)。努尔哈赤父子极力经营蒙古各部,1619 年和 1624 年分别与东蒙古的喀尔喀五部和嫩科尔沁部建立了反明朝、反林丹汗的政治军事同盟,把矛头指向了蒙古大汗——林丹汗。林丹汗针锋相对,采取了以武力统一蒙古各部的强硬政策,讨伐喀尔喀五部和嫩科尔沁,但均遭失败。到

---

① 乌云毕力格:《绰克图台吉的历史与历史记忆》,第 200 页。
② 中国第一历史档案馆、内蒙古大学蒙古学学院编:《清内阁蒙古堂档》卷六,第 25 页。
③ 《钦定外藩蒙古回部王公表传》卷五三《喀尔喀车臣汗部总传》。
④ 中国第一历史档案馆、内蒙古大学蒙古学学院编:《清内阁蒙古堂档》卷六,第 25 页。

第六章 喀尔喀三汗的登场

了1627年,喀尔喀五部和科尔沁与后金国结盟,甚至直属大汗的察哈尔万户左翼,即驻牧西拉木伦河以南的兀鲁特、敖汉、奈曼等鄂托克都投附了后金国。尽失左翼蒙古诸部于女真人后,林丹汗做出了西迁的决定,准备以右翼蒙古为根据地,再反施经营左翼诸部。这样,1627年林丹汗西征。西征结果,在1627—1628年间,右翼诸万户随之纷纷瓦解。就在此时,为了避免战乱,察哈尔的一些属部北入喀尔喀境内,投靠了硕垒达赖济农。这些所谓"察哈尔人逃民",指的是察哈尔属部苏尼特、乌珠穆沁、浩齐特等。① 还有不少"阿巴噶部"人,即成吉思汗之弟别里古台后裔部落——阿巴噶、阿巴哈纳尔部人,同时投靠了硕垒。硕垒一时声势浩大,便称汗。根据车臣汗致林丹汗遗孀和后金国(爱新国)的文书,他汗号的全称为"共戴马哈撒嘛谛车臣汗"(Olan-a ergügdegsen maq-a samadi sečen qaγan),②简称"马哈撒嘛谛车臣汗"或"车臣汗"。

那么,察哈尔属部为什么要投靠硕垒呢?这与硕垒和林丹汗的特殊关系密不可分。硕垒和林丹汗不仅都是达延汗后裔同宗同室,而且还是姻亲连襟,双方政治关系也很和睦。林丹汗的正宫囊囊太后(囊囊太后即汉语的"娘娘太后",指正宫皇后),为阿巴噶部多尔济之女,林丹汗次子阿布奈生母。林丹汗败亡后,囊囊太后领着一千五百余众投靠女真,1635年(天聪九年)被天聪汗皇太极所娶,后来成为清太宗皇太极的西麟趾宫大福晋,生皇太极十一子博穆博果尔。1639年(崇德四年),其父多尔济同苏尼特部之腾机思一起偕众

---

① 《清太宗实录》卷二六,天聪九年十一月癸未,车臣汗"及乌珠穆秦部落塞臣济农、苏尼特部落巴图鲁济农、蒿齐忒部落叶尔登土谢图、阿霸垓部落查萨克图济农等大小贝子"遣百三十余人"赍书来朝"。这个名单证明,归附车臣汗的是乌珠穆沁、苏尼特和浩齐特等部。满蒙档案中也有相关证据,这里不一一列举。
② 《清太宗实录》译成了"诸人拥戴马哈撒嘛谛塞臣汗"。"马哈撒嘛谛",梵语原名为 Mahāsammatah,"大平等"之意。佛教著作中所说人类第一位首领叫作 Mahāsammatah rājā(大平等王),藏文译为 mang pos bkur ba rgyal po,蒙古文译为 Olan-a ergügdegsen qaγan(被众人拥戴的汗),汉文有时音译为"摩诃三摩多",有时意译为"大太平王",还有时译为"大三末多王"(参见乌兰《〈蒙古源流〉研究》,第77页)。硕垒取此汗号,充分显示了他宏大的政治抱负。

投靠清朝。因为阿巴噶部贵族中还有一位名叫多尔济的人,清朝为了把皇太极的岳父与此人区别,称囊囊太后的父亲为多尔济额齐格诺颜(额齐格,意为"父亲",此处指岳父)。① 据《清实录》记载,崇德四年喀尔喀车臣汗之妻噶尔玛、阿海两福晋献麟趾宫贵妃貂皮、马匹。② 俩福晋中的阿海,就是囊囊太后之姊。硕垒夫人阿海之名,亦见于蒙古文史料,被称作"阿海哈屯"(哈屯,蒙古语意即皇后、夫人)。③

1634年秋林丹汗死,硕垒致书大汗之遗孀太后、太子额尔克及诸臣。《清太宗实录》记载,"先是阿禄喀尔喀部落以书一函,付察哈尔国琐诺木台吉,谓傥遇满洲国天聪皇帝之人,即付之。又遗察哈尔汗妻苏泰太后、子额哲书一函。至是俱携至。"④《清实录》的编者们将蒙古文文书中之"谕太后、儿额尔克……"一句,译成为"谕太后、子孔果尔(全称为额尔克空果尔额哲——笔者)",并将其理解为太后及其[亲生]儿子(本义为太后和皇子)。硕垒的信是致囊囊太后和孔果尔的,而孔果尔被清军捕获时和三太后苏泰在一起。这正是《清实录》编纂者们产生误会的原因所在。据此,学术界误以为硕垒的信是写给苏泰太后的,又根据信的内容进一步推测,硕垒的岳父是苏泰太后之父、女真叶赫部贵族德力格尔。⑤ 要知道,在大汗病故后,硕垒的书信是一定要写给皇后和皇太子的,而不会越过还在世的正宫皇后——囊囊太后,交与三太后苏泰,这在当时是天经地义。

硕垒汗写给太后、太子的书曰:"愿吉祥!共戴马哈撒嘛谛车臣汗谕太后、儿额尔克及哲勒谟达尔汉诺颜以下为首诸寨桑等:在先,

---

① 参见玉芝:《蒙元东道诸王及其后裔所属部众历史研究》,内蒙古大学博士学位论文,2006年,第104页。
② 《清太宗实录》卷四九,崇德四年十二月丁酉。
③ N. P. Shastina, Shara Tudji-Mongoliskaya Letopicy XVII Beka, Moskva/Leningarad, 1957, p. 121. 蒙古人以"阿海"专指字儿只斤氏贵夫人,这也是确定硕垒夫人身世的一个佐证。
④ 《清太宗实录》卷二三,天聪九年五月丙子。
⑤ 参见齐木德道尔吉《林丹汗去世后的北喀尔喀马哈撒嘛谛车臣汗》,《内蒙古大学学报》(蒙古文版)1998年2期,第24页。叶赫部首领锦太什,其长子德力格尔台吉。德力格尔之女名苏泰,为林丹汗第三大太后,太子额尔克空果尔额哲之生母。

执珲诺颜送还,言辞互敬,事业相与有成。在后,亦未尝不善。只因国乱,遂不相往来。夫我等素无怨恨也。自可汗升天,闻尔等全体来归,自秋以来即令探望。我等与尔汗为同宗,于尔等黎民为主上也,[尔等]应即来归。言及姻亲,太后乃我哈屯之妹。若欲他往,无论于国政、姻亲,为最亲近者乃我也。三思之,三思之。"①从中可以看得出,硕垒和林丹汗关系非同一般。所以,躲避战乱的察哈尔属部理所当然地投靠车臣汗,而不到其他喀尔喀贵族那里。这事一方面成就了硕垒,另一方面在喀尔喀也引起了轩然大波,喀尔喀贵族们为了争夺逃人,掀起了内战,左翼有势力的洪台吉绰克图就因此被逐出喀尔喀。② 绰克图被驱逐后,1634 年到了青海。林丹汗西迁,始于 1627 年底。他部众投奔喀尔喀车臣汗,最早应在 1628—1629 年间。根据这些事实可以判断,硕垒称汗的时间大致在 17 世纪 20 年代末 30 年代初。

硕垒称汗后,一方面敦促太后和太子举国北迁,投奔自己,另一方面还致书金国汗皇太极,宣布自己以皇族(qaɣan törültü)身份"守护着大玉宝政(qas yeke törü-yi qadaɣalaju saɣunam)",③力图将蒙古汗廷迁至漠北,以保证蒙古大汗汗统的延续。硕垒车臣汗还热心支持土谢图汗的儿子作为一世哲布尊丹巴呼图克图坐床,1646 年又引诱苏尼特部叛清北入喀尔喀,在决定蒙古历史命运的岁月里,采取了诸多举措。

概言之,17 世纪 20 年代末 30 年代初,硕垒在蒙古政局发生重大变化之际,在乌珠穆沁、苏尼特、浩齐特等察哈尔旧部和阿巴噶部民的拥戴下,被推举为"共戴马哈撒嘛谛车臣汗",成为喀尔喀历史上的第一代车臣汗。

结　　语

以上,主要根据蒙古文档案文书,并参考明清时期蒙古文、汉

---

① 台北故宫博物院编:《旧满洲档》,台北满文影印本,1969 年,第 4292—4293 页。汉译系笔者自译。
② 详见乌云毕力格《绰克图台吉的历史与历史记忆》,第 204—206 页。
③ 台北故宫博物院编:《旧满洲档》,第 4288 页。

文、满文和藏文史料,对喀尔喀三汗的称汗年代、历史背景和具体汗号等诸问题进行了较详细的考述,纠正了一些记述性史料的错谬,澄清了一些以往学界有争论的问题。我们的结论如下:

阿巴泰汗于 1580 年称"赛音汗",喀尔喀始有汗号。1586 年,阿巴泰汗被三世达赖喇嘛授予"佛法大瓦齐赉汗"号。阿巴泰孙衮布始称"土谢图汗",其子察珲多尔济降清后,"土谢图汗"号和喀尔喀其他两个汗号一样被固定并得以世袭。

喀尔喀右翼长赉瑚尔被阿巴泰汗立为汗。阿巴泰死后,左翼势力一度衰微,赉瑚尔汗之子素班第乘机扩大影响力,1596 年在塔喇尼河畔举行的全喀尔喀贵族会盟上被推举为"扎萨克图汗",成为第一代扎萨克图汗。

硕垒称汗时间最晚,大致在 1630 年前后。硕垒称汗与 17 世纪 20 年代蒙古政局的混乱有密切关系。林丹汗属下的乌珠穆沁、苏尼特、浩齐特等部,为了避开战乱,投奔了林丹汗的盟友和连襟硕垒济农,与他的属下和阿巴哈纳尔等部一起,推举硕垒为"共戴马哈撒嘛谛车臣汗"。

喀尔喀先后有了三位大汗,全喀尔喀也随之分裂为三个汗部。阿巴泰汗时期,喀尔喀万户出现了成为统一汗国的迹象,但随着他的去世和左右二翼的长期分裂,始终未能统一。后来,三汗鼎立,喀尔喀分为三部,互不统属。经 17 世纪中后期的内乱,在准噶尔汗国的东扩和清朝加紧统一蒙古诸部的背景下,1688 年终于投附了清朝。

第七章　1655年以前的喀尔喀扎萨克

几年前,本人在研究《清内阁蒙古堂档》①的过程中注意到了喀尔喀的扎萨克问题,将它作为研究课题提到了日程上,②并收集了相关资料。笔者希望,本章通过《清内阁蒙古堂档》所收喀尔喀贵族奏折、书信以及喀尔喀《桦树皮律令》,对顺治十二年(1655)前的喀尔喀蒙古的扎萨克问题做一探讨。

喀尔喀为答言合罕幼子格哷森札后裔所属游牧集团,分左右二翼,16世纪末至17世纪30年代,分成了三个汗部,即右翼的扎萨克图汗部和左翼的土谢图汗部与车臣汗部。

一、主　旨

清代外藩蒙古最具特色和最重要的政治制度就是所谓的"盟旗制度"。以往学界对清代外藩蒙古盟旗制度进行过长期探讨,取得了一定的成果。但是,前人研究成果水平参杂不齐,其中苏联学者弗拉基米尔佐夫《蒙古社会制度史》、日本学者田山茂《清代蒙古社会制度》和冈洋树《清代蒙古盟旗制度研究》等国外研究专著③具有重要的学术意义,尤其是冈洋树的新著在全面总结、批判和吸收前人相关研究成果的基础上,利用可靠的"遗留性史料",对扎萨克旗

---

① 中国第一历史档案馆、内蒙古大学蒙古学学院编:《清内阁蒙古堂档》。
② 乌云毕力格:《喀尔喀蒙古右翼额尔克卫征诺颜的奏折及相关事宜》,《内蒙古大学学报》(蒙古文版)2003年第1期。
③ 弗拉基米尔佐夫著,刘荣焌译:《蒙古社会制度史》,中国社会科学出版社,1980年;田山茂著,潘世宪译:《清代蒙古社会制度》,商务印书馆,1987年;达力扎布:《清初内扎萨克六盟和蒙古衙门建立时间蠡测》,载于《明清蒙古史论稿》,民族出版社,2003年;冈洋树:《清代蒙古盟旗制度研究》(日文),《东洋史研究》第52卷第2号,1993年。

制度进行了深入研究,取得了令人耳目一新的成果。但是,国内相关研究仍原地踏步,甚至有所倒退。比如近年国内出版的一些专门以盟旗制度为题的专著,如《清代蒙古族盟旗制度》、《清代内蒙古东三盟史》等,①不仅毫无创新,连对前人研究成果的总结、提炼和吸收都很不到位。应该指出,清代蒙古社会制度的研究有很大空白。

但是,本章并非全面研究清代盟旗制度问题,而仅仅探讨1655年(清朝顺治十二年)前喀尔喀蒙古的扎萨克制问题。据《钦定朔漠方略》记载,顺治十二年清朝在喀尔喀设立八扎萨克。后期各种清代文献均记载,设立"八扎萨克"是清朝在喀尔喀蒙古设立扎萨克之始,也就是说,把此时的扎萨克与喀尔喀入清以后建立的旗扎萨克等同起来。冈洋树早已指出,该八扎萨克并非像清代制度下旗的扎萨克,而是清朝指认八位喀尔喀"为首贝勒"(此处的"贝勒"为蒙古语"诺颜"的对译——笔者)为扎萨克,不过是承认喀尔喀原有势力权利分配的做法。② 这无疑是十分正确的。

然而,"八扎萨克"的扎萨克称谓是清朝所授,还是原本就有?换句话说,扎萨克是喀尔喀蒙古原有的制度,还是清朝在顺治年间将内扎萨克旗的扎萨克称谓搬到了喀尔喀蒙古首领的头上,从而才产生喀尔喀扎萨克?冈洋树认为,从清初以来,喀尔喀和清朝有所往来,尤其是围绕顺治年间腾吉思事件和两楚库尔劫掠巴林人畜事件的交涉中,清朝了解到了喀尔喀的"为首贝勒为哪些人"。所谓"八扎萨克"就是"为首贝勒"八人。③ 也就是说,此八人原来是掌喀尔喀左右两翼的八位诺颜,并非原来就是扎萨克。那么,他们原来是否拥有扎萨克之称呢?

本章就是探讨清顺治十二年(1655)以前的喀尔喀故有的扎萨克问题。

---

① 杨强:《清代蒙古族盟旗制度》,民族出版社,2006年;阎光亮:《清代内蒙古东三盟史》,中国社会科学出版社,2006年。
② 冈洋树:《关于清朝和喀尔喀"八扎萨克"》(日文),《东洋史研究》第52卷第2号,1993年。
③ 冈洋树:《清代蒙古盟旗制度研究》(日文),东方书店,2007年,第79页。

第七章　1655年以前的喀尔喀扎萨克

二、主要新史料

为探讨喀尔喀扎萨克问题,《清内阁蒙古堂档》所收康熙年间喀尔喀蒙古贵族的奏折(Ailadqal, Wesimburengge)类文书和16世纪末17世纪初的喀尔喀若干《桦树皮律令》提供了重要依据。

17世纪50年代,喀尔喀右翼发生内讧,逐渐演变为整个北喀尔喀的内战。① 1686年,在西藏达赖喇嘛和清朝斡旋下,喀尔喀七和硕贵族在库伦伯勒齐尔会盟,希冀消除内讧,重归于好。在库伦伯勒齐尔会盟前后及会盟期间,喀尔喀发生了许多重大事件,但本章不拟探讨相关问题。笔者所感兴趣的,是与本章主旨相关的指定大小扎萨克之举。会盟上,喀尔喀汗王和哲布尊丹巴呼图克图在全喀尔喀贵族范围内重新指定了大小"扎萨克",并将其名单上报清朝。对此,有些诺颜表示满意,有些则愤愤不平。他们纷纷向清朝康熙皇帝呈上奏折,陈述自家来历和功德,诉说他们应该被指定为"大扎萨克"的理由。这些奏折无意中透露了有关喀尔喀扎萨克问题的重要信息。在这些奏折中,卫征额尔克罗卜藏诺颜、达尔玛什哩诺颜、默尔根济农诺颜、额尔德尼哈坦巴图尔诺颜的奏折具有重要价值。此外,喀尔喀二汗、诺颜、扎萨克台吉等的一份奏折也为我们提供了当时喀尔喀扎萨克名单的直接材料。

此外,喀尔喀《桦树皮律令》中某些律令的前言也给我们提供了"遗留性史料"。《桦树皮律令》②是16世纪末17世纪30年代在喀尔喀蒙古形成的18部法律文书的总称,因在桦树皮上书写而得名。1970年,原蒙古人民共和国学者呼·丕尔烈(H. Perlai)和原苏联学者莎符库诺夫(E. B. Shavkunov)率领的蒙—苏考察队在今蒙古国布剌干省南部达新其林苏木所在地附近的哈剌布罕·巴剌嘎孙古城遗址中,发现一座古塔废墟,其中有以蒙古文和藏文在桦树皮上

---

① 关于喀尔喀内乱,请参见宝音德力根《17世纪中后期喀尔喀内乱》,载《明清档案与蒙古史研究》第二辑,内蒙古人民出版社,2002年。
② 关于《桦树皮律令》及其内容,详见图雅《桦树皮律令研究——以文献学研究为中心》,内蒙古大学博士学位论文,2006年。

书写的文书,这就是所谓的《桦树皮文书》。《桦树皮律令》是其中的法律文书部分。当时,喀尔喀贵族举行会盟,制定律令,并将其记录在桦树皮上。律令都有或长或短的前言,交代了制定该律令的时间地点和制定者名单,因此具有很高的史料价值。它的宝贵之处在于,它不是用来叙述历史的,而是为了说明该律令的由来,其中的记载是无意识地透露一些历史信息的"文字遗留"。在《桦树皮律令》中,《猴年大律令》和《火龙年小律令》与本章直接有关。

三、《清内阁蒙古堂档》中的记载

过去学界一般认为,自从顺治十二年(1655)清朝"任命"八扎萨克后,喀尔喀始有扎萨克,而且他们就是清朝时期外扎萨克喀尔喀的旗扎萨克之由来。但是,《清内阁蒙古堂档》和《桦树皮律令》的一些资料显示,这种看法完全站不住脚。

首先来看喀尔喀右翼扎萨克图汗部所属兀良哈鄂托克之主,卫征额尔克罗卜藏诺颜(以下简称额尔克)的二份奏折。此人名额尔克罗卜藏,一般称额尔克,卫征诺颜是美号。他是北喀尔喀鼻祖、答言合罕幼子格哷森札洪台吉的末子萨木贝玛的后裔。[①] 萨木贝玛的后裔历代主兀良哈鄂托克。

额尔克的一份奏折写于库伦伯勒齐尔会盟前不久。根据奏折内容可知,他听闻在库伦伯勒齐尔会盟上将选定扎萨克的消息后,立即给康熙皇帝上奏折,详细记载了额尔克三代人对政教的贡献和历任扎萨克的经过。另外一份奏折是在库伦伯勒齐尔会上被列为扎萨克后致康熙皇帝的,意在奏报自己被列为扎萨克,并向清朝进贡。可知,两份奏折显然是康熙二十五年八月库伦伯勒齐尔会盟前后写成。该两份奏折同在康熙二十六年二月二十四日由理藩院送至内阁。[②]

[①] 关于此人家系,请见乌云毕力格《喀尔喀蒙古右翼额尔克卫征诺颜的奏折及相关事宜》。
[②] 中国第一历史档案馆、内蒙古大学蒙古学学院编:《清内阁蒙古堂档》卷六,第60—63页(蒙古文),第264页(满文)。

第七章　1655年以前的喀尔喀扎萨克

额尔克第一份奏折里写道：

oom suwasdi siddam. deger-e ayiladqal-un učir, uriyangqan-u erke üyijeng noyan, ene čiγulγan-dur yambu yosun. aqalaqu jasaγ kikü, gukü-dü mini ayiladqal. deger-e dalai blam-a-yin gegen, k`ašoγ bičig tamaγ-a qayiralaju, ečige čini šara-yin sasin-du tusalaγsan ačitai noyan bile gejü namayi darqalaγsan qayir-a bošoγ eyimü bile. erte čiki bolba, doloγan qosiγun-i nigen-i bide bile boγda qaγan-i siregen-dü γarγaqu tarani γool-un čiγulγan-dur. ebüge ečige-yi mini üyijeng noyan-i jasaγ-tu talbiγsan. tegüni qoyin-a ečigei mini doloγan qosiγu taulai jil-dür. erdeni juu-giyin dergede čiγulγan bolju, qoyar qutuγ-tu-yin gegen-i jalaju eb ey-e-ben kelelčekü-dü ečige-yi mini jongk`au-a-yin šara malaγ-a-yin sasin-dur tusalalčaba gejü, ečige-yi mini darqalaju buyima dayičing qosiγuči čola suyurq-a-ju jasaγ-tu talbiju qayiralaγsan učir eyimü bile. tegüni qoyin-a γaqai jil-dü bisirel-tü qaγan-i gegen namai-yi ebüge ečige čini jasaγ bariγsan bisiü. ečige čini čilegetei bayinam. geji ayiladduγad, sečin qaγan-du jarliγ bolju egüni ebüge ečigeyin-ni yambu jasaγ-yi-yin noyan ene bai geji qayiralaγsan bile, tere bošoγ qayira olan-ta iregsen ündüsü-ber. jasaγ-tu sečin qaγan-i moγai jil-dü blam-a-yin gegen čola ner-e bošoγ suyurqaqu-du, sečin qaγan namai deger-e ayiladqaju, erte ečige ebüge-yi jasaγ bariγsan noyan bile, tegüni qoyin-a čiki bolba ene erkei-yi jasaγ-tu talbiγsan bile, edüge čiki bolba egüni sinedkey-e geji ayiladduγad. deger-e gegen-dü ayiladqaju, sayin qaγan-du ayiladqaju namayi-yi ebüge ečige-yin mini jasaγ nere čola-du oruγulju, namai-yi üyijeng noyan gejü čola suyurqaγad jasaγ-tu talbiγsan bošoγ eyimü bile. yerü čiki bolba erte sayin sayiqan yabuγsan mini olan bisiü, sasin-du bolqula erte döčin dörben qoyar čoγtu-du morduy-a sasin törü-dü gem kibe törül-iyen aqai dayičing-yi alaba gejü baralduju mordaqu boluγsan-dur. mongγol ese mordaju, oyirad morgaju iregsen-dür. mani abaγ-a ečige noyad, bintü noyan toyin, dayičing qosiγuči joriγ-tu qung tayiji

125

ekilen, ene yeldeng qung tayiji bey-e-ber-iyen yabuju šasin törü-dü nemeretei tusatai bilele bide, doloɣan qosiɣun dotur-a darqan deger-e qarqan bolultai ulus bide-bidür bilele. edüge ene bey-e-ber-iyen bolusa lobsang qung tayiji-yi oyirad-tai mordaju, doloɣan qosiɣun-ača keseg-ken kümün ečijü lobsang-i bariju törü ner-e-ben abulčaɣsan ejen-iyen ösiy-e-abču uriyangqan gegči ulus bide eyimü olan dabqur dabqur ačitai tusatai bolba čiki, doloɣan qosiɣun-i adaɣ-yi-yin maɣu ulus bide bidür bayinam. noyad bide ni bolusa törül törügsen-eče door-a yabunam, albatu biden-ni bolusa, doloɣan qosiɣun dotur-a qamuɣ alba arɣal tegüükü aduɣu manaqui-yi üjekü-eče öber-e yaɣum-a ügei, ene ači tusa-ban deger-e ayiladqaɣad aji yabuqu jobuqu-ban ayiladqanam.①

"愿吉祥！上奏之事。因本次会盟确定官职（yamu yosun），②选派管事（aqalaqu）扎萨克，兀良哈额尔克卫征诺颜为此呈奏。上达赖喇嘛赐吾册、印，言因吾父于黄帽教法卓有功绩，故开恩施仁，赐吾自由之身。吾等列名七和硕巳久，塔喇尼河会盟（1596）③之时，博克多汗即位，列吾祖父卫征诺颜④于扎萨克。后至兔年（1639），七和硕会盟于额尔德尼召，⑤恭请二呼图克图，共商和解之计，以吾父⑥襄助宗喀巴黄帽教法，故予自由之身，赐和硕齐号，列为扎萨克。再至猪年（1659），⑦弼什垿勒图汗曾告吾曰：尔祖、父曾行扎萨克事。尔父今抱恙在身。又告[扎萨克图]车臣汗曰：将彼祖、父之官职扎萨克（yambu jasaɣ-yi）予该诺颜（即额尔克——笔者）。所得恩敕，如

---

① 中国第一历史档案馆、内蒙古大学蒙古学学院编：《清内阁蒙古堂档》卷六，第60—63页（蒙古文），第259—264页（满文）。
② 括弧中的注文均为笔者所加，下同。
③ 塔喇尼河会盟的时间、地点和内容考证，参见图雅、乌云毕力格《关于猴年大律令的几个问题》。
④ 格呼森札洪台吉的末子为萨木贝玛，其子为忽阑卫征诺颜，参见乌云毕力格《〈阿萨喇克其史〉研究》，中央民族大学出版社，2009年，第141页。
⑤ 见图雅《桦树皮律令研究——以文献学研究为中心》，第92页。《土兔年大律令》前言写道："愿吉祥！土兔年夏末月十一日，两位呼图克图、扎萨克图汗、土谢图汗、大小诺颜，于赛因汗寺前开始拟定大律令。"
⑥ 额尔克之父名贝玛岱青和硕齐，见下文所引额尔克第二奏折。
⑦ 弼什垿勒图汗在位时只有一个猪年，即1659年。

第七章　1655年以前的喀尔喀扎萨克

是之多。后蛇年(1677)①喇嘛葛根②赐名号于车臣汗,车臣汗奏[皇上]称:彼父彼祖,皆为执扎萨克诺颜,后将此额尔克亦列为扎萨克。今欲重列[其为扎萨克]。故[扎萨克图车臣汗]再报[达赖喇嘛]葛根及赛音汗。令吾袭吾祖、父之扎萨克名号,加赐卫征诺颜之称,位列扎萨克。究为多行善于既往。初因绰克图破坏政教,杀害亲族之阿海岱青,③故都沁、杜尔本协定征讨,而蒙古未动,卫拉特出兵。当此之际,[唯独]吾叔父丙图诺颜托音、岱青和硕齐、卓力克图洪台吉为首,该伊尔登洪台吉④亲征。吾等于政教,不为无助。故应为七和硕内达尔汉加达尔汉者也。而卫拉特出征罗卜藏⑤时,吾亲率七和硕所部往逮其人。为国正名,替主报仇。吾兀良哈兀鲁思勋劳卓著,然居七和硕最末,吾等诺颜卑于手足,位低爵浅,所部庶民捡拾畜粪、夜守牧群,于七和硕内最为卑劣。是往昔功勋辉煌,唯今生计艰难,特奏。"

额尔克第二份奏折是在库伦伯勒齐尔会盟上被列入扎萨克后写的,其内容如下:

（开头赞美词省略）Erten-eče inaγsi ejen-ü gegen-dür, učir-iyan ayiladqaγad, öčügüken beleg degejiben ergüjü baidaγ bile. ilangγui-a ene učir-tur, degedü boγda rjibjun damba-yin gegen kiged, baraγun-u jasaγ-tu qaγan, jegün-ü sayin qaγan ekilen, doloγan qosiγun-u noyad bügüde yekede nigülesügči dalai blam-a kiged, manjusiri-yin qubilγan

---

① 车臣扎萨克图汗在位时(1666—1686),只遇到一个蛇年,即1677年。
② 指达赖喇嘛。根据土谢图汗察珲多尔济奏文,1677年五世达赖喇嘛遣那木扎勒诺门汗到喀尔喀,赐给成衮汗号。成衮即车臣汗。见中国第一历史档案馆、内蒙古大学蒙古学学院编《清内阁蒙古堂档》卷六,第23页。
③ 绰克图台吉其人其事与杀害阿海岱青事,请见乌云毕力格《绰克图台吉的历史与历史记忆》。
④ 此处不知指何人,原文如此。
⑤ 罗卜藏,全称罗卜藏琳沁,号赛音珲台吉。他父亲是俄木布额尔德尼,祖父为硕垒赛音乌巴什珲台吉,曾祖父为图扪达喇,即格呼森札长子阿什海达尔汉珲台吉的次子。硕垒、俄木布、罗卜藏祖孙三代在俄罗斯文献中被称"阿勒坦汗"、世主和托辉特部。1662年,第三代阿勒坦汗罗卜藏袭杀同族扎萨克图汗,从此喀尔喀右翼进入战争状态。

boγda qaγan qoyar-un jarlaγ-iyar čiγulaγalaju, törü töbsidkeked Sasin-i nemegülküi-yin egüden-eče ekilen duγurbiju, qoyar qaγan-u törü-dür jidküged šasin-dur tusalaqu kemen, jasaγ-un noyad-i ilγaqui-dur, namai-yi erte ebüge ečige-čini üyijeng noyan, boγda jasaγ-tu qaγan-i širegen-dü ögede bolqui-dur, jasaγ-yi-yin noyan bolуγsan bile. öber-ün-čini ečige-čü boyima dayičing qosiγuči-ber čoγ-tu qaγan törü-eče urbeγad, šasin-i ebdeküi-dür, qalq-a oyirad qoyar-un čerig-iyer nomoqudqaqui-dur tusalalčaγsan bile geji, namai-yi üyijeng noyan-u čola-bar bolγaγad, jasaγ-yi-yin noyan bolγaγsan-dur, deger-e blam-a kiged, qoyar qaγan-u elči ba, keüked degüner ekilen elčid-ber ejen-dür baraγalqaju učir-iyan ayiladqaqui-dur mön-kü tere yosuγar učir-ian ayiladqaγad beleg degeji-ben bariqu minu eyin bulai. uridu bars jil-ün čaγan sar-a-du darmasiri qung taiji, erke üyijeng noyan bide qoyar-i šasin törü-dür jidkükü noyan bayinam gejü boγda ejen mani jasaγ-tu talbiju dangsan-du bičigüljü öglige qayiradur kürteγsen bile edüge čiki bolba boγda rjbjun damba qutuγtu-yin gegen, qoyar qaγan ekilen doloγan qosiγu qalq-a-yin noyad, jasaγ-yi-yin noyad talbiγsan tulada, qoyar kaldan-dur baraγ-a bolun, čaγan-i alba degejiben beleg ergükü učir-iyan deger-e boγda ejen-dü ayiladqanam. ①

"……自古以降,[吾等]奏闻于天听,礼贡于圣上。此次尤然。圣哲布尊丹巴、右翼扎萨克图汗、左翼赛音汗为首七和硕全体诺颜人等,奉大慈大悲达赖喇嘛、文殊转世圣皇帝之命,以国家太平、教法兴隆为念,意欲效绩二汗,辅助教法,选定扎萨克诺颜。初,博克多扎萨克图汗即位,时吾祖卫征诺颜则为扎萨克诺颜。绰克图背叛可汗,毁败国政、破坏教法,卫拉特、喀尔喀协力敉平,吾父贝玛岱青和硕齐②多有相助。故令吾袭卫征诺颜之号,列位扎萨克诺颜。上

---

① 中国第一历史档案馆、内蒙古大学蒙古学学院编:《清内阁蒙古堂档》卷六,第57—60页(蒙古文),第254—259页(满文)。
② 记载喀尔喀贵族世系十分详细的《大黄史》和《阿萨喇克其史》二书都未记载此人及其后裔。该文书第一次明确记载了额尔克几代人的名字和称号。

喇嘛①、二汗②及其子弟之使臣,谒见圣上,奏闻[此事],吾亦上奏陛下,献礼丹陛。初,虎年(1674③)正月,以达尔玛什哩、吾额尔克卫征诺颜二人,效力政教,圣主列吾等二人于扎萨克,载入档册,以为恩赏。今博克多哲布尊丹巴呼图克图、喀尔喀左右翼二汗所领七和硕诺颜,将选定扎萨克诺颜,故书奏圣上,欲陪同二噶勒丹④进献白贡⑤。"

据此奏折,早在1596年塔喇尼河会盟上,额尔克的祖父就被列为扎萨克。后来,卫拉特和喀尔喀右翼共讨绰克图台吉时(1637),额尔克的父亲率领其诸兄弟参战,因此1639年的会盟上仍被列为扎萨克。后因其父生病,额尔克本人继而成为扎萨克。

再看看喀尔喀右翼扎萨克图汗部另一位大贵族达尔玛什哩诺颜的奏折。该达尔玛什哩诺颜,名啅特巴达尔玛什哩,其父为乌班第达尔玛什哩,是扎萨克图汗素班第之弟。啅特巴达尔玛什哩祖父为赉瑚尔汗,是答言合罕的长孙、扎萨克图汗鼻祖。⑥

达尔玛什哩在库伦伯勒齐尔会盟上被列为"小扎萨克",因此他上奏康熙皇帝,陈述其先人和自身的功绩,诉说他被贬为小扎萨克的怨恨。奏折于康熙二十六年正月二十六日由理藩院送至内阁。⑦其内容如下:

qalq-a-yin darmasiri noyan-u ayiladqaγsan bičig, owa suwasdi. aldarsiγsan boγda cowangk`aba-yin šajin-i bariγčin-u. erkin adalidqasi ügei yirtinčü bükün-i ejen boluγsan, amuγulang degedü boγda ejen qaγan-u gegen-e, angqarun ayiladumu darm-a-siri noyan-i bičig-iyer ayiladqaqu-yin učir-ni, erte boγda jasaγ-tu qaγan-u üy-e-dü, jasaγ-tu

---

① 指第一世哲布尊丹巴呼图克图。
② 指扎萨克图汗和土谢图汗。
③ 应为从马年(1666)至后虎年(1686)间的一个虎年,所以只能是1674年。详见下文达尔玛什哩奏折的注释。
④ 指哪两位噶勒丹上不清楚,只得存疑。
⑤ 即"九白之贡"。
⑥ 乌云毕力格:《〈阿萨喇克其史〉研究》,第129—130页。
⑦ 中国第一历史档案馆、内蒙古大学蒙古学学院编:《清内阁蒙古堂档》卷六,第49页(蒙古文),第239页(满文)。

qaɣan-u degüü, minu ečige darmasiri jasaɣ-un noyad-un yamu-bar yabudaɣ bile, qotala qaɣan-i lobsang qung tayiji bars jildü bariba, barimaɣča aqai dayigüng bide qoyar jegün qosiɣun-dur kürčü, sayin qaɣan ekilen-i oduju mordaɣad qaɣan-i keüked-i aldaɣulji abuba, tegüni qoyin-a morin jildü ögeledün sengge, čögekür ubasi qoyar-i oduju mordaɣad, lobsang qung tayiji-yi bariju jasaɣ-tu čečen qaɣan-i, qan oron-du talbiju, tusalaɣsan ači minu eyimü bile, jasaɣ-tu čečen qaɣan-i üy-e-dü čü, nada darma-siri geji čola öggüged, mön tere yosuɣar yabuɣulji bile, degre ejen-i gegen, tusa qibe gejü yekede qayiralaju, dörben jasaɣ degere nada-tai tabun bolɣaju, qayiralaju bayiɣsan učir eyimü bile, ene čiɣulɣan-du, degere ejen-i qayiralaɣsan qayira-yi könggeregülügsen metü minu tusalaɣsan tusa minu ači ügei metü, baɣa jasaɣ-tu oruɣuluɣsan tulada ɣomudaɣsan-iyan ayiladqanam. ①

"愿吉祥！执盛名远播之圣宗喀巴教法，寰宇共主、无与伦比之太平圣皇帝明鉴。达尔玛什哩诺颜书奏事。初，博克多扎萨克图汗时，扎萨克图汗之弟、吾父达尔玛什哩于扎萨克诺颜职上行走。虎年(1662)，②罗卜藏捕浩塔垃汗、阿海岱贡及吾旋至左翼和硕，邀集赛音汗为首[众人]，伙同出征，救汗子出敌手。后马年(1666)，③约额鲁特僧格④、楚库尔乌巴什⑤二人出兵，捕获罗卜藏洪台吉，拥扎萨克图车臣汗登汗位。辅佐之功如斯。扎萨克图车臣汗时，亦赐吾达尔玛什哩号，仍照[吾父]原职行走。上皇帝以吾辅佐之功、恩施格外，增吾于四扎萨克⑥上，使之为五[扎萨克]，[对吾]加恩若此。

---

① 中国第一历史档案馆、内蒙古大学蒙古学学院编:《清内阁蒙古堂档》卷六，第47—48页(蒙古文)，第234—236页(满文)。
② 罗卜藏事件发生在1662年。请参见宝音德力根《17世纪中后期喀尔喀内乱》。
③ 车臣扎萨克图汗即位年代，仍请参见宝音德力根《17世纪中后期喀尔喀内乱》。
④ 准噶尔部巴图尔珲台吉之子、后来的噶尔丹博硕克图汗之兄，时任准噶尔部长。
⑤ 僧格之叔父。
⑥ 此处指顺治十二年清廷所指八扎萨克中的右翼的四扎萨克。

今次会盟，漠视圣上之恩典，不计吾昔之辅助，仅列吾于小扎萨克，故吾心下不平，特为奏上。"

根据达尔玛什哩奏折，其父乌班第早在1696年的塔喇尼河会盟上就已任扎萨克。他本人后来又成为大扎萨克。

四、《桦树皮律令》中的记载

《桦树皮律令》中的二份律令证实，额尔克、达尔玛什哩二诺颜关于他们先人任过扎萨克的说法并非杜撰，而完全反映了历史事实。首先可以印证的是1596年所制定的《猴年大律令》（Mečin jil-ün yeke čaγaja）。其前言如下：

Oom suwasdi šiddam. qoyar ünen-i oluγsan dörben šimnus-i daruγsan ilaju tegüs nögčigsen šagimuni burqan-dur mürgümü. arban jüg-ün γurban čaγ-un burqan-u qutuγ γuyuqu boltuγai. qan kümün-ü bey-e-yin γurban činar tegüskü boltuγai. ügdügmiye nere kemen oru-šibai. kündügetei nere kemen orušibai. ayildutai nere kemen orušibai. degere tegri burqan-u jayaγan-bar törögsen tenggerlig törül-tü tegüs erdem bilig-ün jalγamji boluγsan altan-u u(-r-)uγ qaγan aqai jasaγ bariγsan qadan baγatur noyan jasaγ bariγsan darqan tüšiye-tü noyan dayičing baγatur noyan köndelen čökökür noyan jurqul noyan qošiγuči noyan joriγ-tu noyan čoγtu noyan qulang abai noyan yeldeng noyan qošiγuči noyan bing-tü noyan ubandai noyan ölje(-yi-tü) noyan mergen tayiji sečen tayiji qung tayiji dayičing tayiji čoγ-tu tayiji raquli tayiji yeke baγa noyad-ača terigülen yeke čaγaja ekilen bičibe. ene čaγaja-yi mečin jil-ün qabur-un segül sara taran(-a) γol degere čaγajala-ba. ①

---

① 译文引用了图雅博士学位论文（jasaγ bariγsan，图雅译为"执政的"，作为专有名词此处译为"行扎萨克事"更加合适，故改之），详见图雅《桦树皮律令研究——以文献学研究为中心》，第40页。参见图雅、乌云毕力格《关于猴年大律令的几个问题》。

"愿吉祥！膜拜修得两真、降服四魔之世尊释迦牟尼佛！愿十方三世佛赐福！愿汗人之三性圆满！进献！敬仰！畏惧！仰长生天之命降生之天骄之宗、万能智慧之后续黄金家族之汗阿海、行扎萨克事之哈坦巴图尔诺颜、行扎萨克事之达尔汉土谢图诺颜、岱青巴图尔诺颜、昆都伦楚琥尔诺颜、卓尔琥勒诺颜、和硕齐诺颜、卓哩克图诺颜、绰克图诺颜、忽朗阿拜诺颜、伊勒登诺颜、和硕齐诺颜、宾图诺颜、乌班第诺颜、鄂尔哲依[图]诺颜、墨尔根台吉、车臣台吉、珲台吉、岱青台吉、绰克图台吉、喇瑚哩台吉一众大小诺颜为首，拟定大律令。该律令于猴年春三月，定于塔尔尼河畔。"

制定该律令的猴年为1596年，塔喇尼河会盟就是奉喀尔喀右翼首领素班第为博克多扎萨克图汗的喀尔喀七和硕会盟，对此我们已做过详细考证。① 此处，除了扎萨克图汗素班第外，作为"jasaγ bariγsan noyan"，即"扎萨克诺颜"，提到了20名贵族。他们应该就是塔喇尼河会盟上指定的大小扎萨克。在这些名单中，我们果然看到了额尔克的祖父和达尔玛什哩之父两位扎萨克的名字：额尔克的祖父以"Qulang abai noyan（忽朗②阿拜诺颜）"的名字出现，因为他当时年纪还小，故称"阿拜"③；达尔玛什哩的父亲则以其本名"乌班第诺颜"④的名字出现的。这完全印证了前引二份奏折内容的可信性。

---

① 图雅、乌云毕力格：《关于猴年大律令的几个问题》。
② Qulang 意为"野驴"，其蒙古文书写形式为 quang（忽朗），而喀尔喀土语的读音则为 qulan。所以，有时受到口语影响也会写成 qulan（忽阑），尽管这个写法不准确。
③ 呼·丕尔烈：《有关蒙古和中亚国家文化与历史的两部珍贵文献》，第121页。
④ 图雅曾引呼·丕尔烈的观点认为，"当时扎萨克图汗部有两个乌班第诺颜：一个为阿什海达尔汉洪台吉长子巴延达喇洪台吉次子赖瑚尔汗次子乌班第达尔玛西哩；另一个人为阿什海达尔汉洪台吉次子图扪达喇岱青豁塔固尔季子乌班第达尔汉巴图尔（生于木狗年，即1574年），该乌班第诺颜应该是上述二人之一……笔者赞成呼·丕尔烈的观点。上述两位乌班第诺颜都有可能参加该会盟，所以难以作出确切的论断。"根据达尔玛什哩奏折可以断言，参加塔尔尼河会盟的就是扎萨克图汗素班第之弟乌班第。

第七章　1655 年以前的喀尔喀扎萨克

此外,在《清内阁蒙古堂档》还有可以证明制定《猴年大律令》的哈坦巴图尔诺颜为扎萨克的证据。1686 年库伦伯勒齐尔会盟后,有位名叫额尔德尼哈坦巴图尔的诺颜给康熙皇帝写奏折,希冀清廷认可他做扎萨克。该奏折于康熙二十六年十一月初九日由理藩院送至内阁。① 其奏折内容如下:

delekei dakin-u ejen amuγulang qaγan-u gegen-e, erdeni qadan baγatur-un ayiladqal. kedüičü küren belčir-ün čiγulγan-du üyijeng qadan baγatur-i jasaγ bolγabasu ber, čaγan alba-yi bide qoyaγula kelelčejü qamtu nigen-e bariγsaγar atala, genedte dayin bolju üyijeng qadan baγatur ögeled-tü oruγsan-u tula edüge üligerlebesü üre tasuraγsan kümün-ü ger baraγ-a-yi aq-a degüü abqu metü čaγan alba-yi tasural ügei bi bariju bolqu bolbau. dayin bolqu-yin urida qalq-a-yin qoyar qaγan ču namayi deger-e ejen-ü gegen-e ayiladqaji, üyijeng qadan baγatur-ača öber-e jasaγ bolγay-a getele dayin boluγsan-u tula, elči ilegejü ese bolba. tayin bolqu-yin urida öggügsen bičig tamγatai ergübe.②

"寰宇之主阿穆呼朗汗明鉴。额尔德尼哈坦巴图尔呈奏。库伦伯勒齐尔会盟之时,虽列卫征哈坦巴图尔于扎萨克,然吾等二人议,白贡之奉、始终同行,唯战乱突起,卫征哈坦巴图尔投附厄鲁特。如今犹如兄弟分得绝嗣者家资,今吾可否续奉白贡。且战乱起前,喀尔喀二汗③欲上奏皇上,以吾别列扎萨克于卫征哈坦巴图尔,因兵燹突发,未能遣使。今特奉乱前所给书与印[于皇帝]。"

额尔德尼哈坦巴图尔所说的"喀尔喀二汗欲上奏皇上",列他为扎萨克的说法,确有其事。在《清内阁蒙古堂档》中,还有扎萨克图汗沙喇的奏折和土谢图汗察珲多尔济的书信,其内容就是向康熙皇帝奏报指定哈坦巴图尔为扎萨克事。该二书于康熙二十六年十一

---

① 中国第一历史档案馆、内蒙古大学蒙古学学院编:《清内阁蒙古堂档》卷八,第 457 页。
② 同上,第 450 页。
③ 因当时车臣汗诺尔布去世,三汗中只有扎萨克图汗和土谢图汗在世。

月初九日由理藩院送至内阁。①

扎萨克图汗奏折内容：

abural manjusiri-yin qubilγan bey-e-tü, amitan bükün-ü tegsi aburaqu jarlaγ-tu, asaraqui ba nigülesüküi budi sedkil-tü. amuγulang qaγan delekei dakin-u ejen-i gegen-e, erdeni jasaγtu qaγan-i ayiladqal. ene erdeni qadan baγatur-ün učir. doloγan qosiγun-du nige yeke ulus mani eljigen gegči bile. endeben eljigen jegün baraγun qoyar. baraγun-i aq-a jasaγ-un noyan inu ene erdeni qadan baγatur bile. teyimü-yin tula ene erdeni qadan baγatur-i jasaγ bolγamu geji. erdeni qadan jasaγ-tu qaγan ekilen noyad ayiladqanam. ②

"救世文殊化身为身，普度众生为语，大慈大悲为意之寰宇之主太平皇帝明鉴。额尔德尼扎萨克图汗奏文。为额尔德尼哈坦巴图尔事。额尔济根乃七和硕中一大兀鲁思也。其分为左右二[翼]，右[翼]之扎萨克诺颜即此额尔德尼哈坦巴图尔者也。故奏请列额尔德尼哈坦巴图尔为扎萨克。扎萨克图汗为首诸诺颜奏请。"

土谢图汗之书：

süsüg küčün tegüsügsen vačirai tüsiy-e-tü qaγan-u bičig. ene erdeni qadan baγatur, jasaγ-tu qaγan namai jasaγ-un noyan boltuγai geji tamagatai bicig ögči bile. qoyar qaγan jöb geküle, degere ayiladqaqu gegsen tulada, jasagtu qaγan jöb gegsen bolqula, bida ču buruγu gekü ügei jöb gegsen-ü temdeg bičig-tü tamaγ-a daruba. ③

"至信深威瓦齐喇土谢图汗之书。额尔德尼哈坦巴图尔言，扎萨克图汗准吾为扎萨克诺颜，并给盖印文书。如二汗准之，欲将奏闻皇上，云云。若扎萨克图汗已准之，吾等亦不以为非，于允准书上加盖印章。"

---

① 中国第一历史档案馆、内蒙古大学蒙古学学院编：《清内阁蒙古堂档》卷八，第457页。
② 同上，第447—448页。
③ 同上，第448—449页。

第七章　1655 年以前的喀尔喀扎萨克

作为额尔济根鄂托克之贵族额尔德尼哈坦巴图尔，毫无疑问是格呼森札次子诺颜泰哈坦巴图尔后裔，因为诺颜泰分得了卜速忒、额尔济根二鄂托克。据《王公表传》记载，额尔德尼哈坦巴图尔是诺颜泰哈坦巴图尔后裔衮占。据该书记载，诺颜泰哈坦巴图尔子土伯特哈坦巴图尔，其次子赛音巴特玛，号哈坦巴图尔，①其子策凌衮布，嗣哈坦巴图尔号，其长子衮占，号额尔德尼哈坦阿巴图尔。②

衮占哈坦巴图尔的奏折、扎萨克图汗的奏折和土谢图汗之书都说明，直到准噶尔侵入喀尔喀（1688），历代额尔济根鄂托克之主都曾任扎萨克。那么，参加 1596 年塔喇尼河会盟的（土伯特）哈坦巴图尔当时毫无疑问是大扎萨克。此后，他的子孙历代主额尔济根鄂托克，并以此身份任扎萨克，直到库伦伯勒齐尔会盟前后，额尔济根左右二翼有了两位扎萨克。以忽阑卫征、乌班第、土伯特哈坦巴图尔的例子类推，1596 年制定《猴年大律令》的其余 17 名"jasaγ bariγsan"诺颜应该都是大小扎萨克。

再看看《桦树皮律令》中的《火龙年律令》（γal luu jil-ün öčüken čaγaja）。其前言如下：

Oom suwasdi šiddam. γal luu jil-ün jun-u dumda-tu sarayin qorin nigen edür-tür köndelen čökekür noyan-i süm-e-yin emüne dörben qošiγun-i kedün yeke baγa noyad öčüken čaγaj-a kelelčebe. jasaγ-un tayijinar dayičing qung tayiji čoγ-tu qung tayiji sečen tayiji erke tayiji γardaγači tabunong bilig-tü jayisang tabunang.

"愿吉祥！火龙年夏五月二十一日，昆都伦楚琥尔诺颜寺前，四和硕诸大小诺颜商订小律令。扎萨克台吉者：岱青洪台吉、绰克图洪台吉、车臣台吉、额尔克台吉、噶尔塔噶齐塔布囊、必力克图斋桑塔布囊。"③

这是左翼四和硕的几位扎萨克于 1616 年（火龙年）制定的律令。文本中明确提出了"Jasaγ-un tayijinar"（扎萨克台吉们），这应

---

① 《钦定外藩蒙古回部王公表传》卷六一《喀尔喀扎萨克图汗部总传》。
② 《钦定外藩蒙古回部王公表传》卷六四《扎萨克辅国公衮占列传》。
③ 译文引用了图雅《〈桦树皮律令〉研究——以文献学研究为中心》，第 83 页。

与"Jasaγ-un noyad"（扎萨克诺颜们）同义,因为台吉和诺颜均指孛尔只斤贵族。文中提到的扎萨克岱青洪台吉是格哷森札三子诺诺和之次子阿布瑚墨尔根长子昂噶海墨尔根岱青洪台吉,绰克图洪台吉是诺诺和第五子巴喀赖和硕齐之子绰克图洪台吉,车臣台吉是诺诺和四子昆都伦楚琥尔诺颜长子卓特巴车臣洪台吉,额尔克台吉身世不明。① 在当时喀尔喀左翼,这些人都是扎萨克无疑。

结　　论

通过《清内阁蒙古堂档》和《桦树皮律令》的相关记载,可以得出如下一些结论:

（一）"扎萨克"是喀尔喀万户固有的一个封建官职。它的全称应该是"Jasaγ-un noyan 扎萨克诺颜",也称"Jasaγ bariγsan noyan 执扎萨克事之诺颜"或"Jasaγ-un taiji 扎萨克台吉"。"Jasaγ 扎萨克"是简称。

具有什么资格的人任扎萨克,其具体条件如何？在史料中没有直接记载。但是,分析上文所引用的权威性史料可知,扎萨克必须是一个游牧集团的强大的首领,孛尔只斤贵族,而且对喀尔喀全体的政教有所贡献。

比如,额尔克的祖孙三代都是右翼兀良哈鄂托克的首领,游牧在喀尔喀极西边。其祖父曾参加拥立素班第为扎萨克图汗的会盟,其父亲曾参加联合卫拉特征讨破坏喀尔喀政教的绰克图台吉之役,额尔克本人则参加讨伐杀害扎萨克图汗的罗卜藏之战,曾"为国正名,替主报仇"。

达尔玛什哩则是扎萨克图汗素班第之弟乌班第达尔玛什哩之子。据有学者研究,17世纪中叶的喀尔喀内讧是罗卜藏台吉袭杀扎萨克图汗并掳掠斡鲁忽讷惕鄂托克引起的。② 当时,扎萨克图汗的

---

① 二木博史:《译注白桦法典Ⅲ》（日文）,《蒙古研究》1983年第14期,第22页;图雅:《桦树皮律令研究——以文献学研究为中心》,第78页。
② 宝音德力根:《17世纪中后期喀尔喀内乱》。

第七章　1655年以前的喀尔喀扎萨克

直属鄂托克是札赉亦儿的一翼，而斡鲁忽讷惕鄂托克是乌班第达尔玛什哩的属部。对此，俄罗斯的托木斯克哥萨克伊彼特林写于1619年的《中国和蒙古见闻记》为我们提供了极其有价值的史料。他写道："由阿勒坦皇帝那里到一个乌鲁斯走了五天，这个乌鲁斯叫阿尔古纳特，这里的王公叫托尔莫申。从托尔莫申的乌鲁斯到切库尔库什乌鲁斯也要走五天，这里的王公名叫哈拉胡拉。由哈拉胡拉的乌鲁斯骑行五日，到达一个名叫苏尔杜斯的乌鲁斯，这里的皇帝叫扎萨克图。"[①]译文中的"阿尔古纳特"的原文为Алгунат，应该是"斡鲁忽讷惕"（Olqunud）的讹误，"托尔莫申"的原文为Тормошин，应该就是达尔玛什哩（Darmasiri）的音变。由此可知，乌班第达尔玛什哩是斡鲁忽讷惕鄂托克的扎萨克诺颜。他的儿子啒特巴达尔玛什哩时，1662年发生罗卜藏之乱，他为捍卫扎萨克图汗家族，拥立新扎萨克图汗立下特别功劳，所以在扎萨克图车臣汗时期仍照其父之职行走，也即成为扎萨克。

（二）喀尔喀最早设扎萨克的年代不明，但就额尔克和达尔玛什哩两个家族之例而言，他们的先人最早在1596年塔喇尼河会盟上就已任扎萨克。《桦树皮律令》的一些条文不仅证实了额尔克和达尔玛什哩奏折内容属实，而且进一步证明，在塔喇尼河会盟时喀尔喀有过大小20个扎萨克。1614年时，在喀尔喀左翼的一次小会盟上有4位扎萨克出席。

（三）扎萨克有大小之分。大小之分，可能和所管辖的鄂托克或类似游牧集团的大小有关，但详细情况仍不明了。在顺治十二年（1655）前，汗并不在扎萨克之列。如在《猴年大律令》中，先提到扎萨克图汗，然后依次提到大小扎萨克们的名字。大小扎萨克下面还有"执政的图什默勒（臣下）"，他们是游牧集团中具体负责事务的人。在《猴年大律令》中明确提到，"七和硕执政图什墨勒有这些人：汗殿下之和硕齐德勒格尔、章京卓博勒哈阿巴海、玛咕扣嗜；哈坦巴图儿之固什浑津、唬哩斋桑、布琥尔斡尔鲁伯；珲津台吉之察纳迈、

[①] 苏联科学院远东研究所等编：《十七世纪俄中关系》第一卷第一册，商务印书馆，1978年，第26号文件（1619年5月16日后所写），第100页。

脱博齐图；翁牛特台吉之斡纳海扎雅噶齐、土虎辉；岱青巴图尔之额赛、萨尔泰。昆都伦楚琥尔之珲津库里成桂、柏噶济尼萨噶剌尔扎雅噶齐、琥森图扎雅噶齐兆克素克；和硕齐诺颜之楚琥彻尔、莫恩忒；绰克图之察克沁西格沁、薄咕齐收楞额；忽朗诺颜之孛勒克图布圭、伊勒登黑图格德尔土谢图、西格恰尔别克图；宾图台吉之额尔克巴图沁巴克什、阿哈巴剌唬扎雅噶齐、巴噶斋恰；乌班第台吉之阿图亥伊勒楚、萨尔噶察乌克迈巴克什。莫尔根台吉之西尔扪斡尔鲁克、布垒克鲁德格；珲台吉之额尔克图德黑阿岱扎雅噶齐、巴噶京扎雅噶齐莫德格齐、巴雅济琥巴图尔格根莫德格齐。绰克图台吉之阿哈沁西格沁、额尔克阿布岱、僧格扎雅齐、楚鲁琥斡尔鲁克；阿剌琥哩台吉之西瑚哈格格黑收楞额，有这等人。"①这些图什默勒有的具有珲津、斋桑、收楞额、巴克什、斡尔鲁克、莫德格齐、西格沁、扎雅齐等称号，显然是鄂托克中的具体管事人员。

在一个游牧集团中的汗、大小扎萨克和图什默勒的关系，很容易让人联想到满洲爱新国（1616—1636）八旗体制下的议政会议。满洲爱新国的议政会议由汗、和硕贝勒（旗主）、执政贝勒以及固山额真组成。满洲汗（努尔哈赤、皇太极）同时是最大的和硕贝勒，但因为他具有汗号，地位高于所有贝勒，不再称某旗之主。八旗的和硕贝勒都是努尔哈赤直系子孙，每一个和硕贝勒都是努尔哈赤子孙一家的最具代表性的实权人物，而执政贝勒们是汗的具有参政议政资格和权力的子孙，位居和硕贝勒下。固山额真则未必是满洲汗家人，一般都是异姓贵族。喀尔喀汗、大小扎萨克和图什默勒的情况多少与此雷同。喀尔喀的汗是一个大鄂托克之主，但位尊于其他作为鄂托克之主的大扎萨克，故不称扎萨克。作为鄂托克之主的大扎萨克都是格呼森札七子后裔中的实力派人物，是格呼森札七子后裔各家族的权威性代表，他们管辖着一个鄂托克或一个鄂托克的一翼。随着人口的增长，鄂托克可以分成左右二翼，大扎萨克的人数亦随之增多，前引文中额尔济根的两个扎萨克就是这样产生的。小扎萨克是鄂托克之主的叔伯或兄弟，有一定的势力和相应的特权，

---

① 图雅：《桦树皮律令研究——以文献学研究为中心》，第41—42页。

第七章　1655年以前的喀尔喀扎萨克

可能担任鄂托克下面某社会组织的头脑。图什默勒则主要是异姓贵族,他们在扎萨克管辖下办理鄂托克的各种具体事务。汗和大小扎萨克往往在会盟上商讨重大事件和事务,包括制定律令、决定战争或协调各项政策。图什默勒是执行这些决议的主要力量。

（四）汗作为最高的统治者,有权决定扎萨克诺颜的人选,并发给盖印文书。但是,汗的提议一般在七和硕会盟上得到喀尔喀其他汗、诺颜的认可,尤其是要得到喀尔喀其他两个汗的允准,并加盖印章。额尔克祖父忽阑卫征和达尔玛什哩的父亲乌班第等由素班第扎萨克图汗任命,在塔喇尼河七和硕会盟上通过。额尔克父亲贝玛和硕齐由弼什埒勒图扎萨克图汗任命,在他生病后,改命额尔克为扎萨克。车臣扎萨克图汗即位后,重新任命他为扎萨克,并上奏达赖喇嘛与土谢图汗,确认他的扎萨克。再以哈坦巴图尔为例,扎萨克图汗首先任命衮占额尔德尼哈丹巴图尔为扎萨克,并请土谢图汗允准、加盖印章。

除此之外,喀尔喀扎萨克的认定还要报告给达赖喇嘛。这个制度始于何时,没有确切记载。根据额尔克的奏折,至迟在1677年左右,车臣扎萨克图汗就将额尔克列为扎萨克之事上报给达赖喇嘛。如冈洋树业已指出,在喀尔喀汗的认定、喀尔喀扎萨克的认定等重大问题上,达赖喇嘛曾经发挥过重大作用,甚至给清朝的文内说明喀尔喀贵族应以何人为首。[①] 清朝势力渗透到喀尔喀政治后,扎萨克人选还报告给清朝,经朝廷批准后才奏效。但无论如何,直到康熙二十五年库伦伯勒齐尔会盟,喀尔喀诸汗及诺颜是将扎萨克经由喀诺颜会盟自行选定的。

（五）早在顺治十二年（1655）以前在喀尔喀就已有扎萨克之制。喀尔喀的扎萨克并非清朝的创举。顺治十二年清朝在喀尔喀设立所谓"八扎萨克",不过是对原管理左右二翼的汗和大扎萨克八人地位予以承认,将他们确认为交涉喀尔喀事务的代表。值得一提的是,在"八扎萨克"中没有了汗和大扎萨克的区别,统统被称作"扎

[①] 冈洋树:《清代蒙古盟旗制度研究》(日文),第80—81页。参见《清圣祖实录》卷九一,康熙十九年七月戊子。

萨克",从清朝角度讲,这实际上是对喀尔喀汗权的一个明显的削弱。但是在喀尔喀,汗和一般扎萨克间实际区别的消失,要迟至清朝在喀尔喀统治确立后。

下 编
文本与蒙古文化史研究

第八章 蒙古"浑臣"考

一、蒙古文文献所载的 QONCIN

QONCIN 一词,首见于《十善法白史》(下面简称《白史》)。《白史》的成书年代至今无一定论。《白史》的自序称,该书由元世祖忽必烈皇帝撰写,生活在 17 世纪后半叶的鄂尔多斯蒙古贵族切尽黄台吉修补编纂。据此,有人认为《白史》是元代文献。但因《白史》所载典章制度与元代实际不符,还有人认为它是 17 世纪的著作,元世祖撰写云云不过是托古行为。暂不论《白史》成书的确切年代,它至迟成书于 16 世纪末之前是毫无疑问的。

《白史》是宣扬佛法与王政平行,王政须以佛法为指导的治国思想,并记述蒙古所谓"政教二道"及其制度、措施的一部典籍。该书详细地列举了推行"政教二道"的法界和政界的各层僧官和世俗官员。据其记载,在圣合罕麾下推行王法的众臣之首,就是所谓的 QONCIN。QONCIN 有三位:第一位以佛语教法治理百姓,被称作 bey-e yin šitügen(身之偶像)QONCIN;第二位以古代圣人之事例与制度教导并约束百姓,被称为 jarliγ-un šitügen(语之偶像)QONCIN;第三位以武力和方略制伏外敌保卫国家,被呼作 jirüken-ü šitügen(意之偶像)QONCIN。① 据《白史》载,圣合罕有三大事业,即救度二界之至高祥和事业,治理百姓之至大安逸事业和守护国家之至上事业。而三 QONCIN 的职责就是负责圣合罕的三大事业。根据三大事业的内容,所谓三大事业者无非就是指佛法、内政和军事。然而,在元代,全国佛教事务归宣政院管辖,由帝师管领;内政和军事

---

① 《十善法白史》(蒙文),内蒙古社会科学院图书馆藏手抄本,收藏号:1100325, 22.912\25:7,叶 5a、5b。以下简称《十善法白史》内蒙古社科院藏本。

各归中书省和枢密院负责,这些机构均无所谓的 QONCIN 职官。在元朝灭亡后的蒙古汗廷中,直到 16 世纪 70 年代也从未有过具有 QONCIN 称号的大头目。

QONCIN 在蒙古文史书中初次现身是在 1607 年成书的韵文体编年史《俺答汗传》里。该书记载,1578 年,蒙古土默特万户之主俺答汗与西藏格鲁派教主大喇嘛索南嘉措在青海恰卜恰庙(仰华寺)会晤。在此次聚会上,漠南蒙古右翼正式接受藏传佛教格鲁派教法为其正教,双方建立"福田与施主"关系,并互赠名号。俺答汗给索南嘉措以"瓦只剌怛喇达赖喇嘛"名号,而后者送给俺答汗以"转金轮法王"号。接下来,双方的高僧贵胄受封。蒙古方面的有:"因巴彦经师兼通印藏蒙三语,翻译喜悦佛经担任通事,赐榜什阿玉什以阿难达文殊国师号,使之成为诸经师之首。因其无误地奉行政教事业,赐乞迪台以卫征彻辰 QONCIN 号,使其成为诸长官之尊。谓其迎请识一切呼图克图达赖为首僧众,迎请佛经《甘珠尔》、《丹珠尔》效力于教法,赐萨尔玛尼以乌琳唐哩克答云恰之号,使之成为岱达尔罕;因卫征宰桑效力佛法而身亡,恩宠关爱其子舍楞赐予卫征宰桑之号,因其不断效力迎请达赖喇嘛,赐予三布答剌之号,使之成为岱达尔罕。"①

据此记载,诸经师之首被授予"国师"称号,而诸长官之首则被授予 QONCIN 称号。这部史书显示,QONCIN 作为蒙古众臣之首的尊号可能始于 1578 年,而且它的出现与西藏有关。

萨冈彻辰著《蒙古源流》成书于 1662 年。该书对恰卜恰寺会晤中的封赐及其前前后后记载颇为详尽。该书记载,1566 年鄂尔多斯部切尽黄台吉征服三河流域失里木只地方的藏人,将瓦只剌·土美等三人带回蒙古,赐给瓦只剌·土美以"国王 QONCIN"称号,封他为"众臣之首"。② 三世达赖喇嘛曾经与俺答汗说过,瓦只剌·土美的"前世"先是藏传佛教噶当派创立人仲敦巴(1005—1064)的通译,

---

① 《俺答汗传》,叶 30a、b。汉译可参见珠荣嘎译:《阿勒坦汗传》,内蒙古人民出版社,1991 年,第 121 页。本章对原译文做了稍许修改。
② 萨冈彻辰:《蒙古源流》,叶 71a;乌兰:《〈蒙古源流〉研究》,第 366 页。

第八章 蒙古"浑臣"考

后来又是萨迦派大喇嘛、元朝帝师八思巴和忽必烈皇帝之间的通译。① 可见他在三河地区藏人中具有过很高的社会地位。他翻译了切尽黄台吉颁布的《十善法》，通译了达赖喇嘛与俺答汗等土默特蒙古上层之间的重要谈话。1578 年恰卜恰庙会晤时，他被封为"灌顶国王 QONCIN"。② 据此，前面提及的"将瓦只剌·土美等三人带回蒙古，赐给瓦只剌·土美以国王 QONCIN 称号"一事，指的是 1566 年将瓦只剌·土美带回蒙古和 1578 年封他为"灌顶国王 QONCIN"的前后两件事。与瓦只剌·土美同时被封为 QONCIN 的还有经师固密，他被封为"速噶 QONCIN"。③ 此人是下部朵甘思（今玉树以外的青海和甘川藏族地区）经师，速噶是其出生地，固密是其出身的部族名，都不是他的名字。据陈庆英研究，固密是藏人部族名称，自元代至今，一直生活在青海海南藏族自治州共和县、贵德县一带。④ 1570 年，俺答汗征吐蕃，从朵甘思地方带来了阿升喇嘛和固密·速噶，他们对蒙藏政治交通和文化交流都做出过很大贡献。

《俺答汗传》记载，那位被封为众臣之首的大臣是名叫"卫征彻辰 QONCIN 乞迪台"的人，而萨冈彻辰记载的则是"灌顶国王 QONCIN 瓦只剌·土美"。笔者认为，二书所指可能是同一个人。土美这个名字很容易让人想起据说是藏文的创制者吞米·桑布扎。"吞米"的蒙古文字形近似"土美"或"土米"，《白史》里就曾把 tunmi（吞米）写成了 tumi（土米）；"桑布扎"，蒙语又音写为"三布答剌"，是吞米的称号。笔者认为，瓦只剌·土美是乞迪台的美称，意为金刚吞米（瓦只剌是梵语"金刚"之意，此处为美称，"土美"是吞米的蒙古语音变或误写），他是以松赞干布的功臣、西藏文圣吞米命名的。这个问题后文还要讲到。

《蒙古源流》的记载进一步证明，QONCIN 这个称号确实来自西

---

① 萨冈彻辰：《蒙古源流》，叶 76a；乌兰：《〈蒙古源流〉研究》，第 428 页。
② 萨冈彻辰：《蒙古源流》，叶 77b；乌兰：《〈蒙古源流〉研究》，第 430 页。
③ 同上。
④ 陈庆英：《陈庆英藏学论文集》上册，中国藏学出版社，2002 年，第474 页。

藏。1578年,俺答汗赐给瓦只剌·土美的"灌顶国王 QONCIN"称号是一个蒙藏混合的称号,①显示了他的众臣之首的最显赫地位。"国王"最初是成吉思汗赐给木华黎的封号,当时这个称号意味着木华黎是漠南地区的最高长官。与蒙古的"国王"称号可以媲美的藏人的 QONCIN 称号,肯定也会有相当的来历。

二、QONCIN 的来历

在考察 QONCIN 的来历时,应该注意到以下几个事实:首先,蒙元帝国和16世纪以前的蒙古汗廷中未曾有过叫作 QONCIN 的官职和称号;其次,前引蒙古文文献中的一些线索显示,QONCIN 可能来自西藏;再次,QONCIN 在西藏是一个极其显赫的官职或者称号,可与蒙古的"国王"称号匹敌。

蒙元时期西藏最著名的和最大的官无非就是"本钦"。本钦的藏语原文为 dpon chen,意为"大长官"。关于本钦,陈得芝做过详尽的研究,先后发表了《乌思藏"本钦"考》、《再论乌思藏"本钦"》二文,②用翔实的史料和精当的考证证实,本钦就是藏人对元朝皇帝宣授的乌思藏最高地方长官的称呼,最初指"乌思藏三路军民万户",乌思藏宣慰司设置以后,是指宣尉使。陈得芝引用藏文典籍《汉藏史集》的有关记载后做了如下阐释:一,元代,整个吐蕃地区是朝廷属下的省级政区之一,划分为三个"却喀"(朵甘思、朵思麻、乌思藏),这无疑就是《元史》记载的"吐蕃三道";二,"本钦"是"却喀"(道)级政区的最高长官,主管辖境内的政教事务,吐蕃三"却喀"各置有一位"本钦";三,"本钦"是经皇帝与帝师商议,由朝廷任命的官员,遵照皇帝的圣旨和帝师法旨行使其职权;四,授予最初的"乌思藏本钦"释迦藏卜的职名是"(三)路军民万户",后来大多数本钦则

---

① "灌顶"和"国王"当然是汉语,但这些词被蒙古语借用,发音发生蒙古化音变(günding, güiong),已经成为蒙古语称号。
② 南京大学历史系元史组编:《元史及北方民族研究》第8期,1984年;萧启庆主编、许守泯协编:《蒙元的历史与文化——蒙元史学术研究会论文集》,台湾学生书局,2001年,第213—244页。

授予"等三路宣尉使都元帅"。①

《蒙古源流》所载 16 世纪藏人贵族瓦只剌·土美的 QONCIN 称号,应该就是蒙元时代西藏的"本钦"。其理由如下:

一,"本钦"本来是西藏最高地方长官的俗称,本义是"大长官",在元、明时期西藏文献中有明确记载。元朝灭亡以后,虽然没有了朝廷任命的宣尉使这个"大长官",但生活在明朝时期的熟悉西藏历史文化的喇嘛文人们都很了解"本钦"在元代西藏的最高地位。所以,给瓦只剌·土美授以最高称号时,有意选择了该官职名,与蒙古的"国王"称号配对。

二,但瓦只剌·土美的称号不是"本钦",(蒙古语可以写作 BONCIN,读 bončin)而是 QONCIN,这个词在蒙古语中可以读作 qonjin/qunjin, qončin/qunčin, γonjin/γunjin, γončin/γunčin 等。那么,为什么说 QONCIN 就是 dpon-chen(本钦)呢? 这就关系到藏语方言问题。

如前所述,瓦只剌·土美是三河流域失里木只(šilimji)地方的藏人首领。据日本学者佐藤长的意见,三河指北川、西川、南川等西宁附近的三河,失里木只指西宁州。山口瑞凤认为,失里木只是藏文史书中的 gser mo ljongs 之地,该地在黄河、大夏河、洮河三河汇流处以南的临洮地方。井上治则认为,该地指现在的西宁,šilimji 可能是 šining muji(意为"西宁省",据井上的解释,此指"西宁府")的某种音变。中国学者珠荣嘎认为,该地指清代的琐力麻川。乌兰倾向于赞成山口的观点,认为失里木只可能指临洮。② 但是,根据切尽黄台吉进入藏区并俘获阿哩克、固密等部落的头人和喇嘛的事实,笔者更相信陈庆英的说法。陈庆英说:"库图克台彻辰洪台吉(即切尽黄台吉——笔者)的这次行动是从青海湖南下到今天青海省的海南藏族自治州的共和县到贵南县、同德县一带,'锡里木济'(即失里木只——笔者)是蒙古语对黄河的称呼,这几个县正处在黄河河曲的

---

① 陈得芝:《再论乌思藏"本钦"》,载萧启庆主编、许守泯协编:《蒙元的历史与文化——蒙元史学术研究会论文集》,第 233 页。
② 以上诸说的详细情况和出处,参见井上治,『ホトクタイ=セチエン=ホンタイジの研究』,風間書房,2002 年,33—34。

两岸,从古以来就是从北面进入青藏高原的交通要道。贵南县的沙沟河流域、茫拉河流域和同德县的巴曲河流域都是气候温和适宜农耕的地区,历史上就有屯田开垦的记载,而且这三条河都是从东南流入黄河,因此当地藏族习惯称这一地区为'茫、巴、沙松'地区,即是茫拉、巴曲、沙沟三河地区,后来明代青海蒙古以茫拉川为经营青海的基地,也是这个地区。"① 历史上,这些地方属于朵思麻地区,即安多地区北部,这里的藏人讲安多方言。藏语分成卫藏方言(前后藏地区)、康巴方言(四川、云南、西藏东部和青海玉树等地)和安多方言(玉树以外的青海和甘肃藏族地区)等三大方言。根据藏语方言研究成果,安多方言是藏语三大方言中最古老的方言,与其他藏语方言比较,具有更多的自身特点,尤其是在语音方面有很多和其他方言不同之处。安多方言下分若干个次方言(土话),据瞿霭堂的分类,有牧区土语(青海和四川部分藏族自治州)、农区土语(青海省化隆回族自治县、循化撒拉族自治县、乐都县部分地区)、半农半牧区土话(青海省黄南藏族自治州同仁县、甘肃省甘南藏族自治州夏河县)、道孚土语(四川省甘孜藏族自治州道孚县、炉霍县)四个次方言。② 茫拉、沙沟、巴曲三河地区在历史上属于操安多牧区土语地带。

安多方言的最重要的特点之一,就是语音特点。与本章密切相关的是安多方言中复辅音的语音变化问题。藏语的所谓"复辅音"是指一个词的音节首音和尾音位置出现的重叠辅音,比如 dbang 中的 db-是复辅音。据有学者指出,古藏语的复辅音非常丰富,约有280 余个,结构也很复杂,有二合辅音、三合辅音,甚至还有四合辅音类型,但在现代藏语中三合、四合辅音已消失。③ 安多方言的复辅音主要以二合辅音为主,其中,复辅音 dp-的语音变化令我们特别感兴趣。根据王双城的研究,安多方言的复辅音 dp-的语音,在其各次方

---

① 陈庆英:《达赖喇嘛活佛转世的发展——索南嘉措和云丹嘉措》,载陈庆英、陈立健:《活佛转世及其历史定制》,中国藏学出版社,2010 年,第 81 页。
② 瞿霭堂、劲松:《汉藏语言研究的理论和方法》,中国藏学出版社,2000 年,第 600—669 页。
③ 王双城:《藏语安多方言语音研究》,中西书局,2012 年,第 135—136 页。

言中只有一种形式,即[xw]。他以 dpav bo(英雄)为例,列举了安多方言各次方言对该词的读音,其结果如下表:①

安多方言对比表

次方言	泽库	天峻	阿柔	夏河	华隆	玛曲
读音	xwa wo	xwa wo	xwa wo	xwa wo	xwa wo	xwa wo

结果一目了然,其读音无一例外全是[xwa wo]。对安多方言 dp-的语音变成 xw-的现象,王双城做了很精彩的分析。他写道:安多方言的"[x]来自前置辅音 d-,《西番译语》中就是用一个'黑'字来对这个 d-,如 dkar po(白色)为'黑葛儿播',那么其中的[w]只能来自-p-,只是因为-p-是清音,它前面的 d-就变成了[x]"。② 这是很有道理的。需要说明的是,王双城提到的《西番译语》是明代四夷馆编译的《西番译语》,代表的是比较古老的安多藏语形式,被学界称作"草地译语",它比清代编译的《西番译语》更有语言学价值。在所谓的《草地译语》中,以"黑"字写前加字 d 的例子还有很多,比如:dman"黑慢"(低)、dpyid"黑毕"(春)、dmag"黑骂"(军)、dgon"黑观思碟"(寺)等等。③

至此,问题基本上就得以解决了。"本钦"的藏文为 dpon chen,安多方言的读音自然是[xwon chen]。[xw]这个音,受到第一个辅音[x]的影响,又经过蒙古化,在蒙古语里干脆就变成了[q]。Dpon chen 在蒙古语中转写为 bončin,而安多方言的[xwon chen]就要写成 qončin,其字形为 QONCIN。其实,在安多方言区的实际生活藏语中随时可以找到类似的例子。比如:"苯教"在拉萨话中作[bon bo],而在安多方言中作[xwon bo]。故此,蒙古人的称号 QONCIN 应该读作 qončin,它是安多藏语 xwon chen 的蒙古化转音。考虑到16 世纪当时的蒙汉语特点可以转写为"浑臣"一词。

---

① 王双城:《藏语安多方言语音研究》,中西书局,2012 年,第 172、174 页。
② 同上,第 177 页。
③ 聂鸿音、孙伯君:《〈西番译语〉校录及汇编》,社会科学文献出版社,2010 年,第 196、197、199 页。

三,需要进一步说明的是,藏文的"本钦"为什么以"浑臣"这样的安多藏语的形式传到了蒙古?这与该词传入蒙古的时间、地点有关。简单讲,该词在蒙古的传入有很大的安多藏人背景。

1543年和1558年俺答汗先后两次出征甘州一带的撒里畏兀,1570年进一步征讨"下部朵甘思"的藏人。① 下部朵甘思指的是甘南、青海一带的藏族地区。就在此时,"阿哩克·桑噶尔吉合卜、鲁·伦奔、思纳儿堂·萨领合卜三位首领和众属民,以阿升喇嘛、固密·速噶经师二人为首,带领众多吐蕃人来归"。② 阿升喇嘛,又作阿兴喇嘛,是安多高僧,据说是三世达赖喇嘛索南嘉措的舅父。关于此人对俺答汗皈依佛教的重大影响,《俺答汗传》有详细记载。因为他的卓越贡献,1578年达赖喇嘛和俺答汗在仰华寺会晤时,他被授以"额赤格喇嘛(父亲上师)"尊号。与他同来的固密·速噶经师,对俺答汗与右翼蒙古的佛教事业有巨大贡献,虽然史书记载不很详细,但他在仰华寺会晤上被封为"速噶浑臣",足以说明他的重要地位。史料显示,阿升喇嘛是阿哩克人,而与他同来的经师是固密人。陈庆英指出,"这里的阿哩克是藏族一个部落的名称,该部落当时游牧在今天的海南藏族自治州和果洛藏族自治州交界的黄河两岸,而固密也是藏族一个部落的名称,该部落一直分布在海南藏族自治州的共和县和贵德县。"③此外,前文讲到的瓦只剌·土美,是三河流域失里木只的藏人,即今天的海南藏族自治州一带。还有,三世达赖喇嘛回藏时,将东科儿法王允丹坚到派往俺答汗处,作为他在蒙古的临时代表。此人1557年生于中部康区,被选为青海东科儿寺(青海湟源县境内)第二世东科儿活佛,后游历青海、四川多地。该活佛任俺答汗的供养师,后来以"东科儿·曼殊室利·呼图克图"闻名,是当时在右翼蒙古有地位的大喇嘛之一。这些大喇嘛们的出身、经历和同俺答汗等右翼蒙古贵族的关系都在说明,16世纪右翼蒙古皈依藏传佛教时的西藏背景不是卫藏,而是安多。经师们所带给蒙古

---

① 乌兰:《〈蒙古源流〉研究》,第418—420页,注88、90。
② 同上,第364页。
③ 陈庆英:《达赖喇嘛活佛转世的发展——索南嘉措和云丹嘉措》,载陈庆英、陈立健:《活佛转世及其历史定制》,第82页。

人的西藏文化应该有浓厚的安多特色,藏语当然是其中的一个要素。"本钦"以"浑臣"的语音形式传入蒙古,完全是安多经师们的缘故。

蒙古语称号 Qončin 具有安多方言的特点这一点,反过来又证明,该词就是俺答汗的右翼蒙古征服甘南、青海一带藏人后才传入蒙古的。通览蒙元时期蒙汉文文献,在蒙元时期记载的藏文专有名词,基本上都具有卫藏方言的语音特点。这必然和后藏的萨迦派喇嘛们对蒙元朝廷的重大影响有关。我们在元代文献中可以找到有说服力的例证。八思巴文的写音十分准确,这是众所周知的事。在元代八思巴文文献中可以见到少数藏语人名的音写。比如:seŋghedpal 是 seng ge dpal 的音写,dorji-üaŋčug 是藏语 rdo rje dbang phyug 的音写,rinčendpal 是 rin chen dpal 的音写,ešes güŋga 是藏语 ye shes kun dga 的音写。① 在这些例子中,dbang 作 üaŋ,dga 作 ga,dpal 作 dpal,都反映了卫藏方言的语音特点。元代汉语的写音虽然没有八思巴文准确,但仍然能够反映出所写客体语言的语音特征。比如,《元史》记载了不少西藏人名。以几位帝师名字为例:相家班,藏文为 seng ge dpal,"班"字写的是 dpal 的音(尾音-l 用-n 标出);相儿加思巴,藏文为 sangs rgyas dpal,"巴"写的是 dpa(尾音-l 省略);旺出儿监藏,藏文 dbang phyug rgyal mtshan,"旺"字写的是 dbang 音。② 这些例子足以说明,元代蒙汉人依据的藏语是以卫藏方言语音为基础的。所以,假如藏文的 dpon-chen(本钦)在蒙元时期传到蒙古,不仅蒙古文文献有所记载,而且其音应该是 bončin(本钦)的形式,而不是 qončin(浑臣)的形式。"浑臣"这个安多藏语的称号无疑就是 16 世纪漠南蒙古征服安多地区后才传入蒙古的,而不可能是在元代。

四,还有一个问题需要探讨,那就是 16 世纪当时蒙藏贵族联盟为什么一定要用"浑臣"来称呼蒙古"众臣之首"呢?它有什么特殊

---

① D. Tumurtogoo, *Mongolian Monuments in 'Phags-pa Script: Introduction, Transliteration, Transcription and Bibliography*, Institute of Linguistics, Academia Sinica, Taipei, 2010, pp. 13, 29, 76, 94.
② 《元史》卷二二〇,列传第八十九《释老传》。

意义？笔者认为，这实际上是和当时蒙藏僧俗上层的政治目的和为此目的所采取的众多措施有关。

众所周知，在1578年仰华寺会晤上，格鲁派首领索南嘉措和土默特蒙古俺答汗宣称，前者是元代帝师八思巴的化身，而后者则是元世祖忽必烈皇帝的化身，其他参加会晤的蒙藏显贵都是古代印度、西藏先哲的化身。他们想通过这些措施告诉人们，达赖喇嘛索南嘉措和转轮王俺答汗将要重建忽必烈时期的所谓"政教二道平行"的秩序。为此，他们声称，俺答汗的蒙古将遵循古印度摩诃三摩多汗创制、经释迦牟尼佛修缮、西藏三大转轮法王继承的旧制度，在蒙古创立新的典章制度。因此，当时在蒙古右翼政权中出现的所有"新生事物"都带着深深的古代印藏圣人和元朝忽必烈皇帝及帝师八思巴的神圣的烙印。在仰华寺大会上，鄂尔多斯部主切尽黄台吉颁布了被认为是西藏转轮王们曾经推行过的《十善法》；蒙藏僧俗贵族互赠名号，"确认"他们在古印度、西藏和元代的各自的"前世"；僧官和大臣们也得到了与古代"政教二道"相应的种种封号。其中，众臣之首的封号为"浑臣"。为什么是浑臣呢？其实，《白史》中已经给予了回答。该书记载：古印度的共戴王摩诃三摩多首先创立政教二道，其后瞻布洲十六大国均奉行"政教二道"。其时，西藏的观音菩萨化身松赞干布为了救助众生，派遣土米·阿努之子土米·优格到印度，学习佛陀所造文字和先圣所建政教二道四政。土米学成而归，汗大喜，赐给土米以土米·三布瓦（即桑布扎）称号，使其成为三百六十名大臣之首"也可·那颜"，一瞬间在八十八万众吐蕃国建立起二道四政。后来，在蒙古地方，金刚手化身成吉思汗建立政教二道。根据萨迦派大喇嘛贡嘎宁布的授记，文殊化身忽必烈降生在蒙古皇统。忽必烈立志推行摩诃三摩多汗所创建、释迦牟尼佛所修缮、西藏三转轮王奉行、成吉思汗遵行的治理国家与百姓的政教二道，故建立政教二道四政，并设立在皇帝面前主掌政道之首辅大臣三浑臣。

这段故事要告诉人们，16世纪俺答汗建立的政权是自摩诃三摩多汗，经佛陀释迦牟尼、西藏三转轮王、成吉思汗和忽必烈皇帝一脉相承的奉行"政教二道"的神圣的国家。在国家体制上，其官僚系统也是一脉相承的。松赞干布设立了"也可·那颜"，作为三百六十名大臣之首,而忽必烈则设立"三浑臣"作为首辅大臣。现在,俺答汗也要设立浑臣官职,为众臣之首,为的是体现他的国家体制和先圣所建神圣国家体制的"一贯性"。有意思的是,《白史》所言松赞干布的所谓"也可·那颜",是蒙古语,意为"大长官",正是藏语 dpon chen 的蒙古语意译,音译则成为"本钦",用安多话读就是"浑臣"。《蒙古源流》除了瓦只剌·土米外,还记载了速噶·浑臣的名字,所以可以肯定,当时俺答汗一定封了三位浑臣(虽然第三位的名字未被记载)。那么,16 世纪时期,蒙古政权一定要将其首辅大臣称作"浑臣",显然是经过精心设计的结果。这又说明,俺答汗和三世达赖喇嘛任命的那位首任浑臣的名字瓦只剌·土美肯定不是他的本名,而是来自松赞干布大臣吞米名字的美称,该名称自然也有特殊的意义在里面。

《玛尼全集》、《柱间史(松赞干布的遗训)》等西藏著名的"伏藏"文献都记载了吞米·桑布扎受松赞干布之命创制藏文的事,但都没有提及松赞干布授予他什么尊号或官职之事。《白史》、《俺答汗传》和《蒙古源流》等蒙古文文献记载表明,俺答汗身边的安多藏人高僧们不仅利用西藏伏藏的典故、典章,而且在此基础上结合蒙元时期以来西藏和蒙古关系的事实,进一步将伏藏的故事和蒙藏历史结合起来,为俺答汗创立了圆满的"政教二道并行"的佛教国家学说,并设置了与之相应的官僚系统。浑臣就是一例。① 据《白史》的记载,三浑臣象征佛教的"身、语、意"三业,这与一般世俗政权官职的设置原则迥然不同,也说明了它的浓厚的宗教色彩。

三、评以往学界对 QONCIN 的释义

蒙古学界一直试图解释 qončin 的词义和职能。

---

① "灌顶国王浑臣"包括三个含义:元代西藏有过"灌顶国师"称号,具有很高的宗教地位,这里用"灌顶"两字,即取其最高的宗教地位之含义。"国王"意味着蒙古最高官位,而"浑臣"代表着西藏最高官职。它体现了当时右翼蒙古政权鼓吹的从西藏转轮王以降经过成吉思汗和忽必烈皇帝一脉相承的"政教并行"的原则。

1976年，联邦德国学者萨迦斯特（Klaus Sagaster）在他的《白史》一书中，将该词读作 qonjin，没有阐释其词义，但认为 qonjin 位在大臣之首，在早期的成吉思汗祭祀中，qonjin 在诸多官员中也是地位最高的官员。他说，《白史》中提到的三位 qonjin 是佛教"身、语、意"三业的世俗象征，他们的职能是负责相应的三事业，也即管理宗教、内政和军事事务的宰相。① 因而萨迦斯特认为，qonjin 是忽必烈时期的位尊众臣中的第一大臣。P. Ratschnevsky 在《"白史"成书问题》一文中曾提出，《白史》中的许多官职都没有相应的汉语名称，而有相应汉语称谓的那些官职的数额也与元代实际数额不符。因此，《白史》不可能是忽必烈时代，甚至不可能是元代成书的文献。② 萨迦斯特不同意这一看法。萨迦斯特强调：《白史》列出的官职表应该理解为蒙古大合罕的官僚组织计划（Program）。这个计划的一部分显然是在忽必烈即中原皇位之前的早期蒙古大合罕时期即已形成。该计划明显是在佛教影响下的国家理论的设想中形成，它的一些重要的官职具有象征职能。因为其象征意义的关系，官职又和象征的数字有关。比如 qonjin 就有三位，因为该职位是佛教的"身、语、意"三者的象征。人们不应该弄错，《白史》中列出的官职是忽必烈和八思巴希望建立的蒙古佛教国家的官僚系统，他们希望把政教二道作为该国家主导的意识形态。但是，历史没有这样发展下去。正因为这样，《白史》中的官僚系统与元代的实际情况不符。在以上认识的基础上，萨迦斯特得出了如下结论："如我的猜测不错，那么《白史》中的官僚系统源自忽必烈时期。作为一个佛教国家的职官体系，在基于儒家原则的元朝行政体系中显然是几乎没有发挥过作用的。"③根据萨迦斯特的论点，忽必烈曾经设想建立佛教国家理念

---

① Klaus Sagaster, *Die Weisse Geschichte* (čaγan teüke): *Eine mongolische Quelle zur Lehre von Beiden Ordnungen Religion und Staat in Tibet und der Mongolei*, Harrassowitz, 1976, S. 114, p. 287.
② Ibid.
③ Klaus Sagaster, *Die Weisse Geschichte* (čaγan teüke): *Eine mongolische Quelle zur Lehre von Beiden Ordnungen Religion und Staat in Tibet und der Mongolei*, S. 114, pp. 285–286.

第八章　蒙古"浑臣"考

下的政教并重的国家体系,而《白史》中提到的 qonjin 等不见于元代官僚体系中的职官名称正是这个设想的具体体现。按照他的认识,《白史》成书于忽必烈时期是无可争议的,《白史》中记载的官职等等也都属于忽必烈希望建立的那个理想国家的体系。Qonjin 是该理想国度官僚体系中的首席宰辅。

萨迦斯特的想象非常奇妙。他把《白史》的内容说成了忽必烈曾经想要建立但又未能实现的佛教国家的设想,所以,用元朝的国家机构、官僚系统、官职名称等与《白史》所载相关内容的出入来反驳萨迦斯特的假说是徒劳的,因为他认为前者是儒家学说原则下的元朝的真实制度,而后者则是忽必烈设想的佛教原则下的理想国家的虚构。但是,忽必烈本人的历史和元朝的国家历史上人们看不出,忽必烈及其继承者们曾经试图建立不同于中国传统制度的什么"佛教国家"的迹象。以忽必烈为代表的元朝皇室和以阿里不哥、海都为代表的草原贵族之间存在过围绕实行汉法和建立游牧帝国的长期斗争,但在元朝从未有过围绕建立佛教国家和儒教国家的矛盾。元朝崇佛尊佛,但从来没有推行过"政教二道"并行、以佛法指导元朝政治的路线。所以,萨迦斯特的假说其实缺乏历史根据。现在,当我们弄清《白史》所载众官之首的 QONCIN 是安多藏语中的"本钦"时,当我们发现这个官职(称号)在 16 世纪后半叶才传入蒙古语时,更加有理由否定萨迦斯特的假说了。假如忽必烈曾设想建立一个理想的佛教国家,他想象中的众臣之首怎么会是一个西藏却喀(道)长官宣尉使的藏语俗称呢?这个官职俗称的语音又怎么会是安多方言呢?

除此之外,关于 QONCIN 还有一些不同的解释。比如,1980 年道润梯步译注《蒙古源流》时,将该词译写为"欢沁",说它是"藏语之通事也"。① 道润梯步没有说明理由。1981 年,留金锁在整理出版《白史》时认为,"qonjin 似乎是掌礼仪的一种官称,内蒙古鄂尔多斯地区成吉思汗祭奠的司仪官至今被称作 qonjin"。② 赛熙雅乐则

---

① 道润梯步:《新译校注〈蒙古源流〉》,内蒙古人民出版社,1980 年,第 357 页。
② 留金锁整理注释:《十善福白史》(蒙文),内蒙古人民出版社,1981 年,第 131 页。

认为,qonjin 似为"官人"的异读,如"兀真"、"福晋"都是夫人的音译,其后缀"真"、"晋"与该词的后缀-jin,都是汉语"人"的音写。该词的读音应为 γonjin。戴鸿义、鲍音撰文认为,该词最初指"祝颂者",后演变为"司仪官",最后升为掌行政大权的"官人",①接受了所有人的不同说法,把他们看作该词不同时期的不同内涵。

以上几种意见,都很难令人信服。成吉思汗祭奠上的司仪官 qonjin 是由 qončin 演变而来。据《白史》的一种手抄本记载,成吉思汗祭祀事宜的总管就是 qončin(因为字形的关系,已被人们读作 qonjin 了)。② 如前所说,qončin 这个词首先传到鄂尔多斯、土默特等部蒙古人中,并被理解为对最高长官的称呼。因此,该词成为成吉思汗祭祀仪式总管的名称一点都不奇怪。需要指出的是,该职务名称并非在蒙元时期就有,而是 16 世纪以后才出现的。赛熙雅乐的意见虽然有些语音学支撑,但实际社会生活中并不合乎逻辑,因为一种专门的官职(而且是最高行政长官的官称)是不会用"官人"一类的泛称称呼的。

四、结　　论

综上所述,我们可以得出如下几个结论:

一,蒙古语词 QONCIN 应读作 Qončin,是藏语 dpon chen("本钦",意为"大长官",元代藏人对宣政使的藏语俗称)的安多藏语读音,可以音写为"浑臣"。

二,"浑臣"一词在 16 世纪中期传入蒙古语。"浑臣"传入蒙古语是俺答汗和右翼蒙古向甘南、青海等安多藏区扩张的结果,也是安多藏人高僧们为俺答汗出谋划策,提出建立"政教二道并行"原则的结果。"浑臣"成为俺答汗政权中大臣的最高称号,是俺答汗在安多高僧幕僚的帮助下,试图建立"政教二道并行"的佛教国家,把自

---

① 赛熙雅乐和戴鸿义、鲍音等人的观点,参见戴鸿义、鲍音《白史"欢沁"考述》,《内蒙古民族师院学报(哲学社会科学版)》1991 年第 2 期,第 25 页。
② *Monggol ulus-un arban buyantu nom-un čaγan teuke neretu sudur orosibai*, Mongol ulus-un nom-un sang, Ulaanbaatar, 5061/96, 294.3, 4, 602, 1b.

己塑造为印度摩诃三摩多汗建立、释迦牟尼佛祖修缮、西藏三转轮王继承、成吉思汗和忽必烈传承的正统佛教国家的领袖，从而凌驾于蒙古大可汗之上的所有理论和实践中的重要一环。

三，《白史》是16世纪的文献。它主要利用西藏"伏藏"文献和"伏藏"原理，参考一些蒙古文资料，托忽必烈皇帝之名，以切尽黄台吉扮演"掘藏者"，实际上是由安多藏人高僧和蒙古喇嘛文人编纂出来的。

第九章 《白史》中的文武二治

一

17世纪著名的蒙古文文献 Arban buyantu nom-un čayan tegüke（《十善法白史》，下面简称《白史》）是宣扬佛法与王政平行，王政须以佛法为指导的治国思想并记述蒙古所谓"政教二道"和推行它的种种制度、法规、措施和训诫的一部典籍。自1914年以来的近一个世纪里，国内国际蒙古学家都很重视这部文献，在俄罗斯、德国、中国和蒙古国先后刊布部分手抄本，译成德文、俄文和汉文，撰写了研究专著和相关学术论文。但是，《白史》的研究仍不够深入，有许多学术空白需要填补。概括讲，《白史》研究存在以下几个重大问题：其一，目前发现的《白史》18种手抄本①中只有2种本子得以影印出版，学界尚不能得见手抄本的全貌；其二，《白史》文本内容解读不够理想，仍有许多误读、误解和不解之处；其三，《白史》史源探究不彻底，写作年代没有结论，因而或认为它是元代的治国纲领，或认为是北元时期的宗教法律。

《白史》作为宣讲"政教二道"的书，全书自始至终记载了教法和王法二原则。《白史》解释，教法之政分为 Tarani（咒，即密宗）与 Sudur（经，即显宗）二道，而世俗之政则分为 ANKKA 与 KILBAR 二道。学界对教法二道没有异议，都认为是显密并重之谓；对王政二道的理解有所不同，但基本上都解释为"和平"与"幸福"（或译"简单"、"稳固"）。但是，"和平"与"幸福"，作为政治术语几乎是同义词，它们何以构成王政之"二道"？

其实，ANKKA 与 KILBAR 这一对术语是解读《白史》内容的两

---

① 中国内蒙古自治区藏有10本，蒙古国5本（包括 Sh. 乔玛新发现的残本），俄罗斯联邦3本。

把钥匙之一,能否正确理解它,关系到能否正确和准确理解《白史》。本章就这一术语略述己见。

二

《白史》首先记载"政教二原则"如何从古印度圣王吗哈撒玛蒂"传到"蒙古成吉思汗及其孙忽必烈皇帝,接下来详细记述了该"二原则"的内容。《白史》写道:"tegüber eng terigün qoyar yosun ni ali bui kemebesü, nom-un törö tarani sudur kiged yirtinčü-yin törö ANKKA KILBAR."意为:"二道者何谓?教法之道者,咒、经也;王政之道,ANKKA、KILBAR 也。"

那么,"ANKKA 与 KILBAR"到底怎么读?怎么理解?首先看看前人研究的成果。

第一次解释"ANKKA 与 KILBAR"的是联邦德国学者萨迦斯特(Klaus Sagaster)。1976 年,萨迦斯特出版了他的名著《白史》(*Die Weisse Geschichte*〔*čaγan teüke*〕: *Eine mongolische Quelle zur Lehre von Beiden Ordnungen Religion und Staat in Tibet und der Mongolei*)。他对蒙古国立图书馆藏《白史》的一种手抄本进行拉丁转写、德文翻译和详细注解,并写了一篇研究导论。萨迦斯特在这本书里,将上引那段话译成德文为:"Was ist nun zuallererst unter den Beiden Ordnungen zu verstehen? Diese Beiden Ordnungen sind die Regeln der Religion, nämlich Dharanis und Sutras, und die Regeln der Welt, nämlich Frieden und Leichtigkeit. (首先怎么理解这两种制度?此两种制度是教法规则,即陀罗尼与经,以及世俗世界之规则,即和平与简单。)"①他把 ANKKA 与 KILBAR 释读为 engke 与 kilbar,并译为 Frieden(和平)和 Leichtigkeit(简单、容易)。

在中国,蒙古族学者们对 ANKKA 与 KILBAR 的理解与萨迦斯

---

① Klaus Sagaster: *Die Weisse Geschichte* (*aan teüke*): *Eine mongolische Quelle zur Lehre von Beiden Ordnungen Religion und Staat in Tibet und der Mongolei*, S.114.

特没有本质区别。首先,整理、注释内蒙古社会科学院图书馆所藏8种《白史》手抄本的留金锁在他的长篇序言中写道:"yirtinčü-yin törö-yin yosun-u ündüsün aγulγ-a bol engke(enke amuγulang)kilbar(jol jirγal)qoyar yosun mün.(世俗政道的基本内容为engke〔和平〕与kilbar〔幸福〕)。"①留金锁把KILBAR仍读成kilbar(简单),根据文义采用了该词的延申义——"舒适",所以最后解释成"幸福"。根据留金锁本子进行研究的内蒙古学者们几乎无一例外地、毫无批判地接受了留金锁的阐释,在历史、文化、哲学等诸领域大谈所谓的古代蒙古"政教二道"。② 1987年,鲍音发表了《〈十善福经白史〉浅译》。这是对留金锁校勘本的粗浅的翻译。他把《白史》的上引文汉译如下:"何谓政教两道欤?即教权之律(咒)、(经),皇权之法(和平)、(幸福)。"③留金锁对《白史》内容的解读对蒙古国的学者们有很大的影响。蒙古国立大学文献学研究者乔玛(Sh. Choimaa)和法制史研究者巴雅尔赛罕(B. Bayarsaikhan)都将世俗政权的"二道"写成了энх хялбар хоёр ёс(和平与简单二道)。④ 乔玛新近发表了一篇《白史》研究的论文,进一步阐述了他的观点,认为ANKKA与KILBAR的更早的形式是ANKKA与CINK,即"和平"与"稳固"。⑤对此下文还要谈及。蒙古科学院著名的哲学研究者珠格杜尔(Ch. Jugdur)在其《蒙古初建封建制度时期的社会、政治与哲学思想》一书中也明确写道:"国家之两大政道和平(enke amuγulang)与幸福

---

① 留金锁整理注释:《十善福白史》,第32页。
② 相关论著请参考别速津高娃编《忽图克台彻辰洪台吉及其〈白史〉相关论文资料索引》,《蒙古文文献与信息研究》,内蒙古文化出版社,2011年,第72—194页(相关论著多达几十部)。
③ 鲍音:《〈十善福经白史〉浅译》,《蒙古学情报与资料》1987年第2期,第45页。
④ 乔玛(Sh. Choimaa)等:《十善法白史》(蒙古国蒙古文),蒙古文献丛书二,2006年,第24页;巴雅尔赛罕(B. Bayarsaikhan):《蒙古政法史(文献)》(蒙古国蒙古文)第一册,2006年,第8页。
⑤ 乔玛(Sh. Choimaa)著,高娃译:《〈十善福经白史〉新发现抄本研究》,张公瑾主编:《民族古籍研究》第一辑,中国社会科学出版社,2012年,第115—125页。(本章参考了原文,个别词句笔者重译,特此说明,下同)

（jol jirγal）。"①

如上所述，《白史》的作者阐述"政教二道"时，将佛法之道分为"咒"与"经"，即密宗和显宗。密宗和显宗是藏传佛教的两个派别，显宗主张公开宣道弘法，以修佛教经典为重，而密宗则重密咒修行，二者虽都是佛教，但是修行的途径有差异。这里重要的是二者的不同。因二者修炼的方法不同，但修佛的本质又同一，所以才构成了佛法的"二道"。那么与之相对应的王法（世俗政权）的"二道"亦应如此。ANKKA 与 KILBAR 必须是路径不同、本质同一的相对立而又相统一的一对"二道"。然而，"和平"与"幸福"（容易、舒适、稳固）则不具备这样的条件。

三

ANKKA 在蒙古语里只能是 engke，其基本词义就是"和平、平安"。KILBAR 这个词，可以转写为 kilbar，也可以转写为 gilber，但其词义截然不同。前者意为"简单"，后者则指"箭簇"。早在 1978 年，蒙古学者比拉（Sh. Bira）在他的名著《蒙古史学史（十三世纪—十七世纪）》中解释"政教二道"时就已写道："宗教政权应该建立在佛经和密咒的基础上，世俗政权则应一方面通过和平职能，另一方面通过暴力职能体现出来。"并指出，kilbar 一词原本指铁质的箭簇，这里用它的转义"暴力"。② 比拉对 KILBAR 的读音有误，不是 kilbar，而是 gilber，其转义也不是"暴力"，而是"坚硬"。但总体上讲，比拉的解释是对的。可惜，他的这一见解没有被东西方蒙古学专家们所接受。

在清代以后，随着蒙古社会的和平与安定，箭簇已不再是常用物，gilber 一词随之变得陌生。但是，在古时候 gilber 却是一个常见词。在蒙古地方还能见到以 gilber 命名的山岩。比如，内蒙古自治

---

① 珠格杜尔：《蒙古初建封建制度时期的社会、政治与哲学思想》（蒙古文），内蒙古人民出版社，1994 年，第 230 页。
② 沙·比拉著，陈弘法译：《蒙古史学史（十三世纪—十七世纪）》，内蒙古教育出版社，1988 年，第 86、258 页。

区赤峰市巴林左旗有一座著名的寺庙就叫 gilber juu（juu 即寺），寺旁有一座小山，山上有奇石，形如箭簇，山因此石得名，寺名又因山而得。张穆撰《蒙古游牧记》也记载了清代昭乌达盟扎鲁特左翼旗北境的一座名叫"吉尔巴尔"的山，①也是 gilber 的音译（吉 = gi，尔 = l,r）。这些地名都很古老。策波勒（Y. Tsebel）著《蒙古语简明词典》收有该词，解释为"套在箭尖的宽铁簇。"②比拉正是引用了该词典。

正如比拉所言，《白史》采用的是 gilber（箭簇）的转义，即"坚硬"。这在《白史》即有旁证。《白史》阐述"政教二道"后，接着列举了政教并重的理想国度中的法王、国主和诸大臣。从理想化的可汗及其大臣们所必备的条件就不难看出，他们在《白史》中的形象都是完全按照 ANKKA 与 KILBAR 这"二道"塑造的。

例一：《白史》首先列举了理想化的四种品性（činar）的可汗。第一种是，转千金轮，不混淆咒与经二法，能够使此二者各行其道，则被称为"至尊转轮可汗"；第二种是，顺治大国，不混淆 engke 与 gilber 二王法，能够使此二者各行其道，则被称为"至贵国主可汗"；第三种是，能够牵来头顶宝瓶的圣象，并不洒地取出宝瓶中的甘露，则被称作"至福天命可汗"；第四种是，在外敌武装入侵、发生战乱时，召集军队，镇抚外敌，则被称作"至威盟主可汗"。

萨迦斯特把第二种可汗的条件译成"den Regeln der Welt, den Beiden Ordnungen Frieden und Leichtkeit, jeder für sich und ohne sie durcheinanderzumengen"（"不混淆和平与简单这两个世俗世界的规则，能够使此二者各行其道"）。③ 鲍音则译为"实施皇权之法以和平、幸福二权旨，清明廉洁施政者。"④实际上，"和平"与"幸福"（"简

---

① 张穆：《蒙古游牧记》卷三"内蒙古昭乌达盟游牧所在·札鲁特"，叶 15a，清同治四年祁氏重刊本。
② 策波勒：《蒙古语简明词典》，乌兰巴托国家出版局，1966 年，第 144 页。
③ Klaus Sagaster: *Die Weisse Geschichte (aan teüke): Eine mongolische Quelle zur Lehre von Beiden Ordnungen Religion und Staat in Tibet und der Mongolei*, S. 118.
④ 鲍音：《〈十善福经白史〉浅译》，《蒙古学情报与资料》1987 年第 2 期，第 45 页。"清明廉洁施政者"云云，完全是无中生有。

第九章 《白史》中的文武二治

单)"并不构成"不能混淆"的对立,译文缺乏逻辑,文意不通。最重要的是第四种可汗的条件。"在外敌武装入侵、发生战乱时"这段话的蒙古文原文为:"γadana-yin jed daisun-u küčün egüsgejü, gilber daisun bolq-a-yin čaγ-tur"。① 其中,gilber,daisun,bolq-a 都是与战争有关,gilber 是"箭簇",转义为"坚硬",daisun 意为"敌人",gilber daisun 就是"强大的敌人",bolq-a 是"厮杀",所以 gilber daisun bolq-a-yin čaγ-tur 应翻译为"发生战乱时"。萨迦斯特误译为:"da der leicht(zu überwindende) Feind sich zum Aufstand rüstet(在〔可以〕容易〔战胜〕的敌人武装暴动时)"。他把 KILBAR 读作 kilbar,并引用海涅什(E. Haenisch)对《蒙古秘史》中出现的 kilbar irgen 的解释,②认为 kilbar daisun 就是"(可以)容易(战胜)的敌人"之意。③鲍音的译文同样是错误的。他译为:"强敌武装侵犯幸福安乐之际"。这是鲍音一直将 KILBAR 误认为是"幸福安乐"之故。

例一说明,推行"政教二道"的理想的汗王要具备四种品性,其中的一些品性属于以文教治理国家的范畴,一些则在以武力保卫国家的范围。

例二:《白史》还列举了在圣人可汗麾下推行王法的重要大臣们。其中最重要的是所谓的 QONCIN 和太师。据《白史》记载,大臣中名列前茅的是 QONCIN。他们也有三种,一种是以佛语教法治理百姓,另一种是以古代圣人之事例与制度教导并约束百姓,最后一种与 gilber 有关。蒙古文原文为:"yeke törö gilber bolqui-yin čaγ-un yosun serel kičiyel-i yeke ulus-a duγulγaju bürün, qari daisun-i arγ-a küčün-iyer daruγulun čidabasu(国家陷入战争时,使大国得以警戒,以武力和方略制服外敌者)"。④ 鲍音将这段话译为:"为使国家幸

---

① 《十善法白史》,内蒙古社科院藏本,叶 5a。
② 海涅什的解释为"一部分容易(占有)的百姓"。正确的译文应为"一部分简单的百姓"。
③ Klaus Sagaster: *Die Weisse Geschichte(aan teüke): Eine mongolische Quelle zur Lehre von Beiden Ordnungen Religion und Staat in Tibet und der Mongolei*, S.119.
④ 《十善法白史》,内蒙古社科院藏本,叶 5b。

福安乐教化民众,时刻警惕不忽,强敌进犯之际,能战而制胜者。"因为他把 gilber 理解成"幸福安乐",所以将"国家陷入战争时"这段话随心所欲地译成了"为使国家幸福安乐教化民众",强加了原文所没有的内容。萨迦斯特译为:"Wer dem grossen Staate des graugelben Mančin die Ordnung einer Zeit vermittelt, in der die Grosse Regirung leicht wird, und wer die feindlichen Vasallen mit List und Macht schwäht(在大国变得容易时,能够给灰黄色的曼秦大国传达规则,并能够以计谋和武力压服外敌)"。萨迦斯特译文的问题仍在于混淆 gilber 与 kilbar,而且他把表示"警戒"的 SARAL MANJIL① 推定为一个民族或部落。

总之,QONCIN 大臣的职责在于,一方面以教化经纶和古代圣人之制温顺地治理国家,另一方面则要以武力保卫家园。

例三:在 QONCIN 之后,《白史》还列举了推行王法的重要大臣太师。太师有四类:第一类是,使众生领悟万物无恒之理,以经、咒二法治理国家;第二类是,敬教爱国,忠君爱民;第三类是,心记治国之道,远交友邦,法令严明,执法公正;第四类是,"kerbe gilber bolqalalduqui čaγ boluγsan-dur qari daisun-i arγa küčün-iyer daruju bürün: öber-ün čerig-i jer jebe-ber masida biγgleged(bekileged), serel kičiyel-i qojidaγulul ügei sedübesü, ködelküi ulus-i sakiqui-yin degedü üileči tayisi kemeyü(战乱时,以计谋与武力制胜外敌,以器械武装好自己的军队,不使警戒迟误,则被称作"守护大国之至高司军太师")"。② 这里的 gilber bolqalalduqui čaγ 意为"战乱时",gilber 的词义还是与武力相关。

综观四太师之职能,前三个属于文职,而最后一个则属于武装保卫国家。

---

① 原文写作 SARAL MANJIL。SARAL 应读作 serel,意为"警觉、感觉";MANJIL 在有些抄本中还写成了 MANJIN。据乔玛研究,MANJIL 是一个古词,意为"戒备"(参见乔玛〔Sh. Choimaa〕著,高娃译《〈十善福经白史〉新发现抄本研究》,张公瑾主编:《民族古籍研究》第一辑,中国社会科学出版社,2012 年,第 121 页)。
② 《十善法白史》,内蒙古社科院藏本,叶 6a。

第九章 《白史》中的文武二治

例四：《白史》接着还罗列了理想化的可汗的"三大事业"、"四大国政"等等。其所谓的"四大国政"是："dörben yeke törö anu ali bui kemebesü, nigedüger yeke kölgen-ü yosun amuγulang-un törö, qoyaduγar niγuča kölgen-ü yosun jiq-a törö, γudaγar qaγan-u bariγči engke törö, dödüger tüsimed-ün bariqui dayičing törö kiged buyu（何谓四大国政？一曰大乘之法平和之政；二曰密乘之法刚强之政；三曰可汗执掌之太平之政；四曰人臣执掌之勇武之政）"。① 最后的"勇武之政"的"勇武"，蒙古文为 daičing，直译为"战斗的"（萨迦斯特音译为"岱青之政"。鲍音则译为"清明廉洁之权"，译文与原文风马牛不相及）。《白史》的这段内容与前文重复，可视为对"政教二道"的进一步解释。在这里，作者用 daičing 来替换 gilber，足见 gilber 这个词具有的"战斗性"。

通过以上诸多例子可以看出，gilber 的基本意思就是"坚硬、刚硬"。在这个意义上，该词与蒙古语的形容词 qataγu（硬）基本雷同。蒙古语中有 qataγu jil（凶年）、qataγu jasaγ（暴政）、qataγu sedkil（坚强的心）等等。

四

最后，看看甘丹寺手抄本和乔玛新发现抄本中替换 gilber 的另外两个词。

蒙古国乌兰巴托市甘丹寺所藏《白史》的手抄本是《白史》较好的手抄本之一，该抄写有二处把 gilber 改写为另外一个词。但是，第一次出现时字迹不很清晰，第二次则和前面的词连写了。② 甘丹寺手抄本的研究者巴勒丹扎颇娃（P. B. Baldanjapowa）一次将其转写为 jini，一次转写成 jin-a。她认为，jini 可能来自突厥语的 jiγi，意为

---

① 《十善法白史》，内蒙古社科院藏本，叶 6b。
② *Erte boγdas-un yabudal-un yamun-u čaγan teüke kemekü yeke erketü kölgen sudur ene bulai*，叶 5b、叶 7a，见巴勒丹扎颇娃《查干图克——白史》所附影印件，2001 年。

165

"哭泣、大哭"。① 笔者不赞同巴勒丹扎颇娃的见解。蒙古国学者 Sh. 乔玛新发现了《白史》的又一个手抄本,虽然是残本,但抄写年代较早,而且和甘丹寺本同源。② 在这个本子里,在甘丹寺本上替换 gilber 的那个词,两次都清楚地写成为 CINK,即 čing。据此,在甘丹寺本上显得有些像 CINI 的那个词肯定是 CINK 的误抄,因为在旧蒙古文里两者形近,如把 CINK 的尾部拉得不长,完全与 CINI 相同。但是,巴勒丹扎颇娃读成 jin-a 的那个词,与前一个单词连写,书写形式颇像 ANKKACIN-A(engkejin-a)。显然,这个词不是 CINK 的误抄,也不是 CIN-A,而是另外一个词。笔者认为,这是 CIQ-A 的笔误(在蒙古文中,词尾的 q-a 与 n-a 形近,故有人把它读成了 JIN-A)。那么,何为 CINK(čing)? 又何为 CIQ-A(jiq-a)?

关于 čing 一词,乔玛引用13—14世纪蒙古文文献,认为 čing 的本意为 bat(batu,牢固);又利用13—17世纪问世的藏文《萨迦格言》的各种蒙古文译本的例子,指出藏文的 brtan(牢固)早期被译为"čing",后来被译为"bat(batu 牢固)、tovshin(töbsin 平安)、togtuun(toγtuγun 安稳)"。乔玛认为,《白史》中 čing 的词义为"bat behi(batu beki 坚固、牢固)"、"togtuun toshin(toγtuγun töbsin 安稳)",因而他认定,《白史》中的 engke čing 就等于 engh bat(engke batu"和平"与"牢固")。③

乔玛的问题在于,他没有注意分清那些词的本义和转义。čing 的本意是"坚硬",而"稳"、"固"、"诚"等是其引申义。波斯史家拉施特记载,成吉思汗这个称号的"成"(čing)就是"强大、坚强"的意思,"吉思"是该词的复数形式。④ 学者们早已指出,蒙古人古老萨满诗句中有对火的赞扬语称:"čing člaγun eketü činggis temür

---

① 巴勒丹扎颇娃:《查干图克——白史》,第95页。
② 参见乔玛(Sh. Choimaa)著,高娃译:《〈十善福经白史〉新发现抄本研究》,第116页。
③ 乔玛(Sh. Choimaa)著,高娃译:《〈十善福经白史〉新发现抄本研究》,第118—123页。
④ 拉施特著,余大钧、周建奇译:《史集》第一卷第二分册,商务印书馆,1983年,第208页。

ečigetü(坚硬的石头为母,坚实的铁为父)",其中的 čing 和 činggis 都是"坚硬"之意。元朝 1338 年所立竹温台碑文中有 čing joriq qairan(=iγaran) beyeben ariqun-a sakiju saqun ajiqai(以刚强的意志坚守贞操)之句,①在《华夷译语(甲本)》中有 altan čilaqun metü čing čikiraq ese bolbasu(若非金石般硬实)。② 在第一个例子中,čing joriq 等于 qataxu joriq(直译:刚硬的意志),而在第二个例子中的 čing čikiraq 等于 qataxu čikiraq(硬实),都以"坚硬"之本义出现。该两个例子乔玛都曾引用过,但他都以其转义释为 bat(batu 坚固)。其实,čing 在古代蒙古语③里经常同时以其本义(坚硬)和转义(固、诚)使用,比如在 1362 年所立追封西宁王忻都碑中就有 čing ünen(真诚)④之例。在近代蒙古语里,čing 统统演变成了"真诚"之意,正是在"坚硬"的语义上发展而来。《白史》的抄写者把 gilber 替换为 čing,正说明它们都是"坚硬"的同义词。

那么什么是 jiq-a?前引文中出现过"niγuča kölgen-ü yosun jiq-a törö",即"密乘之法 jiq-a 之政",与"大乘之法 amuγulang(平和)之政"相对应。jiq-a 在《白史》中还有"qaγan-u sedkil metü jiq-a törö(像可汗心一样的 jiq-a 之政)"这样的表述。作为 amuγulang(平和)和 engke(平安)这些"柔"的对立面,jiq-a 毫无疑问必须包含"刚"的语义。

笔者在 1432 年刊印的《诸佛菩萨妙相名号经咒》一书中,发现了几处用 jiq-a 的例子。一处见于《二十一救度母礼赞经》的"安稳柔善母赞"中:蒙古文为"jiq-a ünen suwaq-a oom üsüg-iyer",相应的藏文为"swva hva om dang yang dag ldan ma",汉文作"莎诃善哉具真实"。⑤ 藏文的 yang dag 当"真"讲,就是汉文文本中的"真实",与

---

① 道布整理、注释:《回鹘体蒙古文文献汇编》,民族出版社,1983 年,第 285 页。
② 《华夷译语》(甲种本),"诏阿札失里"。
③ 有称"中世纪蒙古语"者,此用亦邻真先生说。
④ 参见亦邻真著,齐木德道尔吉、乌云毕力格、宝音德力根编:《亦邻真蒙古学文集》,内蒙古人民出版社,2001 年,第 660 页。
⑤ 熊文彬、郑堆:《诸佛菩萨妙相名号经咒》,中国藏学出版社,2011 年,第 109 页。

之相对应的蒙古文正是 jiq-a。另一处见于"具三真实母赞"中,蒙古文为"amurliqsan küčün jiq-a büküi-tei",藏文作"zhi bavi mthu dang yang dag ldan ma",汉文为"善静威力皆具足"。①藏文的 zhi bavi mthu 意为"静的力量",dang ……ldan ma 相当于蒙古语的 büküi-tei(具有的),所以 jiq-a 仍与 yang dag 对应(真实)。汉文文本没有译出这个词。此外还见于《念诵〈二十一救度母礼赞经〉功德》一篇中,蒙古文为"ökin tngri-dur jiq-a büsirelden",藏文为"lha mo la gus yang dag ldan bas",汉文作"救度尊处诚信礼"。②藏文的 lha mo la 意为"向天母(此处指救度母——笔者)",就是蒙古语的 ökin tngri-dur。gus 意为"恭敬、诚敬",与蒙古文的 büsirelden 同义。yang dag ldan bas(以真实,以诚实)等于蒙古语的 jiq-a,汉文译为"诚"。如此看来,jiq-a 这个词与藏文的 yang dag 和汉语的"真诚"意思相近。

那么,含有"真诚"之意的 jiq-a 为什么成为"柔"的反义词? 该词的这个用法与前面提到的 čing 的用法完全相同。Jiq-a 的本义也是"坚硬",引申义为"诚"。但是,在《白史》中的 jiq-a törö 则取该词本义,即"强硬之政",与 engke törö(平和之政)相对应。

《白史》中 gilber 和 čing、jiq-a 通用,可见:第一,当时蒙古文人还很熟悉 gilber 的语义,但因该词与"kilbar(简单)"同形,为了避免误会,人们用其他同义词代替了它;二,这又反证,gilber 的意思就是"坚硬",而不是"简单"。把"坚硬"当作"简单",不过是自己考虑得过于简单罢了。

最后,关于《白史》engke(和平)与 gilber(坚硬)这对概念的来历做一推测。《白史》不是忽必烈撰写的元代蒙古文献,它是在西藏"伏藏"理论和实践的启发下,鄂尔多斯万户贵族切尽黄台吉(Qutuqtai sečcen qong taiji)在安多和康区藏人高僧的帮助下,为建立"政教并重"的神权国家而托古人之名编纂的"伏藏"式的文献。它的不少概念是从藏文典籍中编译的。藏文里有 Zhi ba dang drag

---

① 熊文彬、郑堆:《诸佛菩萨妙相名号经咒》,中国藏学出版社,2011 年,第 115 页。
② 同上,第 117、123 页。

povi las 这样说法,意为"文事武功"。engke 与 gilber 可能就是藏文的 zhi drag 翻译而来。在藏文文献中有 zhi drag 这个概念,旧译"静猛"。Zhi ba 是"温和、和平、静"之意,正相当于蒙古语的 engke;而 drag po 是"威猛、凶恶、强暴"之意,蒙古语可以译为"čing、jiq-a"等。但是《白史》证明,蒙古语最初译 drag 为 gilber,这或许说明,原本意为"箭簇"的 gilber 这个名词在明代中后期可能已经作为含有"坚硬、威猛"之意的形容词常用了。

五

最后是本章的简短的结论。根据上文分析,《白史》所谓"政教二道"的四法是教法之道分经与咒,王道之法分 engke 与 gilber(čing、jiq-a)。其中,engke 本义虽然是"和平",但是指以佛陀教法和古代圣人之制顺治国家之原则,在汉语语境中应译为"文";gilber(čing、jiq-a)是"坚硬、强硬"之意,指的是"武"。所以,《白史》所云王道者,就是古代中原王朝所谓"文武二治"也。这应该是毫无疑问的。

顺便说一下,吐蕃古藏文文献中尚不见所谓"文武之道"这个概念,也不见相应的 zhi drag 这个术语,它似乎是晚近的藏文藏语。这个新术语的来源,很可能就是关于寂静和勇猛诸神的说法,也就是说,把藏传佛教的静猛二神的术语用在了世俗的文武之道上了,而且这大致是在西藏更多受到中原王朝影响的元代以后。笔者认为,蒙古语译成 engke gilber 的治世之道,虽然译自藏文的 zhi drag(如果确实如此),①但追溯到源头,藏文本身可能也是来自中原王朝的"文武二治"。当然,这还是一个推测,有待进一步研究。

---

① 译自汉文的蒙古语为 bičig čerig-ün erdem(直译为:书与兵之道)。

第十章 "五色四藩"的来源及其内涵

迄今为止发现的蒙古文文献中,最早在《十善法白史》①(以下简称《白史》)中第一次提到了一个历史术语——tabun öngge dörben qari。此后,在蒙古文献中该术语屡见不鲜。在汉文著述中,它一般被译为"五色四夷"(笔者译为"五色四藩",其理由见下文),被认为意指蒙元帝国所统治的全体民众。

蒙古学界很早有人注意到并探讨其所指。但是,所谓的"五色四藩"来源如何?为什么是"五色"和"四藩"?它指什么?有何文化内涵?源自何时?这些问题一直没有得到圆满解决。因为对这些问题的探讨有助于了解蒙藏民族文化交流和交融,也有助于推进蒙古文化史一些领域的研究,所以本章就以上几个问题展开讨论,提出自己的见解。

一、《白史》中的两种"五色四藩"

"五色四藩"始见于《十善法白史》。该书提到,忽必烈建立政教四大政治后,"遂向五色四藩大国颁布圣旨曰……",②"在五色四藩大国里,十户长、五十户长、百户长、千户长、万户长、万万户长等,各管辖其兀鲁思与爱玛"。接着,《白史》正文中提到,忽必烈薛禅皇帝向"居中之所有众生之尊大蒙古(yeke mongγol),东方之莎郎合思(solongγos)与必贴衮(bitegün),南方之汉儿(kitad)与奇列惕(keliyed),西方之巴勒布(balbu)与撒儿塔兀勒(sartaγul),北方之大

---

① 关于《十善法白史》请参考乌云毕力格《十六世纪蒙古"浑臣"考》,《内蒙古大学学报》(哲学社会科学版)2012年第6期;《王政者,文武二治也——释〈白史〉中的ANKKA与KILBAR(ČINK、IIQ-A)》,《西域历史语言研究集刊》第六辑,科学出版社,2013年。
② 《十善法白史》,内蒙古社科院藏本,叶3a。

第十章 "五色四藩"的来源及其内涵

食(dasig)与吐蕃(tübed),向此五色四藩九大国(tabun öngge dörben qari yisün yeke ulus)威严宣布。"①但是,在《白史》结尾部分,也即跋文里又如是讲:"长生天的气力里,大福荫的庇护里,成吉思汗的恩泽里,五色四藩大国,即东方之白色莎郎合思、速而不思(surbus),南方黄色撒儿塔兀勒、兀儿土惕(urtuγud),西方红色汉儿与南家子(nanggiyad),北方黑色吐蕃与唐兀惕(tangγud),东北必贴衮(bitegün),东南巴勒布,西南奇列惕,西北大食,中央之四十万青色蒙古与瓦剌(töčin tümen köke mongγol oyirad kiged)……"②

这是《白史》对"五色四藩"的前后不一致的两种解释。依第一种说法,以大蒙古为中心,以四面的八大民族为藩属,总称"五色四藩九大国"。再据第二种解释,以青色的蒙古和瓦剌为中心,四面环绕白、黄、红、黑四色的八大民族,再加上四个偏方的不分颜色的四个民族共称"五色四藩"。

为什么同一部书里的"五色四藩"如此不一致呢?在第一种说法中,只有中心和周边之别,不以颜色区分各族,③而各族数的总和为"九大国",可称之为"一个中心四边八族格局";在第二种说法中,则中心与周边分成五个不同的颜色,民族数从"九大国"变成了"十三国",以"五色四藩"概括。值得注意的是,无论在哪一种说法里,所提到的周边民族的位置与他们同蒙古的实际地理方位关系有偏差,甚至严重不符。据此,我们可以看出以下几点:首先,最初蒙古并无"五色四藩"的抽象概念,各民族只有中心和周边之分;其次,起初中心与周边并不以颜色区分,五色区分法是后人所作;再次,《白史》的"五色四藩"是一个抽象概念,指代多民族,因此被提及的具体民族、具体方位和具体数字都与现实不符。概言之,"五色四藩"的概念是《白史》作者在某种特殊文化现象的影响下,将原有的中心与周边之说替换成了"五色四藩"。

《白史》中的第一个"五色四藩",可以总结为"一个中心四边八族

---

① 《十善法白史》,内蒙古社科院藏本,叶7b。
② 同上,叶13a。
③ 此处也概括成"五色四藩九大国",但具体内容里并未分五色,可以看出"五色"一词显然是作者用后面的概念赘述的。

格局",而第二个"五色四藩"才是真正意义上的"五色四藩"概念。查阅藏文资料发现,蒙古人的"一个中心四边八族格局"其实来自西藏。这种叙述模式在西藏大概萌芽于《红史》中,在《汉藏史集》中趋于完善,而其思想根源则是佛教"器世间"(物质世界)观念。①

佛教经典《阿毗达磨俱舍论》讲,宇宙的中心为须弥山,而须弥山周围有四大洲,四大洲的两边各有二中洲。这样的宇宙观直接影响了古代西藏人对自己和周边世界的认识,进而在他们的史学中得到了反映。在藏文史书中,记载松赞干布时期吐蕃繁荣景象时,往往以吐蕃为中心,提及其周边各族(国)。比如,藏文典籍《红史》(1363年成书)记载,松赞干布弘扬佛法,并委派吞米桑布扎创造文字,为吐蕃臣民制定"十善法"(dge ba bcu'i khrims),并划分行政区,"将南面的珞与门(blo dang mon)、西面的象雄(zhang zhung)、北面的突厥(hor)、东面草地居民(rtsa mi)和森林居民(shing mi)收归之下。"②这里虽然没有完美地勾勒出"一个中心四边八族格局",但已经有其雏形。其后,《汉藏史集》(1434年成书)记载瞻部洲中心和边缘时写道:"东部有汉地(rgya nag)、契丹(khri brtan),南部有印度(rgya gar)、克什米尔(kha che),西部有大第(stag sde)、食彭(gzig 'phan),北部有冲木(khrom)、格萨尔(ge sar),中心为雪山环绕之吐蕃,共九个部分。"③再到后来,《贤者喜宴》(1564年成书)记

---

① 蒙古人了解和接受佛教器世间说是在元代。八思巴喇嘛著《彰所知论》,阐述佛教所说的以须弥山为中心的器世间构成,专门为元朝皇家子弟讲授。但是,从迄今为止发现的资料来看,该学说并没有影响蒙古人对世界各民族分布的认识。蒙元时期的蒙古人"认为太阳依次照到的地方即为整个世界"。"具体反映为一种概念性的说法,即从东方日出之地至日落之地为止的区域"(乌兰:《蒙古文历史文献中涉及"国"及其相关概念的一些表述方法》,《民族研究》2016年第2期),即一种世界的线性分布,而不是环形分布。蒙古人的以自己为中心、各民族环绕其周围的世界分布构想不是在《彰所知论》的启迪下直接形成的,而是直接从西藏传入的。
② Tshal pa si tu kun dga' rdo rje, *Deb ther dmar po*, Pe cin 1981, Mi rigs dpe skrung khang, pp. 35–36. 译文见蔡巴·贡噶多吉著,东嘎·洛桑赤列校注,陈庆英、周闰年译《红史》,西藏人民出版社,1988年,第32页。
③ Stag tshang po dpal 'byor bzang po, *Rgya bod yig tshang chen mo*, Khreng tu'u 1985, Si khron mi rigs dpe skrun khang, p.10. 译文见达仓宗巴·班觉桑著,陈庆英译《汉藏史集》(原名《贤者喜乐瞻部洲明鉴》),西藏人民出版社,第11页。

第十章 "五色四藩"的来源及其内涵

载:松赞干布时期,"自东方汉地(rgya)及木雅(mi nyag)获得工艺及历算之书。自南方天竺(dkar po'i rgya gar)翻译了诸种佛经。自西方之胡部(sog po)、泥婆罗(bal po),打开了享有食物财宝的库藏。自北方霍尔(hor)、回纥(yu gur)取得了法律及事业之楷模。"此时,"东方之咱米(rtsa mi)、兴米(shing mi)、①南方之珞(klo)与门(mon)、西方之象雄(zhang zhung)及突厥(gru gu)、北方之霍尔(hor)及回纥(yu gur)等均被收为属民。"②

如果我们注意考察《白史》所载蒙古周围的八大民族,就会发现,其中的"必贴衮"、"奇列惕"、"大食"等民族在蒙元时期或并不知名,或未曾与蒙古接触过。德国学者萨迦斯特将"必贴衮"比对为蒙古乃蛮部或汉语的"北狄",而将"奇列惕"视为克列亦惕部,③但没有文献根据。另外,被提及的"大食",在汉语里指唐宋时期的阿拉伯人国家及伊朗语地区伊斯兰教国家。在藏文文献中经常提到大食(Ta zig, Stag gzig),指的是吐蕃时期的阿拉伯人。蒙古帝国虽西征阿拉伯、波斯地区,但当时那里的伊斯兰教国家不再被称为大食,因此蒙元时期的蒙古人一般用"撒儿塔兀勒"(sartaḥul)称呼这里的伊斯兰国家,④而未曾用过 dashig(大食)之称。如此看来,《白

---

① 即陈庆英前引文所译"草地居民和森林居民"。
② Gtsug lag 'phreng ba, *Chos 'byung mkhas pa' i dga' ston*, Pe cin 1986, Mi rigs dpe skrun khang, pp. 184, 194;巴卧·祖拉陈瓦著,黄颢、周闰年译注:《贤者喜宴——吐蕃史译注》,中央民族大学出版社,2010 年,第 30、53 页。
③ Klaus Sagaster, *Die weisse Geschichte: Eine mongolische Quelle zur Lehre von den beiden Ordnungen Religion und Staat in Tibet und der Mongolei*, pp. 305 -307.
④ 现存最早畏吾体蒙古文碑文"移相哥石碑"中称,成吉思汗远征"sartahul irgen(萨儿塔兀勒百姓)"(见 Dobu: *Uyiγurjin mongγol bicig-un durasqal-uud. ündün-ü keblel-ün qoriy-a*, 1983. 道布整理、转写、注释:《回鹘式蒙古文文献汇编》,民族出版社影印件,1983 年,第 3 页),指的是远征花剌子模。但 Sartahul 不是花剌子模的蒙古语专名,而是泛指伊斯兰国家。《元朝秘史》对 sartahul 的旁译为"回回"(四部丛刊三编本,第 11 节)。还有,元代西宁王忻都碑中有 sartaqčin ayan 一词,仍指成吉思汗对伊斯兰地区的西征(见 Dobu: *Uyiγurjin mongγol bicig-un durasqal-uud. ündün-ü keblel-ün qoriy-a*, 1983. 道布整理、转写、注释:《回鹘式蒙古文文献汇编》,第 348 页第 6 行)。

史》所讲的蒙古周边民族,只是模仿藏文史籍记载,在中心周围每一方配齐两个民族,凑数"九大国"。显然,《白史》的这种做法完全是对 15 世纪以后藏文典籍的照葫芦画瓢。

我们注意到,《白史》作者将蒙古及其周围的诸民族一直称为"五色四藩",但并不标注颜色,而只在跋文里将各民族的颜色加以指明。从中不难看出,蒙古史家首先从藏文史籍里引入了"一个中心四边八族格局"的记载模式,而后又根据作者生活时代的佛教文化中的特殊现象将其加以发展,出现了真正意义上的"五色四藩"。这个特殊现象就是 16 世纪当时在蒙古传播的密宗曼陀罗文化,对这个问题下文将做详细论证。

二、17 世纪以降蒙古文献对"五色四藩"的解说

到清代,蒙古史家们对"五色国"、"五色四藩"等概念已不很了解,于是按各自的理解,根据各自的历史知识,诠释"五色四藩",因此产生的说法可谓五花八门,不一而足,这里就几部重要文献的说法进行简单介绍。

佚名《俺答汗传》(1611)、佚名《黄金史》(17 世纪初)、萨冈彻辰《蒙古源流》(1662)、善巴《阿萨喇克其史》(1679)等蒙古文史书只提到"五色国"这个术语,但未做进一步解释。

对"五色四藩"的诠释,似始于佚名《大黄史》(17 世纪中叶)。该书记载,"吐蕃金座王有十个儿子,其年长五子未给其年幼五弟分家产,故其年幼五子出走,成为五色国。孛儿帖赤那成为青色蒙古氏,另一子成为白色莎郎合惕(氏),另一子成为黄色撒儿塔兀勒(氏),另一子成为红色汉儿(氏),另一子则成为黑色唐兀惕(氏)。所谓四藩,即此五(氏)之四为另一(氏)之藩。"①

---

① Sampildondovyn Chuluun, Shaddarsurengiin Tserendoo sudalsan: *Erten-ü mongɣol-un qad-un ündüsün-ü yeke sir-a tuɣuji*, Ulaanbaatar, 2012, pp. 133 - 134, Text: 31b,32a.

第十章 "五色四藩"的来源及其内涵

罗卜藏丹津《黄金史》(18 世纪初)载:"在蒙古,福荫具足的圣成吉思汗征服五色大国。南方汉儿之阿骨打金(朝)汗,西方吐蕃之失都儿忽汗,北方撒儿塔兀勒之速勒坦汗与篾力,东方莎郎合惕之不合察罕汗,是为四方之四藩。"①

滚布扎卜《恒河之流》(1725)载:"所谓五色五(四之误——笔者)夷②者,有史书中称,青色蒙古、红色汉儿、黑色吐蕃、黄色撒儿塔兀勒、白色莎郎合惕云云。此为五色。因语出蒙古,故其余四(色)为(蒙古之)外夷。亦有书云五色如前,而四夷者谓独脚人樽地国、女儿国、胸目人国、狗头国也。此等虽为书中所载,但彼等百姓皆为归化圣人文化之官人,何故如此以色区分、以夷称之,仍不明白。"③

答里麻《金轮千辐》(1739)记载:"圣成吉思汗承天奉运占据瞻部洲东方十二汗之国,建立九行省、五色四夷:中央为七十二爱玛四十余万蒙古中央大省;东方诸爱玛百姓为白色莎郎合思、奇鲁科惕二行省;南方诸爱玛兀鲁思为红色汉儿、必贴古惕二行省;西方诸爱玛兀鲁思为黑色唐兀惕、大食二行省;北方诸爱玛兀鲁思为黄色撒儿塔兀勒、土客木黑(即托克马克——笔者)二行省,合而九行省。五色即此五色……四夷者,有人云,外行省之四色兀鲁思需向中央兀鲁思纳贡,接受其文教、谕旨、律令,外来而内奉文法,故称之为外夷;有人云,(成吉思汗)赐予四弟及四子以忽必(家产——译者),下旨令彼等自理其国,故称之为内四藩;亦有人云,独脚国、女儿国、胸目人国或无头人国、狗头国或人妇狗夫国,抑或骑兔子大小马之胳膊大小人国,彼等为异类人种,非亲情之国,故称之为外夷,云云。"④

---

① Lubsandanjin zohioson, Sharvyn Choimaa sudalsan: *Erten-ü qaad-un ündüsülügsen törü yoson-u jokiyal-i tobčilan quriyaγsan altan tobči kemegdekü orusibai*, Ulaanbaatar, 2011, pp. 712 – 713, Text: 130ab.
② 滚布扎卜理解该词为"夷"。
③ Gümbüjab jokiyaju, Choyiji qaričaγulun tayilaburilaγsan: *Gangγ-a-yin urusqal*, öbür mongγol-un arad-un keblel-ün qoriy-a(即后揭衮布扎卜著,乔吉校注:《恒河之流》,内蒙古人民出版社),1980, pp. 167 – 168.
④ Dharma jukiyaju, Choyiji tayilaburilaγsan: *Altan kürdün mingγan kegesütü*, öbür mongγol-un arad-un keblel-ün qoriy-a(即前揭答里麻著,乔吉校注:《金轮千辐》,内蒙古人民出版社),1987, p. 306.

喇西朋楚克《水晶数珠》载:"圣成吉思汗之五色者,中央大国为青色,东方为白色,南方为红色,西方为黑色,北方为黄色,此五部之纛旗颜色皆随各自之色。四夷者,东方之白色莎郎合思国,南方之红色汉儿国,西方之黑色唐兀惕国,北方之撒儿塔兀勒国。亦有作(成吉思汗)四弟之封国为内四藩者。"①

噶勒丹在《宝贝念珠》(1841)中记载:"五色为青色蒙古,红色汉儿,黑色吐蕃,黄色撒儿塔兀勒,白色莎郎合思。四夷为水夫女儿、东省、胸目、狗头四者。"②

津巴多尔济《水晶鉴》(1849)载:"从成吉思汗到这位薛禅皇帝所征服的国家有:青色蒙古四百万余户、红色汉儿、黑色吐蕃、黄色萨儿塔兀勒、白色莎郎合思等五色国和狗头、胸目、乌萨、准噶尔卒客迪等四夷,以及道貌、服饰各异的人类七十二种。"③

可见,18世纪以降,蒙古人对"五色四藩"这个术语越来越生疏了,但他们都试图做阐释。对"五色"的解释各家虽有一定分歧,但基本遵循了《白史》的说法,即以青色蒙古为中心,四周分布白色莎郎合思(即高丽)、红色汉儿、黄色撒儿塔兀勒(即回族)和黑色吐蕃。但是各家对"四藩"的解释比较不一致,将蒙古语的 qari 一词或理解为"藩属",或理解为"外夷",由此产生了三种说法:一是周边四色为中央青色之藩或夷之说;二是成吉思汗四子与四弟之兀鲁思为四藩之说;三为形态各异的独脚人国等外夷说。至于第三种说法,乔吉认为,这是清代蒙古文人利用元代周致中所著《异域志》等汉文文献中的各种离奇古怪的远方人类记载的结果。④ 鉴于以上史书大部分出自僧人之手的事实,第三种说法的最

---

① Rasipungsuγ jokiyaju, Kökeündür tayilaburilaγsan: Bolor Erike, öbür mongγol-un arad-un keblel-ün qoriy-a(即前揭喇西明楚克:《水晶数珠》,内蒙古人民出版社),1985,p.137.
② Galdan Tusalaγči: Erdeni-yin erike kemekü teüke bulai, Transcription by J. Gerelbadrakh, Edited by Yo. Janchiv, Ulaanbaatar 2007, pp.65b, 66a.
③ Jimbadorji jokiyaju, Liu Jinsuo tayilaburilaγsan: Bolor Toli, öbür mongγol-un arad-un keblel-ün qoriy-a, 1987, pp. 439-440.
④ Dharma jukiyaju, Choyiji tayilaburilaγsan: Altan kürdün mingγan kegesütü, p.86.

初的史料来源更有可能是藏文的《汉藏史集》。①

三、蒙古史家与中外学者对"五色四藩"术语起源的解释

根据以上介绍,所谓的"五色四藩"泛指蒙古统治下的诸民族和人民,这是显而易见的。但是,蒙古人为什么造出这样一个新术语来指代他们呢?它的来历和文化意趣又是什么呢?它说明了什么问题?

清代蒙古文人史家们曾试图对此术语的渊源做出合理的解释,因此形成了几种不同的说法:

其一,滚布扎卜在《恒河之流》一书中首先解释"五色四藩",根据成吉思汗问道于长春真人和窝阔台可罕与薛禅皇帝以降蒙古统治者奉行汉法之史实,认为"五色似指以宫商角徵羽五行涵盖五个种姓的中部诸国家与百姓,而四夷则是位于中国四周、纳贡受封的诸外国之总称,汉语现有之'四夷'之蒙古语译语。"②滚布扎卜是将 dörben qari 译成"四夷"的创始者。

其二,答里麻在他的《金轮千辐》中解释五色时写道:"物质存在之道在于五行,故概括于空、风、火、水、土之本质而命名者。"对于"四夷",则引述了历史上不同的说法,未提出己见。③

其三,乌拉特蒙古莫尔根庙(今包头市梅力更庙)葛根(活佛)罗

---

① 《汉藏史集》述及瞻部洲大小十三国时,指出印度、汉地、大食、冲木格萨尔和吐蕃外,还记载了"非人"统治下的八国:廓克拉粘胸之国、铁让独眼之国、杰琶种姓卑贱之国、索波猿臂之国、嘉莫狗夫之国、大耳朵驴国、策策山羊头之国、祖达独脚之国(Stag tshang po dpal'byor bzang po, *Rgya bod yig tshang chen mo*, Khreng tu'u, Si khron mi rigs dpe skrun khang, 1985, p.11. 译文见:达仓宗巴·班觉桑著,陈庆英译《汉藏史集》,西藏人民出版社,1986年,第12页)。
② Gümbüjab jokiyaju, Choyiji qaričaγulun tayilaburilaγsan: *Gangγ-a-yin urusqal*, pp.169-170.
③ Dharma jukiyaju, Choyiji tayilaburilaγsan: *Altan kürdün mingγan kegesütü*, pp.306-307.

布藏丹毕坚赞在其《黄金史》(18世纪中叶)中对"五色四藩"做了如下注释:"五性者,仁义礼智信,称之为'五色四夷(作者仍把 qari 一词理解为外夷——笔者)'。大而言之,为宇宙之成规。小而言之,个体之属性。就朝政而言,是文韬武略之学;对教法而言,经与陀罗尼(即显宗与密宗——译者)之学。为何称之为'五色四夷'?仁者,柔性,木行;义者,刚性,金行;礼者,热性,火行;智者,寒性,水行。刚柔相对,寒热相对,仁义相称,礼智相称,形成阴阳,故为'四夷'。信者,土性,普遍无分别,非夷,无夷,非众,非一。与之(即'四夷'——译者)相合,故为'五色'。禁杀生者,谓仁。不予不取,谓义。不邪淫,谓礼。忌醉酒,谓智。不妄语,谓信。仁者,平等性智。义者,成所作智。礼者,大圆镜智。智者,妙观察智。信者,法界体性智。此等亦可谓经与陀罗尼之学。"①

其四,噶勒丹在《宝贝念珠》(1841)中解释蒙古为什么是青色蒙古时写道:"称青色者,因为成吉思汗为青色金刚持之化身,故有青色蒙古之名。"②

前两种意见,或着眼于中原的"五音"和"五行",或根据中原政治文化中的"中华"与"四夷"之别,虽然勉强与"五色四夷"的"五"和"四"两个数字相对应,但缺乏根据,过于牵强,不能令人信服。但是,莫尔根葛根的见解不能不引起我们的高度重视。他把儒家的"五常"和"五行"及佛教的"五恶"、"五毒"和"五智"联系起来解释"五色",并根据"五行说"中土为中性而且居中的说法,解释"四夷"为土行以外的四行。因此,在莫尔根葛根看来,"五色四夷"实际上就是"五行",也是"五智"。他还认为,这在政治上体现了刚柔结合的文武二道,而在教法方面则体现了咒(陀罗尼)与经相结合的显密二宗。而噶勒丹虽然仅仅对蒙古以青色自居的原因做出解释,而不涉及其他四色,但此说仍具有重要意义。结合笔者对此问题的观察研究,莫尔根葛根和噶勒丹见解的一些方面可以说一针见血,帮助

---

① Lobsangdambijalsan, *Altan tobči*, öbür mongɣol-un suyul-un keblel-ün qoriy-a, 1998, pp. 91 - 92.
② Galdan Tusalaɣči: *Erdeni-yin erike kemekü teüke bulai*, Transcription by J. Gerelbadrakh, Edited by Yo. Janchiv, p. 58a.

第十章 "五色四藩"的来源及其内涵

我们更加清晰地认识"五色四藩"的来源和内涵。

那么,当代学者们是怎么理解"五色四藩"的呢?

1957年,苏联学者沙斯季娜在注释《大黄史》时讲到,蒙古人的五色可能和他们对亚洲各民族实际生活的民俗学知识相关。比如,称高丽为白色,是因为高丽人穿白色衣服;称吐蕃为黑色,是因为他们住在黑色帐篷里;突厥斯坦的人称为黄色,可能是因为他们住在黄色的土房子里;蒙古青色是因为他们全民信仰萨满教,奉长生天为最高神的缘故;汉人为什么是红色,不得而知。至于想象中的四夷,则是来自中亚、波斯和北亚的故事和传说。总之,这是关于构成中世纪蒙古帝国各民族的民俗学简称。① 可见,沙斯季娜止于对"五色四藩"的表面理解和牵强解释。

1976年,萨噶斯特在《白史》中提出了另外两个可能性。他认为,《白史》提到的"五色四藩"形成了一个圆圈,即一个政治坛城,和佛教的宗教坛城一样,中心和四个主要部分各有一个颜色。他认为,佛教的坛城以须弥山为中心,周围四方有四色四洲,而《白史》的政治坛城与此一样,以蒙古为中心,形成了五色民族。② 接着,萨噶斯特还根据蒙古的"九大国"、"五色"和"十二恶汗"一类的记载,认为"五色四藩"的概念也不能排除另有来源,那就是汉地的影响。萨噶斯特为此举了中国古代帝王尧将其国分为十二部分,其继承者舜将其国分为九州以及内地的五方五色说等例子。必须指出,萨噶斯特把"五色四藩"和佛教的坛城联系起来考虑,完全是一个新思路。但需要注意的是,佛教的"器世间"理论即宇宙形成说和密宗的坛城理论虽然有内在联系,但毕竟不是一回事儿,二者不能混淆。

此外,在解释蒙古为什么是青色时,萨噶斯特受到噶勒丹《宝贝念珠》的启发,认为,这与成吉思汗为金刚持菩萨化身说可

---

① N. P. Shastina, *Shara Tudji-Mongoliskaya Letopicy XVII Beka*, Moskva/Leningarad, 1957, pp. 78 - 79.
② Klaus Sagaster, *Die weisse Geschichte: Eine mongolische Quelle zur Lehre von den beiden Ordnungen Religion und Staat in Tibet und der Mongolei*, pp. 311 - 312.

能有关。① 如后文所述,这是可信的。遗憾的是,萨噶斯特对此点到为止,并没有做进一步的论述。

珠荣嘎译注出版蒙古文《俺答汗传》,其中对"五色"的解释如下:"其实,五色国之'五色',来自佛教的'五方色',即东方黄,南方赤,西方白,北方黑,中央青。五色国即东、南、西、北、中,指居中的青蒙古(höhe Monggol)及其周邻地区。五色(tabun öngge)又与四异邦(dörben hari)连用,汉译'五色四夷',即五色国的异称。"②珠荣嘎虽说五色"来自佛教的'五方色'",但他列出的色和方位却与佛教五方佛不一致。

贺希格陶克陶在《"五色四夷"考》一文中认为,"五色四夷"就是元朝统治下的蒙、汉、藏、朝(指高丽——笔者)和回族等五个大民族(五色)以及其他欧亚众多的弱小民族或部落(四夷),其中的有些部落当时也许尚处在原始社会阶段,所谓的"女儿国"可能指那些还处于母系社制社会的氏族。至于"五色四夷"一词的产生,贺希格陶克陶认为,"它可能是以蒙古人的民族学观念为基础,吸取汉民族'五方'、'五色'说的某些观点而形成的、总称元帝国统治下的各民族和地区的代名词。"③

四、"五色四藩"的由来和文化含义

那么,"五色四藩"的由来和文化含义到底是什么呢?莫尔根活佛用儒家思想和佛教教义结合起来解释"五色四藩"。他指出:"禁杀生者,谓仁。不予不取,谓义。不邪淫,谓礼。忌醉酒,谓智。不妄语,谓信。仁者,平等性智。义者,成所作智。礼者,大圆镜智。

---

① Klaus Sagaster, *Die weisse Geschichte: Eine mongolische Quelle zur Lehre von den beiden Ordnungen Religion und Staat in Tibet und der Mongolei*, p. 315.
② 珠荣嘎译注:《阿勒坦汗传》,第4—5页。
③ 贺希格陶格陶:《"五色四夷"考》,《贺希格陶克陶文集》(下卷),内蒙古教育出版社,2013年,第30—43页。

第十章 "五色四藩"的来源及其内涵

智者,妙观察智。信者,法界体性智。"①从根本上讲,莫尔根活佛是用佛教"五智"来解释五色的,而仁义礼智信则是用儒家学说的概念阐释"五智"的本质。在莫尔根活佛提到的杀生、偷盗、淫邪、妄语、饮酒是指佛教所言"五恶",而这"五恶"正是佛教所说"五毒"所致。"五毒"即贪、嗔、痴、慢、疑。佛教为了使人类弃恶从善,劝人类要戒五恶,化五毒。在佛教中于是乎出现了化"五毒"为"五智"的"五方佛"。"五智"就是莫尔根活佛提到的平等性智、成所作智、大圆镜智、妙观察智和法界体性智,他们本质上也就是"五方佛"。因此,归根到底,莫尔根活佛注释的落脚点就是在"五方佛"上面。

那么,"五方佛"是什么概念?五方佛与佛教密宗关系密切。密宗,或作密教、密法、密续、续部、密咒、密乘、陀罗尼等等,梵文为guhya-yāna,藏文为 gsang sngas(秘密真言)或 rgyud(续)。一般认为,佛教密教思想体系形成于公元7世纪的印度,其标志为《大日经》和《金刚顶经》的成立。8至9世纪时,密教形成,并在印度南部、东部和德干高原流行,形成了金刚乘、易行乘等分支,11世纪又出现了时轮乘。金刚乘密教以《金刚顶经》为中心,属于左道密教(而右道密教则以《大日经》为核心),包括四部密续,即事部密续、行部密续、瑜伽部密续和无上瑜伽部密续。从7世纪以后,印度密教直接传入西藏,被称作"藏密"。

藏密以密宗的金刚乘为主流,而"五方佛"(梵文:Pancakula,藏文:Rigs lnga)正是金刚乘教法的核心。《金刚顶经》的中心为"五佛显五智说"。五佛指的是:毗卢遮那佛(大日如来)、阿閦佛(不动佛)、宝生如来、阿弥陀佛,不空成就佛。五佛有各自的方位、颜色、种子符号、动物宝座、明妃和菩萨等眷属、手印和象征物。②现将金刚乘的五方、五色、五毒、五智与五佛的配置列一简表:

---

① Lobsangdambijalsan, *Altan tobči*, pp. 91-92.
② 可参考杨清凡《五方佛及其图像考察》,《西藏研究》2007年第2期,第31—36页。

金刚乘五部配列表

方位	五色	五毒	五　智	五　佛	五　部
中	蓝	嗔	大圆镜智	阿閦佛	金刚部
东	白	痴	法界体性智	毗卢遮那佛	佛部
南	黄	慢	平等性智	宝生佛	宝部
西	红	贪	妙观察智	阿弥陀佛	莲花部
北	绿(黑)	疑	成所作智	不空成就佛	羯磨部

五佛的颜色与"五毒"相应，白色将"痴毒"嬗变为"法界体性智"，蓝色将"嗔毒"嬗变为"大圆镜智"，黄色将"慢毒"嬗变为"平等性智"，红色将"贪毒"嬗变为"妙观察智"，而绿色将"疑毒"嬗变为"成所作智"。

藏传佛教密宗具有系统的理论体系和严格的修行仪轨和次第。在修法时，要建坛城，配置诸佛菩萨神像。坛城，梵文为mandala，又音译为曼陀罗或曼荼罗。Manda 的意思是"本质"，也即佛陀正觉的本质，la 意为"聚集"，也即取得，因此曼陀罗就是取得此本质者。① 曼陀罗的宗教含义非常复杂，它是佛教宇宙观的体现，象征着宇宙结构，也是诸佛菩萨及眷属众神聚集处的模型。比如五方佛坛城，就是五方佛的空间表现。在五方佛的坛城中，主供的佛居于坛城中央，其余四佛居于周围的四方。因为各佛都有固定的颜色，五方佛的坛城就显现出五色：一色居中，其余四色环绕四方。居中的佛成为主供佛，而四周的四佛则成为主供佛的藩属。

我们再回到讨论的主题上来。蒙古人的"五色四藩"说法显然是源于五方佛的坛城。在西藏文化的启迪下，蒙古文人先有以本民族为中心的"一个中心四边八族格局"的世界想象，并在佛教密宗坛城（曼陀罗）文化影响下，又为中心和四面加上了五方佛的五色。"五色四藩"的"四藩"，并非指五色以外的其他民族，而是表达相对

---

① 梅尾祥云著，吴信如主编：《曼荼罗之研究》（上），中国藏学出版社，2011年，第7页。

第十章 "五色四藩"的来源及其内涵

中心的四周,也就是青色蒙古和周边的其他四色所代表的众多民族!正因为如此,《大黄史》的作者说,"所谓四夷者,此五(色)之一为其他四色之夷也。"① 其实应该说,此五色之四为其另一色之藩属也。

这里必须指出,历史上的蒙古史家和当代蒙古学界一直以来对 dörben qari 的理解不准确,因而对其汉译亦不恰当。Qari 一词,在《元朝秘史》中译写为"合里",其旁译有两次作"邦",两次作"外邦",还有两次作"部落"。② 在元末蒙古文碑中,qari 指藩国和藩王领地。比如国舅弘吉剌部鲁王的领地就被称作 lau qari(鲁藩),③ 而伊利汗国等元朝藩属国家也被称为 qari(藩,复数形式为 qaris)。蒙古文献中,成吉思汗四个弟弟和四个儿子的兀鲁思也被称为 dörben qari(四邦)。可见,qari 不是外夷,而是外藩。在五佛坛城中,五佛五色,居于中心的是主供佛,而外围的四佛是"藩属",可知 tabun öngge dörben qari 这样的表述来自坛城中的五佛关系,dörben qari 应该译为"四藩",而不是"四夷"。

五、青色蒙古的由来

接下来,谈谈"五色"与各民族的关系,尤其是青色与蒙古的关系。

在"五色四藩"中,蒙古被称作"青色蒙古",在五色中居中,被奉为中心,蒙古文献津津乐道"Küdelkü-yin degedü köke mongγol",即"众生之尊青色蒙古"。

众所周知,蒙古本来尚白,历史上白色才是它的代表颜色。比如:成吉思汗建国时,树九斿白纛;元朝时贺正拜天,君臣皆衣白裘;

---

① Sampildondovyn Chuluun, Shaddarsurengiin Tserendoo sudalsan: *Erten-ü mongγol-un qad-un ündüsün-ü yeke sir-a tuγuji*, p.134, Text: 32a.
② 《元朝秘史》,四部丛刊三编本,卷三、七、八、九、十一。
③ 1338 年立竹温台碑文,见 Dobu: *Uyiγurjin mongγol bicig-un durasqal-uud. ündün-ü keblel-ün qoriy-a*, 1983. 道布整理、转写、注释:《回鹘式蒙古文文献汇编》,第 273 页,第 1 行。

183

正月称"白月",善、福、顺、吉皆言"白",衣食住行无不以白为上。但是,有朝一日,尚白的蒙古突然呼作青色蒙古,虽然一切吉祥仍以白色表示。现在对此现象的普遍解释为,蒙古人历史上信仰萨满教,而萨满教的最高神为长生天,天蓝色,故有其俗。这完全是附会之辞。蒙元时期的蒙古人信仰长生天,但那时的蒙古绝无尚青之俗,更无青色蒙古之说。

青色蒙古之说,与"五色四藩"之说同时出现。蒙古变成青色蒙古,仍与五方佛有关。

如前所述,"藏密"以佛教密宗金刚乘为主流,而金刚乘四部中,无上瑜伽部的密续在西藏更加盛行,它是从印度东北部和尼泊尔直接传入西藏的。因此,从西藏传入的蒙古佛教同样以无上瑜伽部为主流。该部以不动佛——东方的寂静尊为中心。在坛城中,不动佛被移至中央,而毗卢遮那则移至东部。据前人研究,这样的坛城在论典中常有描述,但却不常以图画的形式出现,人们见到的坛城中,画在中央的并非不动佛,而是喜金刚、胜乐金刚、密集金刚和时轮金刚以及其他威猛的本尊,他们都被视为不动佛的化现,①因此也都是青色。于是,这些坛城的中心就成为青色。这是蒙古人五色观念中青色居中的直接原因。

蒙古成为青色的另一个直接原因,则与俺答汗时期藏传佛教对成吉思汗的神格化有关。当时,藏传佛教上层给成吉思汗和忽必烈薛禅皇帝赋予了新的宗教角色,即认为成吉思汗是金刚手菩萨化身,而薛禅皇帝则是文殊菩萨的化身。② 因为西藏达赖喇嘛被认为是观世音菩萨的化身,所以他们成为藏传佛教三怙主的化身。其中,金刚手菩萨是金刚部的部主,他的图像为蓝色身,在坛城中也是以蓝色表现的。

蒙古语的"Küdelkü-yin degedü köke mongγol",其字面意思为"行动者之至尊青色蒙古",这里的动名词 Küdelkü 的本意为"动、行

---

① David L. Snellgrove, *Indo-Tibetan Buddhism: Indian Buddhists and Their Tibetan Successors*. Boston: Shambhala Publica tio n, 2002 (Originally published: Serindia Publications, c.1987), pp. 198 – 213.
② 《十善法白史》,内蒙古社科院藏本,叶 2b—叶 3a。

第十章 "五色四藩"的来源及其内涵

动、活动",此处指所有能够行动的生命,也就是佛教所言"六种众生",因而指宇宙所有生灵。该说法的含义是,蒙古人为世界之主宰者,就像不动佛及其化现为坛城之主尊。

蒙古以青色居中后,按照五方佛在曼陀罗中的顺序安排各族,东白,南黄,西红,北黑(绿),相应的民族分别为白色高丽、黄色回族、红色汉儿、黑色吐蕃。这个分布与这些民族的实际地理位置无关。蒙古人本来没有以颜色区分各民族的文化,只有以黑色表示敌对民族。① 可见,蒙古以五色指代五族的做法,是源于五方佛的颜色,而非本土之俗。

我们看看美岱召的壁画就会明白,金刚部曼陀罗在当时蒙古人中多么流行。美岱召佛殿顶部和立柱的彩绘以及经堂顶部的彩绘是 16 世纪末建寺时所绘画的。这里有大量的金刚部威猛本尊的曼陀罗,比如金刚手、喜金刚、胜乐金刚、密集金刚、各种蓝色身愤怒尊的曼陀罗。(参见书首图版一、二)这些曼陀罗的中央为蓝色(青色),表示不动佛及其显现,下方为白色,表示东方的毗卢遮那佛,按顺时针方向分别为黄色(宝生佛)、红色(阿弥陀佛)、绿色(代替黑色,代表不空成就佛)。②

此外,根据笔者的考察,在西藏各地五色经幡随处可见,形如帐篷,而其颜色从上往下依次为青白红绿黄。还有藏族人家屋顶上的小经幡,形如五色旗,也是从上往下依次为青白红绿黄。佛教盛行的时候,蒙古地方一定也是这样,只是如今佛教文化几近泯灭,所以人们对这些已很生疏了,但在新疆、内蒙古的蒙古族寺庙和敖包上仍能见到西藏式的五色经幡。见到此情景,很容易联想到"Küdelkü-yin degedü köke mongγol(众生之尊青色蒙古)"这句话的来历。

---

① 比如蒙古文《俺答汗传》中多次出现俺答汗出征 qar-a kitad(直译为黑色的汉人)的记载,但 qar-a 并非特指汉人,只表示敌对、厌恶。比如,还有 qar-a tangγud(黑色的唐古特)的说法,本来是指敌对的西夏党项人,后指藏族,是因为以 tangγud 呼作藏人的关系。
② 张海斌主编:《美岱召壁画与彩绘》,文物出版社,2010 年,参见佛殿顶部和立柱的彩绘以及经堂顶部的彩绘。

六、"五色四藩"出现的时间及其根据

"五色四藩"概念始见于《白史》。但是关于该书的成书年代,目前仍存分歧,有元代说和16世纪后半叶说。

蒙元时期蒙古中并无"五色四藩"之说,也没有以青白红绿(黑)黄五色表示吉祥的习俗。蒙元时期中外游记、使节报告以及《蒙古秘史》为首的蒙、汉、藏、波斯、阿拉伯等诸文献对此只字未提。我们认为,该说法只有可能在《白史》成书的前夜才形成。前文提及,其实《白史》的"一个中心四边八族格局"本身就是来自15世纪以后的藏文典籍中。这个事实反过来可以说明,《白史》就是在16世纪后半叶藏传佛教第二次传入蒙古时期成书。对此,我们可以据《俺答汗传》(*Erdeni tunumal neretü sudur orusibai*)①提出以下几方面的佐证。

(一)俺答汗皈依佛教后吉祥五色观念在蒙古非常流行

藏传佛教的再次传入蒙古,与土默特蒙古俺答汗密切相关。蒙古文《俺答汗传》成书于1607—1611年间,与藏传佛教第二次传入蒙古的时间几乎同时,而对俺答汗及其周围重要人物和事件有翔实而可靠的记载。在这本传记中,可以窥见五色观念在当时蒙古流行的情形。首先,"五色"的记载充斥着该传记。比如,说成吉思汗征服"五色国"(1a);俺答汗征明时,从身上发出了"五色之光"(11a);说忽必烈皇帝延请八思巴喇嘛,在"尊贵的五色国"弘扬佛法(21b);俺答汗及钟根夫人为首的"五色国",在仰华寺拜见索南嘉措(即三世达赖喇嘛)(27b);在仰华寺,"五色国"献上多不可数的牛羊马驼为布施(28b);为新造释迦牟尼佛像开光时,出现了"五色彩虹"(36b);"五色国"向为俺答汗做超度佛事的喇嘛们献上了无数布施(38b);四世达赖喇嘛到西藏受戒时,"出现五色彩虹,龙声作响,大地震动"(51a),等等。

---

① 《俺答汗传》,内蒙古社科院藏本。

（二）五色观念来自俺答汗皈依的佛教密宗金刚乘

根据《俺答汗传》中的关于俺答汗皈依佛教和他去世后火化安葬的记载，我们可以清楚地看到当时蒙古人的五色观念与金刚乘及其五佛的关系。该传记载，俺答汗拜见索南嘉措后请教，佛教经典极多，有无获得佛果之捷径？索南嘉措回答：获得佛果的捷径就是密教金刚乘。俺答汗又问：八思巴喇嘛授我祖先薛禅皇帝的喜金刚灌顶为何？喇嘛回答：此乃无比金刚乘灌顶。于是，俺答汗及其夫人和蒙古贵胄都接受了索南嘉措所授喜金刚灌顶，皈依了金刚乘佛教（32a－32b）。

该传还记载，俺答汗去世后，土默特蒙古将其土葬。但是，三世达赖喇嘛来土默特后，按照佛教习俗，将其遗骸重新火化后进行塔葬。《俺答汗传》中记载，进行火化时，天空变得晴朗无垢，出现五色彩虹，降下花雨，空中显现五善逝即五方佛种子字。在把骨灰取出时，出现了寂静和愤怒诸佛及观世音菩萨的种子字，还有五方佛的种子字，即大日如来的 oṃ 字、阿閦佛的 hūṃ 字、宝生佛的 traṃ 字、阿弥陀佛的 hrīḥ 字、不空佛的 āḥ 字，犹如五色珍珠连成的念珠，然后"五色国"把出现的五色舍利分取并供养。最后将俺答汗骨灰安置在大昭寺西厢的"青色宫殿里"，并请金刚手化身济咙呼图克图为之开光（44b－45a）。

这些记载的内容是否属实暂且不论，但它表明，当时蒙古人的五色观念毫无疑问与五方佛有关。

（三）俺答汗的都城与安放他灵塔的宫殿之颜色与五色观念有关

俺答汗以忽必烈转世自居，"仿照失陷的大都"建造都城（19a），梦想在八思巴喇嘛转世三世达赖喇嘛的帮助下，实现成为蒙古汗国实际上的最高统治者的理想。但他没有将新建的都城命名为大都，而称之为呼和浩特，即青城。在金刚乘无上瑜伽部信仰的背景下，当时蒙古以青色蒙古自居，居于五色民族之中心，所以俺答汗的都城理所当然是青色都城，而不可能是其他颜色的城。俺答汗去世后,土默特蒙古建造青色的宫殿作为他身后的居所,请金刚手化身为其开光(45a),这也是令俺答汗遗骨居于青色金刚城之意。此等种种现象显示,"五色"观念和尚青习俗始于俺答汗时期。

(四)蒙古历法中的五色始于16世纪末17世纪初

蒙古历法,一直以来使用十二生肖历法。① 但是,据《俺答汗传》记载,17世纪初,蒙古纪年已趋于多样化,变得相当复杂了,详见下表:

蒙古纪年与汉地纪年对照表

《俺答汗传》中的纪年	汉地纪年(公元)	《俺答汗传》的页码
ulaγan barsjil 红虎年	丙寅(1506)	4a
γal qutuγtu em-e taolai jil 吉祥火母兔年	丁卯(1507)	4a
čaγan morin jil 白马年	庚午(1510)	5a
taulai jil 兔年	己卯(1519)	5b
bečin jil 猴年	甲申(1524)	5b
qar-a luu jil 黑龙年	壬辰(1532)	6a
qar-a moγai jil 黑蛇年	癸巳(1533)	6b
moγai jil 蛇年	癸巳(1533)	6b
köke morin jil 青马年	甲午(1534)	6b
köke qonin jil 青羊年	乙未(1535)	6b
ulaγan takiy-a jil 红鸡年	丁酉(1537)	7a

---

① 对此可参考《元朝秘史》、元代各种蒙古文碑文、《黑鞑靼事略》、《夷俗记》以及吐鲁番和黑城出土蒙古文文书等相关资料。值得指出的是,我们在释读黑城出土蒙古文文书时,曾将一残片上的某词复原为 ulaγan,因为其后面的词为 moγai(蛇),故推测为"红蛇年"。现在看来,这样推测缺乏依据,因为在整个元代都未见过蒙古人用过五色纪年法的例子。请见吉田顺一、齐木德道尔吉编:《黑城出土文书研究》(日汉合璧),雄山阁,平成二十年(2008),第172页,图片No.083。

第十章 "五色四藩"的来源及其内涵

续　表

《俺答汗传》中的纪年	汉地纪年（公元）	《俺答汗传》的页码
sir-a noqai jil 黄狗年	戊戌（1538）	7a
noqai jil 狗年	戊戌（1538）	7a
čaγan uker jil 白牛年	辛丑（1541）	7b
qar-a bars jil 黑虎年	壬寅（1542）	8b
köke luu jil 青龙年	甲辰（1544）	9b
köke morin jil 青马年（误，应为青蛇年）	乙巳（1545）	9b
čaγan γaqai jil 白猪年	辛亥（1551）	9b
ulaγan moγai jil 红蛇年	丁巳（1557）	11a
morin jil 马年	戊午（1558）	11a
sir-a luu jil 黄龙年	戊辰（1568）	12b
temür qutuγtu ere morin jil 吉祥铁公马年	庚午（1570）	13b
čaγan qonin jil 白羊年	辛未（1571）	15b
čaγan qonin jil 白羊年	辛未（1571）	16b
em-e čaγan qonin jil 公白羊年	辛未（1571）	17a
usun bečin jil 水猴年	壬申（1572）	19a
köke noqai jil 青狗年	甲戌（1574）	21a
quluγan-a jil 鼠年	丙子（1576）	23a
ulaγan quluγan-a jil 红鼠年	丙子（1576）	23a
uu bars jil 戊虎年	戊寅（1578）	27a
čaγan luu jil 白龙年	庚辰（1580）	35a
čaγan moγai jil 白蛇年	辛巳（1581）	37a
qara morin jil 黑马年	壬午（1582）	40a
γal qutuγtu noqai jil 吉祥火狗年	丙戌（1586）	42b
köke takiy-a jil 青鸡年	乙酉（1585）	43a

续 表

《俺答汗传》中的纪年	汉地纪年（公元）	《俺答汗传》的页码
γaqai jil 猪年	丁亥（1587）	44a
quluγan-a jil 鼠年	戊子（1588）	45b
sir-a noqai jil 黄狗年（误,应为黄牛年）	己丑（1589）	46a
bars jil 虎年	庚寅（1590）	46a
čaγan taulai jil 白兔年	辛卯（1591）	46b
qar-a luu jil 黑龙年	壬辰（1592）	46b
qar-a moγai jil 黑蛇年	癸巳（1593）	48b
qar-a luu jil 黑龙年	壬辰（1592）	48b
čaγan quluγan-a 白鼠年	庚子（1600）	48b
qar-a bars jil 黑虎年	壬寅（1602）	50b
usun taulai jil 水兔年	癸卯（1603）	51a
qar-a bars jil 黑虎年	壬寅（1602）	51b
ulaγan qonin jil 红羊年	丁未（1607）	51b

综合以上纪年记载,当时蒙古历法的纪年大概有四种情况:一,传统的十二生肖纪年,如兔年、猴年等;二,五行分阴阳,并与十二生肖搭配,但阴阳经常省略,如铁公马年、水兔年等;三,天干与十二生肖搭配,如戊虎年;四,五色分阴阳,并与十二生肖搭配,但阴阳常省略,如母白羊年、白羊年等。其中,第四种用得特别频繁,这在当时是一种新纪年。这个新纪年是对藏历纪年的五行分阴阳并与十二生肖搭的做法进行改革的结果,即把五行改为五个颜色,等于用五色记中原历法的十个天干,一色代表两个天干,比如黑龙年（壬辰,1592）、黑蛇年（癸巳,1593）、青马年（甲午,1534）、青羊年（乙未,1635）等。后来,表示五色的蒙古词语才逐渐分离为分阴阳二性的词,以表示颜色的形容词原形代表阳性,该形容词加后缀-γčin（-gčin）表示阴性,于是出现了诸如 köke 和 kökegčin 的表述,记载十

第十章 "五色四藩"的来源及其内涵

个天干。此处的 köke，意为青色，表示阳性，记天干的"甲"；kökegčin，是 köke 中派生出来的，记天干的"乙"，表示阴性。因此，这两个词相当于甲、乙，而不是有些人理解的那样表示"青色"和"浅青色"。

以五色记天干的做法始于 17 世纪初，[①]再早也早不过 16 世纪末，这说明，蒙古纪年也受到了五色影响，可见在当时蒙古五色多么流行，影响多么大。

以上种种说明，"五色四藩"概念出现在 16 世纪后半叶，它的出现与藏传佛教第二次传入蒙古有关。五色来源于五方佛的颜色，四藩则指主供佛周围的四佛。青色蒙古的说法起源于蒙古对密宗金刚乘无上瑜伽部的信仰。"五色四藩"说的形成年代再次证明，《白史》并非成书于忽必烈时期，而是 16 世纪后半叶。

到了 18 世纪以后，受藏传佛教文化影响而产生的"五色四藩"概念反向藏族文化回流，而到了清末民初，蒙古的"五色"象征对"五族共和"产生了影响。因为篇幅关系，这些问题我们将另撰文论述。

（本文与孔令伟合著）

[①] 有学者指出，在契丹有过五色纪年法。因为契丹文还没有最后被释读，所以这个说法是否成立，尚无定论。即便契丹人已有五色纪年法，但该文化没有传入到蒙古，有关蒙元时期的蒙古纪年法的相关资料可资证明。

第十一章　额尔德尼召的建造
——围绕额尔德尼召主寺新发现的墨迹

额尔德尼召是位于蒙古国首都乌兰巴托以西 384 公里处的佛寺,建于 17 世纪 80 年代。因为该寺建立在 13 世纪蒙古帝国首都哈剌和林的废墟上,并一直利用到现在,作为自蒙元时期到现代蒙古历史文化的见证,属于极其罕见的珍贵文化遗迹,备受国际蒙古学界的重视。2009 年以来,日本大谷大学教授松川节主持额尔德尼召科学考察研究项目,对哈剌和林和额尔德尼召的研究都取得了重要进展,其标志性成果包括对新发现的 1346 年所立兴元阁石碑的断片和属于 17 世纪的蒙汉文墨迹的研究。

本章的目的旨在解读松川教授发现的 17 世纪蒙汉文墨迹,并阐述修建额尔德尼召的历史背景,探讨喀尔喀万户和土默特万户间的历史关系。

一、蒙汉文墨迹的释读

2009 年,松川教授在额尔德尼召内三庙(固尔班昭)主寺二楼的栋梁上新发现了墨写的汉文和蒙古文题记各一则。该题记虽然内容简略,但包含着有关额尔德尼召建寺的若干重要信息,因此,作为"遗留性史料"的一种,对额尔德尼召建寺史和相关的"记述性史料"的研究,都具有相当重要的意义。本章根据的是松川先生提供的题记照片,在此特别说明并致谢意!

2010 年,松川先生发表了对蒙汉文题记研究的一个简短的总结,写道:"本次确认的汉文题记显示:1)(额尔德尼召寺)万历十四年(1586)五月十五日开工;2)常进忠等八名汉人参与建筑工程;3)1587 年竣工。另外,蒙古文题记记载:1)狗年(1586)瓦齐赉(即阿巴泰)汗下令建造(额尔德尼召寺);2)常匠人(蒙古语的

第十一章 额尔德尼召的建造

darqan 为"匠人"之意——原注)五月十五日开工。这是显示额尔德尼召始建于 1586 年,竣工于 1587 年的具有重要价值的数据。"①

笔者对松川先生的释文看法不尽相同。本章拟提出自己的一些意见。

让我们先看看汉文题记。汉文题记共两行,从上而下书写。

顺义王喇叭提吊修造二年次了(右行)

大明万历十四年岁次丙戌夏甲午五月十五日起盖佛庙木匠作头常进忠等八名(左行)

笔者认为,应该按照汉文书写习惯从右向左来读题记,即:

(第一行)顺义王喇叭提吊修造二年次了

(第二行)大明万历十四年岁次丙戌夏甲午五月十五日起盖佛庙木匠作头常进忠等八名

第一行是题记的核心内容,目的是要说明谁在什么时候建造该寺。第二行是落款,记载该寺何时完工、哪些匠人参与建造。

读这则题记的关键是对"提吊"和"起盖"二词的理解。首先,"提吊"应该是"提调"的讹误,该题记出自一位木匠的手笔,错别字在所难免。"提吊"在题记的语言环境中没有意义。如果是"提调",它可能有两个用法。一是名词用法,即明代的一个职位;二是动词用法,即"管领、调度"之意。第二行的"起盖",不能理解为现代汉语口语的"起"和"盖",也就是说,不是"开始盖起来"的意思。"起盖"在古汉语中是一个词,意思是"建造",就是蒙古文题记中的 bosqaba(建造了)。所以,全文应理解为:"顺义王的喇嘛提调修造,两年头上完工。万历十四年夏甲午五月十五日建造(完毕)。木匠作头常进忠等八人(题记)。"

蒙古文题记的内容与此基本一致:

第一行: Noqai jil-ün Včirai qaγan-i süme-yin jakiruγsan-i qatun-i

---

① 松川節:「世界遺産エルデニゾー寺院(モンゴル国)で新たに確認された 2つの文字資料」,『日本モンゴル学会紀要』40,2009,第 79—80 頁。

lama kigsen-i

第二行：Čang darqan tabun sara-yin arban tabun edür bosqaba

第三行：qaγan qatun terigülen qamuγ amitan engke jirγaqu boltuγai : : . . : :

第四行：nom-tu šabi bičibe

让我们从第一行起解读。Noqai jil-ün，意为"狗年的"。Vcirai qaγan-i 应该是 Vcirai qaγan-u 的误写，意思是"瓦齐赉汗的"。在古蒙古文文本中 i 和 u 经常混淆，因为二者在口语中的发音往往都是 i。süme-yin，"寺庙的"；jakiruγsan，形动词过去时，这里当动名词讲，意为"管领调度者"，-i 是宾语介词，所以 jakiruγsan-i 在句子中做宾语。qatun-i lama，"哈屯（=王妃）的喇嘛"。Kigsen，形动词过去时，"做了，当了"，还是当动名词讲，通过宾语介词-i，在句子中仍作宾语。第二行的 Čang darqan，意为"常匠人"，指的就是汉文题记中的木匠头常进忠。tabun sara-yin arban tabun edür，"五月十五日"。Bosqaba，"树立了，建造了"。

这样，这句蒙古语句子应该理解为："狗年，哈屯的喇嘛当了瓦齐赉汗寺的管理调度（者），常匠人于五月十五日建造（完毕）。"如前所说，jakiruγsan 这个过去时形动词在这里当动名词讲，显然是汉语题记中"提调"（"提吊"）的蒙古语翻译。因此，更确切的译文应该是："狗年五月十五日，瓦齐赉汗寺在哈屯的喇嘛管领调度下由常匠人等建成。"

第三、四行的蒙古文很容易理解，意为"祝愿汗和哈屯（王妃）为首的众生平安享福。诺木图弟子书。"

二、蒙汉文题记的阐释

据上文释读，蒙汉文题记内容如下：

汉文："顺义王喇叭提调修造，二年次了。大明万历十四年岁次丙戌夏甲午五月十五日起盖佛庙。木匠头常进忠等八名。"

蒙古文："狗年五月十五日，瓦齐赉汗寺在哈屯的喇嘛管领调度下由常匠人等建成。祝愿汗和哈屯为首的众生平安享福。诺木图

第十一章 额尔德尼召的建造

弟子书。"

这样,蒙汉文题记虽然所记内容多少有别,但所提供的基本信息相一致。接下来,我们探讨一下题记中出现的一些人和事。

汉文题记记载,这个寺庙是"顺义王喇叭(喇叭即喇嘛)提调修造"的,蒙古文则说"在哈屯的喇嘛管领调度下建成"。其实,蒙汉文记载的是同样的内容。据 1677 年成书的喀尔喀贵族善巴撰《阿萨喇克其史》记载,喀尔喀土谢图汗的始祖阿巴泰汗建造了额尔德尼召。该书记载:1581 年,阿巴泰汗至俺答汗处迎请高僧。俺答汗派遣了郭芒囊索前往喀尔喀。1583 年,萨木喇囊索也来到喀尔喀。"木鸡年(乙酉,1585)夏,在尚呼图山阴的故城动土筑基,当年建起寺庙。这座寺庙从建造到现在的第十一绕迥的火蛇年(丁巳,1677)已经九十三年。[阿巴泰汗于]火狗年(丙戌,1586)起程,于夏末月十五日叩谒了达赖喇嘛索南嘉措。……达赖喇嘛对阿巴泰说:'[你]是瓦齐尔巴尼的化身',并赐予了'佛法大瓦齐赉汗'号。"①

据此可知,蒙古文题记中的"Včirai qaγan"指的就是阿巴泰汗。阿巴泰(1554—1588?)是喀尔喀万户始祖格呼森札三子诺诺和的长子,16 世纪 80 年代实际上成为喀尔喀万户之主。额尔德尼召在当时一般都被叫作"瓦齐赉汗寺",或"瓦齐赉赛音汗寺"(赛音汗是阿巴泰原有的汗号),这在保留至今的 17 世纪喀尔喀《桦树皮律令》中可以得到证实。比如,《水牛年小律令》中写道:"usun üker jile vačirai sayin qaγan-i sümeyin emüne nutuγ-un tus-tu dörben qošiγun-i noyad öčüken čaγaǰ a ekilen bičibe.(水牛年,瓦齐赉赛音汗寺前,四和硕诺颜开始拟定有关努图克小律令。)"②

那么,为额尔德尼召当"提调官"的"顺义王喇叭"是谁?他为什么还被称作"哈屯的喇嘛"呢?

"顺义王"是土默特万户首领俺答汗于 1571 年被明朝所封的封号,这是众所周知的事情,不必多言。从上面所引《阿萨喇克其史》

---

① 乌云毕力格:《〈阿萨喇克其史〉研究》,译文见第 133 页,原文影印见第 299—300 页。
② 图雅:《桦树皮律令研究——以文献学研究为中心》,第 63—64 页。

的记载中可知,阿巴泰汗于 1581 年派使者到呼和浩特拜见俺答汗,请来了郭芒囊素。这位郭芒囊素就是有名的东科尔呼图克图永丹嘉措(1557—1587)。此人曾为俺答汗的供养喇嘛数年。1578 年俺答汗和索南嘉措在青海仰华寺(恰卜恰庙)会晤期间,俺答汗在赠索南嘉措以"达赖喇嘛"称号的同时,赠给永丹嘉措以"曼殊室利呼图克图"之尊号。三世达赖喇嘛离开蒙古后,派永丹嘉措来土默特作为他的代表。俺答汗去世前又派他到喀尔喀,意于在喀尔喀广布佛法。① 此后,1583 年,又有一位叫作萨木喇囊素②的高僧来到阿巴泰汗处,可惜我们不掌握关于这位喇嘛的其他资料。所以,1585 年为阿巴泰汗的寺庙额尔德尼召当"提调官"(总管和设计师)的喇嘛不是东科尔呼图克图永丹嘉措,就是萨木喇囊素,非其中之一莫属。因为,他们二位是当时在喀尔喀的最著名的和最有地位的"顺义王的喇嘛"。有趣的是,根据蒙古文题记中"哈屯的喇嘛"的说法,汉文题记记载的"顺义王喇叭(喇嘛)"又可以称作"哈屯的喇嘛"。这是为什么呢?

  根据可靠的历史记载,俺答汗 1582 年初病逝。当年他的长子辛爱黄台吉(又作僧格都龙铁木儿黄台吉)袭汗位,并与俺答汗小妃三娘子成婚,次年得袭顺义王封号,③1586 年去世。据《俺答汗传》记载,阿巴泰汗到土默特拜见三世达赖喇嘛,同时"tere bodisung-un qubilɣan jünggen qatun bergen-degen mörgüjü jolɣaldubai(叩见那位菩萨之化身兄嫂钟根哈屯)"。④ 正如珠荣嘎先生指出的那样,因为当时辛爱黄台吉已去世,阿巴泰叩见了他嫂子三娘子(《俺答汗传》称之为钟根哈屯)。三娘子虽然曾为阿巴泰堂伯父俺答汗的小妃,但此时已成为其从兄辈辛爱黄台吉的夫人,故尊她为 bergen(嫂

---

① 乌兰:《〈蒙古源流〉研究》,第 446—448 页。
② 过去人们认为,这位萨木喇囊素指的是东科尔呼图克图本人。但根据《阿萨喇克其史》,他们是不同的两位高僧,来到喀尔喀的时间也是一前一后。
③ 乌兰:《〈蒙古源流〉研究》,第 451 页。
④ 《俺答汗传》,内蒙古社科院藏本,叶 43b;珠荣嘎译注:《阿勒坦汗传》,第 154 页:"(阿巴岱汗)叩见其嫂菩萨之化身钟根哈屯"。

第十一章 额尔德尼召的建造

子)。① 蒙古人把建寺的提调喇嘛记为"哈屯的喇嘛",就是因为书写题记当时,土默特的首领不是顺义王(已去世),而是三娘子——顺义王的夫人钟根哈屯。书写汉文题记的汉人木匠头常进忠则仅以著名的"顺义王"记载之。总之,"顺义王的喇嘛"和"哈屯的喇嘛"指的是同一人。这说明,额尔德尼召的建筑工程是由土默特万户派遣的喇嘛设计和管理建造的。该工程的木工头是以常进忠为首的八名匠人。

再接下来是额尔德尼召建立的年代问题。上文所引《阿萨喇克其史》记载,额尔德尼召建于乙酉年即1585年。松川先生根据他对汉文题记的理解,认为该寺的建造工作从1586年开始,历二年,于1587年落成。② 但是,根据我们以上释读和分析,该寺经过一年的建造,于丙戌年(狗年)五月十五日即1586年完工落成。《阿萨喇克其史》记载的是建筑工程开始的年代(1585),而额尔德尼召墨迹所记则是寺庙落成的年代(1586)。

还有一个问题是与此有关联的阿巴泰汗拜见达赖喇嘛和受封为"瓦齐赉汗"的时间。额尔德尼召蒙古文题记中明确记载,新建的寺是瓦齐赉汗寺。蒙汉文题记是写在佛殿二楼的栋梁上的,这说明该题记应该不是后人手笔,而是寺庙上房梁时候的所为。如果是这样,题写该墨迹的丙戌年五月十五日时,阿巴泰汗已经得到了"瓦齐赉汗"封号。可是,《阿萨喇克其史》记载,阿巴泰汗"火狗年启程,于夏末月十五日叩谒了达赖喇嘛索南嘉措"。达赖喇嘛给阿巴泰汗"赐予了佛法大瓦齐赉汗号"。③ "夏末月十五日"是六月十五日(该丙戌年合公历7月30日)。丙戌年六月十五日以后所得的汗号不可能出现在同年五月十五日的记载中,这就是说,《阿萨喇克其史》所记阿巴泰汗谒见达赖喇嘛的时间有误。关于阿巴泰汗赴土默特

---

① 珠荣嘎译注:《阿勒坦汗传》,第154页。
② 日本《京都新闻》早刊;日本《每日新闻》,2009年10月22日早刊,松川節:「世界遺産エルデニゾー寺院(モンゴル国)で新たに確認された2つの文字資料」,『日本モンゴル学会紀要』第40号,第79—80页。
③ 乌云毕力格:《〈阿萨喇克其史〉研究》,译文见第133页,原文影印见第300页。

谒见达赖喇嘛的时间,在文献中有不同的记载:蒙古文《俺答汗传》作青鸡年(乙酉,1585),藏文《三世达赖喇嘛传》作火猪年(丁亥,1587),蒙古文《蒙古源流》同藏文记载。① 根据额尔德尼召题记,首先可以排除1587年说。那么,1585年说是否可以成立? 前文提到,《俺答汗传》记载,阿巴泰汗到土默特拜见三世达赖喇嘛时,还"叩见那位菩萨之化身兄嫂钟根哈屯"。这说明,阿巴泰汗去呼和浩特时,辛爱黄台吉已经不在人世了。根据相关史料,辛爱黄台吉在明万历十三年十二月(1586年初)去世。② 据此种种,阿巴泰汗到呼和浩特的时间应在万历十四年正月至五月之间,《阿萨喇克其史》所云"夏末月十五日"(7月30日)有可能是"春末月十五日"即三月十五日(1586年5月3日)之讹误。

最后一个问题是,汉文题记中所说"大明万历十四年岁次丙戌夏甲午五月十五日"中的"甲午"是不对的。是年五月十五日是己酉(7月1日),而不是甲午(分别为二月二十九日、四月三十日、七月一日、九月三十日和十一月四日)。可见,木匠头常进忠没有记对该日的天干地支。

概而言之,额尔德尼召寺的主寺始建于1585年,次年落成。该寺的设计者和工程管理者是土默特部顺义王府上的高僧,被称作"顺义王(的)喇嘛",因为当时顺义王辛爱黄台吉去世,蒙古人还称他为"(顺义王之钟根)哈屯的喇嘛"。这位喇嘛是当时在喀尔喀传教的来自土默特部的东科尔呼图克图永丹嘉措或者是萨木喇囊素二人之一。顺便可以断定,阿巴泰汗赴呼和浩特谒见达赖喇嘛和三娘子的时间应该在1586年春天。

三、额尔德尼召建立的历史背景

北喀尔喀蒙古的佛教名刹额尔德尼召寺的建立,为什么和远在

---

① 乌兰:《〈蒙古源流〉研究》,第456页。
② 《明实录》、《万历武功录》和《三云筹俎考》等明代汉籍均持此说。蒙古文《俺答汗传》的记载,相当于万历十三年九月二十九日,应该是十二月二十九日之误。见珠荣嘎译注《阿勒坦汗传》,第152—153页。

漠南蒙古右翼的土默特部顺义王有如此密切的关系呢？这其实与16世纪答言合罕以后的蒙古政治形势与喀尔喀—土默特二部的利益关系密切相连。

14世纪后半叶，蒙古汗廷从大都退回草原后，经过大致一个世纪的混乱和整合，到15世纪末，在东蒙古基本上形成了蒙古中央六万户和成吉思汗诸弟后裔各部若干万户。中央六万户的左翼为察哈尔万户、喀尔喀万户和兀良哈万户，右翼为鄂尔多斯万户、满官嗔—土默特万户和应绍卜万户。喀尔喀万户是由元代左翼五投下的一部分构成，最初游牧在Qalq-a河（明译"罕哈"，清代译为"喀尔喀"，今内蒙古呼伦贝尔市境内中蒙边界一带的哈拉哈河），故得名。直到16世纪初，该万户的统治者为札剌亦儿贵族。① 15世纪末16世纪初，喀尔喀万户的游牧地一直在哈拉哈河流域。16世纪初，蒙古著名的答言合罕统一蒙古六万户，把自己的子孙分封到兀良哈万户以外的其他五个万户。答言合罕将其第六子安出孛罗和第十一子格呼森札分封到喀尔喀左翼和右翼。16世纪中叶，喀尔喀左翼随蒙古合罕打来孙南下大兴安岭驻牧，所部号称"山阳喀尔喀"，即清朝所谓"内喀尔喀五部"，实际上脱离喀尔喀万户而自为一部。右翼封主格呼森札从哈拉哈河流域向西、向北发展，最后发展成为占据漠北草原东部和中部的一个庞大的万户。②

喀尔喀万户在格呼森札及其后人统治下的崛起，与右翼三万户之一的满官嗔—土默特部首领俺答汗有相当大的关系。16世纪初，喀尔喀万户游牧在哈拉哈河流域，东与成吉思汗后裔诸部各万户为邻，北与兀良哈万户接壤。兀良哈万户游牧在肯特山和克鲁伦河、斡难河上游一带。③ 当时，答言合罕分封诸子，其子孙分得各万户及其下属诸鄂托克，而唯独兀良哈万户不在封授之列，可见兀良哈万户十分强大，答言合罕还未能剥夺他们统治者的管辖本部之权。但

---

① 森川哲雄：《喀尔喀万户（Qalq-q tümen）及其成立》，《东洋学报》第55卷2号，1972年，第27—30页。
② 参见乌云毕力格《〈阿萨喇克其史〉研究》，第3—4页。
③ 宝音德力根：《兀良哈万户牧地考》，《内蒙古大学学报》（人文社会科学版）2000年第5期，第1—7页。

是,答言合罕死后不久,其继承者不地合罕联合其他万户征讨并瓜分了兀良哈万户,兀良哈万户灭亡。其结果,喀尔喀万户的势力向北一直延伸到肯特山,向西占据漠北草原,可以说兀良哈战争中受益最多的是喀尔喀人。

就在远征兀良哈时,喀尔喀和土默特两部开始建立起友好关系。1524年,兀良哈万户的图类诺颜和格呼孛罗丞相南犯喀尔喀,掳掠喀尔喀之别速惕和库哩野二鄂托克。得此消息后,土默特部首领俺答汗长途跋涉率兵征讨,在巴勒济地方击败了兀良哈。此后,1531年、1532年、1538年、1541年和1544年,俺答汗及蒙古五万户前后还五次远征兀良哈,[①]最终肢解了兀良哈万户,使之并入其余五万户之内。喀尔喀人在俺答汗远征中受益匪浅,不仅借机消灭了觊觎他们的强邻,而且将其土地和人民的大部分占为己有。喀尔喀统治者们一面感激俺答汗,与其建立友好关系,一面又借助俺答汗的势力,提高他们在本部的统治地位。于是,喀尔喀对俺答汗的依附关系,从喀尔喀万户始祖格呼森札本人就已开始了。

1687年,当时依附喀尔喀车臣汗部的阿巴哈纳尔部贵族额尔和木公台吉在呈奏康熙皇帝的一份奏折中,回顾了阿巴哈纳尔部历史,无意中提供了一个相当重要的历史信息。奏折中写道:

……jalayir tayiji yeke qatun tai taolai jil-dü altan gegen qaγan-u nutuγ boro niruγun-du aqu čaγ-tu očiju baraγalqaji qaγan-u sayin jula neretü keüken-i yisün nasutai abči ireji öber-ün doloγan köbegün-iyen degüü bolγan ösgejü temegetü qaγan-du öggügsen tere ayouši abaqai gegči bile. ayuši abaqai-yin γurban kürgen-ni vačirai sayin qaγan ötekei ildüči baγatur torčaγai degürgegči γurban kürgen

"札剌亦儿台吉与大哈屯于兔年当俺答格艮汗的游牧在博罗尼鲁温时前去拜会,将汗之九岁的名叫赛音卓拉的女儿接过来,当作自己七个儿子的妹妹养大。后来将其嫁给了(阿巴哈纳尔的)特默格图汗。她就是阿玉什阿巴海。阿玉什阿巴海的三个女婿是:瓦齐赉赛音汗、

---

① 《俺答汗传》,内蒙古社科院藏本,叶5b—叶9b;珠荣嘎译注:《阿勒坦汗传》,第29—48页。

乌特黑伊勒都齐巴图尔①、图尔察海都古尔格克齐②三人。"③

此处的札剌亦儿台吉指的就是格呼森札。格呼森札在世时（1513—1548），前后有过三个兔年，即1519年己卯、1531年辛卯和1543年癸卯。宝音德力根根据"当作自己七个儿子的妹妹养大"这个先决条件和格呼森札前三个儿子分别在1530年、1534年和1536年出生的记载认为，赛音卓拉应该是1535年出生，她九岁的兔年应该是1543年。④ 这是正确的。这一年远征兀良哈基本结束，俺答汗因其赫赫战功，被蒙古合罕授予"土谢图彻辰汗"称号，所以格呼森札此时来拜访其侄儿俺答汗很能说明问题。格呼森札为了给双方关系锦上添花，领养了俺答汗的女儿。宝音德力根教授就此事件认为，"为了扩大在全蒙古的权势，俺答汗显然是在拉拢北喀尔喀靠自己的一边。"⑤其实，若认为这是格呼森札为了加强和俺答汗及其强大的蒙古右翼的关系而主动讨好其侄儿的行为，可能更加准确。

到了16世纪50年代末，俺答汗开始远征卫拉特，意欲征服他们。1558年和1568年，俺答汗两次远征卫拉特，直趋阿尔泰山。俺答汗等漠南军队的征讨，迫使卫拉特人西迁。卫拉特远征的最大受益者又是喀尔喀蒙古。他们占据了卫拉特故地杭爱山地区，把领地向西拓展了很多。接着，格呼森札的孙子、亦即俺答汗女儿和格呼森札养女赛音卓拉的女婿阿巴泰步俺答汗等蒙古右翼军队的后尘，向卫拉特进军，取得了一系列的胜利。

到16世纪70年代，俺答汗通过多次征战，扩大自己的影响和地位，其实力发展到凌驾于蒙古合罕之上的地步。在武功告成后，他又积极联络西藏格鲁派，称自己是元世祖忽必烈薛禅皇帝的转世，封西藏格鲁派领袖索南嘉措为"达赖喇嘛"，把他比做忽必烈的国师

---

① 格呼森札长子阿什海达尔汉的幼子。
② 格呼森札四子阿敏都喇勒长子。
③ 中国第一历史档案馆、内蒙古大学蒙古学学院编：《清内阁蒙古堂档》卷六，第50页。
④ 宝音德力根：《从阿巴泰汗和俺答汗关系看喀尔喀古代史的几个问题》，《内蒙古大学学报》（蒙古文版）1999年第1期，第35页。
⑤ 同上。

八思巴喇嘛,希望在道义上亦得到全蒙古最高首领的地位。于是,蒙藏交通又一次通达,藏传佛教格鲁派教义盛行于蒙古上层和民间。在喀尔喀,阿巴泰因战功自称"赛音汗",成为喀尔喀实际上的万户主。但是,他是格呼森札三子之裔,取代右翼长子阿什海达尔汉后裔的地位,成为万户首领,仍有道义上的欠缺。他效仿俺答汗利用佛教的成功之举,准备亲赴土默特俺答汗处,拜见达赖喇嘛,迎请高僧,弘扬佛法。1581年,他先派人到俺答汗处,请来东科尔呼图克图做自己的皈依处。不久,又迎来了另外一位高僧萨木喇囊素。1585年,他在从土默特请来的高僧的主持和协助下,开始建造宏大的额尔德尼召,亲赴土默特,拜见达赖喇嘛。阿巴泰如愿以偿,达赖喇嘛"认定"他为"瓦齐尔巴尼(金刚手)"佛的转世,授予他"佛法瓦齐赉汗"尊号。

同时,不容忽视另外一件重大事件。那就是俺答汗和明朝的关系。众所周知,经过几十年的不懈的努力,俺答汗终于叩开明朝紧闭的边关大门,1571年实现了同明朝的和平贸易。从此,呼和浩特又成为蒙古经济中心。远离明朝边境的漠北喀尔喀人与明朝几乎没有任何交往,因此,通过土默特实现与中原地区的经济贸易关系,不仅是一个重大的经济问题,也是重大的政治问题。因此,呼和浩特对喀尔喀的意义更加重大了。阿巴泰汗来到呼和浩特,叩见他的兄嫂三娘子,不能仅仅理解为礼仪上的事情。明朝末年的明朝兵部题行文件的记载显示,直到明朝灭亡,喀尔喀一直跟随土默特人,在宣大边关与明人贸易。甚至到了1635年,这样的经济活动仍在持续。满洲金国的汗皇太极不容此举,以明朝、喀尔喀和土默特连手抗金为罪名,劫掠喀尔喀商队,问罪土默特上层,于是爆发了所谓的土默特"鄂木布事件",这是众所周知的事,此不赘述。喀尔喀与土默特的宗教文化关系一直很密切,比如喀尔喀左翼著名的绰克图台吉曾在1618年请呼和浩特名僧固什绰尔济将藏文典籍《米拉日巴传》译成蒙古文。①

总之,从俺答汗时期开始,出于各自的利益和目的,喀尔喀和土

---

① 乌云毕力格:《绰克图台吉的历史与历史记忆》,第203页。

默特统治者相互支持,相互利用。由于俺答汗信奉了格鲁派佛教,延请三世达赖喇嘛莅临和四世达赖喇嘛降生于土默特,以及由于俺答汗与明朝建立了经济贸易关系,使新建的呼和浩特城成为当时蒙古的佛教文化和经济中心,这一切使得喀尔喀和土默特越走越近。额尔德尼召的建立是喀尔喀与土默特历史关系的一个标志性事件。

第十二章　谭巴里塔斯佛教摩崖石刻

新疆的北疆草原和哈萨克斯坦的巴尔喀什湖以东地区是历史上卫拉特人活动地域的中心。卫拉特人自16世纪末开始接触藏传佛教格鲁派,17世纪初全民皈依其教。在新疆很少发现17、18世纪卫拉特人的佛教摩崖石刻,目前知道的只有伊犁河流域的昭苏县阿贵斯山洞一处。① 在哈萨克斯坦共和国则多处可见佛教摩崖石刻和雕塑。宰诺拉·萨玛谢夫编著的《哈萨克斯坦岩画》一书,对此作了简短的报道,附了一些图片(插图1)。②

2009年8月,日本地球环境学研究所(简称"地球研")"伊犁河流域历史与环境研究课题组"的"伊犁河流域古代游牧文明考察小组"在哈萨克斯坦东部地区进行了3周时间的田野调查。8月10日,考察队来到阿拉玛图州境内伊利河畔的谭巴里塔斯(Tanbalitas)。该地在卡普恰盖水库以西12公里处的伊犁河右岸,是一座由红色岩石构成的小山(附图一)。在谭巴里塔斯山崖上保留着巨大的佛教石刻岩画,包括佛菩萨摩崖石刻像、托忒文和藏文佛经摩崖。

一、谭巴里塔斯佛教石刻岩画内容解读

谭巴里塔斯山崖矗立在伊犁河右岸,离开河岸只有10米距离。岩画分布在离河面最近的山崖峭壁上,沿河边往来的人看得十分清楚。岩画布局基本上分为上中下三段,分布在不同的岩石上,高的在5米以上山崖上,最低的离地面不足0.5米。

---

① 叶尔达:"阿贵斯岩洞的岩画与摩崖",Quaestiones Mongolrum Disputatae VIII, pp. 93-112.
② Zainolla Samashev: *Petroglifi Kazahstana*, Almati, 2006, pp. 144-147.

插图1

上段：最上方的岩画是一组佛和菩萨像。在一个 5 米多高的悬崖中央，刻了三尊佛和菩萨像（附图二）。正中间是四壁观音菩萨像。四臂观音造像的最显著的特点是，这尊菩萨跏趺端坐在莲花座上，中二手合掌，余二手举于身体两侧，右手持念珠，左手持莲花。岩画上四臂观音石刻像完全与此吻合，而且在石刻像下方用藏文铭刻了一行字，即'phags pa spyan ras g§①zigs la no mo，意为"顶礼观音菩萨"，紧接在下面两次铭刻了观音菩萨的明咒——藏文六字真言 oṃ ma mi pad ma huṃ（唵嘛呢叭咪吽），其下为 O a huṃ（三字总持）。

在四臂观音的左边，是释迦牟尼佛像（附图三）。佛像下面仍用藏文铭刻了 sangs rgyas shakyā thub pa la na mo（顶礼释迦佛祖）字样。

在观音菩萨的右边，刻了药师佛像（附图四）。佛像下面，用藏文铭刻了 sangs rgye sman kyi lha la na mo（顶礼药师佛）字样（附图五）。药师佛的岩画像，也与该佛像的一般表现特征吻合。

中段：在整个岩画的中部位置铭刻了蒙藏文咒文、经文和释迦牟尼佛像。在雕刻佛菩萨画像的山崖下方的一块岩石上，是刻有托忒文的摩崖（附图六），它可能是祷告语，或者是某佛典中的一段，有待释读。托忒文的下方是一行藏文……(b) sang chos kyi rgyal mtsan la na mo（顶礼……桑确吉坚赞）（附图七）。"……桑确吉坚赞"很容易令人想起四世班禅额尔德尼罗桑确吉坚赞（1570—1662）的名字。这段话原本或许是类似"向班禅额尔德尼罗桑确吉坚赞顶礼"的意思。卫拉特人非常敬重四世班禅，比如在《蒙古—卫拉特律令》开篇的祈祷文中，先向班禅顶礼，然后才向达赖喇嘛顶礼。这与四世班禅在格鲁派中的宗教地位有关（在他坐床的年代，四世、五世两位达赖喇嘛接替，四世班禅主政格鲁派时间很长，而且正值西藏多事之秋），也和卫拉特与西藏格鲁派的接触主要通过四世班禅有关。托忒文石刻的右边是一组托忒文、藏文铭刻和释迦牟尼佛像（附图八）。托忒文写的是三行六字真言 o ma vi pad me xuo；藏文仍为三行文字，其第一行为 na mo ra tna tra ya ya o，是梵文 namo ratna-

---

① 此处为巨石断裂处。该词应写 gzigs，石壁上似乎写成了 gzib。

trayāya 的藏文转写,意为"皈依佛法僧三宝",第二行为 kah ka ni re ce re ra ci ni tra,也是梵文的藏文转写,第三行仍为梵文藏文转写,即 tra sa ni tra sa ni sva ti ha ma。后面两行的意思需要进一步确认。

在其右边的山崖上铭刻了藏文的六字真言,其下方的石头上仍刻有六字真言oṃ ma mi pad ma huṃ。再往右,在一个高大的山崖面上铭刻了一些符号(附图九),其意如何,有待研究。

下段:在离托忒文摩崖不远的一块大岩石上,刻了一尊佛像,但没有文字。关于该佛像下文将详细讨论。

从整个摩崖石刻的布局来看,它显然是表现了佛法"三宝",即佛、法、僧。游牧民族逐水草而移动,伊犁河是当地最大河流。摩崖石刻的作者选择伊犁河畔的山崖,是为了更有效地向大众宣扬佛法,劝导人们皈依"三宝"。

二、谭巴里塔斯摩崖的作者和年代

关于谭巴里塔斯摩崖的形成时间及作者,我们可以做如下推测。

首先,摩崖石刻应该是咱雅班第达大库伦的作品。

卫拉特高僧咱雅班第达,本名南海嘉措(1599—1662),四卫拉特之一的和硕特部果罗沁鄂托克的商噶斯氏人,时任卫拉特联盟之首的拜巴噶斯之养子。1616 年,卫拉特诸诺颜各令一子出家到西藏学佛,南海嘉措作为拜巴噶斯的义子赴西藏,在那里学佛时间长达 22 年。南海嘉措在西藏受到达赖喇嘛和班禅额尔德尼的特别眷顾,后来听从他们的派遣返回卫拉特本土准噶尔地方传教。他曾到喀尔喀蒙古和伏尔加河土尔扈特传教,被喀尔喀扎萨克图汗授予"拉布占巴·咱雅班第达"称号。他在卫拉特创建了移动的佛教寺院——大库伦,库伦最多时拥有过上千名喇嘛、班第。咱雅班第达从 1639 年到 1662 年在卫拉特传教 20 余年,翻译了大量的佛教经典,主持了无数次佛教仪式和佛事,使卫拉特佛教得到了长足的发展。咱雅班第达去世以后,大库伦的活动仍很频繁。但是,17 世纪 70 年代,准噶尔部的噶尔丹崛起,吞并包括和硕特(迁徙青海的和硕特人除外)的其他诸部,建立了准噶尔汗国。在此战乱中,咱雅班第达的大库伦遭遇灭顶之灾。在噶尔丹以后,直到18世纪中叶准噶尔被清朝征服,佛教在卫拉特仍然得到了很大发展,但是,策妄阿拉布坦父子时代的卫拉特佛教的传播与咱雅班第达时期有所不同,当时已经开始建造固定的庙宇,最具典型的是伊犁的固尔扎和海努克两座大庙。关于这些问题笔者已进行了详细论述,①在此不再赘述。因此,摩崖石刻更像是大库伦时期的作品。

摩崖所在地的地理位置在一定程度上证明,摩崖与咱雅班第达弟子们有关。

在17世纪30至70年代,南自特穆尔图湖(今吉尔吉斯斯坦的伊赛克湖),北至塔尔巴哈台山(新疆塔城北),东自汗哈尔察盖山(今新疆博尔塔拉蒙古自治州境内),西至巴尔喀什湖(今哈萨克斯坦同名湖)的大片土地属于和硕特部。② 谭巴里塔斯所在的卡普恰盖一带,历史上属于和硕特部领地的南段。和硕特部是库伦的根据地所在。当时的和硕特部长鄂齐尔图车臣汗是拜巴噶斯之子,是咱雅班第达的义兄弟,卫拉特大库伦的最大施主。③ 谭巴里塔斯的位置间接证明,该摩崖石刻可能是咱雅库伦的作为。

其次,摩崖形成的时间应该在17世纪40年代末至噶尔丹崛起的60、70年代。因为,第一,摩崖的大部分内容是用托忒文刻写的,而托忒文是咱雅班第达1648年创制的。所以,该岩画创作年代的上限最早也不会早于1648年。如上所说,噶尔丹兴起后,噶尔丹与和硕特部的关系急剧恶化,受此影响,作为和硕特部供养处的咱雅班第达大库伦也受到了极大的打击。在噶尔丹的统一战争和远征喀尔喀的战争中,库伦所剩无几。因此,这些大型摩崖的形成不会

---

① 乌云毕力格:《卫拉特大库伦与五集赛》,载《丰碑——纪念海西希教授80诞辰》,内蒙古文化出版社,1990年。
② 乌云毕力格:《十七世纪卫拉特各部游牧地研究》,《西域研究》2010年第1期。
③ 乌云毕力格:《卫拉特大库伦冬夏营地和库仑商游牧地考》(日文),洼田顺平、承志、井上充幸主编:《伊犁河流域历史地理论文集》,松香堂,2009年,第65—82页。

第十二章　谭巴里塔斯佛教摩崖石刻

晚于噶尔丹时期。第二,如前所说,该摩崖石刻中的托忒文经文石刻下面有一行藏文,可以解读为"向……桑确吉坚赞顶礼"。如这段内容果真是指四世班禅,那么几乎可以断言,该石刻形成的时间在1662年之前,也就是说咱雅班第达在世之际(他和四世班禅都是1662年圆寂)。如这个推断成立,如下文讨论,我们不难理解,库伦的僧人们为什么在这里没有刻他们的高僧咱雅班第达之像了。

三、龙王石刻像与咱雅班第达

如前所述,在谭巴里塔斯摩崖石刻中的最下面的一层,一块2米高的大岩石上单独刻了一尊佛像(附图十),非常引人瞩目。可惜刻佛像的岩石风化较严重,尤其是佛像的胸、腹和腿已经非常模糊,因此看不清其手势。但是,人物面部非常清晰,身体的整个轮廓基本清楚。岩画中的人物留有短发,具有高隆肉髻,面容庄严肃穆,身披袈裟,袒露右肩,端坐于束腰莲台上。最具特色的是,在佛身后光环中,头像左右边各站立着几条蛇,共4条蛇清晰可辨(附图十一)。

通观诸佛、菩萨造像,可以发现,在背后光环中带有蛇的造像只有两尊:一为龙树菩萨,另一个为龙尊王佛。

先看龙树菩萨。龙树菩萨,梵名 Nāgārjuna,根据佛教文献,他大约在公元2、3世纪(150—250)生活在南印度。龙树出家后,学习"三藏"而得不到满足,后来在喜马拉雅山一位不知名的老僧处得到大乘教授,以大乘法义压服外道邪说。龙树菩萨因而当时心生骄慢。看到这情形,有大龙菩萨者,心生悲悯,引龙树菩萨入龙宫,授龙树以无量大乘秘密教授。于是,他首先开创空性的"中观"学说,肇大乘佛教思想之先河。龙树菩萨的主要主张,见于他的《中论》,核心思想是"八不偈",即:"不生亦不灭,不常亦不断,不一亦不异,不来亦不出。"藏传佛教格鲁派的学说就是来源于龙树的"中观论"。关于"龙树"一名的来历,有不同的说法。一般认为,龙树生于树下,因大龙菩萨得道,故称龙树。龙树菩萨造像的最具特色的地方在于,他身后有7条(有时是8条)蛇(附图十二)。龙树的造像确实和谭巴里塔斯这幅佛像有点类似,但细细考察,龙树的坐式为游戏坐,显然与石刻像不同。

再看龙尊王佛。龙尊王佛,全称"龙种上尊王佛",简称"龙王佛",是佛教礼仪活动中称颂的三十五佛之一。这尊佛的造像为:身披袈裟,袒露右肩,结跏趺坐于束腰莲台上,双手置胸前结说法印。身后有7条花蛇相互盘绕(附图十三)。龙尊王佛的形象与摩崖像更加一致。①

除了从佛教造像艺术角度审视,我们应该还把目光投向卫拉特文献。笔者发现,在著名的卫拉特高僧咱雅班第达的传记中,作者把咱雅班第达尊称"龙王"。1662年咱雅班第达去世后,其弟子拉德纳巴德喇为他撰写了极其详尽而可靠的一部传记,这就是有名的《拉布占巴·咱雅班第达传名曰月光》。②《咱雅班第达传》开篇的揭颂由五段祷告词构成。第一段,作者向文殊菩萨顶礼;第二段向金刚手菩萨顶礼;第三段向佛的"法身"顶礼;第四段向佛的"化身"顶礼;第五段向咱雅班第达本人顶礼。第五段的赞美咱雅班第达的一段话的原文为:"erdemiyin usu bariqči baxaraqsan dotoro-ēče ener-riküi aldariyin yeke doun bükü zük-tü dourisun eši uxāni nomiyin xura amitan dalai debeltü-dü o-roulaji erdem biligiyin üre öüs-geqči kluyin xān rab-gyams za-ya pandida-du sögüdümüi"。③ 成崇德教授将其汉译为:"(向)功德无量,仁慈之名在十方传颂,将妙慧甘露施于众生之嘎鲁汗拉让巴咱雅班第达顶礼膜拜。"④ 这段话对我们的论述非常重要,因此有必要做一字一句的翻译,以便详细讨论。Erdem,这里的意思是"德"(不能理解为现代蒙古语的"学问");usu bariqči,直译为"持水",是"云"的异名,译自藏文的 chu kur;baxaraqsan,意为"聚集";eši uxān,"佛语"解;dalai debeltü,直译为"以大海为衣者",

---

① 龙王佛身后有7条蛇,这是该佛像的固定造型。岩画人物像身后现在能辨认出4条蛇。但是,岩画风化较严重,看不清到底有过几条蛇。
② Г. Н. Румянцева и А. Г. Сазыкина, *Раднабадра: ЛУННЫЙ СВЕТ, Историа рабджам Зая-пандиты*, Санкт-Петербург, 1999.
③ Ibid., p. 1b.
④ 成崇德译:《咱雅班第达传》,载《清代蒙古高僧传译辑》,全国图书馆文献缩微复制中心出版,1990年,第3页。

第十二章 谭巴里塔斯佛教摩崖石刻

意为被大海环绕的,此即"大洲"、"大陆"之异名;kluyin xān,还可写为 luyin xān,前者是仿照藏文字形写的形式,意为"龙王"。如此,这段话的译文应如下:"在德的云彩中发出响彻八方的慈悲巨声,将佛语之法雨倾降于众生四洲,创造善德与智慧之种子者——龙王拉布占巴·咱雅班第达,向他跪拜。"拉德纳巴德喇是多年师从咱雅班第达的喇嘛,他称咱雅班第达为 kluyin xān"龙王",必有原因。他这段话说明,咱雅班第达库伦的喇嘛们认为咱雅班第达是"龙王"的化身。

龙尊王佛的蒙古义名为 Luus-un erketü qaγan。Luus 是 Luu(即托忒文的 klu,意为"龙")的复数形式。qaγan,托忒文为 xān,意为"可汗""王"或"皇帝"。Erketü 意为"具足权力"。Luus-un erketü qaγan 就是"管辖众龙的王",也即"龙王"。因此,龙尊王佛的名字和《咱雅班第达传》中对咱雅班第达的称呼"龙王"完全相符。但是,龙树就和"龙王"的称呼没有什么关系了。首先,龙树的得道虽与龙族有关,但他本人不属于龙族,更不是龙王。其次,龙树的名字也没有"龙王"之意。更重要的是,"龙树"这个名称是汉文佛教文献独有的,藏文译作 klu sgrub,意为"龙成"。卫拉特人的佛经文献都是 17 世纪以后译自藏文或梵文的,所以他们称龙树为 Nakarjun-a,即其梵文名。因此,他们对咱雅班第达的"龙王"称谓,不可能来自"龙树"之名。

根据佛经记载,文殊的现身为菩萨,但实际上他早已成佛,就是龙尊王佛,也就是说龙尊王佛是文殊菩萨的前世。如此看来,咱雅班第达库伦的喇嘛们在谭巴里塔斯刻画龙王佛之像,是和咱雅班第达的前世及其信仰有关的。谭巴里塔斯石刻是咱雅班第达库伦僧人们的所为,《咱雅班第达传》与谭巴里塔斯摩崖石刻有内在联系。也就是说,咱雅班第达被认为是龙王佛的"化身",所以他的弟子们不仅在《咱雅班第达传》中用文字记载这个内容,而且还用摩崖石刻表现出来。

《咱雅班第达传》里曾经提及过他的前世。据说,四世班禅喇嘛曾经说过,咱雅班第达的前世是印度的一位 yeke mergen pandida"非常有学问的班第达"。咱雅班第达本人承认这一说法,但是没有明言那位班第达为何许人。① 根据佛教理论,佛可以有很多"化身",他们以不同的"化身"为众生造福。龙尊王佛的一个化身当然可能曾经是印度某位很有学问的班第达,他多年以后的转世也可能是咱雅班第达。但归根结蒂,他们都还是龙尊王佛的"化身"。因此,咱雅班第达作为印度某班第达"转世"的身份,和他作为龙尊王佛的"化身"身份并不互相矛盾。

为什么卫拉特佛教界认为咱雅班第达是"龙尊王佛"的"化身"呢? 这可能和龙尊王佛是文殊菩萨的过去世佛的说法有关。在卫拉特佛教中,文殊菩萨和观音菩萨特别受到尊敬,这种信仰来自西藏。在《咱雅班第达传》里首先顶礼文殊。在谭巴里塔斯摩崖石刻中,最大的石刻像就是文殊菩萨,而且居于佛祖释迦牟尼佛和药师佛中间。

总之,谭巴里塔斯摩崖是咱雅班第达库伦僧人们的杰作,他们借此宣扬佛法,劝人们皈依三宝。三宝中表现僧宝时,摩崖石刻并没有直接刻画咱雅班第达像,而是刻画了被视作他前世的龙尊王佛像。笔者推测,因为当时咱雅班第达还在世,他不许弟子们刻画他的形象,于是其弟子们代之以其前世龙尊王佛了吧。因为,蒙古地方的佛教中,释迦牟尼佛、观音菩萨、药师佛和度母是最常见的佛,家喻户晓,但龙尊王佛比较陌生,尤其是他的塑像、画像几乎只见这一处。

---

① Г. Н. Румянцева и А. Г. Сазыкина, *Раднабадра: ЛУННЫЙ СВЕТ, Историа рабджам Зая-пандиты*, pp. 11a、b.

附图一　谭巴里塔斯

附图二　最上方岩画

附图三　释迦牟尼佛像

附图四　药师佛像

附图五　药师佛下藏文石刻

附图六　中段摩崖托忒文石刻

附图七　中段藏文石刻

附图八　中段右侧石刻

附图九　石刻符号

附图十　下层佛像

附图十一　佛像头部

附图十二　龙树菩萨像

附图十三　龙尊王佛像

第十三章　内齐托音喇嘛相关的顺治朝满文题本

引　言

内齐托音喇嘛(1587—1653)①是蒙古佛教史上的重要人物。内齐托音的事迹,在帕喇扎纳—萨噶喇(Prajna sagar-a)1739年所著《详述圣内齐托音达赖满珠习礼传之如意宝数珠》(*Boɣda neyiči toyin dalai manjusiri-yin domoɣ-i todorqai geigülügči čindamani erike kemegdekü orosibai*,简称《如意宝数珠》)一书有较详细的记载。除此以外,在其他文献中很少流传。

据《如意宝数珠》记载,内齐托音喇嘛是四卫拉特之一土尔扈特部贵族默尔根特莫讷的儿子,本名阿必达。青年时期,萌生出家之念,但迫于父母之命,娶妻成婚,生育一子。后逃出家门,赴西藏,在后藏扎什伦布寺,师从班禅喇嘛,受戒修行。在那里深造佛法显密二宗,后来奉班禅喇嘛之命,到东方蒙古地方弘扬佛法。内齐托音首先来到喀尔喀,在确郎斋桑处传教。但不久即离开喀尔喀,到了南蒙古土默特部的呼和浩特(汉语名归化城,今呼和浩特市旧城),在该城以北的阿巴噶哈喇山修炼,为以土默特部首领鄂木布洪台吉为首的蒙古部众讲经说法。12年后,内齐托音率领30个弟子到库库和屯东北方向的大黄帽山,在那里修炼说法23年之久。这样,据说在呼和浩特地区前后共度过了35年之久。《如意宝数珠》关于内齐托音喇嘛这段生平记载有许多疑点,笔者准备在其他论文中谈及。

其后,内齐托音喇嘛离开土默特地方东行,路经察哈尔到翁牛特,

---

① 关于内齐托音的生年,请参考冈田英弘《乌巴什洪台吉传考释》,《游牧社会史探究》32册,1986年,以及若松宽《蒙古喇嘛教史上的二位弘扬佛法者——内齐托音与咱雅班第达》,载《史林》第56卷第1号,1973年。

第十三章　内齐托音喇嘛相关的顺治朝满文题本

接着在敖汉、奈曼等地传教,然后到了科尔沁各部弘扬佛法。内齐托音喇嘛为蒙古王公贵族和平民百姓宣扬佛法,念经祈福,超度亡灵,同时劝导人们废除萨满信仰,彻底信奉佛法。结果,内齐托音成为科尔沁十旗供养的大喇嘛,名声大振。十旗王公贵族在土谢图亲王旗(科右中旗)为他修建了巴彦和硕庙。据记载,内齐托音喇嘛成为巴林二旗、敖汉旗、奈曼旗、扎鲁特二旗、克什克腾旗、归化城土默特旗和嫩科尔沁六旗、扎赉特旗、杜尔伯特旗、郭尔罗斯二旗、乌拉特二旗、翁牛特旗、喀喇沁旗、东土默特旗等内蒙古各旗王公贵族、平民百姓以及索伦、卦尔察、锡伯等部族人民的信仰。总之,以科尔沁部为首的东内蒙古各部接受藏传佛教格鲁派教法在很大程度上归功于内齐托音喇嘛。在17世纪30、40年代,内齐托音喇嘛已经成为内蒙古地区最具影响力的宗教人物,他的足迹遍及除了鄂尔多斯以外的当时内蒙古全境,尤其是在清代内蒙古东三盟影响极大,如日中天。①

2007年,中国人民大学国学院西域历史语言研究所与中国第一历史档案馆满文部合作整理出版《清初理藩院满蒙古文题本》之际,与顺治年间的内齐托音喇嘛相关的若干题本引起了笔者的极大兴趣。这些题本无疑是迄今为止首次发现的内齐托音喇嘛相关的档案文书资料。这些文书的发现,有以下几个方面的学术意义:首先,对研究内齐托音本人晚年的遭遇及其弟子们的下落,提供了可靠的史料。其次,对研究内齐托音喇嘛传记——《如意宝数珠》,判断该传记部分记载的史料价值提供了可靠的参照物。再次,对研究锡埒图库伦旗早期历史(包括对该旗历代扎萨克达喇嘛传记汇编——《锡埒图库伦喇嘛传汇典》的史料学评判)、锡埒图库伦旗上层、内齐托音喇嘛与清朝三者的关系以及审视清初对内蒙古地区佛教政策,都提供了重要的新史料。

因篇幅关系,本章重点译注满文题本的同时,仅仅讨论内齐托音喇嘛本人晚年的遭遇及其弟子们的下落。其他相关问题,笔者准备将来再分别撰文详细讨论。

---

① 相关内容见《如意宝数珠》,东洋文库所藏木刻版。有关内齐托音喇嘛事迹,请参考若松宽《蒙古喇嘛教史上的二位弘扬佛法者——内齐托音与咱雅班第达》。

一、内齐托音喇嘛相关的顺治朝四份满文文书及其译注

文书一拉丁字母音写

01（朱批）+ + gisurehe songkoi obu：

02 wesimburengge（印文：左满文）：tulergi golo/be dasara/ jurgan-i doron（右汉文）：li fan yuan yin

03 tulergi golo-be dasara juran-i ashan-i amban Sajidara sei gingguleme

04 wesimburengge, neici toin lama-be, huhu hoton-de tebure jalin：aliha amban

05 nikan sei gingguleme wesimburengge,

06 + + taidzung hūwangdi hese, neici toin lama-de simbe gūsin duin Sabi-be gaifi giohame yabu：

07 ereci fulu ume badarambure seme,

08 + hese wasimbuha bihe, si fulu ainu obunaha seme, cagan lama, daicing nangsu, aliha

09 amban nikan, ashan-i amban Sajidar, oboon hiya be unggifi, fulu lama bandi sa be

10 gaiha bihe, amala neici toin lama duin bandi be baire jakade amasi buhe：tereci

11 gūwa lama bandi be siretu kuren de buhe, bai niyalma be hoton de gajifi bure

12 bade buhe：ūlete-ci jihe yondun gelung ni hoki uyun bandi be acabuha bihe：

13 te-ini cisui fulu obuha gelung bandi ūheri ninju sunja bi, seme-ijishūn

14 dasan-i jakūci aniya,-ilan wang de alahan bihe, wang sei gisun emgeri obuha be

15 dahame uthai bikini, ereci amasi-ini cisui gelung bandi obure be nakabu

第十三章　内齐托音喇嘛相关的顺治朝满文题本

16 sehe bihe, jurgan-i gisurehengge

17 ＋＋taidzung hūwangdi fonde gūsin jakūn lama bandi be gaifi tuleri giohame yabu sehe

18 ＋hese be geli jurcehebi, yabun geli sain akū：

19 ＋＋taidzung hūwangdi fonde, bilafi buhe gūsin jakūn lama bandi, ūlet ci jihe yondun

20 gelung ni hoki uyun lama bandi be bibume, -ini cisui fulu lama bandi

21 obuha, ninju sunja niyalma be gaifi sembi, erei jalin

22 ＋hese be baime gingguleme wesimbuhe bihe：

23 ＋＋enduringge hese gisurehe songkoi obu, Sehe：te jurgan-i gisurehengge, neici toin lama

24 beye, bilafi bibuhe lama bandi be, huhu hoton de tebufi balai yabuburakū obuki：

25 fulu lama bandi obuha ninju sunja niyalma dorgi lama, bandi be gaifi

26 siretu kuren-de bufi tebuki：bai niyalma bici jing hecen-de gajifi sembi：

27 erei jalin,

28 ＋ese be baime gingguleme wesimbumbi：

29 ijishūn dasan-i juwanci aniya, sunja biyai-ice duin：（印文：左满文）：tulergi golo/be dasara/jurgan-i doron（右汉文）：li fan yuan yin

文 书 一 译 注

题［满汉合璧印文：左满文，右汉文：理藩院之印］

理藩院侍郎沙济达喇①等谨题：为安置内齐托音住归化城②事。

---

① 沙济达喇，又作沙济达礼。察哈尔蒙古出身，天聪八年归附爱新国（《清太宗实录》，天聪八年闰八月壬寅），授一等侍卫。顺治三年授理藩院侍郎（《清世祖实录》，顺治三年八月丁酉），十一年擢本院尚书（顺治十一年十一月辛卯）。十三年卒。

② 原文 huhu hoton，即呼和浩特。清朝汉文文献按照明朝所赐汉名作归化城，故此处译为归化城。

尚书尼堪①等谨题：太宗皇帝降谕，尔内齐托音喇嘛可率三十四人弟子化缘而行，不得更逾此数。尔何故增设多人。曾遣察汉喇嘛②、戴青囊苏③、理藩院尚书尼堪、侍卫俄博特④等前往，收回多余喇嘛、班第等。⑤ 后内齐托音喇嘛央求班第四人，故退还。于是将其他喇嘛、班第等，给予锡埒图库伦⑥，将俗人⑦等带至[京]城⑧，拨给

---

① 尼堪，崇德元年任蒙古衙门承政(《清太宗实录》，崇德元年六月丙戌)，三年，蒙古衙门更名为理藩院，贝子博罗出任理藩院承政，尼堪任右参政(《清太宗实录》，崇德三年七月丙戌)。顺治四年任理藩院尚书(《清世祖实录》，顺治四年六月戊戌)，十年致仕(十年四月戊午)。
② 该喇嘛在清太宗皇帝时期曾经作为朝廷的使臣出使明朝和外藩喀尔喀蒙古、西藏等地，也经常被派到蒙古处理有关宗教等事宜(天聪四年十一月壬寅，天聪十年二月庚寅，崇德元年八月戊子，十一月甲子)，顺治十三年授察汉喇嘛以达尔汉绰尔济名号，"以其出使外国，屡着勤劳也"。(《清世祖实录》，顺治十三年五月庚子)可见他是深受太宗、世祖两朝信任和优待的高级喇嘛。
③ 又作代青囊苏，原为蒙古察哈尔部喇嘛。林丹汗去世以后，察哈尔部众降附爱新国，戴青囊苏等于天聪八年十月来归。
④ 俄博特，蒙古人。天聪八年，爱新国第一次进行科举，命礼部考取通满洲、蒙古、汉文者，俄博特以通蒙古文之蒙古人被授予举人(《清太宗实录》，天聪八年四月辛巳)，后任一等侍卫。
⑤ 此事在《内国史院满文档案》和《清太宗实录》中有同样的记载。《内国史院满文档案》记载如下：(崇德三年十二月)二十九日，"以喇嘛等不遵戒律，上遣察汉喇嘛、戴青囊苏、理藩院参政尼堪、一等内侍俄博特、沙济达喇等谕席勒图绰尔济曰：'朕闻尔等众喇嘛，不遵喇嘛戒律，肆意妄行等语。朕蒙天佑，为大国之主，治理国政。今其不遵戒律，任意妄行者，朕若不惩治，谁则治之？凡人请喇嘛诵经者，必率众喇嘛同往，不许一二人私行，且尔等众喇嘛不出征行猎，除徒弟外，他人何用？'喇嘛等曰：'然，多余之人，俱当遣还。'察汉喇嘛、戴青囊苏、理藩院参政尼堪、一等内侍卫俄博特、沙济达喇等以喇嘛之言具奏，上曰：'喇嘛处闲人虽多，然须于其中择能随征行猎有用壮丁，方可取之，否则，取之何用？'乃止。于是，内齐托音喇嘛及诸无行喇嘛等私自收集徒弟、汉人、朝鲜人等，俱断出携回，给还本主，给以妻室。以土谢图亲王下喇嘛一名、扎鲁特部落青巴图鲁下喇嘛一名，不遵喇嘛戒律，肆行妄为，令之娶妻，其又不从，阉之。"(第一历史档案馆：《清初内国史院满文档案译编》，光明日报出版社，上册，第404页)这说明，在太宗皇帝时期，朝廷就曾收夺过内齐托音的弟子和庙丁。
⑥ 清朝时期在漠南蒙古地区建立的唯一扎萨克喇嘛旗。今内蒙古自治区通辽市库伦旗东部一带。
⑦ 原文 bai niyalma，《五体清文鉴》译为"闲人"，指没有职业或职官的人。这里是与喇嘛、班第等僧人相对而言，故译为俗人。
⑧ 指盛京，即今辽宁省省城沈阳。

第十三章　内齐托音喇嘛相关的顺治朝满文题本

应给之处,将自厄鲁特来之云端格隆之伙伴班第九人与其合并。现有私设格隆、班第共有六十五人。等语。顺治八年曾将此事禀告三王①。王等传言:既已收集,可令其存留。自此以后,禁止擅设格隆、班第。

[理藩院]议覆:[内齐托音]违背太宗皇帝时所限带三十八②喇嘛、班第外出化缘之旨,行为又不端③。着留太宗皇帝时限定三十八喇嘛、班第及厄鲁特云端格隆④之伙伴喇嘛、班第九人,收夺私设喇嘛、班第六十五人⑤。为此谨题请旨。圣旨:依议。

---

① 顺治八年(1651)时,具有王爵并可参与议政的议政王有和硕郑亲王济尔哈郎、和硕信亲王多尼、多罗顺承郡王勒克德浑、多罗谦郡王瓦克达和和硕承泽亲王硕塞等5人。其中,多罗谦郡王瓦克达和和硕承泽亲王硕塞是顺治八年十月才参与议政(《清世祖实录》,顺治八年十月己酉),所以,此处的三王很可能指济尔哈郎、多尼和勒克德浑三人。
② 崇德皇帝原本限定为34人,后经内齐托音喇嘛题请,归还4人,变成了38人。据《如意宝数珠》记载,内齐托音曾带领30名格隆赴盛京向清太宗请过安。该传还记载,顺治皇帝时处罚内齐托音,只允许他带领谒见太宗皇帝时所带30名大格隆与30名小徒弟。据该文书,传记记载的弟子人数和规定限额的皇帝均有误。但是值得注意的是,最初太宗皇帝规定的准带弟子34名限数可能与内齐托音请安时所带去的弟子人数有关。
③ 内齐托音喇嘛行为有何不端之处,本题本没有具体说明。据《如意宝数珠》载,顺治皇帝生病,有大臣建议请内齐托音为皇帝灌顶讲经,内齐托音婉言拒绝。当时萨迦诺门汗上奏皇帝,反对敦请内齐托音为皇帝授灌顶,并恶意中伤内齐托音,说他在蒙古地方视己如佛,为他的所有徒弟取佛陀之名,为下贱人等传授至深至秘之佛法。这里所说托音"行为不端",可能指此类事情。
④ 在内齐托音传中不见关于云端格隆的记载。但是,该传记载,内齐托音的儿子名叫额尔德穆达赖(Erdem-ün dalai,意为德海),他携带妻子、儿子及部分部众曾经从土尔扈特来到科尔沁寻访内齐托音。后来,按照内齐托音喇嘛的要求,儿子和儿媳妇都出家,成为 gelüng(格隆,汉译"比丘")和 cibaganca(尼姑)。随从部众返回故土,额尔德穆达赖及其前妻和少部分人留在了内齐托音身边。蒙古语"额尔德穆"(erdem),译成藏文就是"云端"(yon-lden)。满语的 gelung,来自蒙古语 gelüng(格隆),而蒙古语则借自藏文 dge-slong。蒙古人在取法名、笔名时,将原名在梵文、藏文和蒙古文之间互译,是一种独特的文化现象。所以,这里所说的从厄鲁特来之云端格隆(Yondun gelung)可能就是内齐托音的儿子额尔德穆格隆。如这样,《如意宝数珠》关于内齐托音儿子来科尔沁和出家为僧的记载非常可信。
⑤ 第四份文书中又称65人。《如意宝数珠》记载,顺治皇帝时夺60名僧人给了满朱习礼库伦,该记载的准确性被本文书证实。结合蒙古文传记和满文文书记载考虑,最后收走的弟子人数应该是60人。

今[理藩]院议:着令内齐托音喇嘛本人及限定喇嘛、班第等安置归化城,①不准其妄行。其余喇嘛、班第六十五人中,收夺喇嘛、班第等给锡埒图库伦,俗人带至京城。为此谨题请旨。

顺治十年五月初四日②[印文(满汉合璧):左满文\右汉文:理藩院之印]

[朱批]③:依议。

文书二拉丁字母音写

01（朱批）++ gisurehe songkoi obu:

02 wesimburengge（印文:左满文）: tulergi golo/be dasara/jurgan-i doron（右汉文）: li fan yuan yin

03 tuleregi golo-be dasara juregan-i taka daiseleha aliha amban gūsai ejen Minggadari sei gingguleme

04 wesimburengge: neici toin lama cisui fulu ilibuha niyalmai jalin: neici toin lama

05 ++ taidzung hūwangdi-i hese-be jureceme bilafi buhe ton-ci fulu cisui

　badarambume lama, bandi

06 ilibuhabi: yabun geli sain akū seme neici toin lamai beye, bilafi buhe lama, bandi-be

07 suwaliyame huhu hoton-de tebufi, balai yabuburakū obuki, ton-ci fulu ilibuha

08 lama, bandi-be gaifi siretu kuren-de tebuki: bai niyalma bici, jing hecen-de

09 gajifi sembi seme

---

① 《如意宝数珠》载,科尔沁十旗王公诺颜等商定,为内齐托音喇嘛建立一所永久居住之寺庙。经内齐托音同意和亲自选定寺址,在巴颜和硕地方建造了大寺。寺址在今内蒙古自治区兴安盟科右中旗北境。顺治朝廷令内齐托音带领少数喇嘛、班第到呼和浩特居住,就是让他离开他的大本营巴颜和硕寺和科尔沁蒙古。
② 1653年5月30日。
③ 朱批原文写在题本首页左上方。下同。

第十三章 内齐托音喇嘛相关的顺治朝满文题本

10 +dele wesimbuhe:

11 ++enduringge hese, gisurehe songkoi obu sehe bihe: neici toin lama fulu ilibuha

12 ninju ilan lama bandi-be siretu kuren-de buhe, neici toin lamai beye, bilafi

13 buhe gūsin jakūn lama, bandi-be suwaliyame huhu hoton-de benehe, gūsinn jakūn

14 lama, bandi sa ceni cisui ilibufi takūraSara solho, nikan haha uheri susai

15 emu niyalma-be ubade gajihabi, ese-de morin emte bi, neici toin lama yasa

16 saburakū tule geneci ojorakū ofi emu nikan haha jui-be

17 +dele wesimbufi, minde bibureo seme hendufi unggihebi: erebe jurgan-i gisurehengge:

18 gajime jihe susai emu niyalma, monggo bihe bici, meni jurgan icihiyambihe, gemu

19 solho nikan-be dahame morin nisihai, boigon-i jurgan-de afabufi icihiyara bade

20 icihiyakini: neici toin lama yasa saburakū, tule geneci ojorakū-be dahame

21 baime wesimbuhe: emu nikan haha jui-be dangse-de ejeme arafi, neici toin lama-de

22 bibuki sembi: erei jalin

23 +hese be baime gingguleme wesimbumbi:

24 ijishun dasan-i juwanci aniya, nadan biyai orin juwe:（印文：左满文）：tulergi golo/be dasara/jurgan-i doron（右汉文）：li fan yuan yin

25　　　　　　　taka daiselaha aliha amban
26　　　　　　　gūsai ejen minggadari,
27　　　　　　　mujilen bahabukū neige,
28　　　　　　　aisilahū hafan fuka,

29	gobiltu,
30	ejeku hafan jiman,
31	mala,

文书二译注

题[印文(满汉合璧):左满文右汉文:理藩院之印]

暂署理藩院尚书固山额真明安达礼①等谨题:内齐托音喇嘛私设人员事。

内齐托音喇嘛违太宗皇帝之旨,限数之外多设喇嘛、班第,行为又不端。着令内齐托音本人及限定喇嘛、班第等一并安置归化城,不准其妄行。率其多设置之喇嘛、班第等安置锡埒图库伦,若有俗人带至京城。为此题奏。圣旨:依议。

已将内齐托音喇嘛增设之六十五喇嘛、班第等拨给锡埒图库伦,内齐托音喇嘛本人及限定三十八喇嘛、班第等一并送至归化城。其三十八喇嘛、班第[之外]②彼等所擅设使唤之朝鲜、汉人男子共五十一人③带至此处。彼等各有马一匹。内齐托音喇嘛因眼不见,

---

① 明安达礼,蒙古正白旗人,姓席鲁特氏,科尔沁部出身(《国朝耆献类征(初编)》卷四三,卿贰三,国史馆本传)。顺治三年(1646),明安达礼任兵部侍郎(《清世祖实录》,顺治三年二月甲申),五年(1648),升为蒙古正白旗固山额真(顺治五年三月己酉),七年(1650)擢为兵部尚书(顺治七年三月癸酉)。九年(1652),授议政大臣(顺治九年十月甲寅),十年(1653)革部任(顺治十年二月辛酉),十三年(1656)授理藩院尚书(顺治十三年五月己亥)。后历任兵部尚书和吏部尚书,康熙八年(1667)二月卒(《国朝耆献类征(初编)》卷四三,卿贰三,国史馆本传)。据该文书,明安达礼于顺治十年被罢免兵部尚书后,还曾暂署理藩院尚书。

② 此处原文为"三十八喇嘛、班第等彼等所擅设使唤之朝鲜、汉人……",显然在"三十八喇嘛、班第等"后面漏掉了表示"除外"的词,故在此处补译。

③ 《如意宝数珠》记载,"那时,立国不久,各旗王和诺颜们从四面八方赶来,把他们从汉地和朝鲜俘获的大批男孩献给喇嘛格根。喇嘛曰:'我们宗喀巴的黄色便帽很适于这些来自汉地和朝鲜男孩的扁长头颅,这是很好的缘分!'于是,就给那些从各地带来的男孩削了发,按照各自的愿望分别授予他们解脱八戒、格隆、格楚勒、班第等戒律。遂使身披红色袈裟者遍布各地。"显然,内齐托音所招收朝鲜、汉人男子是蒙古王公诺颜献나的沙毕纳尔,即庙丁。这种现象在整个蒙藏地区非常普遍。藏语叫"拉德"(lha-sde),汉译为"香火户"。根据该文书,内齐托音实际上没令这些人出家为僧,而是作为庙丁服务的。

第十三章　内齐托音喇嘛相关的顺治朝满文题本

难以上厕,①遣人题请,留一汉丁与彼。

[理藩]院议覆:携来五十一人内,如有蒙古,我院应已办理。因皆为朝鲜、汉人,故连同马匹一并交与户部,酌情处置。因内齐托音喇嘛眼不见,难以上厕,依请将所请汉丁一人记档后,留给内齐托音喇嘛。为此谨题请旨。

顺治十年七月二十二日②[印文(满汉合璧):左满文右汉文:理藩院之印]

暂署理藩院尚书固山额真　明安达礼

启心郎　鼐格③

员外郎　福喀　郭必勒图④

主事　济满⑤　马喇⑥

[朱批]:依议。

文书三拉丁字母音写

01（朱批）++ gisurehe songkoi obu :

---

① 据此文书,内齐托音喇嘛在当时已经年迈,不仅眼睛看不见(原文作 yasa saburakū,相当于蒙古语的 nidü üjekü ügei,即可理解为失明了,也可理解为视力不好,但没有用专门表达失明的动词,可能指视力不佳),行动也不便了(tule geneci ojorakū 一语,直译为"不能外出",习惯指到户外大小便)。

② 1653 年 9 月 13 日。

③ 鼐格,顺治二年授理藩院启心郎(《清世祖实录》,顺治二年五月甲申)。顺治十年受命到张家口边外参与处理喀尔喀土谢图汗归还巴林人畜问题,十三年奉命前往甘肃、西宁等地和厄鲁特巴图鲁台吉等交涉(顺治十年九月癸卯,十三年八月壬辰)。马喇,又作玛拉,满洲镶白旗人,姓纳喇氏。初任理藩院笔帖式。顺治七年,任户部理事官,累迁理藩院郎中。康熙十四年擢通政使,十五年迁礼部侍郎,十六年擢工部尚书。二十四年,特授副都统衔,参赞军务。二十七年,授护军统领。三十年九月,特授西安将军。三十一年九月卒(《国朝耆献类征(初编)》卷二七五,将帅一五)。

④ 文献中未见此二人相关的记载。

⑤ 文献中未见有关此人记载。

⑥ 马喇,又作玛拉,满洲镶白旗人,姓纳喇氏。初任理藩院笔帖式。顺治七年,任户部理事官,累迁理藩院郎中。康熙十四年擢通政使,十五年迁礼部侍郎,十六年擢工部尚书。二十四年,特授副都统衔,参赞军务。二十七年,授护军统领。三十年九月,特授西安将军。三十一年九月卒(《国朝耆献类征(初编)》卷二七五,将帅一五)。

02 wesimburengge（印文：左满文）：tulergi golo/be dasara/ jurgan-i doron（右汉文）：li fan yuan yin

03 tulergi golo-be dasara juran-i taka daiselaha aliha amban gūsai ejen minggadari sei gingguleme

04 wesimburengge：neici toin lama-i Sabisai turgunde：bandida nomon han-i wesimbure jalin：

05 neici toin lama akū oho manggi, yabun fudasihūn lamai Sabisa-be enculeme bibuci

06 ojorakū：ese-be geren lamasa-de acabume, bandida nomon han-de afabuki seme

07 ＋dele wesimbure jakade：

08 ＋＋enduringge hese, gisurehe songkoi obu sehe：niyanciha baha manggi guribumbi

09 seme nomon han-i

10 Sabisa-de hendufi unggihe bihe, te bandida nomon han-i wesimburengge,

11 ＋dergi han-i genggiyan-de, bandida nomon han bithei wesimbumbi：gūlmahūn aniya mini tolgin-de

12 bahabufi, Toin-be-ini Sabisa nisihai huhu hoton-de unggi sehe bihe, ubade kuren-de

13 acabumbi sere-be donjiha-be dahame tubade teci sain bihe：

14 ＋genggiya-de seole：acabuha ninju-ilan Sabisa-be tere Sabisa-de acabuci sain bihe,

15 bi sakda niyalma saha babe wesimbumbi,

16 ＋han-i genggiyen-de seolo sehebi, jurganji gisurehengge：

17 ＋＋taidzung hūwangdi-i fonde yaya lamasa-be gemu Siretu kuren-de afabumbihe,

18 ere yabun fudasihūn

19 lamai Sabisa-be encu tebuci ojorakū, uttu ofi neici toin lamai huhu hoton-de

20 biSire Sabisa-be da songkoi geren lamasa-de acabume, bandida

第十三章　内齐托音喇嘛相关的顺治朝满文题本

nomon han-de afabuki sembi：

21 erei jalin

22 ＋hese be baime gingguleme wesimbumbi：

23-ijishūn dasan-i juwan emuci aniya-ilan biyai juwan ninggu,（印文：左满文）：tulergi golo/be dasara/jurgan-i doron（右汉文）：li fan yuan yin

24　　　　　　　　　　　taka daiselaha aliha amban,

25　　　　　　　　　　　gūsai ejen minggadari,

26　　　　　　　　　　　ashan-i amban Sajidara

27　　　　　　　　　　　　　　　　Sidari,

文书三译注

题［印文①］

暂署理藩院尚书固山额真明安达礼等谨题：为内齐托音之徒弟等因，班第达诺门汗②奏事。

［理藩院］奏称：内齐托音喇嘛故后，③不可将行为悖逆之喇嘛之徒弟等另居一处，将彼等与众喇嘛会合，交与班第达诺门汗。等语。圣旨：依议。遣人告知诺门汗徒弟等，待青草萌生后［将伊等］迁移。今班第达诺门汗奏称：皇上明鉴，班第达诺门汗书奏：兔年，④梦中得授，曾着令托音及徒弟等一并遣往归化城。闻得将彼等在此处与库伦合并等语，以为安置彼处为宜，请明鉴。将此处会合

---

① 此处印文模糊不清，但根据当时文书制度和题本格式，应与其他题本同。
② 据《锡埒图库伦喇嘛传汇典》（蒙古文，载《后旗、库伦、奈曼、扎旗、通辽市几个大庙的历史》，哲里木盟档案管理处，1960 年 8 月 10 日，以下简称《汇典》）记载，班第达诺门汗本名为西布扎古勒克（Sibjagüreg,？—1657），藏人，从 12 岁到 38 岁在西藏学法修佛，获得兰占巴学位，以扎木朗西布扎兰占巴（Jamlang sibja ramjanba）著称。后来，四世班禅额尔德尼和五世达赖喇嘛派他到爱新国。顺治三年（1646）朝廷授予他锡埒图（一寺之住持喇嘛）之职，住锡库伦，并授扎萨克（达喇嘛）之印。他成为锡埒图库伦第三任扎萨克达喇嘛。
③ 据《如意宝数珠》记载，内齐托音喇嘛于癸巳年（1653，顺治十年）十月十五日圆寂。据此文书，《如意宝数珠》记载准确。
④ 兔年，即顺治八年，辛卯年（1651）。

之六十三喇嘛与彼等众徒合并为宜。奏闻我一老之管见。皇上明鉴。等语。

［理藩］院议覆：太宗皇帝时，将所有喇嘛皆交与锡埒图库伦。不可将此行为悖逆之喇嘛之徒弟另居一处，故照旧将内齐托音喇嘛之归化城徒弟等与众喇嘛合并，交与班第达诺门汗。等语。为此谨题请旨。

顺治十一年三月十六日①［印文（满汉合璧）：左满文 tulergi golo/be dasara/jurgan-i doron/ 右汉文：理藩院之印］

暂署理藩院尚书固山额真 明安达礼
侍郎　　　　　　　　　沙济达喇
　　　　　　　　　　　席达礼②

［朱批］：依议。

文书四拉丁字母音写

01（朱批）＋＋gisurehe songkoi obu,

02 wesimburengge（印文：左满文）：tulergi golo/be dasara/jurgan-i doron（右汉文）：li fan yuan yin

03 tulergi golo-be dasara juran-i aliha amban, amban Sajidara sei gingguleme

04 wesimburengge：siretu kuren-i siretu corji-i wesimbuhe jalin：

05 ＋dergi ejen han-i genggiyen-de siretu corji bithe wesimbuhe：gosin onco

06 hūwaliyasun

07 ＋＋enduringge ejen, mini eshen kūtuktu-be gosifi toktobuha kuren-de

08 ＋ejen-i hesei jihe bihe：fe Sabisa mini gisun gaijara arbun bi：

---

① 1654年5月2日。
② 席达礼，女真叶赫部出身，纳喇氏，清太宗皇帝皇太极舅阿什达尔汉之子（《清朝通志》卷三，氏族略三，满洲八旗姓二）。顺治四年（1647）任理藩院侍郎（《清世祖实录》，顺治四年十月戊寅）。曾同礼部尚书觉罗朗球到代噶地方向五世达赖喇嘛授清廷所赐金册金印。康熙三年（1664）初卒（《清圣祖实录》，三年三月癸未祭丧）。

toin-i

09 Sabisa neneme nomon han-i gisun-be gaijirakū bihebi: te mini gisun-be

10 -inu daharakū, arbun yabun, baita encu turgunde

11 + ejen-i toktobuha kuren-de facuhūn ombi ayuu seme wesimbumbi: mini gisun-i

12 songkoi ojorakū turgunde, minci encu obureo seme gūnimbi,

13 + hese wasimbufi encu obureo: nomon han-i gisun-i songkoi oho akūngge,

14 jurgan-ci duin mukūn-i faksalafi ebubu sehe gisun-i duin jasak-de

15 fakcafi ebu sere-de, suweni gisun-de, be ojorakū huwesileme bucembi

16 dere,

17 + ejen-i suruk-be tuwakiyame caha omimbi dere sehe: amala geli jebele,

18 dashūwan-i kūwaran-de fakcafi ebu seci oho akū tuleri yabure-de

19 duyin jasak-i lama-de alafi yabumbihe, be jasak akū yabuha, juwari

20 geneci, tuweri jimbi: tuweri geneci, juwari jimbihe: jai mini

21 gisun-be yohihakū serengge, juwe bade fakcafi ebu serede, be neici

22 toin lamai fucihi-be juktembi, meni ergen emu sefi oho akū:

23 amala geli suwe mini gisun-i ombio seme fonjire jakade, henduci samba

24 dere sehe: te emken emken-i ebu sere jakade, suweni gisun-i ojorakū

25 jurgan-de genembi sehe sembi: neici toin lama akū oho manggi, gaiha

26 gūsin lamasai hoki mergen diyanci, uile butegegci sede fonjici jaburengge,

27 huhu hoton-ci membe gajifi siretu kuren-de acabuha, amala uyun

28 biyai-ice juwe-de, meni ebuhe bade lubdsang ombu, sandan, ergebsi

29 gelung ere-ilan demci jifi bandida nomon han-ini amala ebu sehe seme

30 manggi, be genefi bandida nomon han-de alaha gisun, ba gecehe

31 kūwaran jafaci ojorakū, ba wengke manggi, be nomon han-i joriha

32 bade gureki seme alaha: nomon han-inu ba wengke manggi guri sehe:

33 te ba wengke, ba aibade ebumbi seme fonjire jakade, nomon han-i gisun,

34 ninju lamasai-ici ergi-de ebu sehe: suwe-ici ergi, hashū ergide

35 faksalame ebu, neici toin lamai fucihi-be dulimbade gaifi jukteme

36 te sehe manggi, be guriki serede, joriktu cin wang-ni fujin nimere-de

37 membe ging-ni bithe hūlakini seme jio serede, meni cisui adarame

38 geneci ombi seme, nomon han-de fonjire jakade gene sehe: te, be

39 genembi, meni genehe amala meni boo adarame gurimbi sehe manggi, nomon

40 han-i gisun, suwe jihe manggi guri, minde fonjici be ombu nangsu,

41 Sang burasi ere juwe-de geli fonji sehe: meni genehe amala nomon han beging-de jihe,

42 be-ineku da bade tehei bihe: siretu corji genehe manggi, meni

43 hoki-be emken emken-i faksalame dendeki sere-de, be

第十三章　内齐托音喇嘛相关的顺治朝满文题本

jurgan-de

44 alanjime jihe sembi:

45 + + taidsung hūwangdi fonde bilaha ton-ci fulu seme gaiha ninju lamasai

46 dorgi hulicenggui sei gisun, meni ninju lamasa-be, nomon han-i kuren-de

47 acabuha manggi, membe duin jasak-de dendeki sere-de, meni takūrara

48 aha akū, be emu bade teki seme, nomon han-de alaha, amasi mende

49 gisun henduhengge akū: geren-i ging-ni bithe hūlara,-isara-de

50 be juwan galai fakcafi teme yabuha: siretu corji genehe manggi,

51 meni ninju lamasa-be emken emken-i faksalame dendeki serede, be

52 marame oho akū-inu, jai siretu corji-i unggihe bithe-de

53 suwembe emken emken-i dendeki serede suwe huwesilefi bucembi dere,

54 + ejen-i suruk-be tuwakiyame caha omime yabumbi seme henduhe mujanggao

55 seme fonjici jaburengge, be huwesilefi buceki sehengge akū, meni

56 sula niyalma-be gaifi,

57 + ejen-i suruk-be tuwakiyame caha omime yabumbi: membe gajifi suwen-de

58 acabuha, suwe membe te emken emken-i dendeki serede, be aika weile

59 arahabio seme oho akū-inu sembi: esei yabun-de, bandida

60 nomon han-de alaha sere babe, aisilahū hafan baki, hoto se genefi,

61 bandida nomon han-de fonjici jaburengge, ese-be mende acabuha

62 manggi, juwe gala, duin jasak-de dendeki sere-de marame oho

235

akū,

63 hulicenggui se huwesilefi buceki, suruk-be tuwakiyame caha omime

64 yabumbi seme henduhengge-inu：ceni hoki lamasa ceni cisui

65 toin lamai juktere fucihi-be dulimbade sindafi, ceni hoki

66 Surdeme encu teki seme minde fonjiha-de, bi jurgan-ci

67 unggihe bithe-be, mergrn diyanci, uile butegegci-de tuwabuha：

68 tereci mini gisun-be gaijirakū turgunde, bi cihai sula

69 sindafi yabubuha-inu sembi：uttu ofi jurgan-i gisurengge,

70 bandida nomon han-i dendeki serede, neici toin lamai Sabi

71 hulicenggui se huwesileme buceki seme gisurehe turgun-de weile

72 bihe：Sei cargi-be dahame gisurere ba akū：ere uyunju

73 Sabi-be siretu corji ceni kuren-ci encu obu sehebi：

74 siretu corji-i gisun-i encu obuci nememe facuhūn ombi：

75 neneme yabun fudasihūn seme siretu kuren-de acabuha-be dahame

76 uthai kuren-de bibume：esede aha akū-be dahame

77 faksalara-be nakafi, ese-be kuren-i duin jasak-de dendeme

78 tebukini：yaya bade yabucibe, meni meni jasak-i lama-de fonjifi

79 yabukini：jai ereci amasi facuhūn ume yabure seme ciralame

80 tacibufi unggiki sembi：erei jalin gingguleme wesimbuhe,

81 ＋hese-be baimbi

82-ijishūn dasan-i juwan juweci aniya, jorgon biyai juwan jakūn：（印文：左满文）：tulergi golo/be dasara/jurgan-i doron（右汉文）：li fan yuan yin

83　　　　　　　　　aliha amban, amban Sajidara：

84　　　　　　　　　mujilen bahabukū amban neige：

85　　　　　　　　　aisilakū hafan amban baki

第十三章　内齐托音喇嘛相关的顺治朝满文题本

86　　　　　　　　　　　　　aisilakū hafan amban hoto：

文书四译注

题［印文（满汉合璧）：左满文右汉文：理藩院之印］

理藩院侍郎沙济达喇等谨题：为锡埒图库伦之锡埒图绰尔济①奏事。

主上明鉴，锡埒图绰尔济奏称：奉旨来到宽温仁圣皇帝仁爱我叔父呼图克图而建之库伦，②［诺门汗之］旧徒弟等有听话之情形。托音之徒弟等以往不听诺门汗之言，今亦不从我言，其貌行与情形殊异。唯恐在皇上所建之库伦内出乱。等语。因不从我言，我想将彼等与我分开，请降谕另行安置。

未听从诺门汗之言者：依［理藩］院议覆之分成四族居住之语，将伊等分置四扎萨克时，彼等云：我等不肯从，将引刀自尽耳。［或］看管皇上畜群饮酸乳［为生］罢了。③ 等语。后令其分左右二翼下营，未就。［喇嘛等］外出，曾告于四扎萨克喇嘛。我等无扎萨克行走（生活），夏去冬回，冬去夏归。

---

① 据《汇典》的记载，指锡埒图库伦扎萨克达喇嘛（1655—1659）萨木鲁氏津巴扎木素，具有兰占巴学位。
② 据《汇典》的记载，锡埒图库伦的创始人为满朱习礼呼图克图。该喇嘛本名西鲁布（Sirub），安多地方人，萨木鲁（Samulu）氏。法号满朱习礼呼图克图，在蒙古佛教史上以"阿兴喇嘛"或"额齐格喇嘛"著称。崇德元年（1636）八月十五日圆寂（《汇典》，第1—26页）。同据《汇典》，满朱习礼呼图克图离开库伦之后，太宗皇帝赐其弟达尔汉囊苏（Darqan nangdzu）以"锡埒图绰尔济（Siregetü čoyirji）"号，下设执法四扎萨克、四得木齐，从内蒙古四十九旗召集喇嘛，从各地聚集僧俗人等，于每月和大年前后举行集会，令喀喇沁四旗送一千斗作为供养。顺治十二年（1655），本文书中提到的锡埒图绰尔济来到库伦任扎萨克达喇嘛。据《汇典》，此人名津巴扎木苏，系萨木鲁家族，喇嘛诺颜之裔。生于甲戌年（1634？ 如是，当时刚20岁出头。或许是庚戌1610年，或者壬戌1622年之误）。因为是五世达赖喇嘛舅家的人，以萨木鲁兰占巴著称。据该沙济达喇的题本称，锡埒图绰尔济亲自讲，他来到了太宗皇帝为他叔父呼图克图建造的库伦，证明他确实是萨木鲁氏，是西鲁布、囊苏兄弟的侄子，与《汇典》记载吻合。
③ 这句话里的 suruk 是蒙古语 sürüg，意为"畜群"。Ejen-i suruk（ejen-ü sürüg）特指在蒙古地方的皇家牧场。Caga，蒙古语 čaγ-a，指煮熟的酸奶。这句话是对蒙古语的满译。

又,所言[伊等]蔑视我之言者:[我]令伊等分两地居住,伊等云:我等同奉内齐托音佛[像],我等为一条命。未就。后又问:尔等依我意乎?[伊等答曰]言之遂知罢了。现逐一分开居住之时,彼等言称不从,欲赴[理藩]院。等语。

内齐托音喇嘛故后,向所夺三十喇嘛等伙伴默尔根第彦齐、卫勒布特格其①等问话,[彼]答曰:把我等自归化城携至锡埒图库伦与之合并。后于九月初二日,②罗卜藏鄂木布、三丹、额尔和必西格隆等三得木齐来到我等居住之地,言称班第达诺门汗下令[彼等]在其后方居住。等语。我等到班第达诺门汗前往报称:地冻不可设营。解冻后,将搬至诺门汗所指之地。等语。诺门汗曰:可,[地]解冻后搬。如今地已解冻,我等搬至何处居住?诺门汗答曰:在六十喇嘛等右翼居住。尔等分左右二翼居住,中间供奉内齐托音喇嘛之佛居住。等语。

我等欲搬迁时,卓哩克图亲王③福晋病,请我等前去念经。因不能擅自前往,故前往询问诺门汗,诺门汗应允。我等问:今我等前往。我等去后,我等账房何以搬迁?诺门汗答曰:汝等回来后搬之。不仅问我,还要问鄂木布囊苏、商布喇西二人。[我等]问此二人,亦云可前往。我等去后,诺门汗去了北京。④ 我等一直住在原处。锡埒图绰尔济到后,⑤欲将我等伙伴逐一分开居住,故我等前来告知[理藩]院。等语。

更越太宗皇帝时限定数而收夺之六十喇嘛内,呼里成贵等言

---

① 内齐托音喇嘛的这二位弟子,见于《如意宝数珠》记载。名叫默尔根第彦齐的人,见有三人,即大小默尔根第彦齐和阿罗衮默尔根第彦齐。《如意宝数珠》的作者在编写该传记时还利用过其中之一的默尔根第彦齐的记载。卫勒布特格其在《如意宝数珠》中被称作 aman-tu jasaγ,是一位在内齐托音下面的执事喇嘛。
② 根据文书三,应该是1654年的九月。
③ 指乌克善,科尔沁贵族,崇德元年(1636)封和硕卓哩克图亲王。康熙四年(1665)卒。
④ 这证明,班第达诺门汗离开库伦的时间在1654年冬天以后。《汇典》记载,他1655年离任,应该准确。
⑤ 据此,锡埒图绰尔济到任时间为1655年无疑。

第十三章　内齐托音喇嘛相关的顺治朝满文题本

称：令我等六十喇嘛与诺门汗库伦合并后，欲将我等分四扎萨克时，我等告知诺门汗：我等无可使唤之阿哈，①我等欲同住一处。等语。[诺门汗]未回话与我等。众人念经、集会时，我等一直分两翼而坐。锡埒图绰尔济去后，欲令我等六十喇嘛等一一分开，我等推辞未从。又，据锡埒图绰尔济呈称：欲将尔等一一分开时，尔等云将引刀自尽耳，或看管皇上畜群饮酸乳[为生]罢了。等语。果否？答曰：我等未言引刀自尽，带我闲散人员看管皇上畜群饮酸乳[为生]。将我等与汝等合并，汝等今又欲将我等逐一分开之际，我等何罪之有？是故未从。

彼等答语内言及告知班第答诺门汗之事，将此由员外郎巴奇、和托②等前往问询班达诺门汗。[诺门汗]答曰：将伊等与我合并后，令其分左右翼、四扎萨克，拒不服从。呼里成贵等言引刀自尽，或看管皇上畜群饮酸乳[为生]等语是真。

其一伙喇嘛等意欲按照自己意愿，将托音喇嘛所供之佛[像]置于中间，彼等环绕近处另外居住。等语。[彼等]告于我时，我将[理藩]院咨文给默尔根第彦齐、卫勒布特格其示之。此后因仍不纳我言之故，我听尔任行。等语。

故[理藩]院议覆：在班第达诺门汗欲将[彼等]分开时，内齐托音喇嘛之弟子呼里成贵等因言欲引刀自尽，故有罪。因不在赦免之例，勿庸议。锡埒图绰尔济奏请将此九十弟子离开库伦另处居住。如依锡埒图绰尔济之请，将彼等另处居住，则更加混乱。因[彼等]前行悖逆之故，曾交与锡埒图库伦，故仍令其在库伦。因彼等无阿哈，停将其一一分开，将彼等分与库伦四扎萨克居住。无论前往何地，务必向各自扎萨克喇嘛请示，此后不得妄行，遣人严加管教。等语。

为此谨题。请旨。

顺治十二年十一月十八日③[印文(满汉合璧)：左满文右汉文：

---

① 原文 aha，直译为"奴"。但是，这里的 aha 不是家奴，而是在家中使唤的佣人。故此处音译为阿哈。
② 此二人不见《清实录》。
③ 1655 年 12 月 15 日。

理藩院之印]
　　理藩院承政　沙济达喇
　　启心郎　鼐格
　　员外郎　巴奇　和托
　[朱批:]依议。

二、满文题本内容总结

下面,总结一下以上满文文书的内容。

根据第一份文书,清太宗早已降旨,限令内齐托音只准带领34名弟子(据《如意宝数珠》,这个数字与内齐托音喇嘛拜见天聪汗时期的弟子人数有关)。因内齐托音违背太宗皇帝的圣旨,继续招收喇嘛和庙丁,1639年初(据《内国史院满文档案》,事在崇德三年十二月二十九日),皇帝差遣察汉喇嘛和理藩院尚书尼堪等收夺内齐托音喇嘛擅自招收人员,将喇嘛、班第送给锡埒图库伦,由汉人、朝鲜人男子构成的庙丁带至盛京。经内齐托音央求,后还回4名班第,又令自卫拉特地方来的云端格隆(疑为内齐托音之子)等9人与之会合,这样内齐托音可带的弟子变成了47人。这是第一次将内齐托音喇嘛的弟子划给锡埒图库伦。当时在锡埒图库伦任扎萨克达喇嘛的是锡埒图绰尔济囊苏,即锡埒图库伦的创始人安多喇嘛萨木鲁氏满朱习礼呼图克图之弟。

但是,内齐托音并没有遵诏书停止招收弟子,蒙古王公贵族也没有停止进献庙丁。所以,内齐托音喇嘛擅自招收的喇嘛、班第等人达65人。顺治八年(1651)因顺治帝年幼,理藩院奏报议政王三人。三王认为,既已招收,就听其便,禁止今后再招收。但是,理藩院没有就此罢休,锡埒图库伦扎萨克达喇嘛班第达诺门汗(西藏喇嘛,1645—1655年任库伦扎萨克达喇嘛)从中作梗。诺门汗以"梦中得授"为由,建议令内齐托音喇嘛离开东蒙古,限制他在呼和浩特一带活动。顺治十年(1653)五月,理藩院侍郎沙济达喇等题请,着令内齐托音及其限定弟子迁居呼和浩特,不准他们自由行动,将其私

第十三章 内齐托音喇嘛相关的顺治朝满文题本

设喇嘛等65人中的喇嘛、班第划给锡埒图库伦,俗人(庙丁)带到盛京,得准。

据第二份文书,顺治十年,经皇帝允准,将内齐托音私设之65名喇嘛、班第拨给锡埒图库伦,51名朝鲜、汉人出身的庙丁及其马匹,令给户部适当安排。因为内齐托音眼不见、行动不便,留给他仅1名汉人庙丁。这是第二次把内齐托音喇嘛弟子划给锡埒图库伦。

据第三、第四份文书,在顺治十年内齐托音喇嘛圆寂后,以"不可将此行为悖逆之喇嘛徒弟另居一处"为由,将内齐托音喇嘛之弟子30人交给了锡埒图库伦。这是第三次将内齐托音喇嘛的弟子划给锡埒图库伦。至此,内齐托音的宗教势力完全垮台。

一开始,锡埒图库伦的扎萨克达喇嘛班第达诺门汗不愿接受内齐托音的30名弟子,甚至希望把原来安排到库伦的63名(原本为65人,此时不知何故减少了2个人)喇嘛、班第也迁出,与30名喇嘛、班第等另处安置。可能是他感到这些弟子扰乱库伦,使其不得安宁。但是,朝廷未予允准,第二年仍将他们从呼和浩特迁到锡埒图库伦。

班第达诺门汗先是计划把该30名弟子分成4部分,分给锡埒图库伦四扎萨克喇嘛管辖,但他们不服从,甚至以死相威胁。后来,令30名喇嘛分左右二翼居住,也不肯从。1655年班第达诺门汗离开锡埒图库伦进京,安多萨木鲁氏满朱习礼呼图克图及锡埒图绰尔济囊苏兄弟的侄子津巴扎木苏赴锡埒图库伦任扎萨克达喇嘛。津巴扎木苏喇嘛欲将30名喇嘛、班第分到两地居住,喇嘛们不肯,后又欲将其一一分开居住,喇嘛们不仅不从,而且状告理藩院。这些情况反映,内齐托音喇嘛的弟子们对朝廷对他们师父的惩处十分不满,极力抵制锡埒图库伦上层喇嘛对他们的管理。

顺治十二年(1655)底,理藩院作出裁决,将内齐托音喇嘛弟子90人(应为93人,90可能是约数)仍安置在锡埒图库伦,着停止将其一一分开居住,令他们分属四扎萨克喇嘛管辖。至此,剥夺和安置内齐托音喇嘛诸弟子的风波终于谢幕。

内齐托音喇嘛宗教事业的荒废,是锡埒图库伦旗上层喇嘛和清廷相勾结的结果。其背后的原因,不仅仅是内齐托音喇嘛与班第达诺门汗个人恩怨,而是与当时清廷对内蒙古佛教政策有关。关于内齐托音喇嘛、锡勒图库伦与清廷的关系,笔者将在下面继续探讨。

第十四章　内齐托音喇嘛与锡埒图库伦旗

内齐托音喇嘛是卫拉特蒙古土尔扈特部出身的高僧,青年时期赴藏游学,学成之后来到南蒙古西部的呼和浩特地区传教,17世纪20年代末到南蒙古东部,成为南蒙古最具威望的大喇嘛,后世称之为一世内齐托音呼图克图。锡埒图库伦是指清代锡埒图库伦喇嘛旗的主寺,俗称"小库伦"(相对喀尔喀蒙古的哲布尊丹巴呼图克图大库伦而言),锡埒图库伦旗则指清代外藩蒙古的第一个喇嘛旗和内蒙古唯一的喇嘛旗,其游牧在今天的内蒙古通辽市库伦旗东南部一带。

笔者在上章《内齐托音喇嘛相关的顺治朝满文题本》[①]中,翻译介绍了顺治十年至十二年之间的四份理藩院满文题本,并探讨了内齐托音喇嘛晚年的不幸遭遇及其弟子被锡埒图库伦旗兼并的史实。[②] 但因篇幅关系,未能深究内齐托音喇嘛与锡埒图库伦旗扎萨克大喇嘛敌对关系的本质、敌对双方与清廷的关系、锡埒图库伦旗建立的背景等重要的问题。本章就此问题提出自己的见解,望学界同仁不吝赐教。

一、皇太极与内齐托音喇嘛

据内齐托音喇嘛的传记《如意宝数珠》记载,他始终以游方僧的身份游历蒙古各地,以在蒙古地方弘扬佛法为己任,从不贪图名利。内齐托音来到东部内蒙古地方不久,曾经到盛京拜访过女真(满洲)

[①] 参见乌云毕力格《内齐托音喇嘛相关的顺治朝满文题本》,沈卫荣主编《西域历史语言研究集刊》第三辑,科学出版社,2010年,第375—396页。
[②] 同上,第375—396页。

爱新国的天聪汗皇太极，即后来的清朝太宗皇帝。《如意宝数珠》记载如下：

> sasin-i delgeregülkü-yin beleg jukiyaqu-yin tula, delekei dakin-a kormusta, boγda taičüng qaγan-u amuγulang-i erikü-yin učir-tur, γučin dgislong sabi-yi daγaγulun ögede bplju mögden qotan-dur jalaraγad, boγda ejen-ü amaγulang-i erigsen-dür. boγda ejen niγur-iyar jolγaγulju. iregsen oron kiged oboγ ijaγur nigen kedüi üge asaγuγad yekete örüsiyeged. kesig qorim qayiralabai. tende-eče boγda ejen-ü jarliγ, čimayi üjebesü nigen sayin blam-a ajuγu. teyimü-yin tula minu dakil-un oron bolju saγu. čimadur saγuqu süm-e keyid bariju öggüy-e kemen jarliγ boluγsan-dur. blam-a ayilatqar-un, boγda ejen kemebesü delekei dakin-a yeke qaγan. bi kemebesü orod-i bitügči öčüken diyani-či boluγad. ejen-e dakiγdaqui-dur. ejen-ü yeke ner-e aldar-tur tong teng ügei-yin tula. edüge čaγ-un dulaγan-i erüsčü mongγol-un orun-a qariju. arasu körüsü erijü nigen kedün Sabinar-tur qubčasu kisügei kemen ayiladqaγsan-dur. boγda ejen jarliγ bolur-un, bi čimayi dakibasu arasu körüsü yambar berke bui kemen jarliγ boluγsan-dur. boγda blam-a basa basa ayiladqaγsan-dur. örüsiyejü ayiladqaγsan yosuγar boltuγai kemegsen-dür. blam-a γarqu-yin amuγulang eriged. mongγol γajar-a ögede boluγsan-u qoyina. darui boγda ejen sayid-dur jarliγ bolur-un, sayiduγar minu amuγulang-i erigči blam-a qari γajar-ača iregsen-ü tula. kesig ese kürtegülbesü ülü jokimu kemeged. qoyin-a-ača elči jaruju yaγun kereglemü kemegsen-dür blam-a qariγulur-un, bi kemebesü bükü orod-i bitügči nigen diyanči bükü-yin tula nadur busu yaγun-ču kereg ügei. minu daγaγsan γučin sabi-dur orkimji kiküi-dür kereg-tü nijeged ulaγan büs qayiralaqu ajiyamu. kemegsen-dür qoyin-a-ača γučin ulaγan büs kürgelgebei.①

---

① Bogda neyici toyin dalai manjusiri-yin domog-i todorqai geigülügci cindamani erike kemegdekü orosibai(《详述圣内齐托音达赖满珠习礼传之如意宝数珠》，以下简称《如意宝数珠》)，内蒙古图书馆藏木刻版，叶41a、b，叶42a。

第十四章　内齐托音喇嘛与锡埒图库伦旗

"为造就宏法缘起,欲向普天玉皇圣太宗皇帝请安,[内齐托音]带领三十名格隆弟子到盛京,向圣主请安。圣主钦躬接见,询问其故里及出身根源,并大加恩赐宴赉。圣主口谕:'观尔为一有德之上师,欲诏尔做朕归依处。朕将为尔造庙宇安居。'喇嘛答曰:'圣主为天下大汗,我则一介区区游方僧。如被圣主供奉,于圣主盛名大有不适。故此趁天尚暖,出蒙古地方,为我徒弟等寻求皮毛以做衣服。'圣主曰:'朕既供养,皮毛何足挂齿。'因博格多喇嘛再三奏请,圣主准其奏。喇嘛请辞别之安,赶往蒙古地方。圣主谕众臣曰:'新近向朕请安之喇嘛,来自远方,不宜不恩赐赏赉。'便差人追问喇嘛何需之有,喇嘛答曰:'因我为云游四方之禅师,我不需要任何之物。请恩赐我随从三十弟子做袈裟所用红布各一匹为盼。'于是,差人送三十匹红布。"

内齐托音喇嘛拜访天聪汗的时间大致在1629年前后。因为,根据《如意宝数珠》记载,内齐托音离开呼和浩特东行时,途中见到了因为林丹汗占领呼和浩特的关系逃出该城的穆尔根第彦齐。林丹汗占领呼和浩特大致是1628年初。① 内齐托音离开呼和浩特地方东行,其实也是因为林丹汗的战乱。此外,内齐托音离开盛京后到了科尔沁部土谢图汗奥巴的领地,见到了奥巴兄弟。奥巴在1632年去世。② 根据这些可以判断,内齐托音大致在1628年前后离开了呼和浩特,可能1629年(天聪三年)前后谒见过天聪汗。

根据《如意宝数珠》记载,内齐托音喇嘛谢绝了天聪汗挽留他作爱新国朝廷上师的邀请。虽然《清太宗实录》没有明确记载,但是通过此事可以了解,天聪汗即位不久,就已经考虑利用藏传佛教在蒙古的重大影响,在自己的汗廷中设立有影响的喇嘛上师,以争取蒙古各部。对天聪汗来说,争取南蒙古各部事关国家命运。但是,内齐托音喇嘛的兴趣不在满洲,而在于南蒙古,故他拒不接受天聪汗的邀请,坚持到蒙古传教,这就引起了天聪汗对他的很大不满,甚至怨恨。

---

① 乌云毕力格:《喀喇沁万户研究》,第68页。
② 《清太宗实录》,天聪六年九月庚子。

内齐托音喇嘛到蒙古后,以嫩科尔沁部土谢图汗奥巴的领地为中心,在科尔沁部广传佛教。正如笔者在《内齐托音喇嘛相关的顺治朝满文题本》中指出,内齐托音成为科尔沁十旗供养的大喇嘛,名声大振,十旗王公贵族在土谢图亲王旗(哲里木盟科右中旗)为他修建了巴彦和硕大庙。内齐托音喇嘛成为巴林二旗、敖汉旗、奈曼旗、扎鲁特二旗、克什克腾旗和嫩科尔沁六旗、扎赉特旗、杜尔伯特旗、郭尔罗斯二旗、乌拉特二旗、翁牛特旗、喀喇沁旗、东土默特旗以及归化城土默特旗等内蒙古各旗王公贵族、平民百姓以及索伦、卦尔察、锡伯等东北各部族人民的信仰。在17世纪30、40年代,内齐托音喇嘛已经成为内蒙古地区最具影响力的宗教人物,他的足迹遍及当时大部分内蒙古地方,尤其是在清代内蒙古东三盟影响极大。

蒙古诺颜、王公贵族等不断地令其属民子弟出家为僧,并向内齐托音喇嘛奉献沙毕纳尔(庙丁)。《如意宝数珠》记载:

tere čaγ tere učir-tur sayi-a tulγur törö-yi toγtaγaqui-dur qosiγu-buri-yin olan vang-ud noyad. kitad ba solq-a-ača oljalaγsan olan köbegüd-i. blam-a-yin gegen-e ergür-e olan jüg-eče abču iregsen-dür. blam-a jarliγ bolorun. edeger kitad solq-a-yin olan köbegüd-ün qabčaγai toloγai-dur, minu bcuvangkaba-yin tal-tu sir-a malaγ-a jokiqu-yin tula beleg yekete jokibai kemeged. tere olan jüg bükün-eče abču iregsed-ün gejige-yi-inü toyilaju. öber öber-ün dur-a-bar angkita tonilaγči - yin nayiman sanvar. gelüng gesül bandi terigüten sakil sanvar-i suyurqaju al kars-a-yin debel-ten-iyer tügemel dügürgen yerü burqan-u sasin kiged ilangγuy-a qoyaduγar ilaγuγsan boγda sumadi kiridi-yin sasin-i öbdegsi saran metü arbitqan delgeregülbei.①

"那时,立国不久,各旗王诸诺颜等自四面八方携至在汉地与朝鲜俘获之男儿,献与喇嘛。喇嘛曰:'我宗喀巴之黄帽,于此等汉人、朝鲜男儿之扁头十分适合。此乃善缘也。'于是,为此等自各地携来

---

① 《如意宝数珠》,叶60b—叶61a。

第十四章　内齐托音喇嘛与锡埒图库伦旗

之男儿削发,依照彼等各自愿望,授解脱八戒、格隆、格楚勒、班第等戒律,使披红色袈裟者增多。佛法,尤其第二胜者圣宗喀巴之法如满月光大。"

内齐托音喇嘛不听命于清太宗,但是他在内蒙古的影响与日俱增。这就招致了他的厄运。根据理藩院满文题本的记载,天聪汗很快下令限制内齐托音喇嘛广收弟子和庙丁。理藩院侍郎沙济达喇等题本提到,天聪汗曾经降谕内齐托音喇嘛,限令他仅可率34名弟子,不得更逾此数。①《如意宝数珠》也记载过此事,并解释说,天聪汗限定的弟子名额就是内齐托音喇嘛当年谒见天聪汗时所带弟子人数(该传记载为30人)。可见,对内齐托音喇嘛弟子人数限定的出炉,就是天聪汗压制和报复内齐托音的结果。

但是,内齐托音喇嘛并没有因此停止招收弟子和庙丁。所以,到了崇德三年(1638),太宗皇帝遣人没收了内齐托音超限额招收的喇嘛与汉人、朝鲜庙丁,把喇嘛、班第划给锡埒图库伦,将庙丁带至盛京。因内齐托音喇嘛提请,还给他4名班第,准许他此后率领38名喇嘛、班第,又令从卫拉特来的云端格隆(Yondon gelung,可能是内齐托音出家前所生之子②)等9人与之会合,这样内齐托音可带的弟子变成了47人。③ 关于此事,清朝内国史院档案有以下记载:"以喇嘛等不遵戒律,上遣察汉喇嘛、戴青囊苏、理藩院参政尼堪、一等内侍卫俄博特、沙济达喇等谕席勒图绰尔济曰:'朕闻尔等众喇嘛,不遵喇嘛戒律,肆意妄行等语。朕蒙天佑,为大国之主,治理国政。今其不遵戒律,任意妄行者,朕若不惩治,谁则治之?凡人请喇嘛诵经者,必率众喇嘛同往,不许一二人私行,且尔等众喇嘛不出征行猎,除徒弟外,他人何用?'喇嘛等曰:'然,多余之人,俱当遣还。'察汉喇嘛、戴青囊苏、理藩院参政尼堪、一等内侍卫俄博特、沙济达喇等以喇嘛之言具奏,上曰:'喇嘛处闲人虽多,然须于其中择能随征

---

① 详见乌云毕力格《内齐托音喇嘛相关的顺治朝满文题本》,第376—378页。
② 同上,第378页。
③ 同上,第376—378页。

行猎有用壮丁,方可取之,否则,取之何用?'乃止。于是,内齐托音喇嘛及诸无行喇嘛等所私自收集徒弟、汉人、朝鲜人等,俱断出携回,给还本主,给以妻室。"①这段记载与理藩院满文题本记载和内齐托音传记载基本相吻合。

根据理藩院侍郎沙济达喇等题本,皇帝差遣察汉喇嘛和理藩院尚书尼堪等收夺内齐托音喇嘛擅自招收人员,将喇嘛、班第送给锡埒图库伦,由汉人、朝鲜人男子构成的庙丁带至盛京。② 内齐托音喇嘛的宗教势力受到了严重打击。但这仅仅还是开始,更加糟糕的事情等在后面。

二、皇太极与锡埒图库伦

清代内蒙古地区唯一的扎萨克大喇嘛旗和在外藩蒙古最早建立的扎萨克大喇嘛旗——锡埒图库伦旗(在今天内蒙古自治区通辽市库伦旗一带)的创建,是清太宗对蒙古宗教政策的直接产物,它是伴随着内齐托音喇嘛宗教势力的衰败而兴建和发达的。

锡埒图库伦的创始人为满朱习礼呼图克图。他得到了天聪汗(崇德皇帝)的特别眷顾,因为他为天聪汗满足了内齐托音喇嘛未予满足的心愿。因而,锡埒图库伦喇嘛上层受到了大清朝廷的格外关怀和支持。由于内齐托音喇嘛在南蒙古宗教势力和影响的扩大,锡埒图库伦大喇嘛们视之为眼中钉肉中刺,予以猛烈打击。朝廷也视之为异己,对其进行限制和迫害,终于铲除了内齐托音的宗教势力。

在研究锡埒图库伦大喇嘛旗历史方面,有一部重要的蒙古文传记资料。该资料蒙古文全称为 *Tegüs čoγtu nom-un töb-ün nom-un uγ γarulγ-a-yin namtar-i sayitur nigen jüg-tü quriyangγuilaγsan toli*,③可译为《吉祥教法中心之大喇嘛传记汇典》(以下简称《汇典》)。"吉

---

① 中国第一历史档案馆编:《清初内国史院满文档案译编》上册,第404页。
② 详见乌云毕力格《内齐托音喇嘛相关的顺治朝满文题本》,第380页。
③ 载原哲里木盟档案管理处《后旗、库伦、奈曼、札旗、通辽市几个大庙的历史》,通辽1960年8月10日油印。本章利用的是该油印本。

第十四章　内齐托音喇嘛与锡埒图库伦旗

祥教法中心"指的是锡埒图库伦扎萨克大喇嘛旗的主寺。这是该库伦第一至第十六任大喇嘛的传记。原文为藏文,但藏文原文已失散,今天能够看到的只有它的蒙古文译文。1989年,齐克奇先生曾节译该蒙古文文本,与简单的注释一起公诸于世。① 从此,学术界开始了解到该传记的基本内容。然而,直到最近,该《汇典》记载的大部分内容没有得到其他史料的佐证,因此学界尚不能判断它的史料价值。但是,如今发现的库伦旗和内齐托音相关的理藩院顺治朝满文题本的记载证明,至少该《汇典》记载的前几任大喇嘛(第五任大喇嘛以降笔者未进行考察)的传记内容具有相当高的可信度。

据《汇典》的记载,锡埒图库伦的创始人满朱习礼呼图克图本名西鲁布(Sirub,一般写成 Sirab,西喇布,即藏文的 shis-reb〔西绕〕),安多地方人,萨木鲁(Samulu)氏。少年时出家,前往哲蚌寺等著名寺院学习,成为一名博学的喇嘛。他与三世达赖喇嘛的母亲是同族近支,故被尊为"阿兴满朱习礼",简称"阿兴喇嘛"(舅父上师)。阿兴喇嘛学成之后,到五台山,后到蒙古土默特部,结识俺答汗。此人法号满朱习礼呼图克图,曾一度在盛京为天聪汗主持佛事,后到法库(Baγ-un aγula)居住。从那里再到另一个山秀水丽的地方建立库伦,被称为"满朱习礼库伦",就是锡埒图库伦之始。丙子年(1636)八月十五日圆寂。②

"阿兴喇嘛"是蒙古佛教史上大名鼎鼎的人物,又被称作"额齐格喇嘛"。阿兴喇嘛在蒙古佛教史上的主要功德,是劝说俺答汗皈依佛教。根据蒙古文《俺答汗传》,阿兴喇嘛于1571年来到土默特地区,拜见俺答汗,并向土默特蒙古贵族传教。1574年,阿兴喇嘛赴藏邀请藏传佛教格鲁派首脑索南嘉措。因为阿兴喇嘛劝俺答汗敬

---

① 齐克奇:《锡勒图库伦喇嘛传汇典》,《库伦旗志资料汇编》第一辑,库伦旗志办,1989年。
② 《后旗、库伦、奈曼、札旗、通辽市几个大庙的历史》,1960年,第1—8页,油印本。《汇典》视满朱习礼呼图克图为锡埒图库伦旗的第一任札萨克达喇嘛。但是,当时锡埒图库伦札萨克达喇嘛旗尚未建立。关于该喇嘛的事迹,齐格齐有专文论及(见该氏《阿兴喇嘛族系事迹简介》,《内蒙古社会科学》〔蒙古文版〕1983年第3期)。

奉三宝，皈依佛门，功劳显著，在1578年仰华寺法会上俺答汗赐他以"额齐格喇嘛"之称号。① "额齐格喇嘛"，意为"父亲上师"。俺答汗、三世达赖喇嘛相继去世后，阿兴喇嘛在17世纪初离开土默特地区，东游至巴林、喀喇沁等地，继续传教。不久，应爱新国天聪汗之邀，入居盛京。在中国第一历史档案馆藏17世纪20—30年代蒙古文文书中，有一份蒙古文文书出自"额齐格喇嘛"之手。该文书是一份向天聪汗问安的书信，内容极其简略，简单通报了额齐格喇嘛一行安全到达目的地，并说明因为缺少马匹未能派遣使者和没有与明朝进行贸易情况，最后建议派遣名为察罕喇嘛的人出使满朱习礼。寄信人自称"额齐格喇嘛"，书信背面用旧满文书写"喀喇沁之额齐格喇嘛"。② 这封信应该是阿兴喇嘛在喀喇沁传教时写给皇太极的。这说明，阿兴喇嘛经常活动在爱新国和蒙古各部之间，并与明朝进行贸易。

这位被俺答汗尊奉为"额齐格喇嘛"的大德，受到了天聪汗的格外欢迎。他扮演了天聪汗欲令内齐托音喇嘛扮演的角色。"额齐格喇嘛"在爱新国朝廷的出现，正是内齐托音喇嘛遭厄运和库伦旗诞生的红色信号！

《清太宗实录》记载，天聪四年（1630）七月，"喀喇沁部落满朱习礼胡图克图喇嘛至，令馆于城外五里。"天聪汗"与两大贝勒及诸贝勒出城，至馆喇嘛所，设帷幄，升御座，喇嘛进见。自御座起立，至手相见，设宴宴之。"③可见，天聪汗迎接额齐格喇嘛规格之高，足以说明对他的重视。

天聪八年（1634），满朱习礼呼图克图又一次来到盛京。"上（天聪汗）迎于五里外，握手相见，偕入，至中门下，命坐于御座旁右榻宴之。宴毕，献上鞍马一，纳之。赐喇嘛御服黑貂裘一领、银百两、布百疋，濒行。"④

满朱习礼呼图克图于1636年去世。据《汇典》记载，去世时间

---

① 《俺答汗传》，内蒙古社科院藏本，叶30。
② 李保文整理：《十七世纪蒙古文文书档案（1600—1650）》，第104—105页。
③ 《清太宗实录》，天聪四年七月庚辰、甲辰。
④ 同上，天聪八年五月乙未。

第十四章　内齐托音喇嘛与锡埒图库伦旗

为八月十五日。《清太宗实录》崇德元年八月戊子条记载,"上闻法库山喇嘛满朱习礼呼图克图卒。遣察汉喇嘛、毕礼克图囊苏往吊之。"①八月戊子是八月十七日,是呼图克图去世后第三天皇帝遣人往吊的日子。可见,《汇典》记载之准确。

《汇典》记载的第二任扎萨克达喇嘛是达尔汉囊苏喇嘛(Darqan nangdzu),实际上是库伦旗的第一任扎萨克达喇嘛。此人为满朱习礼呼图克图西鲁布之弟。同据《汇典》,满朱习礼呼图克图离开库伦之后,太宗皇帝赐其弟达尔汉囊苏以"锡埒图绰尔济"(Siregetü čoyirji)号,下设执法四扎萨克、四得木齐。从内蒙古四十九旗召集喇嘛,从各地聚集僧俗人等,于每月和大年前后举行集会,令喀喇沁四旗送一千斗粮食作为供养。该喇嘛在位十年②(应为1636—1645年)。据此,真正第一任扎萨克达喇嘛是这位囊苏喇嘛。《汇典》的记载可信。据理藩院侍郎沙济达喇等于顺治十二年十一月十八日题本,时任锡埒图库伦之大喇嘛的锡埒图绰尔济在题本中称:"(我)奉旨来到宽温仁圣皇帝仁爱我叔父胡图克图而建之库伦"。③ 这里所说的"叔父胡图克图"就是指此达尔汉囊苏。

根据以上事实,天聪汗急需一位藏传佛教高僧大德作爱新国朝廷的上师喇嘛,以招抚众蒙古,首先选中的是内齐托音喇嘛。但是,内齐托音喇嘛断然拒绝,辜负了天聪汗的期望。不久,曾被俺答汗尊为"父亲上师"的阿兴喇嘛来到盛京,天聪汗予以极高礼遇。天聪汗在法库山一带赐予他领地,兴建库伦。到崇德年间,在阿兴喇嘛之弟达尔汉囊苏时,正式建立库伦扎萨克大喇嘛旗,下设四个扎萨克喇嘛与四位得木齐。太宗皇帝降旨,从内蒙古各旗④征集喇嘛,划

---

① 《清太宗实录》,崇德元年八月戊子。
② 《后旗、库伦、奈曼、札旗、通辽市几个大庙的历史》,1960年,第10—11页,油印本。"执法四札萨克、四得木齐",原文作:yosu bariyči dörben čaɣ, dörben demči(执法四查克、四得木齐),"čaɣ 查克"恐为"jasaɣ 札萨克"之误。据《理藩院则例》卷五六"喇嘛事例一"载,"锡埒图库伦札萨克达喇嘛一缺,札萨克喇嘛四缺。"
③ 详见乌云毕力格《内齐托音喇嘛相关的顺治朝满文题本》,第385页。
④ 《汇典》记载的四十九旗说法不确切,当时在内蒙古并无四十九旗,这是后人转述时出现的错误。

给库伦,并规定喀喇沁各旗①供养库伦旗诸喇嘛。如此,在外藩蒙古诞生了第一个喇嘛旗,它完全是太宗皇帝对蒙古宗教政策的产物。

值得注意的是,刚好此时,太宗皇帝降旨内齐托音喇嘛,只准他带领34名喇嘛、班第,限制他发展势力。这说明,清廷建立库伦不是为了发展蒙古佛教,而是为了把蒙古佛教控制在自己手里,加以利用。不顺从的内齐托音喇嘛,虽然要大力弘扬佛法,但不愿意进入皇帝的操作系统,故被加以禁止。据理藩院满文档案记载,1639年初,清朝将所夺内齐托音的喇嘛、班第等送给了锡埒图库伦。这是清朝第一次将内齐托音喇嘛的弟子划给锡埒图库伦。

三、内齐托音喇嘛与班第达诺门汗的较量暨顺治朝廷

在崇德年间和顺治朝初期,内齐托音并没有遵诏停止招收弟子,蒙古王公贵族也没有停止向他进献庙丁。所以,内齐托音喇嘛擅自招收的喇嘛、班第等人数达65人,沙毕纳尔达51人。顺治八年(1651),因顺治帝年幼,理藩院奏报三议政王,内齐托音喇嘛仍在擅自招收徒弟。但三王认为,既已招收,就听其便,禁止今后再招收。然而,主管蒙古事务的理藩院可没有就此罢休,时任锡埒图库伦旗扎萨克大喇嘛的班第达诺门汗从中作梗,继续迫害内齐托音。诺门汗以"梦中得授"为由,建议令内齐托音喇嘛离开南蒙古东部,限制他在呼和浩特一带活动。顺治十年(1653)五月,经理藩院侍郎沙济达喇等题请、皇帝批准,着令内齐托音及其限定弟子迁居呼和浩特(即汉文资料中的归化城,今天内蒙古自治区首府呼和浩特旧城),不准自由行动,将其私设喇嘛等65人中的喇嘛、班第划给锡埒图库伦,将51名朝鲜、汉人出身的庙丁及其马匹,令给户部适当安排。因为内齐托音看不见、行动不便,仅留给他1名汉人庙丁。② 这是清朝第二次把内齐托音喇嘛弟子划给锡埒图库伦。

---

① 《汇典》记载的喀喇沁四旗说法同样不确切,当时喀喇沁尚无四旗。
② 详见乌云毕力格《内齐托音喇嘛相关的顺治朝满文题本》,第381页。

第十四章　内齐托音喇嘛与锡埒图库伦旗

这里所说的班第达诺门汗是锡埒图库伦旗第三任扎萨克达喇嘛。《汇典》中有他传记。据该传记载：班第达诺门汗本名为西布扎古勒克(Sibjagüreg,？—1657)，藏人，从12岁到38岁在西藏学法修佛，获得兰占巴学位，以扎木朗西布扎兰占巴(Jamlang sibja ramjanba)著称。后来，四世班禅额尔德尼和五世达赖喇嘛为了争取清太宗成为格鲁派施主，一致同意派该扎木朗西布扎兰占巴到东土。38岁时，来到盛京，谒见清太宗，传达了达赖、班禅二喇嘛之意，汗大喜，命其住库伦。后奉命到盛京诵经，受到汗的信任，提出建议在盛京东西南北建立塔和寺各一。顺治三年(1646)朝廷授予他锡埒图(一寺之住持喇嘛)之职，住锡库伦，并授扎萨克(达喇嘛)之印。在顺治六年至顺治七年间(1649—1650)，在库伦兴建寺庙，增收弟子。顺治八年(1651)应召赴京，被授予"班第达诺门汗"称号。他在宫内景山顶上建造佛塔、佛像，建造了黄寺，从蒙古地方召集108班第住该寺。顺治皇帝为了迎接五世达赖喇嘛来京，派诺门汗赴归化城。龙年(1652)六月二十五日，诺门汗接到圣旨回京，十一月从京城到代噶地方迎接达赖喇嘛，一直陪同达赖喇嘛。在此期间，达赖喇嘛得知诺门汗与内齐托音呼图克图不睦，为他们两个人断了案。羊年(顺治十二年,1655)，诺门汗提出辞呈(不再任扎萨克达喇嘛)，但仍居该地区，建造了吉祥天女神庙，吉祥天女成为库伦的护法神。鸡年(丁酉,1657)二月二十六日圆寂，塔葬在吉祥天女神庙内。①

据《清太宗实录》，崇德三年(1638)八月，"赐实胜寺诵经喇嘛西布扎等五人宴。"②又据顺治朝满文题本记载，顺治十年(1653)二月二十四日理藩院尚书尼堪题，班第达诺门汗书奏，达赖喇嘛已从代噶启程，他已完成使命，请求返回故地。顺治皇帝朱批，达赖喇嘛已从代噶启程，允准班第达诺门汗返回。七月十八日，理藩院侍郎席达礼又题，因达赖喇嘛已启程，请准许诺门汗返回。皇帝朱批，着班第达诺门汗返回原地。③ 这些记载印证了《汇典》记载的准确性。

---

① 《汇典》，第10—21页。
② 《清太宗实录》，崇德三年八月辛卯朔。
③ 顺治十年二月二十四日理藩院尚书尼堪满文题；同年七月十八日理藩院侍郎席达礼满文题本(均藏于中国第一历史档案馆)。

但是，顺治十二年以后，班第达诺门汗并非一直在库伦。诺门汗在京住锡一年多时间后，翌年（1656）出边。据《清世祖实录》记载，顺治十三年（1656），"班第达诺门汗以疾恳请出边，欲于喀喇沁、土默特部落一带，与希勒图库棱（即锡埒图库伦——笔者）相近地方，水味佳处居住。命理藩院同伯索尼会议。许之。"①可见，班第达诺门汗在1656年离开北京，到库伦附近居住。

显然，这位班第达诺门汗很有来头。他来到清朝，是否真的像他传记记载那样受到了西藏格鲁派最高领导阶层的派遣，还没有足够证据。从五世达赖喇嘛的态度（详后文）来看，他未必是达赖喇嘛派来的人。也许，他是西藏其他大喇嘛的代表，当时西藏各派与清朝互派使团和人员，加强接触和了解，都试图使对方为我所用。但无论如何，西布扎喇嘛来到东土以后，清朝格外重用他，任命他为锡埒图库伦旗扎萨克达喇嘛，授"班第达诺门汗"称号。诺门汗继承前任之志，遏制内齐托音喇嘛的宗教影响，对他本人进行迫害。早在1651年时，班第达诺门汗就声称"梦中得授"，建议着令内齐托音喇嘛及其徒弟等一并迁往呼和浩特。1653年（顺治十年），清廷根据该建议，着令内齐托音及其弟子住呼和浩特。《如意宝数珠》和《汇典》记载都证明，在打倒内齐托音喇嘛本人的过程中，班第达诺门汗起了决定性作用。

《如意宝数珠》记载：

tere čaγ-tur se-skiy-a nom-un qaγan ayadangγui-bar boγda blam-a-yin sasin-dur qarsilan jokis ügei üge ügülebei. tendeče si čü Huvanγdi ejen masi yeke čelegerkejü olan emči domči nar-tur üjegülbesü tusa ese bpluγsan-dur. ejen öber-iyen jarliγ bolun minu ene čilegen-e γadaγadu monγol ulus-tur . basa öber-e jüil-ün tusalaqu arγ-a bui bolbaqqu kemen. monγol sayid tüsimed-i čuγlaγulju asaγuγsan-dur. baγatur jaγan alima böke ekilen nigen kedün monγol sayid tüsimed ayiladqar-un. man-u monγol γajar-a em čü uuγuqu. basa

---

① 《清世祖实录》，顺治十三年九月庚申。

第十四章　内齐托音喇嘛与锡埒图库伦旗

sayin blam-a-ača absig abqu gürim nom onγsiγulqu kereg jarγu kilgekü teyimü teyimü-yi üyiledbesü tusa boldaγ bile kemen ayiladqaγsan-dur. absig abqu bügesü ali blam-a sayin bui kemen jarliγ boluγsan-a edüge monγol γajar-tur absig öggün nom nomlaju sasin delgeregülegsen-inü. neyiči toyin blam-a sayin kemen ayiladqaγsan-a. teyin bügesü tere blam-a-yi iregül kemen jarliγ bolju elči ilegen. blam-a-yi jalaju iregüleged absig abqu-yi jarliγ baγulγaγsan-dur. blam-a čaγarγulju ayiladqaγsan-anu. ejen kemebesü delekei dakin-u yeke qaγan. bi kemebesü orod bükün-i bidügči nigen öčüken toyin. boγda ejen-e minu metüs teng ügeküy-e yakin absig ergümü. ejen-ü γaiqamsiγ yeke aldar ner-e-dür ču jokis ügei-yin tula. bi absig ergüjü bolqu ügei kemen čaγarγulan ayiladqaqui-dur. tere čaγ-tur erten-ü üyile-yin barildulγ-a ese jokilduγsan abiyas-un erkeber se-skiy-a nom-un qaγan omoγ-iyar qaγan-a bičig barin ayiladqar-un. yerü absig abubasu sabi bolqu keregtei. absig abuγan blam-a-yi borqan metü sanaju köndülen mörgükü keregtei. teyin ese kibesü qarin ču gem-tei-yin tula. absig abqu kereg ügei kemen tödeγüleged. darui bičig bariju basa eyin ayiladqar-un. ene neyiči toyin blam-a aru monγol-dur yabuju öber-ün beyeben borqan metü. qamaγ sabi-nar-taγan čaγan yamandaka. ulaγan yamandaka. noγuγan yamandaka. čaγan virujan-a kemekü borqad-un neres-i öggün. basa borqan-u gün-eče gün. narin-ača narin niγuča nom vjar-tu kölgen yamandaka terigüten nom-ud-i sayin maγu kiged-i ülü ilγan. qobaγ-a tataγčin ba arγalčin tüliyečin teriγüten-eče degegsi büγüde-dür niγul ügei čegejelegülün ongsiγulba kemekü üge-lüγe basa bosu jüil ügen-iyer jaγalduγsan-dur. ejen-u jarliγ bi yirtinču-in törö-yin qaγan mön-ü tula nom-un yosun-i medekü ügei. dalai blam-a kürčü ireγsen-ü qoyin-a. dalai blam-a medetügei kemen jarliγ bolbai. tende-eče γadaγadu vang noyad kiged begejing-ün amban güüsi ekilen nigen kedün kümün ayilallduju. ilangγuy-a amban güsi blam-a-yin gegen-e ayiladqar-un. blama-a-aa se-skiy-a nom-un qaγan medekü nom-i bi bürin medekü. minu medekü nom-i se-skiy-e nom-un qaγan mededeg ügei. eyimü-yin tula bida nom temčeldüsügei kemen ayiladqaɤsan-dur. blam-a-yin jarliɤ ta teyin büü ayilad. edüe bida kelelčejü ɤarbaču ejen-dür sasin-dur neng yeke tüyitker bolqu. maɤu nögüčel-i boddhi mör-tür körbegülküi obidas bolɤan ab kemegsen metü jokistai bolɤan küličesügei tere ču baq-a-ban qantuɤai kemen jarliɤ bolbai. tende-eče tabduɤar dalai blam-a kür ču ireɤsen qoyin-a jarliɤ-iyar kabala ɤunɤ-dür dalai blam-a-yin qamaɤ kereg-i taɤalabai. basa se-skiy-a nom-un qaɤan jaɤalduɤsan kereg-i taɤalaɤsan-dur kabala gung se-skiy-a nom-un qaɤan qoyaɤula urida-ača yeke sayin boluɤad. basa-ku kayili yeke ideɤsen ba dalai blam-a-yin jiɤuči gerin kabču monɤol ügen-dür osol tula üge soliju buruɤu jiɤulčilaɤsan-iyar. blam-a-yi torɤaju urida boɤda-dur učaraqu tere üy-e-dür daɤaɤuluɤsan ɤučin yeke dgeelünɤs-luɤ-a bosu basa ɤučin baɤ-a sabi qamtu köke qota-dur saɤulɤ-a-tuɤai. basa öleɤsen jiran quvaraɤ-i bayi-ji manjusiri-yin küriyen-dür saɤulɤatuɤai kemen toɤtaɤabai.

"彼时,萨迦诺门汗(指班第达诺门汗——笔者)因嫉妒妨碍博格多喇嘛(指内齐托音喇嘛——笔者)教法,口出对其有害之言。彼时,世祖章皇帝染大疾,向诸医巫求治而无效。上谕蒙古大臣曰:'在外藩蒙古中有无治愈朕病之术?'巴图鲁占、阿里玛博克等诸位大臣奏曰:'我等蒙古地方除吃药外,尚有请高明上师灌顶、念咒、做佛事等有助于治病之术。'上谕曰:'若欲受灌顶,哪位上师为佳?'奏曰:'如今在蒙古授灌顶、讲经、弘法者,以内齐托音喇嘛最佳。'于是,上降谕令其(即内齐托音喇嘛)来授灌顶。[内齐托音]喇嘛奏言:'皇上为天下之大皇帝,鄙人则一介区区小游方僧,不配皇上英名,岂敢为皇上灌顶。此举将有损于皇上鼎鼎大名,予不敢为。'如此明奏。彼时,因前世造业未接善缘,萨迦诺门汗傲慢上奏皇上,从中阻挠,曰:'如受灌顶,必做弟子,视授灌顶之师为佛,敬奉顶礼。若不如此为,不必受灌顶也。'又奏曰:'内齐托音喇嘛在北方蒙古,视己为佛,授予其弟子分别以白阎王、赤阎王、绿阎王、白必鲁咱纳等佛名,又将佛之至奥至秘之秘经《金刚乘阎王经》等不分善恶之人,不避讳打水者、捡干畜粪者、砍柴者等下人,令彼等悉数背诵。'

第十四章　内齐托音喇嘛与锡埒图库伦旗

并以其他种种恶言告状。上谕曰:'朕为天下世俗皇帝,不谙教法事。等达赖喇嘛抵京,请其定夺。'外藩蒙古王贵族及驻京昂邦固实为首若干人向[内齐托音]喇嘛曰:'上师!萨迦诺门汗所精通之经卷吾皆通,而吾所精通之经卷,萨迦诺门汗则不通也。故此,吾等与之辩经何如。'喇嘛答曰:'汝等勿出此言。如今即便吾等辩经胜出,为皇上为教法造成更大业障无疑。应以佛道化解恶因,视其应当而受之。让他亦幸灾乐祸。'寻即五世达赖喇嘛抵京,命噶布剌公委托五世达赖喇嘛[决断]。又将萨迦诺门汗告之状交付达赖喇嘛。因萨迦诺门汗与诺门汗有旧,又受了巨贿,加之达赖喇嘛通事噶林噶布珠不通蒙古语,翻译有误,故[达赖喇嘛]处罚[内齐托音]喇嘛,着内齐托音喇嘛率谒见博格多汗时所带三十比丘及另外三十名小徒弟移居归化城,责令其余六十名僧人入居锡埒图库伦。"①

虽然《汇典》与《如意宝数珠》的史料来源完全不同,但两者记载有惊人的相似之处:

angq-a-du neičin toying qutuɣtu kiged nom-un qaɣan qoyaɣula-yin sedkil taɣaraqu ügei-yi dalai lama medejü, toying lama bol borqan terigüten sudur-i öber-ün dur-a-bar-iyan kibe. tegün-i olan ulus bol je sungkaba lama-yin qubilɣan gejü qayiralaltu ügei olan-du öggüdeg. ali olan monɣol yeke süsüg-tei bayiba. dakiɣad nom-i qaɣantegün-ü üjel-dü baqan dur-a ügei boloɣad tab ügei qongq-a keriy-e bolun sir-a sibaɣu taɣaraqu ügei bolju, öglige-yin ejen bolbaču qobi qobi-yin lama-ban maɣtaqu bolju ɣabala amba kiged janggin ramuba qoyar lama-yin ese taɣaraɣsan ündüsün nom bolqu-du či egün-i tasula gebe. inkijü ayiladqaɣsan mergen ɣabju kiged sečin noyan qoyaɣula quyaduɣar sar-a-yin sinen nigen-ü edürtus tus-un üge-yi tasulaba. neičing toying-un bodolɣ-a amitan bolun sasin-u tuqai bolbaču sonusluɣ-a baɣa-tai sayin baɣsi-tai učaraɣsan ügei-yin gem-mön.

---

① 《如意宝数珠》,叶74b—叶77a。

mön, nom qaγan-u učir ünen bayiqu tula, nom-un qaγan monγol-un kügsin qaγan-u yosu delgeregsen-ni jöb. tegünčilen jüg jüg-ün sabinar-ača qobi qobi-yin učir mön gejü jobau bayiqu čaγ-tu qaγan-u jaliγ-i bučaγaju čidaqu ügei γool yosu-yi kelejü tus tus-un klegsen-ni nom-un yosuγar toγtaγaba. ene yosu-yi degereki sonusuγad yekel-e jöb gebe. …… čingkiged udal-a ügei qaan jarliγ-iar doyang lama baγsi olan-ača ali yeke erdemten gejü oldaγsan döčin sabi-yi ilan abču nom-un qaγan-u ergüb. tere bükün-I mön keyed-tü saγulγaba. man-i sasin-i yeke sayijiraγulqu-yin tula öggübe. egün-ü ösiy-e-ber toying lama baγsi sabi-yin sedkil-dü tab ügei tula qoriy-a-yin lama-yi γooldaγulju bükün-dü qariyadu kijü öndür jüg-tü sur bilang qayaba.

"起初,达赖喇嘛发现了内齐托音呼图克图与诺门汗心不合。托音喇嘛随心所欲地做佛法事。众人则视他为尊者宗喀巴之转世,不惜钱财,大量奉献给他。很多蒙古人[对他]有信仰。诺门汗对托音之见解产生了稍许不满,心中不悦。乌鸦和猫头鹰发生了冲突,施主们赞扬各自的喇嘛。噶布剌大臣和章京喇穆巴(就是《五世达赖喇嘛传》所记侍郎大臣,不知指何人——笔者)说,两位喇嘛不合之根源在于教法,故由您[达赖喇嘛]来决断。如此上奏后,穆尔根噶布楚和车臣诺颜俩于(蛇年)二月初一日判断了他们二位[喇嘛]的话。内齐托音之意,虽然是为了众生和佛法,但见识不广,是为未曾遇见好的上师之弊。诺门汗之言在理,他弘扬蒙古老可汗之道有理(原文如此,不知何意,也许将藏文翻译成蒙古文时产生的误会——笔者)。在双方的徒弟们都主张各自有理时,又不能拒受皇帝谕旨,故阐述大宗道理,依照佛法之规断了各方之诉讼案件。皇上闻之曰甚然。……此后不久,皇帝降旨,从托音喇嘛师徒内挑选以有学问著称的四十人奉献给诺门汗。让他们居住在该寺(即锡埒图库伦——笔者)。为了使我们的佛法得以弘扬而拨给的。因此过结,托音喇嘛师徒心中不悦,以库伦喇嘛为主,向大家发咒,向高处施食子(索尔必郎)。"①

---

① 《汇典》,第17—19页。

第十四章 内齐托音喇嘛与锡埒图库伦旗

《如意宝数珠》和《汇典》的记载得到了《五世达赖喇嘛自传》的有力印证。五世达赖喇嘛记载：

Nas ci tho yon gyis gsang bde 'jigs gsum sogs bla med kyi lha'i mngon rtogs du ma pho mo kun la khyab gdal du bslabs/dkyil 'khor gyi lha la sngar ma grags kyi rjes gnang bskur/lha thams cad la sku mdog kyang dkar ser dmar ljang sna rtshogs blos byas kyis bcos/rgyal ba tsong kha pa chen po'i sku skyer khas 'che/dngos po rnams 'phangs med du mchog dman kun la byin pas sog po phal cher dad pa'i 'phrin las kyi 'ur langs/de la byams gling no mon khan gzhan 'byor phun tshogs la phrag dog dang khong pa'i sbyod tshul la yi ma rangs pa phan tshun du 'gran pas gnas tshul brjod pa mtshang 'dru lta bur song ste bya rog 'ug pa'i brtul zhugs 'dzin pa/sbyin bdag rnams kyang so so'i phyogs su lhung ba'i ban rtsa la brten gong gi snyan du 'ng rang phyogs sgrub 'dod kyi zhu rigs mang tsam byung 'dug pa nas ka pa la a ma dang as khan a ma can ched du mngags te bla ma gnyis ma mthun pa'i rtsa ba chos yin gshis khyod kyis zhal ce chod gsungs par mergan dka' bcu dang se chen dbon po gnyis btang ba'i/hor zla gnyis pa'i tshes gcig gi nyin so so'i tshig rtsa rnams bcad tshe/nas ci tho yon de bsam pa sems can dang rje btsun tsong kha pa chen po'i bstan pa la phan du re ba'i dag pa yod 'dra rung sbyor ba thos pa chung zhing bshes gnyen tshad ldan zhig gis ma zin pa'i skyon gyi no mon khan gyi brjod rigs phal cher bden pa tsam 'dug no mon khan yang bstan 'gro'i don la bsnyad pa'i pha rol gyi dbang thang ma bzod pa'i sog so'i bla rgan de rgyal po'i khrims rar tshud la re zhig snang ba/spyi pa dang bar pa gros pa gsum/phyogs ris zug rngu ldang ba'i rgyu/zhes pa ltar 'di rigs mthong phyogs byed gtad kyi rgyur 'dug rung gong gi bka' ldog par ma nus pas drang po'i ngos nas phan tshun gnyis thad du lo ba'i gcod mtshams kyis rtsod pa chos phyogs su zhi bar byas/de ga'i gnas tshul gong gi snyan du dwangs pas dgongs par babs pa byung 'dug/

"内齐托音给男女众人普遍教授了密集、上乐、大威德等无上瑜伽部之本尊的多种现观法,在坛城之本尊处授予了前所未闻的随许,他还按自己的想象以白、黄、红、绿等各种颜色涂改了所有本尊的身色,并自称为宗喀巴大师的转世,毫不吝啬地把财物普施施予贵贱百姓,受到大部分蒙古人的信仰,其事业骤然间繁荣起来。对此,察穆凌诺门汗(即萨迦诺门汗或班第达诺门汗——笔者)对别人的富裕兴盛心生嫉妒,对内齐托音的做法很不服气,互相竞争,他讲述情况时,像是在揭发内齐托音的过失。他们如同乌鸦和猫头鹰一样互不兼容,使得施主们也偏袒各自一方,他们还多次向皇帝进言,欲使自己一方有理。因此皇帝特遣噶布剌大臣和侍郎大臣①二人传谕于我:由于二位喇嘛不和之根本是教法,故尔当为此裁决。我派墨尔根噶布珠和车臣温布二人于二月初一日对双方的言辞、理由进行裁决。看来那位内齐托音确实是怀有利益众生和至尊宗喀巴大师之教法的纯洁心愿。但是他寡见少闻,而且缺乏具备资格的高僧的摄受,从这方面说,诺门汗所说的基本正确,但他不全是为了佛教众生的事业而发议论,而是不能忍受对方的权势,一心想把那位蒙古老僧投进皇帝的监狱里去。正如俗话所说'大众、中间人和议事者,偏袒一方是不和的根由',我虽不便发表这种见解,但有皇帝的谕令不便推托,所以我公正地做了双方能够接受的裁定,将争执息在教法方面。我如此办理后奏报了皇帝,符合了皇帝的心意。"②

据此可以断言,《汇典》的史料来源就是《五世达赖喇嘛传》。不仅两者内容完全相同,而且用词都基本相同。

根据清朝文献的记载,在五世达赖喇嘛在京期间,具体负责接

---

① 此两人名《五世达赖喇嘛传》汉译本作噶巴剌阿玛和鄂罕阿玛(第245页),不准确。噶巴剌阿玛,藏文作 ka pa la a ma, ka pa la,即顺治朝名臣噶布剌,a ma 是满语 amban(大臣)的音译;鄂罕阿玛,藏文作 as khan a ma,即满文的 ashan-i amban(意为侍郎,如音写作阿斯罕昂邦),非人名。
② 阿旺洛桑嘉措:《阿旺洛桑嘉措传》(藏文),青海民族出版社,1991年,上册,第401—402页。参考五世达赖喇嘛阿旺洛桑嘉措著,陈庆英、马连龙、马林译:《五世达赖喇嘛传》,第245—246页。

第十四章 内齐托音喇嘛与锡埒图库伦旗

待的是噶布刺公。清朝还特别安排了锡埒图库伦旗扎萨克达喇嘛诺门汗参与接待工作,从到代噶迎接到最后送行,让他一直陪伴在达赖喇嘛身边。这不能不说是精心安排的结果。

但是,五世达赖喇嘛并没有被诺门汗的言行所蒙蔽。他充分肯定了内齐托音的"利益佛法与众生"之善意,而对诺门汗则表现出极大的不满。他说,察穆凌诺门汗(即《如意宝数珠》中的萨迦诺门汗,满文档案中的班第达诺门汗)对内齐托音的"富裕兴盛心生嫉妒"而告状,"他不全是为了佛教众生的事业而发议论,而是不能忍受对方的权势,一心想把"内齐托音投进监狱。据五世达赖喇嘛的见解,内齐托音因喇嘛未能师从高僧大德,佛法修养不深,一些做法不符合教理,然而他的确是全心全意为了佛法。可以看得出,达赖喇嘛审理此案时颇感左右为难,既不愿意处罚内齐托音,又无法将朝廷支持诺门汗的立场置之不理。

在处理这件事情方面,顺治朝廷做得十分机智。首先,朝廷通过达赖喇嘛判处内齐托音有罪,这种判决不仅最具权威性和合法性,使得内齐托音及其支持者有口难辩,而且朝廷洗脱干系,在整个事件中佯装局外人,不招致蒙古人的不满。其次,在处理此事时,顺治朝廷选择了一个极其有利的时机,即选择了五世达赖喇嘛在北京的时间。达赖喇嘛身在北京,既不便推托,又不便做出不利于朝廷的裁决,此时的他毕竟是大清朝廷的座上客。

最终,达赖喇嘛论处内齐托音在教法方面有违规行为。顺治十年(1652),朝廷借达赖喇嘛的名义,下令将内齐托音及其少数随从发落到呼和浩特,限制了他的宗教活动。内齐托音喇嘛就在当年病逝。此后,清廷又以不得让不法喇嘛之徒聚集一处为由,把内齐托音喇嘛的徒弟们再次拨给了锡埒图库伦。

结　　语

内齐托音喇嘛宗教势力的衰败和锡埒图库伦旗的兴起是同步进行的。前者是因为没有迎合新兴的大清王朝的政治需要,没有为朝廷服务而自取灭亡;后者则正好利用了这个绝好的发展机会。锡垙图库伦旗扎萨克达喇嘛们无情地打击内齐托音喇嘛,并非仅仅因为内齐托音喇嘛的某些做法不符合教法规矩,而是为了消灭这一在南蒙古信徒中极具威望的对手,以保证建立他们自己在南蒙古人中独尊的地位。内齐托音喇嘛和库伦大喇嘛们的斗争不是藏传佛教不同派别之间的斗争,他们同属格鲁派。库伦大喇嘛们对内齐托音的攻击和迫害,是一种同宗内部的争夺势力范围的极其私人的行为。

崇德、顺治两朝是清朝建立和发展过程中极其重要的时期。在这个时期,漠南蒙古对清朝的重要性是极其显著的。满洲统治者非常清楚,藏传佛教对蒙古具有极大的影响力。因此,朝廷绝对不允许像内齐托音喇嘛这样不顺从朝廷的大喇嘛成为漠南蒙古宗教中心。清廷打压内齐托音喇嘛势力、扶持锡埒图库伦,完全是出于让宗教为政治服务的考虑。

在内齐托音喇嘛和库伦大喇嘛们的博弈中,库伦赢得了胜利。然而,历史证明,锡埒图库伦并没有因此而发展成为清代内蒙古的藏传佛教中心。究其原因,可能有以下主要的原因:其一,除创建库伦的阿兴喇嘛在右翼蒙古人中具有较高的影响以外,其继承者们都从安多或西藏直接来到盛京满洲朝廷中,与蒙古人没有任何直接联系,更谈不上蒙古人对他们的顶礼膜拜。库伦主要是在朝廷的扶持下发展起来的。其二,库伦是以打压蒙古人极其崇拜的内齐托音喇嘛为基础发展壮大的,这可能更加疏远了库伦和漠南蒙古人的感情。

对历史产生深远影响的不总是胜利者。实际上,内齐托音喇嘛的败亡对内蒙古的影响不能不说巨大。内齐托音喇嘛在17世纪整个漠南蒙古人各部中极具威望,他有可能成为类似哲布尊丹巴呼图克图那样有影响的宗教人物,所以他的败亡或许某种程度上改写了内蒙古历史。虽然在很多年以后内齐托音喇嘛转世了,但二世内齐托音呼图克图与其前身根本无法相提并论,他知名度不高,影响力不大,不可能成为漠南蒙古诸部共戴的活佛,因而对后来内蒙古历史的影响也就微乎其微。

第十五章 《阿萨喇克其史》之作者

《阿萨喇克其史》是1667年成书的一部珍贵的蒙古文史书。该书的作者为喀尔喀蒙古贵族善巴(Byamba)。该书至今只有一种手抄本被发现,珍藏在蒙古国国立图书馆珍本库。该孤本是一部藏式贝叶装纸质手抄本,长38厘米,宽9厘米,每叶29—30行字,共33叶65面,用竹笔黑墨以工整的蒙古文书写体写在毛边纸上。2002年,蒙古国功勋教授沙格都尔苏隆与韩国著名蒙古学家李圣揆二人影印出版了《阿萨喇克其史》。①

自20世纪60年代以来,学术界一直重视并研究《阿萨喇克其史》,至今已有若干部研究专著和论文问世。但是,《阿萨喇克其史》的研究还不够充分,有待深入。本章希望通过对新近影印出版的《清内阁蒙古堂档》中的有关满蒙古文档案资料和《阿萨喇克其史》的一些内容,对《阿萨喇克其史》作者的事迹及其思想倾向做一考述。

一、作者的姓名与家世

《阿萨喇克其史》两次明确交代了该书的作者。

第一次,是在《阿萨喇克其史》第57叶正面有以下记载:"aldarsiɣsan nom-un ejen-ü köbegün yeldeng dügürgeči čoɣtu ildüči: dayičing qosiɣuči: čamčar erdeni nomči: mergen dayičing: čing čoɣtu toyin boluɣsan-u qoyin-a lubsang toyin: erdeni dayičing: gürüsgib erke aqai: yeldeng dügürgegči-yin köbegün tobajab erdeni yeldeng noyan:

---

① *Byamba-yin Asaraɣči neretü [-yin] teüke* (eh bichgiin sudalgaa), teruun devter, galiglaj usgiin helhees uilden hevleld beltgesen: Tseveliin Shagdarsuren, Lee Seong-gyu, Ulaanbaatar, 2002.

kabču tngri toyin; bi öber-iyen byamba erke dayičing; šambadar čoγtu aqai. (著名的诺扎罕的儿子伊勒登都尔格齐、绰克图伊勒都齐、岱青和硕齐、察木查尔额尔德尼诺木齐、墨尔根岱青、青绰克图出家后称罗卜藏陀音、额尔德尼岱青、固噜斯齐布额尔克阿海。伊勒登都尔格齐的儿子是图巴札布额尔德尼伊勒登诺颜、噶布珠腾格哩陀音，我自己是善巴额尔克岱青、善巴达尔绰克图阿海。)"这里，作者明确指出本书作者是"善巴额尔克岱青"。

第二次，作者在《阿萨喇克其史》的跋诗中还提到："ulam qoyitusi uqaqu-yin tula asaraγči neretü teüke bolγan bičibe.（为使后世了解[历史]，名叫阿萨喇克其者，编撰为史书。）"

过去研究者们都曾指出，善巴和其他清代蒙古文人一样，在自己著作中不直书其名，而以自己藏文名的蒙古文翻译暗示了作者（"阿萨喇克其"，译成藏文叫 Byin pa〔或作 sByin pa〕，按照蒙古人的读音规则，这个藏文词可音译为"善巴"、"津巴"、"占巴"、"宾巴"等）。其实并不是这样。事实是，善巴当时就有两个名字，一为善巴，另一个为阿萨喇克其，词义相同，但前者为藏语，后者为蒙古语。在十分正式的场合，该人曾使用过其蒙古语名字。《清朝内阁蒙古堂档》所收善巴的蒙古文呈文证明了这一点。比如，他在康熙三十四年（1695）写给哲布尊丹巴呼图克图的呈文中称："blam-a-yin gegen-e, giyün wang asaraγči erke daičing-un ayiladqal.（[哲布尊丹巴呼图克图]喇嘛明鉴。郡王阿萨喇克其额尔克岱青呈奏。）"清朝内阁蒙古房为该文书加的题目为"郡王善巴的回呈"。① 这里善巴将自己的名字写成了"阿萨喇克其"，当时处理这些文书的清朝官员们清楚地知道他就是善巴。可见，阿萨喇克其不是善巴的"笔名"，而是当时被人广为知晓的常用名。

善巴是成吉思汗裔、蒙古"中兴之主"答言合罕六世孙，博尔济吉特（元代作孛儿只斤）氏。根据《阿萨喇克其史》、《大黄史》、《王公表传》等诸书记载，自答言合罕至善巴的世系如下：

---

① 中国第一历史档案馆、内蒙古大学蒙古学学院编：《清内阁蒙古堂档》卷十三，第423页。

第十五章 《阿萨喇克其史》之作者

第一代：答言合罕；
第二代：答言合罕十一子格哷森札；
第三代：格哷森札三子诺诺和，号伟征诺颜；
第四代：诺诺和四子图蒙肯，号赛因诺颜；
第五代：图蒙肯次子丹津喇嘛，号诺扪罕；
第六代：丹津喇嘛长子塔斯希布（Taskib），号伊勒登都尔格齐；
第七代：塔斯希布的三子善巴（阿萨喇克其），号额尔克岱青。

善巴出身的诺诺和家族在喀尔喀左翼乃至全喀尔喀历史上都具有重要地位。该家族的历史对善巴的学识和思想行为有直接的影响。

诺诺和的长子是赫赫有名的阿巴泰汗，一度成为喀尔喀万户的首领，他首先皈依了藏传佛教格鲁派，在呼和浩特谒见了三世达赖喇嘛索南嘉措，得"佛法大瓦齐赉汗"号。其四子图蒙肯，即善巴的曾祖父，也是喀尔喀著名的格鲁派护法王。《蒙古游牧记》载："初，喀尔喀有所谓红教者，与黄教争。伟征诺颜诺诺和第四子图蒙肯尊黄教，为之护持。唐古特达赖喇嘛贤之，授赛因诺颜号，令所部奉之视三汗。"① 根据蒙古文档案史料，赛因诺颜家族的这样崇高地位世代相传。图蒙肯之玄孙诺颜伊剌古克三呼图克图的奏折（1691）说："古昔，赛因诺颜有子十三，其一为伊勒登和硕齐。他的儿子是我。在喀尔喀，葛根（指哲布尊丹巴——笔者）、喀尔喀三汗、善巴岱青诺颜为首大小诺颜大加扶持，叫我位在札萨克之上如三汗之例，允许我虽无汗号仍照三汗例行走。"② 据说，图蒙肯是喀尔喀蒙古贵族中最先赴西藏朝觐礼佛的人。他朝觐的时间为1617年，即四世达赖喇嘛云丹嘉措圆寂的第二年。当时，藏巴汗禁止达赖喇嘛转世，格鲁派处于危机之时。图蒙肯和土默特人联军进藏，保护格鲁派，建立云丹嘉措的银舍利塔，返回时迎请四世达赖喇嘛的法帽到喀尔喀供

---

① 张穆：《蒙古游牧记》卷八。
② 中国第一历史档案馆、内蒙古大学蒙古学学院编：《清内阁蒙古堂档》卷九，第558—559页。

养。四世班禅喇嘛授予他"昆都伦楚琥尔"的名号。① 图蒙肯去世后,经四世班禅确认,图蒙肯的"转世"成为喀尔喀一世札雅班第达呼图克图罗卜藏丕凌列。札雅班第达葛根是喀尔喀三大活佛系统之一。

善巴的祖父丹津喇嘛,图蒙肯次子。丹津喇嘛五次赴藏,给达赖喇嘛和班禅额尔德尼以及格鲁派四大寺以莫大的布施,在蒙古建立寺庙,从五世达赖喇嘛那里得到了"诺门汗"称号。他还资助一世札雅班第达呼图克图罗藏丕凌列赴藏学佛。丹津喇嘛在喀尔喀宗教界具有重大影响。②

丹津喇嘛时期,清朝和喀尔喀关系一度恶化。1646 年,发生了"腾吉思事件"。清朝派军征讨北入喀尔喀的苏尼特腾吉思部,土谢图汗、丹津喇嘛、硕垒汗等两次领兵迎战,但遭失败。此后,土谢图汗部二楚琥尔又掳掠漠南巴林蒙古人畜,清廷多次与土谢图汗、车臣汗和丹津喇嘛交涉。喀尔喀在斗争中步步失利,最终不得不向清廷妥协。到顺治十二年(1655),喀尔喀各部首领在清朝的巨大压力下,各遣子弟来朝乞盟。是年,清廷在喀尔喀设八大扎萨克,左、右翼各四人。其中,左翼四札萨克为:土谢图汗察珲多尔济、墨尔根诺颜、丹津喇嘛和巴布车臣汗。

丹津喇嘛死后,其长孙额尔德尼伊勒登继任札萨克。下面将提到,额尔德尼伊勒登和他的祖先一样,也很热心于弘扬佛法事业,曾经用金粉缮写过《甘珠尔经》。善巴是在他兄亡故后成为这个家族的首领的。

纵观善巴家族史,他们家族有以下两个特点:一,该家族在喀尔喀历史上,尤其是在左翼历史上具有重要地位,是颇具势力的一支政治势力。二,该家族以崇佛为传统,某种意义上讲,该家族势力就是依靠藏传佛教格鲁派最高领袖达赖喇嘛的眷顾发展起来的。他们不仅与西藏格鲁派关系密切,而且与喀尔喀宗教领袖哲布尊丹巴

---

① 参见〔日〕若松宽著,薄音湖译:《札雅葛根传考证》,载《清代蒙古的历史与宗教》,黑龙江教育出版社,1994 年,第 327—341 页。
② 同上。

第十五章 《阿萨喇克其史》之作者

呼图克图和著名的札雅班第达活佛系统有千丝万缕的关系。因此，善巴从小有条件受到良好的教育。他有条件学习蒙藏文，也有条件广泛接触蒙古编年史著作和西藏佛学与史学著作。这对他日后纂修《阿萨喇克其史》创造了条件。

二、善巴的前半生

迄今为止，人们对善巴的前半生一无所知。善巴的史书问世于1677年，对其史书产生影响的是他的前半生，而不是后半生。

在清代官修史书中，丹津喇嘛死后谁继他成为札萨克，记载有些混乱。但这个问题与善巴的前半生经历有直接关系。根据《王公表传》之《善巴传》，善巴于康熙六年（1667）袭札萨克，遣使通告清廷后，获"信顺额尔克岱青"（蒙古语 Itegeltü nayirtu erke dayičing，满语为 Akdun dahashūn erke daicing）称号。但在该书《赛因诺颜部总传》中记载，康熙三年（1664）丹津喇嘛死，其子塔斯希布袭，旋即死去，于是善巴继其成为札萨克，与善巴传记载相左。

根据内秘书院档案，《王公表传》的两种记载均属误载。康熙八年（1669）八月五日，康熙皇帝遣使喀尔喀左翼，赏赐车臣汗、岱青台吉、昆都伦托因、车臣济农、土谢图汗和丹津喇嘛六人。① 这说明，直到1669年秋天丹津喇嘛仍在世。

实际上，《王公表传》不仅误载了丹津喇嘛去世的年代，而且还混淆了善巴及其长兄。据清代内秘书院蒙古文档案，在康熙九年十一月十四日（1670.12.25），康熙帝颁诰命于丹津喇嘛长孙额尔德尼伊勒登诺颜。诰命中说："（sdanjin blam-a）önggeregsen-ü qoyin-a, erdeni ildeng noyan čimayi itegel-tü nayir-tu erdeni ildeng noyan čola ergübe.（［丹津喇嘛］去世后，赐尔额尔德尼伊勒登诺颜以信顺额尔德尼伊勒登诺颜名号。）"②据此，丹津喇嘛死于康熙九年（1670），是

---

① 中国第一历史档案馆、内蒙古自治区档案馆、内蒙古大学蒙古学研究中心编：《清内秘书院蒙古文档案汇编》，内蒙古人民出版社，2003年，第7册，第188—198页。
② 同上，第316页。

年清廷赐其长孙额尔德尼伊勒登以"信顺"名号。这说明,丹津喇嘛死后,其长孙袭札萨克,故清廷有此举措。这也说明,丹津喇嘛子塔斯希布并没有继任札萨克,可能先于其父亡故。但是,额尔德尼伊勒登对清朝没有功劳,在清朝并不知名。《王公表传》的作者们在撰写善巴传记时,有意无意地将其事迹安在了善巴的头上。

事实是,善巴很晚才继承了他长兄的"信顺"名号,继而成为札萨克。据《清朝内阁蒙古堂档》载,康熙十七年(1678)九月额尔德尼伊勒登诺颜还以"信顺额尔德尼伊勒登诺颜"的名义奏疏康熙皇帝,因为他以金粉缮写《甘珠尔经》已经完成,请求清廷赐给包裹经卷的蟒缎和制作供奉器皿的白银。① 康熙二十年(1681),额尔德尼伊勒登的夫人以"信顺额尔德尼伊勒登诺颜福晋"名义上书康熙皇帝,请求为他亡夫善后提供帮助。② 可见,额尔德尼伊勒登死于是年。接着,康熙二十一年(1682)七月初四日,康熙皇帝给喀尔喀汗王诸台吉的敕书中不再见到额尔德尼伊勒登,取而代之的是其弟额尔克岱青,即善巴。③ 值得注意的是,当时康熙皇帝给善巴的敕书仍称之为"喀尔喀额尔克岱青诺颜",④而未称"信顺额尔克岱青"。清内阁蒙古房满蒙古文档案明确记载,善巴正式继承其长兄的"信顺"名号,时间在康熙二十一年十一月十九日。"为喀尔喀信顺额尔克岱青诺颜更授敕书事,侍读学士白哩、主事莽吉图等报于大学士勒德浑、明珠、内阁学士萨海、鄂伦岱、席柱、剌巴克、王秀才等。此乃理藩院已上奏请旨事,不必再奏,授之。等语。康熙二十一年十一月十九日。"⑤所谓"更授敕书",指的是将为额尔德尼伊勒登授"信顺"名号的敕书换给善巴之事。毫无疑问,善巴受"信顺"名号和成为丹津喇嘛家族代表的时间迟在 1682 年。《王公表传》之《善巴传》不足为信。

---

① 中国第一历史档案馆、内蒙古大学蒙古学学院编:《清内阁蒙古堂档》卷一,第 552 页。
② 同上,卷二,第 344 页。
③ 同上,卷三,第 31 页。
④ 同上,卷三,第 31、67 页。
⑤ 同上,卷三,第 152 页(蒙古文)、第 358 页(满文)。

第十五章　《阿萨喇克其史》之作者

关于善巴1677年以前的事情,蒙古文档案中仅见一处记载。康熙二十一年(1682),理藩院派使者到喀尔喀各汗诺颜处,其中还包括善巴。理藩院对使臣鄂齐尔说:"我院自康熙十三年至十五年(1673—1675)将逃人情况一一写明后遣书[于额尔克岱青诺颜]。他几年不回一书,亦不查逃人……"①可见,善巴当时虽然不是札萨克,但作为部内的诺颜,管辖自己的属民。而且,当时的善巴并不热心于同清朝的合作。

那么,1682年善巴成为丹津喇嘛家族首领之前,他有过什么活动,档案资料和史书中没有留下记载。但根据他丰富的蒙藏文知识和1677年完成《阿萨喇克其史》撰写工作的事实,可以肯定,善巴前半生的主要内容为读书和写书。

1682年其长兄额尔德尼伊勒登去世后,他才被推到政治舞台上。但不幸的是,当善巴步入喀尔喀政坛后不久,噶尔丹博硕克图汗袭来,他被迫背井离乡,投靠了清朝。后来在清朝屡建战功,先后被封为多罗郡王(康熙三十年,1691)、和硕亲王(康熙三十五年,1696)。② 但这都是后话,与《阿萨喇克其史》的创作没有关系。

三、《阿萨喇克其史》纂修目的与作者思想倾向

以往研究者对善巴颇多微词,蒙古人民共和国和苏联学者持有批判的态度。1960年呼·丕凌列公布该书时,就强调善巴是封建主阶级代表和亲满派。③ 1961年,苏联学者沙斯季娜在《十七世纪的蒙古编年史〈阿萨喇克其史〉》一文中提到,"善巴是十七世纪的典型封建主。作为封建主编年史家,他恪守了本阶级的传统。""在编年

---

① 中国第一历史档案馆、内蒙古大学蒙古学学院编:《清内阁蒙古堂档》卷三,第282页。
② 《清圣祖实录》,康熙三十年五月戊子;三十五年六月甲午。
③ *Byamba-yin Asaraγči neretü[-yin] teüke*, orshol bichij hevleld beltgej tailvar hiisen Perlee, *Monumenta Historica*, Tomus II, Fasciculus 4, Ulaanbaatar, 1960.

史作者所写的林丹汗的记载中,流露出了他的亲满情绪。善巴只字未提林丹汗的反满斗争。"①蒙古国学者沙·比拉的言辞更加尖锐。他写道:"图蒙肯十三子中的第二子——丹津喇嘛是阿萨拉格齐的祖父。丹津喇嘛为亲满派,曾不止一次派使者觐见顺治皇帝,顺治皇帝也以使者、信件、礼品与之往还。当喀尔喀立了八个统治人物——札萨克时,丹津喇嘛便是其中之一……史料记载称,他于1667年继承父位,被封为札萨克。阿萨拉格齐保持了祖父的亲满倾向。清朝皇帝玄烨以荣誉称号赐予他以为奖励,最初封他为信顺额尔克岱青,后封他为札萨克亲王。从史料中可以看到,他是满洲人占领喀尔喀蒙古前即已完全亲满的喀尔喀封建主之一。他不仅与玄烨保持积极的联系,而且还千方百计地帮助玄烨同卫拉特之噶尔丹进行征战……如此看来,该史书的作者是喀尔喀封建上层中在满洲人尚未征服喀尔喀之前即已公开与异族人合作并反对西部同胞——卫拉特封建主的一个代表人物。"②

当然,这些学者的论点都有特殊的时代背景和浓厚的意识形态色彩,我们不应以今天的眼光苛求他们。但有两点需要指出。其一,迄今为止所有的研究者们都仅利用了清朝官修史书——《王公表传》、《朔漠方略》和《清实录》,其中有不少错谬记载。他们把善巴的政治活动和与清朝的关系从康熙六年(1667)开始记录,这根本就是错误的。其二,前人无一例外地犯了一个技术性错误,那就是以善巴自17世纪80年代至18世纪初年(1707)的事迹来论述他的一生,在他后半生的活动中去寻找《阿萨喇克其史》的思想倾向。这不仅是徒劳的,而且根本就是荒谬的。比如,沙·比拉在讲述了善巴后半生的历史后,困惑不解地写道:"然而值得指出的是,尽管作者的政治立场与本国民族利益格格不入,但是他的史著却是蒙古编年史中不受亲满情绪支配的一部书。至于为什么作者的政治活动

---

① 〔苏〕沙斯李娜著,余大钧译:《十七世纪蒙古的编年史〈阿萨喇克其史〉》,载《蒙古史研究参考资料》新编第32、33辑,1984年。
② 〔蒙古〕沙·比拉著,陈弘法译:《蒙古史学史(十三世纪——十七世纪)》,第246—247页。

第十五章 《阿萨喇克其史》之作者

没有影响到他这部作品的思想内容,实在难以作出解释。"①其实很容易解释,因为善巴当时根本就不是什么"亲满派"。

实际上,"亲满派"论点是在特殊的意识形态环境下对靠不住的史料进行不正确的分析后得出的。如前所说,喀尔喀右翼一贯地奉行与清朝对抗政策。左翼则自 1635 年以后奉行了与清朝保持睦邻友好关系的政策,但自 1646 年以后又采取了武力抵抗的战略。"腾吉思事件"与围绕"二楚琥尔掳掠巴林人畜"问题的争执就是实证。迫于形势,喀尔喀左翼的对清政策较为灵活,但这些贵族中不存在什么"亲满派"。不必特别抬出丹津喇嘛作"亲满派"代表,丹津喇嘛一直与车臣汗与土谢图汗统一行动,在腾吉思事件中武力抵抗清军,在二楚琥尔事件中与清廷抗衡。因此,清廷一再遣使斥责车臣汗、土谢图汗、丹津喇嘛等左翼贵族。顺治初年,喀尔喀与清廷关系缓和,各汗王均示弱求好,这并非丹津喇嘛一人所为。

善巴本人更不是什么"亲满派"人物,他在著书立说的同时管辖自己的属民,而 1673—1675 年间清廷遣书敦促他归还从漠南逃入其辖内的逃民,善巴采取不闻不问的态度。1681 年,善巴兄死,他于次年继任札萨克,步入喀尔喀政坛。不久在准噶尔汗国的进攻面前,喀尔喀溃败,善巴逃入漠南蒙古境内。全喀尔喀接受了清朝的庇护,喀尔喀贵族们与清军一道抵抗噶尔丹汗的侵略。善巴不是唯一或少数与清朝合作的人之一。17 世纪 80 年代以后的善巴的思想、立场不可能不变,但这种变化恰好说明,他在此以前曾有另一种思想和立场。

那么,善巴纂修《阿萨喇克其史》时候的思想和立场是什么样的呢?在回答该问题时,《阿萨喇克其史》所包含的相关信息就是最好不过的史料了。

如翻阅善巴所写这部史书,其"序"以对成吉思汗黄金家族的祝福开篇,而其"跋"仍以同样的内容收篇。该书一开始就写道:"顶礼上师!依无比的三宝之神力,依护佑密乘本尊之神通,依伟大护法

---

① 〔蒙古〕沙·比拉著,陈弘法译:《蒙古史学史(十三世纪——十七世纪)》,第 246—247 页。

诸神之法力,依赖种种福荫,愿繁衍生息吧,黄金家族!"而"跋"的最后一句为:"承蒙增持之杭爱山的吉祥,愿兀鲁思和部众聚满世间!依靠无量导师圣宗喀巴,信仰无异于吉祥圆满化身之金刚度母的怙主喇嘛,无离坐定在彰显本尊之威仪里,愿达不离不弃的二次第之终极,黄金家族之全体!"从中可以读到作者的美好的愿望——祝愿蒙古黄金家族繁衍生息,蒸蒸日上。在喀尔喀内乱连年、民族危机加深的背景下,善巴表现出如此强烈的愿望,是事出有因的。

  关于编写该书的目的,作者指出:"虽将圣主成吉思合罕的子孙称作天子者多,但深入探究详细叙述者甚少。为了在他人询问时使糊涂人弄明白,以孛儿只斤氏为主将[历史]叙述到现在。""达赖喇嘛所著《圆满史》一书间接引用了[一段]比喻:'《郎氏麟卷》云,人如果不了解自己的族源,好比森林中的猴子。人如果不知道自己的姓氏,好比假的绿宝石雕龙。[人]如果永世不了解有关祖先事迹的史书,好比丢弃[自己]孩子的门巴人。'""贵人需要美名荣誉,事业需要圆满目的,大人需要高贵名分。""遵照这样的法旨,为了使当今不懂得[历史]的人了解[历史],并希望[我们]子孙读后继续写下去,将[史事]概括叙述,撰为此史。""收服了五色之国,英英武男子成吉思合罕;引万众皈依佛法享利乐业者,四十万[蒙古]之忽必烈薛禅合罕;悲兮哉,失大朝政教于汉人,不聪慧而名为惠宗的合罕;教法广布喀尔喀国,秉持政教的阿巴泰赛音汗……为使后世了解[历史],名叫阿萨喇克其者,编撰为史书。"

  这些话的内容可以这样概括:善巴认为,人类不能不知道自己的族属和姓氏,不能不了解自己祖先的历史。蒙古人虽然都说成吉思汗及其子孙是天子,但很少有了解者。所以,他为了使人们了解蒙古黄金家族的历史,也为了子孙后代将其继续写下去,编纂了这部史书。此外,善巴提到了成吉思汗的帝国霸业、忽必烈皇帝的政教事业、元顺帝的误政失国和阿巴泰汗的政教二道,他是要总结历史,并"为使后世明白"历史,所以撰写了这本书。在当时的内外形势下,善巴作《阿萨喇克其史》的目的显然是为了唤起本民族的自豪感,总结民族历史的得与失,并要告诫那些"糊涂人"和后世之人。

第十五章 《阿萨喇克其史》之作者

如果仔细分析《阿萨喇克其史》的一些段落,人们会发现,善巴是多么热衷于维护和歌颂蒙古"黄金家族"的。这与他撰写此书的目的紧密相关。试看一二例子。

16世纪藏传佛教传入蒙古以后,"印藏蒙同源说"盛行一世,蒙古僧人把藏文典籍记载的西藏止贡赞普的三个儿子的名字改写为孛啰出、失宝赤和孛儿帖赤那,并杜撰出《蒙古秘史》所记载的成吉思汗远祖孛儿帖赤那为止贡赞普幼子的传说。善巴心里反对这个说法,虽然迫于当时的习惯,他还是叙述了孛儿帖赤那来自藏王家族的故事,但用"据说"一词表明了自己的不信任。他简短叙述该传说后,特意写了一句,这位藏王与蒙古妻子所生的后裔"据说是"成了后来的蒙古氏族。以往研究《阿萨喇克其史》的学者们对善巴此举赞赏有加,予以充分肯定,认为是一个进步现象。其实,善巴此举另有目的。善巴生长在喀尔喀护法世家,他兄弟和他本人都具有虔诚的佛教信仰,这从其长兄用金粉缮写《甘珠尔经》的事实和他所著《阿萨喇克其史》的前言后语以及该书中对元代历代帝师和蒙古佛教的记载中可以清晰地看到。他否认"印藏蒙同源说"的理由,不是其他,而仅仅是为了说明成吉思汗是"天之子"。就像他自己在该书的序言中所说,"虽将圣主成吉思合罕的子孙称作天子者多,但深入探究详细叙述者甚少",他立志要做到这一点。

出于这样的目的,善巴开创了"成吉思汗的始祖为孛端察儿"的学说,这与《蒙古秘史》的传统不同。善巴在《阿萨喇克其史》中改写佚名《蒙古秘史》、罗卜藏丹津《黄金史》以来的史书记载,说阿阑豁阿"感光而生"的儿子只有一个人——孛端察儿,意在说明,只有孛儿只斤家族是"天子"后裔。据《蒙古秘史》和罗卜藏丹津《黄金史》载,朵奔篾儿干在世时,其妻阿阑豁阿生了两个儿子,名叫不古讷台、别勒古讷台。朵奔篾儿干死后,阿阑豁阿又生了三个儿子,他们分别叫作不忽合答吉、不合撒勒只与孛端察儿。① 佚名《黄金史》的记载与此不同:朵奔篾儿干在世时生了不忽合答吉、不合赤撒勒只两个儿子,他们分别成为合答斤氏和撒勒只兀惕氏。朵奔篾儿干死

---

① 《元朝秘史》,第17节;罗卜藏丹津:《黄金史》,第6页。

后,阿阑豁阿又生了别克帖儿、别里哥台、孛端察儿三子。① 善巴《阿萨喇克其史》在原则上遵循了佚名《黄金史》这类史书的说法,但在细节上也有所不同。善巴对《元朝秘史》提到的不古讷台、别勒古讷台只字不提,并把不忽合答吉、不合撒勒只二人说成是朵奔篾儿干的儿子;善巴也不提别克帖儿、别里哥台这两个人。这样一来,在善巴笔下,只有孛端察儿才是"感光而生"的天子。善巴故意作出这样的安排,目的是为了说明,只有蒙古黄金家族孛儿只斤氏的祖先孛端察儿才是天子,而他的两个兄弟(无论他们是不忽合答吉、不合撒勒只还是别克帖儿、别里哥台)不是"感光而生"的。所以,善巴一反不记载孛儿只斤以外氏族起源的做法,特别提到,"不忽合答吉的子孙成为合答斤氏,不合赤撒勒只的子孙成为撒勒只兀惕氏。"然后又明确指出,"孛儿帖赤那的子孙从此分出支派。(如此)似乎没有考证出蒙古诺颜们的祖先为孛儿帖赤那。"如果按《元朝秘史》的说法,不忽合答吉、不合赤撒勒只二人也是阿阑豁阿"感光而生"的,那么,他们的子孙合答斤氏、撒勒只兀惕氏也都应该是天子后裔。善巴绝对不同意这个说法。他认为,天子只有一个人,那就是孛端察儿,不忽合答吉、不合赤撒勒只二人是朵奔篾儿干的儿子,孛儿帖赤那的后裔。所以,善巴认为,孛儿帖赤那的后裔变成了合答斤氏和撒勒只兀惕氏,蒙古皇室的诺颜们与他们无关。为了提高他这一说法的权威性,善巴特别引用藏文名著《青史》,尤其是五世达赖喇嘛的《青春喜宴》中的"感日月之光所生的孛端察儿蒙合黑"的记载。

　　《蒙古秘史》与罗卜藏丹津《黄金史》等史书还记载,朵奔篾儿干的两个儿子曾经背着他们的母亲议论,这三个弟弟是否为家人马阿里黑伯牙兀歹之子。善巴没有记载此事,其原因必定是为了"证明"天子孛端察儿生身之母阿阑豁阿的圣洁,其实质还是为了捍卫黄金家族的威严和名声。按常人之理,阿阑豁阿家里没有其他男人的情况下,家里增添了三个孩子,在家里行走的马阿里黑伯牙兀歹自然而然就有嫌疑。善巴不提此人,是不想让人们就孛儿只斤氏的来历说三道四。

---

① 留金锁校注:《黄金史纲》,内蒙古人民出版社,1984年,第8页。

第十五章 《阿萨喇克其史》之作者

此外,还有关于也速该娶诃额仑的记载。《元朝秘史》和罗卜藏丹津《黄金史》都记载,也速该是将诃额仑从篾儿乞惕的也客赤列手里抢来的。善巴虽然移录了这一史事,但特意写了一笔:"据说,这就是也速该把阿秃儿娶诃额仑的经过"。看得出,善巴不愿意说也速该是把诃额仑抢来做妻子的。他用"据说"这个词间接表达了不确定性。在17世纪蒙古文化背景下,善巴可能认为抢婚习俗不那么光彩。

以上种种表明,善巴大力鼓吹成吉思汗及其"黄金家族"的神圣性,坚决捍卫他们的荣誉,呼唤蒙古人的自豪感。在喀尔喀面临空前的民族危机之时,善巴作为中世纪蒙古贵族文人,以史书为工具,为本民族的利益大声疾呼,不能不说是一件值得称道的事情。前人对善巴的种种责难,既不真实,也不公平。

如从另一个侧面看《阿萨喇克其史》,这位被定位为"亲满派"的作者其实没有一处歌颂满洲统治者(如清朝太祖努尔哈赤、太宗皇太极和世祖福临)。苏联和蒙古人民共和国学者们认为,善巴流露出了他的亲满情绪,只字未提林丹汗的反满斗争。实际上,善巴对那个时代南蒙古和女真—满洲关系保持沉默,正好说明了他对满洲统治者的反抗。这与后世的蒙古文史书大不一样,如18世纪扎鲁特人答里麻的《金轮千辐》中,对林丹汗颇多微词,而对清朝历代皇帝则歌功颂德。

第十六章　乌珠穆沁公滚布扎卜

清代蒙古著名文人滚布扎卜（Gümüjab，汉文文献又作古木布扎布、古穆布扎普等）生于乌珠穆沁札萨克亲王家族。他通晓蒙、满、藏、汉四种语言，撰写过《恒河之流》、《汉地佛教史》等蒙藏文史书，参与翻译了佛教经典《丹珠尔》，研究过蒙藏文，编纂过藏蒙文辞书。滚布扎卜曾任京师官学唐古特学总监。①

本章根据清代满文档案资料和实录，论述有关滚布扎卜的几件事情。

一、清廷对滚布扎卜先世的册封

滚布扎卜的先世是蒙古察哈尔万户八大鄂托克之一的乌珠穆沁（又作乌朱穆秦，Üjümüčin）鄂托克贵族。达延汗分封诸子时，察哈尔归其长子兀鲁斯摆户（Ulus bayiqu）。兀鲁斯摆户子不地汗（Bodi alaɣ qaɣan）第三子翁衮都喇尔（Ongɣun durqal）掌控乌珠穆沁鄂托克。翁衮都喇尔有六子，幼子多尔济车臣济农。② 滚布扎卜是多尔济车臣济农的玄孙。

1627年底，林丹汗西征，率察哈尔部征讨右翼三万户。这时，察哈尔的一些鄂托克脱离林丹汗，向北投靠了喀尔喀左翼的硕垒洪台

---

① 参见乔吉《滚布扎布及其〈恒河之流〉》（蒙古文），载滚布扎卜著，乔吉校注：《恒河之流》（蒙古文），内蒙古人民出版社，1980年。
② 滚布扎卜著，乔吉校注：《恒河之流》（蒙古文），第109—110页；答里麻著，乔吉校注：《金轮千辐》（蒙古文），内蒙古人民出版社，1987年，第204—205页；喇西朋楚克：《水晶数珠》（蒙古文），第857—858页。《大黄史》记载，不地汗第三子翁衮都喇尔诺颜，其子巴颜代诺颜，其子多尔济车臣济农，伊勒库巴图尔诺颜（《大黄史》（蒙古文），第124页）。《大黄史》把长子和幼子的顺序颠倒了，而且多出名叫巴颜代诺颜的一代，多尔济成为翁衮都喇尔的孙子，完全不可信。

第十六章 乌珠穆沁公滚布扎卜

吉。这些鄂托克包括乌珠穆沁、浩齐特和苏尼特。据《王公表传》载,多尔济车臣济农携其长兄之子北迁,到了喀尔喀左翼贵族硕垒处。该书载,"多尔济,号车臣济农,与察哈尔同族,为所属。以林丹汗不道,多尔济携绰克图(即蒙古文史书中的伊勒库巴图尔)子色棱徙牧瀚海北,依喀尔喀。"① 多尔济与色棱率乌珠穆沁北迁,显然与林丹汗的西征有关。林丹汗的西征始于 1627 年十月,② 所以乌珠穆沁等三部的北迁应在此后不久。乌珠穆沁的北迁,指的是离开原驻牧地"今蒙古国达里岗嘎一带"③到喀尔喀左翼硕垒达赖济农管辖之内的克鲁伦河流域。

乌珠穆沁等察哈尔万户分支投奔硕垒之后,与硕垒属部和阿巴噶、阿巴哈纳尔等一同,推举硕垒济农为"共戴马哈撒嘛谛车臣汗"(Olan-a ergügdegsen maq-a samadi sečen qaɣan),从此,喀尔喀始有三个汗。④ 此后,乌珠穆沁部的活动均与车臣汗有关。比如,1635年,车臣汗通过呼和浩特土默特人与明朝贸易的商队里就有乌珠穆沁人。1635 年底,喀尔喀硕垒汗、乌珠穆沁部多尔济车臣济农以及苏尼特、浩齐特、阿巴噶等部大小诺颜,迫于爱新国的压力,派卫征喇嘛为首的百余人的使团到盛京,献方物,与爱新国建立了友好睦邻关系。1636 年初,天聪汗遣卫寨桑出使车臣汗部,在致书硕垒汗的同时,天聪汗还分别致书车臣汗所属乌珠穆沁等部首领。致乌珠穆沁部多尔济车臣济农的书云:"Sečen qaɣan-u jarliɣ bičig. Sečen jinong-du ilegebe. ilegegsen bičig-i činu. bi üjebe. qalq-a-du tüsigsen kümün-i ɣajar-yin qolača yambar-i medejü kelem bide. aliba yabudal-iyen učir-i ta medenem-i-a. (天聪汗旨令。致车臣济农。来书尽悉。至于投附喀尔喀之人,我等在此远方安知其心而有所言? 凡尔等所

---

① 《钦定外藩蒙古回部王公表传》卷三四,传第十八《乌珠穆沁部总传》。
② 乌云毕力格:《喀喇沁万户研究》,第 68 页。
③ 玉芝:《蒙元东道诸王及其后裔所属部众历史研究》,内蒙古大学博士学位论文,2006 年,第 78 页。
④ 详见本书第六章,参见乌云毕力格《喀尔喀三汗的登场》,《历史研究》2008年第 3 期,第 23—33 页。

行之事,惟尔等自知耳。)"① 该文书显示,天聪汗对多尔济车臣济农北迁投附喀尔喀表示不满,并表达了威胁和拉拢的双重意思。崇德元年(1636)十一月,大清国派往车臣汗的使臣卫寨桑等同车臣汗部使团一起抵盛京。车臣汗部使团中,乌珠穆沁部纳木浑津为使团首脑之一。② 从此以后,崇德帝积极拉拢原察哈尔属部,要他们南下,投靠大清国。如,崇德二年(1637)五月,遣往乌珠穆沁、浩齐特、苏尼特等部的使臣卫征囊苏、祁他特塔布囊、宜巴礼率蒙古使臣来朝,多尔济车臣济农和浩齐特、苏尼特的使者们在崇政殿向崇德皇帝行三跪九叩礼,进献马匹。③ 在这样背景下,是年(1637)十一月,多尔济车臣济农"闻上惠养国人,恩意周至,率其贝勒三十人举部来归。"④ 这样,乌珠穆沁自喀尔喀克鲁伦河南下,投附了清朝。

清廷特别重视乌珠穆沁部的来归,给予多尔济车臣济农以很高的待遇。据载,崇德皇帝在亲征南下呼和浩特的喀尔喀扎萨克图汗的途中,在朵云地方(朵颜温都尔山)接见了新附的车臣济农,设黄幄,列仪仗,皇帝亲率和硕亲王、多罗郡王、多罗贝勒、固山贝子、文武群臣并车臣济农及其臣属拜天。礼毕,皇帝还御黄幄,接受车臣济农率所部诸贝勒及臣属朝见,车臣济农等行三跪九叩礼,一起进宴。车臣济农以下诸台吉、塔布囊以及阿巴噶、苏尼特、浩齐特等部贵族各献马、驼、鞍辔、甲、胄等物。⑤ 这是一次具有很高规格的接见。到崇德六年(1641),清廷特封多尔济车臣济农为"札萨克车臣亲王"。崇德帝封多尔济济农的诰命中这样写道:"Dorji či ijaγur mongγol-un čaqar-un qaγan-u törül büged：üjümčin ayimaγ-un noyan bülüge：čaqar-un qaγan törül törügsen-iyen ölü tanin ulus irgen-i jobaγaju törü-yi ebden yabuqui-dur. či jayilaju. Qalq-a-yin aq-a degü-degen neilegsen bölüge. bi čaqar ulus-i oruγuluγsan-u qoin-a. či čaγ učir-i medeged. öber-ün qariyatu ulus-iyan abun. nadur oruju irelüge：

---

① 台北故宫博物院编:《旧满洲档》,蒙古文原件见第4638页。
② 《清太宗实录》卷三二,崇德元年十一月己酉。
③ 《清太宗实录》卷三五,崇德二年五月壬申、乙酉。
④ 《清太宗实录》卷三九,崇德二年十一月丁丑。
⑤ 《清太宗实录》卷四十,崇德三年二月辛酉。

第十六章 乌珠穆沁公滚布扎卜

teküber bi čimai jasaγ-un sečen čin wang bolγan ergübe.（尔多尔济乃蒙古察哈尔汗族,乌朱穆秦之诺颜也。因察哈尔汗不认亲戚,祸国殃民,破坏国政,尔避之,与喀尔喀兄弟会合。后朕征服察哈尔国,尔审时度势,遂率所属之民来归。故册封尔为扎萨克车臣亲王。）"①多尔济成为乌珠穆沁右旗札萨克之祖。

顺治三年（1646）三月,清廷还封与多尔济济农一起投靠清朝的色棱。色棱为多尔济长兄伊勒库巴图尔长子,是滚布扎卜的族曾祖父。顺治皇帝给色棱的敕命文为："Sereng či ijaγur mongγol-un čaqar-in qaγan-u törül büged: üjümčin ayimaγ-un tayiji bülüge: čaqar-un qaγan. törül törügsen-iyen ölü tannin. ulus irgen-i jobaγaju. törü-yi ebden yabuquqi-dur. či üjümčin-ü sečen čin wang dorji luaγ-a jayilaju. qalq-a-yin aq-a degü-degen neilegsen bölüge. Taitzung qaγan čaqar ulus-i oγoγuta ebdegsen-ü qoin-a. či čaγ učir-i medeged. qalq-a-yin aq-a degüben oγorču. sečen čin wang luγ-a öber-ün qariyatu ulus-iyan abun. nadur oruju irebe: teküber bi čimai törü-yin erdeni noyan bolγan ergübei.（尔色棱多乃蒙古察哈尔汗族,乌朱穆秦之台吉也。因察哈尔汗不认亲戚,祸国殃民,破坏国政,尔与乌珠穆沁车臣亲王避之,与喀尔喀兄弟会合。后太宗皇帝征服察哈尔国,尔审时度势,弃喀尔喀兄弟,遂与车臣亲王一道率所属之民来归。故册封尔为多罗额尔德尼诺颜。）"②色棱成为乌珠穆沁左翼旗首任札萨克。

顺治三年（1646）,多尔济车臣亲王去世,命其子垂僧格之子察罕巴拜袭车臣亲王爵位。③ 察罕巴拜卒于顺治十四年（1657）。察罕巴拜有子六人,长郭尔图台吉,次苏大尼,次苏玛迪,次苏不迪,次吴

---

① 中国第一历史档案馆、内蒙古历史档案馆、内蒙古大学蒙古学研究中心编：《清内秘书院蒙古文档案》第 1 册,"崇德帝封乌珠穆秦部多尔济为扎萨克车臣亲王之诰命",第 303—305 页。
② 中国第一历史档案馆、内蒙古历史档案馆、内蒙古大学蒙古学研究中心编：《清内秘书院蒙古文档案》第 2 册,"顺治皇帝封乌珠穆秦部色棱为多罗额尔德尼诺颜之敕命",第 116 页。
③ 《清世祖实录》卷二九,顺治三年十二月丁酉。

达礼(又作乌达喇希,即滚布扎卜之父),次阿达礼。① 顺治十五年(1658),察罕巴拜次子苏大尼承袭车臣亲王爵位。康熙元年(1662)七月初一日,清廷册封察罕巴拜之妻、苏大尼之母博尔吉锦氏为"札萨克车臣亲王之札萨克母福晋",册文中说:"Jasaγ-un čečen čin wang-un eke qatun oboγ inu borjigin. činu törülki töb sayin. setgil kičiyenggüi ayumtaγu. ögedegsi ger-tür törüjü. dotuγ-a-du keb yosun-i daγan ese dabajuqui. wang-dur učaraju. qaduγtai-yin yosun-i bürin-e tegüsgejüküi. tüsiy-e tulγ-a-yin erdem ketürkei ilete aldarsiγsn inu. maγad todunulan yekete tusalaγsan-u tula. tegüber čimayi čečen čin wang-un jasaγ-un eke qatun kemen ergüjü če bičig suyurqaba. (札萨克车臣亲王母后,博尔吉锦氏,尔禀性正直,谨慎小心。生于名门,遵行妇人之道,未曾逾越。适于王之后,尽夫人之道。彰显辅佐之德,真切抚爱大力辅佐,故封尔为车臣亲王札萨克母后,赐册书。)"②

康熙八年(1669)六月二十七日,清廷又册封苏大尼之妻博尔吉锦氏为"札萨克车臣亲王之札萨克大福晋",③册文基本同上(只换了被册封人名)。清廷对乌珠穆沁部的重视和优待可见一斑。

二、滚布扎卜承袭辅国公爵位

康熙二十九年(1690)八月,车臣亲王苏大尼卒。④ 这一年,乌珠穆沁部发生了一起重大事件。

1689年,准噶尔汗国噶尔丹汗率大军侵入喀尔喀,次年六月越

---

① 答里麻著,乔吉校注:《金轮千辐》(蒙古文),第206页;滚布扎卜著,乔吉校注:《恒河之流》(蒙古文),第110—111页。
② 中国第一历史档案馆、内蒙古历史档案馆、内蒙古大学蒙古学研究中心编:《清内秘书院蒙古文档案》第6册,"康熙皇帝封乌珠穆秦札萨克车臣亲王寡居福晋之册书",第122—124页。
③ 中国第一历史档案馆、内蒙古历史档案馆、内蒙古大学蒙古学研究中心编:《清内秘书院蒙古文档案》第7册,"康熙皇帝封乌珠穆秦札萨克车臣亲王苏大尼大福晋之册书",第170—172页。
④ 《清圣祖实录》卷一四八,康熙二十九年八月丙戌。

第十六章　乌珠穆沁公滚布扎卜

过清朝边界,侵入乌珠穆沁境内,在乌尔会河大败阿喇尼率领的清军。1691年五月,清朝根据阿巴噶部台吉奔塔尔的告发,审理了乌珠穆沁亲王苏大尼之妻、札萨克车臣亲王之札萨克大福晋博尔吉锦氏附噶尔丹一案。据兵部尚书马齐疏奏,"苏达尼之妻及台吉车根、阿穆尔、充科、阿达里、罗雷、喇扎布等,顺附噶尔丹是实,俱应即行处斩。苏达尼之妻应革封号,撤去所属之人。苏达尼已故,应革去亲王,不准承袭。二等台吉博托和、喇扎布、阿喇西、博罗特及为向导绰克图等,曾送马匹牲畜,顺附噶尔丹是实,俱应即行处斩,妻子入官。拨什库、阿尔塔等为噶尔丹指路,往来问讯,送骆驼马匹皆实,俱应即绞,其妻子应作何处治,交与该部议奏。博罗特乃应行正法之人,护卫巴扎尔、伊白葛尔将博罗特明知故纵,使之逃走,应照律即行处绞。贝勒毕鲁瓦,将重罪之博罗特不交付的当之人,严行看守,应罚俸一年。博罗特应传谕四十九旗严行查究,获日即行正法。得旨:车根等应俱依议治罪,从宽免籍没家产及撤所属之人,惟将本身正法。苏达尼并未知情,从宽免革亲王,仍与伊子承袭。巴扎尔、伊白噶尔俱从宽免死并籍没,着穿耳鼻示众,鞭一百。毕鲁瓦罚俸一年。余如议。"①

这次事件重创了乌珠穆沁旗。车臣亲王苏大尼之福晋被革封号,车根等10位台吉、向导1人、拨什库1人,共12人被处死,1位台吉被通缉。在这10位台吉中,车根(Čegen)、充科(Čongqu)为滚布扎卜的本家祖父,阿达礼(Adari,即上文阿达里——编者)为其亲叔父。

清廷严厉打击乌珠穆沁叛逆势力的同时,注意拉拢乌珠穆沁王室,首先不追究已故亲王苏大尼,宽免革爵,仍令其长子色登敦多布于康熙三十年(1691)继车臣亲王爵位;其次,对苏大尼福晋虽然"顺附噶尔丹是实",但仍免死,并宽免籍没家产及撤所属之人,仅撤封号而止;其三,在乌珠穆沁又封了一位辅国公,这就是滚布扎卜公爵之由来。

次年即康熙三十一年(1692),苏大尼弟、乌珠穆沁旗协理台吉

---

① 《清圣祖实录》卷一五一,康熙三十年五月壬辰。

吴达礼（Udari，清代汉文文献作"乌达喇希"或"邬达喇希"）之妻与其子滚布扎卜上书理藩院，乞求叙吴达礼不附噶尔丹和首告这次事件之功。据《清圣祖实录》载，"理藩院遵旨议覆，乌朱穆秦故协理扎萨克事务台吉邬达喇希之妻同伊子古木布扎布告称：前不附噶尔丹之人，俱蒙恩议叙。邬达喇希首告其事，尚未邀恩，恳请议叙。应将邬达喇希赠为辅国公，以其子古木布扎布袭爵，从之。"①因为吴达礼已去世，滚布扎卜承袭了这个新赠的辅国公爵位。这就是"滚布扎卜公"之称的由来。

在《清圣祖实录》中有辅国公滚布扎卜几次朝见皇帝的记载。如：康熙四十二年（1703）七月，"乌朱穆秦辅国公滚布扎卜来朝。"②四十四年（1705）七月，"乌朱穆秦辅国公滚布扎卜来朝。"③四十五年（1706）七月，"乌朱穆秦辅国公滚布扎卜来朝。"④次年（1707）七月，"苏尼特多罗杜楞郡王达礼扎卜、辅国公阿必大、乌朱穆秦辅国公滚布扎卜等来朝，赐袍褂、缎匹等物。"⑤四十八年（1709）八月，"鄂尔多斯固山贝子拉希扎木素、乌朱穆秦辅国公滚布扎卜、郭尔罗斯镇国公巴图、和托挥特辅国公博贝、厄鲁特扎萨克辅国公多尔济色卜腾等来朝。"⑥

三、滚布扎卜的婚姻与革退公爵

在乌珠穆沁叛附噶尔丹事件以后，滚布扎卜不仅承袭了辅国公爵位，而且在若干年后，还与清朝宗室联姻。雍正元年（1723）正月二十四日，理藩院具奏了一份满文奏折，其内容如下："理藩院谨奏：为请旨事。窃查外藩公主、格格来京，皆给廪食安置住所，俟报起程，廪食则撤。……奉移梓宫时，公主、格格内，命谁留候，命谁起程

---

① 《清圣祖实录》卷一五七，康熙三十一年十月壬寅。
② 《清圣祖实录》卷二一二，康熙四十二年七月丁卯。
③ 《清圣祖实录》卷二二一，康熙四十四年七月丙戌。
④ 《清圣祖实录》卷二二六，康熙四十五年七月癸未。
⑤ 《清圣祖实录》卷二三〇，康熙四十六年七月己巳。
⑥ 《清圣祖实录》卷二三八，康熙四十八年八月壬寅。

第十六章　乌珠穆沁公滚布扎卜

之处,伏乞上裁。为此将公主、格格名号开列于后……"这些公主、格格的名单中有"原乌珠穆沁公古木卜扎布之妻、公之女格格。"①这个"原乌珠穆沁公古木布扎布"就是吴达礼(乌达喇希)之子滚布扎卜。这件事可以在记载清朝皇室系谱的《玉牒》中得到确认。据该《玉牒》记载,清太祖努尔哈赤之玄孙奉国将军威塞的第五女封乡君,于康熙四十八年(1709)四月嫁给"乌珠穆泰氏公古穆布扎普"。这里的"泰"为"秦"之误写,"乌珠穆泰"即"乌珠穆秦"。② 根据《清史稿》"皇子世表",清太祖努尔哈赤第九子巴布泰,巴布泰长子噶布喇,噶布喇长子辉塞,辉塞长子即威塞,封三等奉国将军。③

根据上引理藩院奏折,雍正元年(1723)时滚布扎卜已不再是辅国公。那么,滚布扎卜何时何故被革退了呢? 在康熙朝宫中档朱批奏折中,有一则非常重要的史料。这是一份康熙五十四年(1715)七月初八日的理藩院奏折。其原文如下:

wesimburengge: tulergi golo-be dasara jurgan-i gingguleme wesimburengge: dergi hese-be gingguleme dahara jalin. ujumucin-i gung bihe gumbujab-i alibuha bithede, bi weile baha niyalma, bahaci cooha-de genefi faššaki sembi. jai coohai-baita-de aisilame morin tofohon jafambi. ere babe wesimbureo sehe bithe-be elhe taifin-i susai duici aniya nadan biyai ice nadan-de giyan cing men-i lamun funggala rasi sede bufi ulame wesimbuhede, hese, jurgan-de afabufi gisurefi wesimbu sehebe gingguleme dahafi, baicaci, gung bihe gumbujab weilei turgunde gung-ci nakabuha niyalma, te cooha-de faššaki, tofohon morin aosilaki sehebe dahame, gumbujab-be weilengge ursei jergi-de faššame yabukini, ini aisilaha tofohon morin-be gumbujab gamame genefi, fiyanggu sede afabufi, baitalara ba bici baitalakini

---

① 中国第一历史档案馆译编:《雍正朝满文朱批奏折全译》上册,第 29 号档案,雍正元年正月二十四日折,黄山书社,1998 年,第 16 页。
② 《玉牒》第 28 号,第 205 页,参见杜家骥《清朝满蒙联姻研究》,人民出版社,2003 年,第 128 页。
③ 《清史稿》卷一六九《皇子世表二》,中华书局,1976 年。

sembi. Erei jalin gingguleme wesimbuhe. hese-be baimbi. elhe taifin-i susai duyici aniya nadan biyai ice jakūn. hiya kadalara dorgi amban bime aliha amban-i baita-be kamcifi icihiyara gung amban alingga, icihiyara hafan amban tegut, ejeku hafan amban tujen, ejeku hafan amban tosi.

"奏折：理藩院谨奏：据原乌珠穆沁公滚布扎卜呈称：我系获罪之人，如获准，愿前往军中效力。再为协助军需，捐马十五匹，请将此等处具奏。等语。该文于康熙五十四年七月初七日交乾清门蓝翎喇锡等转奏，奉旨：交院议奏，钦此钦遵。查得，原公滚布扎卜系因罪革退公（爵）之人，今既愿前往军中效力，并捐马十五匹，拟将滚布扎卜遣往将军费扬古等军中，于罪犯等中效力行走可也。伊所捐之马十五匹，着滚布扎卜带去，交付费扬古等人，倘有可用之处，使用可也。为此谨奏，请旨。领侍卫内大臣兼理尚书事务、公、臣阿灵阿，郎中、臣特古忒，主事、臣图詹，主事、陶锡。"

康熙皇帝的朱批为："gumbujab-be unggici ojirakū（ojorakū），nakakini!"汉译："滚布扎卜不可遣往，着停止（遣往）!"①可见，滚布扎卜在康熙五十四年（1715）或比这稍早的时候，因罪被革退公爵。但是，目前还不清楚滚布扎卜犯了何罪。根据该奏折，滚布扎卜为了戴罪立功，自愿提出到军中效力，并献15匹马赞助军需。理藩院同意了滚布扎卜的请求，但有意思的是，康熙皇帝否决了理藩院的决定，没有将他充军。这说明，一方面，滚布扎卜所犯之罪可能情形不很严重，另一方面，康熙皇帝大概还顾及了处理车根等叛附噶尔丹事件以后的乌珠穆沁旗的稳定性。

滚布扎卜被革退公爵以后，没有变成白身。扎鲁特人答里麻著《金轮千辐》称滚布扎卜为"吴达礼公之子入内地的唐古特学首席大

---

① 中国第一历史档案馆藏《康熙朝朱批奏折》，《理藩院领侍卫内大臣兼管尚书事务公阿灵阿奏折（康熙五十四年七月初八日）》，参见中国第一历史档案馆编译：《康熙朝满文朱批奏折全译》，第2636号档案，康熙五十四年七月八日折，中国社会科学出版社，1996年，第1035页。

臣头等台吉通晓四种语言的滚布扎卜。"①巴林人喇西朋楚克的《水晶数珠》称他为"吴达礼之子唐古特学总监头等台吉滚布扎卜。"②巴林左翼旗人答里麻达赖著《白莲数珠》称滚布扎卜为"唐古特学总监头等台吉额驸滚布扎卜。"③可见,滚布扎卜被革退辅国公爵后,又被封为头等台吉了。但是,滚布扎卜被封为头等台吉的经过,目前还没有具体资料可以说明。

因为家庭和自身的种种问题,滚布扎卜与仕途无缘了。在雍正、乾隆年间,滚布扎卜一心著书立说,编撰史书,编纂辞书,翻译佛经,研究语文学,成为蒙古历史上的一位伟大的学者。他著《恒河之流》反对当时十分流行的蒙古皇室起源于印度、西藏的说法,歌颂"受天命而降生"的成吉思汗及其黄金家族,把蒙古皇统比作源源不断的恒河之流,唤起清朝统治下蒙古人的民族自豪感。滚布扎卜的史学思想,与他的遭遇和民族思想有密切关系。

---

① 答里麻著,乔吉校注:《金轮千辐》(蒙古文),第206页。
② 喇西朋楚克:《水晶数珠》(蒙古文),第858页。
③ 参见乔吉《滚布扎卜及其〈恒河之流〉》,第9页。

第十七章　亦邻真先生与黑城出土畏吾体蒙古文文书研究

2008年，日本雄山阁出版了吉田顺一、齐木德道尔吉编《哈喇浩特蒙古文文书①研究》一书。该书日方撰写的序文中说，早稻田大学教授吉田顺一先生和弟子井上治1995年在访问内蒙古大学期间曾造访亦邻真先生，因为此前早已得知内蒙古文物考古研究所委托亦邻真先生研究黑城出土蒙古文文书，便向他咨询研究内容和进展情况。亦邻真先生认真说明了情况，还拿出若干文书影本给他们"拿在手里看"。吉田教授等被那些用粗大的畏吾体蒙古文书写的文书所震撼，从此，对哈喇浩特文书"一直抱有强烈关注"。1999年2月亦邻真先生去世，吉田顺一教授等"对该文书的去向非常担心"，是年9月从应邀到早稻田大学访问的内蒙古社会科学院研究员乔吉先生处得知，亦邻真先生生前正在研究的那些黑城蒙古文文书已转到内蒙古大学文化研究所所长齐木德道尔吉手中。吉田顺一教授和齐木德道尔吉教授有旧，曾计划将后者邀请到日本参加蒙古史研究

---

① 哈喇浩特Qaraqota，蒙古语，"黑城"之意，是西夏黑水城和元代亦集乃路遗址，位于今内蒙古自治区阿拉善盟额济纳旗境内。因为该地是西夏、元朝两代重镇，留存有大量的文物和文书，又因当地气候属于内陆性沙漠干旱气候，不少文物埋于黄沙之中，得以保存至今。1983—1984年，内蒙古文物考古研究所联合阿拉善盟文物工作站在黑城进行考古挖掘工作，获得大量文物和文书。这次发掘的报告《内蒙古黑城考古发掘纪要》在《文物》杂志1987年第7期上发表。不久，黑城考古发掘报告编写工作启航，对汉文文书和非汉文文书（即所谓"民族文字文书"）分别进行整理研究。1991年李逸友先生编著的《黑城出土文书（汉文文书卷）》由科学出版社出版。非汉文文书的种类很多，包括西夏文、畏吾体蒙古文、八思巴字、藏文、亦思替非字、古阿拉伯文、波斯文、叙利亚文等等。其中，包括元代畏吾体蒙古文文书数量较多，时任内蒙古文物考古研究所所长的李逸友先生把整理研究这部分文书的工作委托给了时任内蒙古大学蒙古史研究所所长的亦邻真教授。

第十七章　亦邻真先生与黑城出土畏吾体蒙古文文书研究

方面的工作。所以,吉田顺一教授"忧虑哈喇浩特文书研究的延误","决定共同研究该文书,希冀促进其研究",便与齐木德道尔吉教授取得联系,并于 2003 年 3 月得到了他的同意。①

该序言透露,吉田顺一教授早在 20 世纪 90 年代就对黑城出土蒙古文文书产生了浓厚的兴趣。但是,亦邻真先生热情招待来访的吉田顺一教授一行,甚至允许他们将文书的影本拿在手上看,但并没有透露出合作研究的意向。亦邻真先生把毕生的大部分精力花费在畏吾体蒙古文和中世纪蒙古语研究上,所以他十分了解这批黑城出土蒙古文文书弥足珍贵的价值,也清楚地知道应当如何来研究它们,他在国内外没有物色任何一位研究中世纪蒙古语和文献的专家、学者来共同研究这批文书,当然更不会想到与和畏吾体蒙古文文献研究不相干的其他领域的学人进行合作。正如上书序言所说,"亦邻真教授未曾有研究成果公诸于世"②就去世了,但他生前并没有将这些黑城出土的蒙古文文书搁置一旁不闻不问。事实上,亦邻真先生生前早已着手此研究,留下了部分手稿,但没有来得及将它们公诸于世。当然,黑城出土蒙古文文书中日合作研究小组所有成员都曾见到过亦邻真先生留下的这些手稿。

亦邻真先生留下的部分手稿,虽然数量并不多,但它们的确是释读这批文书的第一批成果,从中可以窥见他的研究计划和研究原则的一般情况。它们的存在足以证明,亦邻真先生是研究黑城出土蒙古文文书的第一人。

目前,我们找到了亦邻真先生释读的 5 件文书。它们分别为:84H. F97:w7/1070,84H. F111:w3/1081,84H. F21:w30/0747,84H. F214:w1/2414,F116:w595 等。笔者有幸读到这些手稿,兹仅就其一些特点略陈管见如下。

第一,手稿显示,亦邻真先生的文书研究采取了分三步走的步骤。首先,他把蒙古文文书音写成拉丁文(即释读);第二步,进行行

---

① 以上请见吉田顺一、齐木德道尔吉编《哈喇浩特蒙古文文书研究》序言(日文),雄山阁,2008 年,第 1 页。
② 同上,第 1 页。

间词对词的汉译（词义解释）；最后，用清晰的畏吾体蒙古文誊写原文（复原）。这可以看作是亦邻真先生整理这批文书的工作计划，这些手稿即是其几个实例。

第二，释读和音写为拉丁文的原则。亦邻真先生对文本的拉丁文转写，是以他多年研究中世纪蒙古语和畏吾体蒙古文成果为基础的。这里有以下几点问题特别值得指出：

其一，关于词首的 h 辅音。在中世纪蒙古语中，有不少以辅音 h 开头的词，它们今天都成为零声母开头的母音了。在畏吾体蒙古文中，词首的辅音 h 没有相应的符号，而是以符号 A（冠）记写，也就是说从字形上难以分辨。如《元朝秘史》中的 haran（人），hüker（牛）等，词首均带有辅音 h，但在字形上与 aran 和 üker 没有任何区别。据亦邻真先生研究，畏吾体蒙古文的这一书写习惯，来自畏吾文的规则。在当时的蒙古语中，词首 h 辅音与零声母相互产生自由音变，所以二者混淆了起来。因为二者的书写形式又完全相同，从混淆走向同一。由于蒙古语自身的发展，辅音 q 向 x 过渡，辅音 k 也转变成 x，其结果词首的辅音 h 自然而然地融入零声母中。15 世纪，瓦剌（元代的斡亦剌惕，清代的卫拉特）兴起并统治蒙古高原，蒙古语经历了瓦剌化过程，就在这个过程中蒙古语的词首辅音 h 最终消失。[①] 看来，词首辅音 h 包含着不小的学问。

在释读黑城蒙古文文书时，就面临词首辅音 h 的问题。综观亦邻真先生释读、转写的黑城文书，他充分注意和体现了该问题。比如：在他释读的几份文书中，表示基数字"十"的蒙古语词共出现了五次，他都转写为 harban，而非 arban。

其二，蒙古语辅音软化问题。由于蒙古语中存在辅音软化现象（亦邻真先生的术语），即词中和词尾的塞音（t，d 除外）转化为擦音的现象，因此：1. 词中和词尾的辅音 b 转化为 β，因而可以顶替 h 音。比如，动词假设后缀在《元朝秘史》中用汉字转写为"阿速

[①] 齐木德道尔吉等整理：《亦邻真蒙古学文集》，内蒙古人民出版社，2001 年，第 731—732 页。

第十七章　亦邻真先生与黑城出土畏吾体蒙古文文书研究

(呵)"、"额速(呵)",而畏吾体蒙古文的写法则是-BASO。① 2. 辅音 g 的软化导致了写 g 的字 k 也可以标记柔音词(阴性词)中的 h。② 这就是说,在畏吾体蒙古文中,在某些场合,辅音 b 不能简单地读作 b,同样,g 也不是随处读作 g 的。黑城出土的蒙古文文书是元代的,所以对它的音写和释义都必须反映其历史特点。正因为这样,在亦邻真先生的研究中我们可以找到遵循这一规则的例子。如:文书 F116:w595 中的 KOABAKON 这个词。按今天的读法,我们可以把它音写为 köbegün。但是,亦邻真先生却把它音写成为 köhehün。为什么呢?因为,这里的 B 是擦音,标记 h,而 K 同样也是记写 h 的。可见,亦邻真先生的音写处处严格体现着元代蒙古语的语音特点。

其三,Q 字问题。据亦邻真先生研究,现代蒙古语的 γ 辅音在蒙元时代好多都是 q,用 Q 字标记。如"火":元代为 qal,现在为 γal;"三":元代为 qurban,现在为 γurban 等等。此外,Q 字还记写 h。这是由于 Q 字有记写 γ 的功能。③ 畏吾体蒙古文的 AAAAOLN(山),元代读作 ahula,而现在则读 aγula。所以,亦邻真先生转写第 84H. F37:w7/1070 文书中的 QAARBASU 为 qarbasu(若出),而不作 γarbasu;转写 TAAAAAR 为 tahar(量词"石"),而不写成 taγar;BOAADAI 不转写为 buγdai 而作 buqdai。

第三,翻译问题。笔者在另外一篇文章中曾经这样论述黑城出土蒙古文文书的翻译问题:"对我国学者而言,研究黑城出土蒙古文,首先遇到的是释读和汉译问题……文书的汉译,也非单纯的翻译问题。汉译和其他外国语翻译(如日译、英译等)有所不同。首先,这些文书绝大多数形成于 14 世纪,汉译必须照顾它的时代特点。其次,这些蒙古文文书不是孤立的,还有大量的和它们同时出土的属于同一时期的汉文文书。所以,汉译时,必须顾及当时汉文文书的用字、用词和表达方式。其他外文翻译就不存在这类要求。汉文

---

① 齐木德道尔吉等整理:《亦邻真蒙古学文集》,第 736 页。
② 同上,第 738—739 页。
③ 同上,第 736—737 页。

用字的问题涉及汉语音韵学,比如蒙古、色目人等人名的译写就必须严格按照元末明初的汉语语音。"①如今统览亦邻真先生的翻译手稿,发现他早已注意到这些问题。比如,Sangqaširi 汉译为"桑哥失里",Doršiqaba 译写为"朵只失加",Baitemür 译写成"伯铁木儿",Esentemür 音写为"也先铁木儿"等。试想,如把他们译成了桑噶希利、道尔吉嘎巴、拜特穆热、额森特穆热等等,将会成什么样子! 此外,Sangqaširi köhehün 译为"桑哥失里大王"(离开文书语境可译作"桑哥失里孩儿"),kešig 译成"分例"(离开文书语境可译为"恩典"),nöker 译为"伴当"(不顾语境则可译为"朋友")都是根据文书特殊语境正确翻译的例子。

顺便提一下,《哈喇浩特蒙古文文书研究》中的释读和注释工作是中日研究人员共同完成的。在确定拉丁文转写凡例时,我们根据亦邻真先生的转写原则,曾经提出按照元代语音为基础的建议。但经大家讨论,最后采取了古典蒙古语音写规则,这主要是考虑到研究小组中的不少人对中古蒙古语语音还没有太大的把握。在释读过程中,日方学者多次来到内蒙古大学,与中方学者一起集中时间阅读文本,释读的文字和对疑难词的讨论内容主要由日方的永井匠记录,带到日本进行整理,最后落实在纸上,并补充一些资料。书中的注释虽然先有日文后译为汉文,但日文注释原本是对双方学者共同讨论的总结和整理。该书序言所说的"以早稻田大学蒙古文书研究班为主导,合作内蒙古大学"②进行的研究大致就是这样。还有,书中的文书行间汉译主要是笔者在调入中国人民大学国学院以后完成的,初稿完成以后,内蒙古大学宝音德力根教授专程来到北京,利用整整一周时间,和笔者补充和完善译稿,最后交由齐木德道尔吉教授定稿。我们在翻译过程中,严格遵守亦邻真先生的翻译原则,对蒙古、色目人名和地名的翻译遵守元代用字规范,对内容的翻

---

① 乌云毕力格:《一份黑城出土畏吾体蒙古文文书释读与汉译》,沈卫荣、中尾正一、史金波主编:《黑水城人文与环境研究——黑水城人文与环境国际学术讨论会文集》,中国人民大学出版社,2007 年,第 695 页。
② 吉田顺一、齐木德道尔吉编:《哈喇浩特蒙古文文书研究》序言(日文),第 2 页。

第十七章　亦邻真先生与黑城出土畏吾体蒙古文文书研究

译尽量参考黑城汉文文书和元代文书用词习惯,在翻译像《玉匣记》这类原本是汉文的文本时,尽量参考了原文。笔者认为,这样的翻译原则符合亦邻真先生的研究设想,虽然不了解汉译的人称其为"抄译"。

亦邻真先生曾经开设过的元代畏吾体蒙古文碑文讲解和蒙汉文音韵学课程,为我们释读黑城蒙古文文书发挥了重大作用。笔者认为,虽然亦邻真先生未能做完全部文书的研究工作,但他留在我们脑中的遗产,帮助我们解读了这些文本。值此纪念先生逝世十周年之际,我们充满了对先生的感恩之情。当然,无论从哪个方面讲,这项工作完成得不是很圆满,与先生原来的设想差距较大,对此我们深感惭愧。

第十八章　一份黑城出土畏吾体蒙古文文书

黑城,蒙古语称作 Qar-a qota(哈喇浩特),是西夏黑水城和元代亦集乃路的遗址,位于今天内蒙古自治区阿拉善盟额济纳旗政府所在达赖库布镇东南 25 公里处。20 世纪前 30 年里,俄国人科兹罗夫领导的探险队、英国人斯坦因率领的探险队以及瑞典人斯文赫定和中国学者徐炳昶率领的西北科学考察团在这里前后挖掘出了大量的文物和文书。此后,60、70 年代,内蒙古自治区和甘肃省文物工作队在黑城先后两次进行考古调查,又发现了一些文书。1983—1984 年,内蒙古文物考古研究所联合阿拉善盟文物工作站再次挖掘黑城,这次又有喜人的收获,其中包括一批文书。

1983—1984 年在黑城挖掘发现的文书,均按出土坑位编了顺序号,共有近 3 000 件。这批文书中汉文文书占绝大多数,其他还有西夏文、蒙古文(畏吾体的和八思巴字的)、藏文、阿拉伯文、叙利亚文等各种文字文书。① 这些文书基本上分为行政文书、契约文书、宗教文书和其他杂类文书。

当时内蒙古考古所所长李逸友先生将 1983—1984 年发现的蒙古文文书研究工作委托给了内蒙古大学蒙古史研究所所长、国际著名蒙古学专家亦邻真先生。亦邻真先生接到这些文书后,在工作之余对其中一部分进行释读和拉丁文转写,但直到他仙逝,一直未能腾出足够的时间和精力完成这项研究。亦邻真先生去世后,时任蒙古学学院副院长的齐木德道尔吉教授接受吉田顺一教授提出的就这批蒙古文文书进行中日合作研究之请求,开始组织中日合作研究项目事宜。吉田顺一是日本早稻田大学教授,自 1995 年开始就对这批蒙古文文书产生了浓厚的兴趣,曾拜访亦邻真先生打听过这些文

---

① 李逸友编:《黑城出土文书(汉文文书卷)》,科学出版社,1991 年,第 5 页。

第十八章 一份黑城出土畏吾体蒙古文文书

书的情况。1999年亦邻真先生去世。2001年11月,内蒙古大学齐木德道尔吉教授和早稻田大学吉田顺一教授签署合作研究协议,组成了由齐木德道尔吉、乔吉、乌云毕力格、宝音德力根等中方研究人员和吉田顺一、井上治、永井匠、船田善之等日方研究人员构成的研究小组。此后,日方研究人员多次来到呼和浩特,和中方研究人员一起释读文书,就一些疑难问题和需要注释、说明的问题深入交换意见,到2005年,研究小组基本完成了对文书的释读、拉丁文转写和注释工作。在此基础上,2006年在日本用日文发表了研究成果报告书,这是中日双方四年合作的结果。研究报告附有日文译文,译文是双方释读的基础上由日方完成的。[1]

这里,作为释读和汉译的例子,笔者将讨论一份民间契约文书。这是黑城出土的十余份蒙古文民间契约文书中的一份。

对我国学者而言,研究黑城出土蒙古文,首先遇到的是释读和汉译问题。其中,释读要求读者的中世纪蒙古语文知识,诸如文字学、词汇学、修辞学和语法知识。文书的汉译,也并非单纯的翻译问题。汉译和其他外语翻译(如日译、英译等)有所不同。首先,这些文书的绝大多数形成于14世纪,汉译必须照顾它的时代特点。其次,这些蒙古文文书不是孤立的,还有大量的和它们同时出土的属于同一时期的汉文文书。所以,在汉译时,必须顾及当时汉文文书的用字、用词和表达方式,其他外文翻译就不存在这类要求。汉文用字的问题涉及汉语音韵学,比如蒙古、色目人等人名的译写就必须严格按照元末明初的汉语语音。

本章探讨的文书编号为F209:W69。这是在一张长43厘米、宽19.3厘米的长方形纸上用畏吾体蒙古文书写的两份契约文书,借方分别是叫作撒蓝伯和失剌的两个人,而贷方为名叫奇铁木耳的人。文书上的字迹较潦草,带有文字讹误,但是文书保存状况较好,文字仍然清晰可辨。

---

[1] 吉田顺一等:《黑城出土文书研究(蒙古文)(日文)》,平成17年度科学研究费补助金(基础研究B)研究成果报告书》,平成18年(2006)。

文书释读（拉丁文转写）

（1）bičin jil qubi sara-yin tabun sinde①

（2）bi sarambai tariyan keregtü bolju kii

（3）temür-eče yabuqu šim-iyer taḥar② nayiman③

（4）sim buqudai④ asaḥuju abuḥ-a mon

（5）on-u naiman sara-dur bütgejü⑤ ögkü bolba

（6）en-e buqdai-yi bütgejü ögtel⑥ bi saranbai

（7）qadn-a dotn-a⑦ bui ügei bolbasu tosudai⑧

（8）bausin bi deḥü taqambai yaḥun-a bar

（9）ülü siltan bütgejü ögsü kemen bičig

（10）ögbe

（11）en-e nišan bi sarambai

（12）en-e nišan bi taqambai

（13）gereči bi qarataqur

（14）gereči bi köke

（15）bičin jil qubi sara-yin tabun sinde

（16）bi šara tariyan keregtü bolju temür-eče

（17）yabuqu šim-iyer yisün sim budai⑨

（18）asaḥuju abuḥ-a en-e buqdai-yi bütgejü

（19）ögtel bi šara［？］⑩ qadn-a dotn-a

（20）bui ügei bolbasu tonsudai bausin

---

① sinde 为 sinede 的草体。
② 原件上的字似应读 tar，其实是 taḥar 的草体形式，-ḥa 音节被省略。
③ 原件上呈现的字似读 imand，实为 nayiman 的草体。
④ buqdai 为 buḥudai 的口语形式。
⑤ bütgejü 为 bütügejü 的笔误，或者是口语形式。
⑥ ögtel 为 ögtele 的口语形式。
⑦ qadn-a 和 dotn-a 分别为 qadan-a 和 dotan-a 的口语形式。
⑧ tosudai 为 tonsudai 的笔误。
⑨ budai 为 buḥudai 的口语形式。
⑩ 该字不明。

（21）bi qarabuq-a yaḥun-a ülü sitan①

（22）bütgejü ögsü kemen bičig

（23）ögbe

（24）en-e nišan bi šara

（25）en-e nišan bi qarabuq-a

（26）gereči bi sayitemür

（27）gereči bi tuquči

汉译及笺注

猴儿年正月初五日（注1），我撒蓝伯，为要口粮使用（注2），问到奇铁木耳处借讫得（注3）行用升（注4）一石八斗升（注5）小麦。约定同年八月还毕。至将此小麦还毕，我撒蓝伯，如东西迷闪（注6），则同取代保人（注7）、我[和]弟弟塔甘伯一面替还无辞（注8）。为此立文。

此手印（注9），我撒蓝伯◎（用符号◎表示签名，下同——译者）。此手印，我塔甘伯◎。知见人（注10），我哈喇塔吾儿◎。知见人，我阔阔。

猴儿年正月初五日，我失剌，为要口粮使用，问到铁木耳处借讫得行用升九斗升小麦。至将此小麦还毕，我失剌，如东西迷闪，则同取代保人、我[和]哈喇不花一面替还无辞。为此立文。

此手印，我失剌◎。此手印，我哈喇不花◎。知见人，我塞铁木耳◎。知见人，我脱火赤◎。

注1：在黑城出土的蒙古文文书均用十二生肖纪年，月份则以蒙古人十二个月独特称呼和一至十二的数字表达兼用。黑城出土的汉文文书中，时间最早的书于元成宗元贞元年（1295），时间最晚的成于元廷北迁以后的宣光元年（1371）。② 汉文文书中有不少桑哥失里大王和卜鲁罕妃子分例羊酒文卷，年款为延祐四年，即公元1317年。③ 蒙古文文书中也有桑哥失里大王和卜鲁罕妃子分例羊

---

① sitan 为 siltan 的笔误。
② 李逸友编：《黑城出土文书（汉文文书卷）》，第10页。
③ 同上，第128—135页。

酒文卷,虽未注明年代,但在文书 F116:W595 记载了有闰月的蛇年桑哥失里大王分例羊酒事。在 1260 年至 1380 之间,只有延祐四年有闰月。① 可见,黑城出土的蒙汉文文书基本上是同一时期的。再根据黑城出土蒙古文文书的畏吾体蒙古文书写特征和词法、语法现象也可以判断,这些文书的大部分应该形成于 14 世纪。这里的猴儿年具体指 14 世纪的哪一年尚不清楚。

qubi sara(忽必撒剌),即正月。据《事林广记》所收汉蒙辞典——《至元译语》(或称《蒙古译语》)记载了蒙古人对十二个月份的独特的称呼。据此,一年第一个月被称作"忽必撒剌"。清代康熙年间的人陆次云在他所著《译史纪余》等书里也记载了明人留下的蒙古人对十二个月份的称呼。其中,正月被写作"豁必撒剌",就是元代"忽必撒剌"的同音异写。②

tabun sinede,在初五。tabun,数字"五"; sine,直译"新";-de,予格助词,表示时间。数字加 sinde 表示在一个月前十天里(即月上旬)的某一日。

注2:keregtü = kereg + tü,有需要。tariyan keregtü bolju,"有了用口粮的需要"。黑城出土的回鹘文文书也有类似的表达方式,如 F13:W68 有"män qïpčaq(qa)……buɣday kärkäk bolur"(我钦察有了用小麦的需要)。③ 在汉文文书 F2:W57 中有"今为要麦使用,别无得处……,F2:W57 有"今为要麦使用,别无得出"等句。④ 可见,蒙古语的 keregtü bolju 在当时汉文契约中普遍采用"为要……使用"的形式。故此处译成"为要口粮使用"。

注3:asaḥuju abuḥ-a:asaḥuju 意为"问", abuḥ-a 意为"要、拿"。这与汉文文书的"问到……(处)借讫得"形式同。如黑城文书 F95:W1 中有"立文字人任黑子,今为大麦使用,别无借出,今问到别尚拜

---

① 参考吉田顺一 2008 年报告书,第 59 页。
② 亦邻真:《古蒙古语月名》(Arban qoyar sar-a-yin erten-ü mongɣol nereyidül),《内蒙古大学学报》(蒙古文版)1978 年第 1 期。
③ 吉田顺一等:《黑城出土文书研究(蒙古文)(日文),平成 17 年度科学研究费补助金(基础研究 B)研究成果报告书》,平成 18 年(2006),第 111 页。
④ 李逸友编:《黑城出土文书(汉文文书卷)》,第 187 页。

第十八章 一份黑城出土畏吾体蒙古文文书

边处借讫得大斗内四石"句。①

注4：yabuqu šim：šim 是容量单位，发音来自汉语的"升"，但是容量相当于斗（十升为一斗）。在《至元译语》中，和汉语"斗"相对应的蒙古语为"深"（当时的读音为 šim），在《华夷译语》中和"斗"相对应的蒙古语为"参"（当时的读音同为 šim）。Yabuqu，意为"行走"，显然是汉语"行用"的硬译。《元典章》中可多处见到该词，如"行用圆斛"、"亡宋行用文思院斛"、"行用度尺升斗等秤"等等，系指当时度量衡的为标准者。黑城汉文文书中也见有"行利市斗"（F209：W18）、"照行利息"（F2：W57）等例。

注5：taḥar：来自突厥语，容量单位。相当于汉语的"石"。黑城出土的蒙汉对照文书（F214：W1）证明，汉语的"石"等于蒙古语的 taḥar，汉语的"斗"则等于蒙古语的 šim。1 石等于 84 公升。②

注6：qadan-a dotan-a bui ügei bolbasu：直译："如在外在里，在或不在"，意为"逃避"。在黑城文书的其他文件中，也出现过与此类同的说法，CP_1_b 有"qadasi dotaqsi o[dbasu]（走东西）"，F250：W3 有" ger-tür bui ügei qadan-a dotun_a bolbasu（不在家，在内或在外）"等。回鹘文文书中也有类似的表达方式，如"örü qodi bolsar（如成为上下）"，"bar yoq bolsar（直译：如变成在或不在）"。③ 这些说法和黑城汉文文书的说法十分类似，比如 F2：W57 有"东西迷闪"，F95：W1 有"见不办闪趟失走"，F125：W40、F62：W28 和 F62：W27 有"走在东西"。④

注7：tusudai bausin：这里的 tosudai 为 tonsudai 之笔误，本文第 20 行就作 tonsudai。这是汉语"同取代保人"的音译。"同"、"代"、"保"三字读音不必多说，"取"作 su 和"人"作 sin 需要稍作说明。

---

① 李逸友编：《黑城出土文书（汉文文书卷）》，第187页。
② 参见李逸友编《黑城出土文书（汉文文书卷）》及松井太《黑城出土蒙汉合璧税粮纳入薄断简》（日文），见《待兼山论丛·史学篇》31，1997年，第37页。
③ 李经纬：《吐鲁番回鹘文社会经济文书研究》，新疆人民出版社，1996年，第148、154页。
④ 李逸友编：《黑城出土文书（汉文文书卷）》，第187—188页。

"取"字属清母字,辅音为 ts`。在元代用畏吾体蒙古文音写清母字时辅音用 s,如"清"、"青"二字作 sik,"钱"字作 sen,"齐"字作 sei,"秦"字作 sin 等。所以,"取"字正确的写法为 su。"人"字为日母字,同样用 s 字母译写。元代有现成译例,如:"舍人"作 sesin,"人匠"作 sinseng。因此,tonsudai bausin 复原为"同取代保人"毫无疑问。有意思的是,"同取"和"代保人"两个词再次错误断开,"代"字与"同取"连写了。据研究,同借人谓同取人,约定还期已到而借方无力还债时担保替还的人,叫做代保人。①

注 8:蒙古语 yaḫun-a bar ülü siltan bütgejü ögsü,直译为"不找任何理由使其成全"。黑城文书中有"如本人见在不办,闪趓失走,一面同取代保人替还无词"(F95:W1)、"如至日不见交还,系同取代保人一面替还无词"(F74:W3),②可见当时汉语里有固定的表达。

注 9:nišan:来自于波斯语 nišān。在吐鲁番出土的蒙古文文书中,nišan(nišān)一词意为"印章"。比如:"……ta bar ülü ayiqun ta kemen al nišan bičig ögbei(尔等不畏惧乎,遂颁给印有赤色印章之文书)"、"nišan-tu bičig ögbei"(颁给印有印章的文书)"。③ 但是,nišan 在黑城出土的回鹘文、蒙古文民间契约文书中均以"画押"之意使用(汉文文献中与此对应的用语为"手印")。可见,nišan 在 14 世纪蒙古语里本来表示印章之意,而代替印章的画押也被称作 nišan 了。

注 10:gereči:现代蒙古语同,意为"证人"。据汉文文书,证人时称"知见人"。

结　　语

首先,这些民间契约文书有很高的语文学价值。虽说书写人文

---

① 仁井田升:《中国法制史研究:土地法·取引法》(日文),东京大学出版社,1960 年,第 548—551、770—771 页。
② 李逸友编:《黑城出土文书(汉文文书卷)》,第 188—189 页。
③ D. Cerensodnom & M. Taube: *Die Mongolica der Berliner Turfansammlung*, *Berliner Turfantexte XVI*, Berliner Academie Verlag, 1993, pp. 175, 177 - 178.

第十八章 一份黑城出土畏吾体蒙古文文书

字水平不齐,有的字迹潦草,带有文字讹误,但是,在13—14世纪的蒙古文文献极其缺少的情况下,它们仍然非常珍贵。这些文书均用当时的口语写成,通过文书,可以了解到当时畏吾体蒙古文的书写规则和蒙古语口语特点。还有,像突厥语"tutuy(典当、抵押)"、波斯语"nišan(手印、花押)"、汉语"tonsudai bausin(同取代保人)"等名词和以汉语"典"为词根的动词"demlejü(典当)"等词语在民间的广泛运用,体现了这个时期蒙古语口语和词汇的特点。这些在文书的语文学解释中得到反映。其次,通过黑城民间蒙古文文书和汉文文书的比较,可以看到,蒙汉文书的格式基本一致。文书开头写明借贷双方的姓名(汉文文书则有时还加上住址),接着是借贷理由、还期和同保人的保障,最后是签字画押。蒙汉文文书的一些公式化的语句都基本类同。如汉文文书的"为要口粮使用"和蒙古文的"tariyan keregtü bolju"(有了粮食需要)相对应,汉文的"走在东西"、"东西迷闪"(意即:东躲西藏)和蒙古文文书的"qadan-a dotan-a bui ügei bolbasu"(直译:内外不在)相对应,蒙古文的"asaḥuju abuḥ-a"和汉文的"问到……借讫得"对应,肯定是互相借用的。这说明,黑城地区的各民族多种语言同时并用,且相互之间有密切交流。文书格式的类同,还可以说明,蒙汉文书的年代相当接近。根据在文书上花押的人名可以判断,蒙古人和蒙古化的居民主要使用蒙古文立契。再者,通过文书还可以窥见黑城社会下层的社会生产和生活状况。

附

参考汉文借贷文书:①

F95:W1

立文字人任黑子,今为大麦使用,别无借处,今问到别尚拜边处借讫得□大斗内四石。每月每石上行息一斗,按月计算,交还数□不令拖欠。如本人见在不办,闪趓失走,一面同取代保人替还无词。

---

① 李逸友编:《黑城出土文书(汉文文书卷)》,第187页。

立此文字,为凭照用。
  皇庆元年正月初一日立文字人任黑子◎
       同取人敢的◎
       代保人安通◎
       知见人猪乃◎
       知见人景直□　◎

第十九章　1431年木刻版畏吾体蒙古文佛经序与跋

——兼论古蒙古语语音向近代语音的过渡

中国国家图书馆和法国集美博物馆珍藏着一部明代珍贵的佛教文献——1431年(宣德六年)北京木刻版佛教经卷辑。2011年,中国藏学中心熊文彬、郑堆二先生整理、研究中国国家图书馆藏本,以《诸佛菩萨妙相名号经咒》为书名,由中国藏学出版社影印出版。笔者荣幸地受到熊文彬教授之邀,参加该书畏吾体蒙古文的释读工作,有机会接触这部弥足珍贵的明代佛教文献。笔者还利用在德国波恩大学执教之便,查阅法国集美博物馆所藏本的影印件,补充了北京本所残缺的内容。在熊文彬教授的大作中,笔者只发表了国家图书馆藏本所有残缺不全的畏吾体蒙古文文本的释读结果,也即其拉丁文转写,而对文本的语文学研究工作则作为将来的研究课题保留了下来。因为笔者当时身在国外,时间仓促,出书前亦未能校对样文,所以在熊、郑二先生书中的释读和排版上都留下了一些遗憾。因此,笔者希望对该佛教经卷辑的畏吾体蒙古文文本进行较为全面的研究。本章即是这项工作的开篇,研究对象为该书的序和跋。

一、关于1431年木刻版佛经的版本流传与畏吾体蒙古文文本的价值

这是一部1431年(明宣宗宣德六年)木刻版佛经辑本,本无书名,由《前序》、《诸佛菩萨妙相名号经咒》、《一切如来金刚三业最上秘密大教王经诸佛集会三昧法金刚加持王分第七》、《圣救度佛母二十一种赞经》、《般若波罗蜜多心经》、《金刚般若波罗蜜多经》、《佛说阿弥陀经》、《妙法莲花经观世音菩萨普门品》、《吉祥

神咒》、《大佛顶首楞严神咒》、《三十五佛名经》和《后序》等部分组成。

关于该经的版本和珍藏情况,熊文彬先生已做详细介绍。该佛教经典在中国国家图书馆藏有两部。一部为四卷本,规格为26.4厘米×17厘米,版心为20厘米×14厘米,封面黄色,经过重装;另一部为两卷本,实际上只是四卷本中的前两卷,规格为29厘米×17.5厘米,版心与四卷本相同,封面蓝色,也经过重装。四卷本的页眉和页脚在重装时经过裁剪。两卷本的内容虽与四卷本的前两卷的内容相同,但分卷之处不同。二者均出自同一个雕板。除此之外,在法国巴黎的集美博物馆也珍藏一部两卷本,内容与中国国家图书馆藏四卷本一致,而从版本角度讲,集美本第一卷与国家图书馆藏两卷本一致,同属一个版本。[①] 但是,中国国家图书馆四卷本的最后几页残缺不全,其中就包括畏吾体蒙古文的《后序》。集美博物馆藏本为足本,正可以弥补北京本的缺失。

该部佛经辑本虽然包括十种佛典,但其中只有《前序》、《后序》、《诸佛菩萨妙相名号经咒》、《圣救度佛母二十一种赞经》和《一切如来金刚三业最上秘密大教王经诸佛集会三昧法金刚加持王分第七》五部分为四体合璧。四体是指汉文、兰札体梵文、藏文和畏吾体蒙古文。本辑所收的各种经卷的成书年代有待考证,但是其序和跋是15世纪畏吾体蒙古文不可多得的珍贵资料。迄今为止,蒙元时期畏吾体蒙古文各种文献发现得相对多,但是从元朝灭亡到16世纪末的近一个半世纪中,很少有蒙古文文献传世。1431年的这部佛经的序和跋,一方面成书时间记载确切,反映了畏吾体蒙古文字形发生变化的较早阶段,对蒙古文文字学研究很有意义;另一方面篇幅较多,内容很丰富,且与汉、梵、藏文合璧,因此对15世纪蒙古文语音、词法、句法、翻译等方面的研究都具有相当重要的意义。同时,它又是研究蒙汉、蒙藏文化交流的一部重要文献。

该文献的研究史并不算长。1975年,海瑟·噶尔美在《早期汉

---

① 熊文彬、郑堆:《诸佛菩萨妙相名号经咒》,中国藏学出版社,2011年,第1—4页。

第十九章 1431年木刻版畏吾体蒙古文佛经序与跋

藏艺术》一书中对该文献第一次进行介绍和研究,首次发表了汉文序、跋和藏文序的拉丁文转写和英译,同时还公布了书中的两幅木刻版画。[1] 次年,德国著名蒙古学专家海西希公布了该文献的部分内容,提出其中一些佛经的蒙古文译文可能是元代所作的观点,并进行了德文翻译。[2] 2006年,巴图吉日嘎拉和日本学者杨海英在研究内蒙古鄂尔多斯市境内阿尔寨石窟中的《圣救度母二十一种赞经》时推测,1431年佛经辑的序和跋都是元代的。[3] 2011年,熊文彬先生全文影印中国国家图书馆藏两卷本,介绍该书成书背景和版本收藏情况,从汉藏佛教文化交流的视角,着重研究其版画内容和特点,同时和项目组其他成员一起完成了四体合璧全文的拉丁文转写。这是迄今为止对这部文献所做的最佳的研究成果。令人费解的是,在15世纪蒙古文文献凤毛麟角的情况下,对该典籍的畏吾体蒙古文文本的研究居然一直无人问津。这很可能是因为它夹杂在一本没有书名的汉文佛教典籍中的缘故。

这些畏吾体蒙古文文本就文本种类讲,可分为音写文本和翻译文本两种。诸佛菩萨心咒、部分佛与菩萨名号是对梵文和藏文的音写,序、跋、部分佛与菩萨名号、二十一种救度佛母赞词是翻译性质的。但是,通过对《前序》和《后序》的几种文字文本的比较发现,序和跋的蒙古文文本实际上是独立的文本,除了佛教名词术语的翻译,整体文本不具备翻译文本性质,具有很大的原创性,因而对当时蒙古文语法和句法的研究具有重要意义。

这批蒙古文文本虽然篇幅不大,但涉及多个语言学分野,研究难度相对大。因作者能力有限,文中或许存在不少问题,敬请学界同仁批评指正。

---

[1] 海瑟·噶尔美(Heather Karmay)著,熊文彬译:《早期汉藏艺术》(Early Sino-Tibetan Art),中国藏学出版社,1994年,第121—135页。

[2] W. Heissig: Zwei mussmatlich mongolische Yuean-Uebersetzungen und ihr Nachdruck von 1431, in: Zentralasiatische Studien, 10, 1976, pp. 7 - 39.

[3] 巴图吉日嘎拉、杨海英:《阿尔寨石窟》,内蒙古自治区鄂尔多斯市鄂托克旗文物保护所、阿尔寨石窟保护研究所(出版),2006年,第23页。他们的这一观点根本无法站住脚,不值一驳。

二、畏吾体蒙古文《前序》

这是全书的序,以汉、兰札体梵文、藏文和畏吾体蒙古文四体写成。蒙古文共 3 页 29 行。中国国家图书馆藏本有此《前序》。

因为 15 世纪上半叶的畏吾体蒙古文文献极少见,笔者为了区分字形和读音,把拉丁文转写分为形写(第 1 行)和音写(第 2 行),接下来是行间对译及文本现代汉语全译,最后是注释。该字母表借用了亦邻真先生所制表,考虑到用电脑书写和打印的便利,仅将 ĵ 换成了 J,特此说明。

形写、音写、词义汉译

1 TODOQATO BA QADAQATO DARNI NOM SONIN QABDASON

1 dotoḥadu ba qadaḥadu tarni nom sonin qabtasun

1 内　　并外　　咒　经　奇　板

2 TOR TAMAQ A COQOLBAI

2 -dur tamaq-a čoḥolbai.

2 (位)版(位)镂刻

3 TAKONCILAN AIRAKSAN AABIIAS DAN I BOLBASON BOLQAQO IIN TOLA

3 teḥünčilen iregsen abiyas-tan-i bolbasun bolḥaqu-yin tula

3 如来　　习气(宾)　　　熟使做(属)上头

4 AIRACO NOM I TALKARAKOLON AAMIDAN I MAQON I KAKACO

4 irejü nom-i delgereḥülün amitan-i maḥun-i geḥejü

4 来　教法(宾) 布开　　生灵(宾)恶(宾)摈弃

5 BOIANDOR AOIDORIDON SASIK ON AOIRKASON I TASOLCO

5 buyandur uduridun sesig-ün örgesün-i tasulju

5 善(位)　引领　　疑(属)　刺(宾)断除

第十九章 1431年木刻版畏吾体蒙古文佛经序与跋

6 BODI QODOQ IALAN AOINAMALAKOI CINAR TOR KOIRKAKO IIN

6 bodi qutuq jalan ünemeleküi činar-tur kürgekü-yin

6 菩提 福 延请 胜义 本性(寓)使达到(属)

7 TOLA SATKIL AKOSKACO TODOQATO QADAQATO QOIAR NOM

7 tula sedkil eḥüsgejü dotoḥadu qadaḥadu qoyar nom

7 上头 心 产生 内 外 二 法

8 ON QAQALQ-A BA QADAQATO BILIK BARAMID KIKAD

8 -un qaḥalq-a ba qadaḥadu bilig baramid kiged

8 (属)门 并 外 般若波罗蜜多 等

9 AOLAN NOM AIQOCA DARAIS I TAMAQALACO TOIKAMO BORQAN O

9 olan nom niḥuča tarnis-i tamaqalaju tügemeü borqan-u

9 多 经 密 咒(复,宾)刊印 发行 佛(属)

10 SASIN IAKON ADAKAD DALKARACU AAMIDAN A TOSALAQO IIN

10 šašin jegün eteḥed delgerejü amitan-a tusalaqu-yin

10 法 东 方 布开 生灵(位)助(属)

11 SILDAQABAR BODISOK TOIROKSAN SIO SI SAN COO

11 šiltaqaḥar bodisug törügsen. siu dzi šen jü

11 缘故(造)菩萨 生 修积善住

12 AORIDA KADIRKOD AAQOLA TOR IIIANKIRID AOIKDAKSAN O

12 urida kedirgüd aḥula-dur wiyanggirid ögdegsen-ü

12 先前 灵鹫山(寓)授记 被给予(属)

13 TOLA NOM TOR AOICIRACU

13 tula nom-dur učiraju

13 上头 法(寓)遇

14 QAQAN O SOO TOR AAMIDAN A TOS A BOLTOQAI KAMAN ARDINI

305

14 qaḥan-u su-dur amitan-a tus-a boltuqai keḥen erdini
14 皇帝(属)福荫(寓)生灵(位)利益 做(祈)说 宝
15 DAR A IIN QORIN NIKEN MAQDAL BA BOSO NOM I AOLAN A
15 dar-a-yin qorin nigen maqtal-ba busu nom-i olan-a
15 佛母(属)二十一 赞 与 其他 经(宾) 多(位)
16 AAQODA TALKARAKOLOKAD SOSOK IIAR AIROKAMO
16 aḥuta delgereḥülüḥed süsüg-iyer irügemeü.
16 宽 布开(使) 信奉(造)祝愿
17 TALAKAI IIN ACAN QAQAN QADON TAIQO TAIS I AALDAN OROQ
17 delekei-yin ejen qaḥan qatun taiqu taits-i altan uruq
17 世间(属) 主 皇帝 皇后 太后 太子(宾)金子 亲
18 IIAR AAMIN NASON AOILCAI BOIAN AINO AAQOI IAKA
18 -iyar amin nasun öljei buyan-inu aqui yeke
18 (造)命 岁 福泽 很 大
19 TALAI IIN TOMDA COQDAI A BAIIOQSAN AAQOLAS ON
19 dalai-yin dumda čoqtaiy-a baiyuqsan aḥulas-un
19 大海(属)中间 庄严(造)在 山(复,属)
20 QAQAN SOMOR TAQ MATO AASANKKI KALAB ANKABAR AAQO
20 qaḥan sümür taq metü asangki kalab engkeḥer aqu
20 皇帝 须弥 山 像 无数 劫 太平(造)在
21 BOLDOQAI ACIKA AKA AAQA A TAKO KIKAD ALI BA
21 boltuqai ečige eke aq-a deḥü kiged ali-ba
21 做(祈)父 母 兄 弟 等 哪个也
22 ARIL IIAR BOITOCO SASIN NOM IIAR IABOCO
22 eril-iyer bütüjü šašin nom-iyar yabuju
22 寻求(造)成 教法(造)行走
23 IIRQOQAN IAIAQAN TOR AOILO AORCIN AARBAN

第十九章　1431年木刻版畏吾体蒙古文佛经序与跋

NOM IIAR

23 jirquḫan jayaḫan-dur ülü orčin arban nom-iyar

23 六　　命运（位）　不　轮回　十　　法（造）

24 IABOCO SANSAR ON NOIIR ACA SARIN IIRQALANK TO

24 yabuju sansar-un noir-ača serin① jirqalang-tu

24 行走　生死轮回（属）睡眠（从）醒　快活的

25 SOKAWADI AOLOS TOR BAYASQOLANK AORON TOR KOIRKO

25 sukawadi ulus-tur bayasqulang oron-dur kürkü

25 安乐国（寓）喜悦　地方（位）　到达

26 BOLDOQAI

26 boltuqai

26 做（祈）

27 SOIN TII IIRQODOQAR ON SIN QAQAI IIL QABOR ON

27 sön dii jirquduḫar-ün šin qaqai jil qabur-un

27 宣德　第六（属）　辛　猪　年春（属）

28 ACOS SARA TA IAKA KINKDO BALQASON A AOILCAITO

28 ečüs sara-da yeke gingdü balqasun-a öljeitü

28 末　月份（位）大京都　城（位）　吉祥的

29 AOIDOR TAKOSKABAI

29 üdür tegüsgebei

29 日子　使完结

汉译与注释

汉译：

　　刊印内外咒与经（注1）于佳板（注2）。如来为了让有习气障者（注3）觉悟而来。为了广布教法，使众生弃恶，引导向善，断除疑虑（注4）之刺，求菩提福泽，达到胜义（注5），而发善心，刊版印施内外

---

① 笔者在熊、郑二先生所著《诸佛菩萨妙相名号经咒》一书中（中国藏学出版社，2011年，第323页），将此三词误读为 oir-ača sain，在此特别更正。

二法之门、外般若波罗蜜多等诸品经咒。因为佛法东传、利益众生的缘故,菩萨生修积善住(注6)先前于灵鹫山(注7)获得授记(注8),遇见教法,(故而)祈愿在皇帝洪福面前利益众生,将二十一宝贝佛母赞及其他诸品经卷广为散施,以信奉做祝福。愿寰宇之主皇帝、皇后、太后、太子(注9)、黄金家族(注10)的生命福泽像大海中庄严耸立的山巅之皇须弥山一样永世(注11)安然。愿父母兄弟等所有人(注12)梦想成真,遵行教法,不轮回于六命,遵行十善,从生死轮回(注13)的睡梦中觉醒,到达幸福安乐世界(注14)的喜悦之地。宣德六年辛亥春末月(注15)吉日于大京都城(注16)完成。

注释:

注1:doṭoḥadu ba qadaḥadu tarni nom(内外咒与经):此处的"内外咒与经"指的是佛教显密二宗及其咒与经。"内"指的是密宗,"外"指的是显宗;"咒"又作"陀罗尼",指密宗咒文,而"经"指的是显宗的经典。一般来说,在佛教里,"内"指佛教,而"外"指佛教以外的其他教法。但此处的"内外"显然不是这样的用法。下文还有"刊版印施内外二法之门、外般若波罗蜜多等诸品经咒"一句,其中的"外般若波罗蜜多"意为"显宗的般若波罗密多经",进一步证明"内外"就是指显密二宗。因为《般若波罗蜜多经》是显宗经典,此处代表了显宗,而"内"显然是与之相对而言的密教。本书梵文序则更加明确地写道:"(遂)二分显密,显(为)《般若波罗蜜多》等诸(经)论,密(为)《首楞严》等诸陀罗尼续。"①"内外"的说法恐怕是蒙古佛教所独有的表述。

注2:sonin qabtasun-dur tamaq-a čoḥolbai(刊版于佳板):qabtasun,意为"板子",此指制刊版的木板。Sonin,本意为"奇特、特别",这里表示木板质地特别上乘,故译作"佳"。tamaq-a 本意是"印章、图章",比如敦煌莫高窟北区出土元代畏吾体蒙古文文献《阿剌忒纳失里令旨》见有 tamqa niš bičig(印押书信)。② 该词在这里当

---

① 梵文的序和跋由北京大学萨尔吉教授翻译。萨尔吉教授给笔者慷慨提供了他的未刊稿,在此向萨尔吉先生表示衷心的谢意!
② 敖特根:《敦煌莫高窟北区出土畏吾体蒙古文文献研究》,民族出版社,2010年,第100、107页。

第十九章 1431年木刻版畏吾体蒙古文佛经序与跋

"印版"讲,因为制印版之术与刻印章同,故有此用法。1312年《入菩提论疏》的跋就有"čaqan suburqatu yeke süme-dür tamaq čoḥolaqa-ḥulju"(在白塔大寺刊版)一句。① čoḥol- 有"镂刻、凿空"等意,这里当"镂刻"讲。

注3：teḥünčilen iregsen abiyas-tan-i bolbasun bolḥaqu-yin tula (如来为了让有习气障者觉悟而来)：teḥünčilen iregsen,译自藏文De-bzhin gshegs-pa,汉语译为"如来"。1407年,明朝封西藏噶玛噶举派黑帽系五世活佛却贝桑布(Čhos-dpal Bzang-po)为"大宝法王",其原藏文尊号即De-bzhin gshegs-pa,意即"如来"。本章中的"如来",就是指大宝法王其人。因为却贝桑布系藏传佛教噶玛噶举派活佛,汉文文献一般称之为"哈立麻尚师"或"葛哩麻尚师"(哈立麻、葛哩麻、噶玛均为藏文karma异音)。1403年,明成祖遣使邀请哈立麻尚师赴京,哈立麻尚师于1407年春抵达南京,为明太祖朱元璋及其皇后做超度佛事,后赴山西五台山,1408年启程回藏。这期间,1407年明朝封哈立麻尚师为"万行具足十方最盛圆觉妙智慈善普应佑国演教如来大宝法王西天大善自在佛",简称"大宝法王"。② abiyas-tan,现代蒙古语意为"智者"。但此处是蒙古语佛教术语,与藏文pag-čhags对应。abiyas,佛教所谓烦恼在心中接续不断形成的余习,汉语译为"习气"。③ -tan,蒙古语名词后缀,有"具有……者"之意。abiyas-tan,即具有习气的人,也就是指因没有超脱而心中不断形成烦恼的人。bolbasun bolḥaqu,直译为"使之变熟",也即让人造化、觉悟。Bolbasun在现代蒙古语里意为"文明",实际上借用了佛教术语。所以,如把这句话根据现代蒙古语理解成"如来为了让智者变成文明而来",就错了。

注4：sesig,又作sejig,现代蒙古书面语作sejig。18世纪时章嘉呼图克图益喜丹必若美所著藏蒙佛教术语辞典《智慧之源》(*Merged*

---

① 道布：《回鹘式蒙古文文献汇编》,民族出版社,1983年,第182页。
② 邓锐龄：《〈贤者喜宴〉明永乐尚师哈立麻晋京记事笺证》上册,《邓锐龄藏族史论文译文集》,中国藏学出版社,2004年。
③ 王沂暖主编：《佛学词典》,青海民族出版社,1992年,第546页。

γarqu-yin oron)中亦作 sesig,① 可见该词在蒙古语书面语中保留到很晚。与 sesig 对应的藏文为 the tshom,梵文为 vičikitsā。作为佛教术语,sesig 被译为"犹豫",或"疑",是七种心识之一,对自境存有二心之染污识,亦为六种根本烦恼之一。

注5:ünemeleküi činar-tur kürgekü(使达到胜义):ünemeleküi činar,对应的藏文为 don-dam-pavi nid,佛教文献中译为"胜义","指胜于世间世俗义理之深妙理趣"。②

注6:siu dzi šen jü(修积善住):这是汉语"修积善住"的音写。修,八思巴字作 siw,蒙古语读音为 siu。积,集母字,蒙古语读音为 dzi。善,八思巴字作 šen,蒙古语读音仍为 šen。住,八思巴字作 žėu,蒙古语读音为 jü。

注7:kedirgüd aḥula(灵鹫山):据传是释迦牟尼佛说法圣山,在中印度摩羯陀国都城王舍城附近,位于恒河中游。原文 Grdhra-kuta,汉译"灵鹫山"。③ 元至正六年(1346)在哈喇和林御制兴元阁碑文畏吾体蒙古文中,该词写作 KANDIRAKOD(kendiregüd)。④ 根据汉文《前序》,修积善住的"前世"曾到过印度灵鹫山,结般若胜缘。

注8:wiyanggirid,来自梵文,梵文原文为 vyakriyate。⑤ 相应的藏文为 lung-bstan。蒙古语一般译作 esi üjegülkü 或音译为 lüngdun,汉语作"授记",意为佛陀或高僧大德的预言。

注9:taits-i(太子):太子,八思巴字写作 t'aj tshi,因此,此处的蒙古文 S 应读作 ts。另外,此处的-i 不是宾语格介词,而是把 taitsi 分开写的形式。

注10:altan uruq(黄金家族):altan,金子。uruq,在《蒙古秘史》和《华夷译语》中音写为"兀鲁黑",旁译为"子嗣"、"亲"、"子孙"等。

---

① 章嘉·益喜丹必若美:《智慧之源》(Merged γarqu-yin oron),民族出版社,2002年,第210页。
② 王沂暖主编:《佛学词典》,第384页。
③ 林光明等编:《梵汉佛教语大辞典》,嘉丰出版社,2011年,第624页。
④ 道布:《回鹘式蒙古文文献汇编》,第331页。
⑤ 林光明等编:《梵汉佛教语大辞典》,第1808页。

这里指明朝的皇族。

注 11：来自梵文 asamkhaya-kalpa。Asamkhaya，无数；kalpa，劫，①音译为羯腊波、劫波等，古印度一个计算漫长年代的时间单位。asamkhaya-kalpa，汉文音译作阿僧企耶劫，意为无量数，即无数劫，故译为"永世"。

注 12：ali-ba（哪个也）：ali 是疑问词，意为"哪个"；ba 是小词，意为"也，还有，连"等。Aliba 的原意为"哪个也"，所以在现代蒙古语里变成了"一切、所有"的意思。

注 13：sansar（生死轮回）：来自梵文 samsara。该词在佛教中指生死轮回。现代蒙古语中 sansar 已转义为"天空"。

注 14：sukawadi ulus（安乐世界）：该词还见于1312年版《入菩提行论疏》中。② 梵文 sukha，意为"安"，sukhavati，"安乐世界"，③此指阿弥陀佛所居西方极乐世界。

注 15：sön dii jirquduḥar-ün šin qaqai jil qabur-un ečüs sara-da（宣德六年辛亥春末月）：1431年农历三月。

注 16：yeke gingdü balqasun（大京都城）：指明朝都城北京。

三、畏吾体蒙古文跋

这是全书的跋，原书作《后序》，同样以汉、兰札体梵文、藏文和畏吾体蒙古文四体写成。蒙古文共2页19行。中国国家图书馆藏本缺此跋，本章根据巴黎本补。

形写、音写、词义汉译

1BORQAN NIKOLSKOI BAR AMIDAN A TOSALAMO QORBAN ARDINIS I AIDAKA

1 borqan nigülsküi-ḥer amitan-a tusalamu qurban erdenis-i itege-
1 佛　　慈悲（造）　生灵（宾）助　　三 宝（复,宾）信

---

① 林光明等编：《梵汉佛教语大辞典》，第257页。
② 道布：《回鹘式蒙古文文献汇编》，第164页。
③ 林光明等编：《梵汉佛教语大辞典》，第1510页。

2 BASO ČINDAMANI MATO KOASAL BOIDOYO WČIR QAQALOQČI NOM QORIN

2 ḥesü čindamani metü küsel bütüyü včir qaqaluqči nom, qorin

2 如意宝 像 愿 成 金刚 破 经 二十

3 TABON BORQAN ABIDA IIN NOM QONSAIIM BODISOK ON NOM DAR A

3 tabun burqan, abida-yin nom, qumsim budisug-ün nom, dar-a

3 五 佛 阿弥陀（属）经 观音 菩萨（属）经 度母

4 IIN MOARGOL SANKKINK ON NAR A IIN TOQAN BILIK BARAMAD

4 -yin mörgül, sangging-ün ner-e-yin toḥan, bilig baramid,

4（属）磕头 藏经（属） 名（属）数 般若波罗蜜多

5 LANKKAI ON DARNI IAKA NIKOLSOQČI TODQOR AARILQOI ČINDAMANI

5 langkai-yin tarni, yeke nigülsüqči, todqur arilqui qurban čindamani

5 楞伽（属） 咒 大 慈悲者 障 除 三 如意宝

6 IIN QORBAN DARNI AABIDA BORQAN O DARANI KIKAD NOM ODI

6 - yin qurban tarni, abida burqan-u tarani kiged, nom udi

6 三 咒 弥陀佛（属）咒 等 经（复）

7 BORQAN BIDAN O QAMOQ I AORAN ARQABAR NIKOLASČO IOBALANK ON

7 burqan bidan-u qamuq-i uran arqaḥar nigülsjü jobalang-un

7 佛 咱每（属）全（宾）巧 计谋（造）慈悲 苦（属）

8 TALAI AČA KADOLKAN QARANKQO II KAIIOLKAKOI IIN TOLA AOAKLIKA

8 dalai-ača getülgen qarangqu-i keiyülgekü i-yin tula, öglige

8 大海（夺）渡（使）黑暗（宾）照明（属） 上头 施

9 IIN AČAN BI QORIIAN ČIQOLQAČO SOASOK I AOAROSIQOLOQSAN MAQAD KAIIOGSAN I NAKAKARON

第十九章 1431年木刻版畏吾体蒙古文佛经序与跋

9 - yin ejen bi, quriyan čiḥulḥaju süsüg-i orusiḥuluqsan, maqad keiyügsen i negeḥerün

9（属）主 我 收 积 信仰（宾）存（使）正觉（宾）开启

10 TAKADOS A AAČILAN AČIKA AKA II TOAROKOLOKSAN I SADKIN TNKRI QAČAR

10 deḥedüs-e ačilan ečige eke-yi törüḥülügsen-i sedkin tngri qajar

10 先人（复，寓）敬 父母（宾） 生（宾） 想天地

11 I KOINDOLAN ČINK SADKIL IIAR QABDASON TOR TAMAQ A ČOQOLQAČO

11 - i köndülün čing sedkil-iyer qabtasun-dur tamaq-a čoḥolqaju

11（宾）敬 诚 心（造） 板（寓） 印 镂刻

12 BARAQON IOK AČA BARILDON AIRAKSAN TAI BAO WA ONK ON

12 baraḥun jüg-eče barildun iregsen dai bau fa ong-un

12 西方（夺）结缘 来 大宝法王（属）

13 KOIRK BA QAMOK BORQAN O KOIRK MAQDAL BA DARANI II

13 körg ba qamuq burqan-u körg maqtal ba tarni-yi

13 像 并 全佛（属）像 赞 并咒（宾）

14 AOIKLIKA BOLQAN TOIKAKAMO AOLAN A TOS A BOLDOQAI TAKETO

14 öglige bolḥan tügeḥemü olan-a tus-a boltuqai. deḥedü

14 施舍 做 施散 众人（寓）利益 做（祈）上

15 TOIRBAN AAČI DAI AIROKAN QORBAN MAQOI IAIAQAN O AAMIDAN I

15 dörben ači-tai irüḥen qurban maḥui jayaḥan-u amitan-i

15 四 恩（共）祝愿 三恶命（属） 生灵（宾）

16 TONILQAKO IIN TOLA KAMAMO AALI BA SADKIKSAN KOISAN

16 tonilqaqu-yin tula keḥemü. ali-ba sedkigsen küsel

16 超度（属）上头 说 哪个也 想 愿望

313

17 BOIDOKO BOLDOQAI

17 bütükü boltuqai.

17 成　　做（祈）

18 SOAN TAI IIRQODOQAR ON SIN QAQAI IIL QABOR ON AČOS

18 sön di jirquduḥar-ün šin qaqai jil qabur-un ečüs

18 宣德 第六（属）　　辛猪年　　春（属）末

19 SARA IIN AOILČAITO AOIDOR TOIKABAI

19 sara-yin öljeitü üdür tügebei.

19 月份（属）吉 日 施

汉译与注释

汉译：

佛以慈悲利益众生。若信仰三宝，愿望如同如意宝得以实现。因为我佛慈悲，将一切以妙计超度苦海，照亮黑暗，故此，施主我，修积善住（注1），发正等觉（佛）心（注2），孝敬祖先，念父母生身（之恩），敬天地，将《金刚经》、《二十五佛》、《阿弥陀佛经》、《观音经》、《度母叩拜》、《藏经目录》、《般若波罗蜜多》、《楞伽陀罗尼》、《大悲》、《消灾如意宝三陀罗尼》、《阿弥陀佛陀罗尼》等诸经（注3），以诚心刊板，散施来自西天之大宝法王相（注4）、诸佛相赞及陀罗尼。愿为众生以利益。旨在上报四恩,超度三界（注5）。祈愿一切如愿以偿。宣德六年岁次辛亥春末月吉日施。

注释：

注1：öglige - yin ejen bi, quriyan čiḥulḥaju süsüg-i orusiḥuluqsan（施主我,修积善住）：施主修积善住的名字在蒙古文文本中音写了一次（Siu dzi šen jü），译写了一次（Quriyan čiḥulḥaju süsüg-i orusiḥuluqsan）；而梵文文本两次都译写成梵文（sevakūṭasupratiṣṭhata）；藏文则两次都音写汉文（sivu dzi shen ču）。蒙古文对修积善住四个词的翻译比较生硬，据北京大学萨尔吉教授介绍，梵文译文亦很生硬。可见，修积善住是一个汉文的名号。关于修积善住这个人，汉文和梵文序说他是"菩萨戒弟子"，藏文序说"出自菩萨世家"，而蒙古文序说"菩萨

第十九章　1431年木刻版畏吾体蒙古文佛经序与跋

生"。所谓"菩萨戒",是大乘菩萨所受持之戒律,又作大乘戒、佛性戒、方等戒、千佛大戒……菩萨戒之内容为三聚净戒,即摄律仪戒、摄善法戒、饶益有情戒等三项,亦即聚集了持律仪、修善法、度众生等三大门之一切佛法,作为禁戒以持守之。菩萨戒涵盖了七众戒,而又超胜一切戒。因此,凡是发菩提心的佛弟子,不论出家、在家,均可受持。《梵网经》云,菩萨戒为诸佛的本源、菩萨的根本,是诸佛子的根本。① "修积善住"是两组名动结构的词组,"修"是"修行","善"是"善法",与他本人的戒律有关。这说明,梵汉文序中的"菩萨戒弟子"的表述最为贴切。此人的"前世"曾经在印度的灵鹫山参加法会,因此"今世"有缘佛法。他非常推崇西藏噶玛噶举派的大宝法王,拥有汉文的法号,持菩萨戒,而在蒙古文跋文中自称"施主我修积善住"(仅在蒙古语跋中用第一人称),所有这些令人推测,此人可能是一位元代留住内地的很有印度、西藏佛教背景的蒙古人。据有学者研究,明初在内地曾经有过一些很有名气而汉文化水平极高的蒙古和色目人,②修积善住可能属于这一类人。

注2：maqad keyiügsen i negeḥerün(发正等觉〔佛〕心)：Maqad 为"正、真"之义；keyiügsen 为"照亮了的",引申义即"觉悟了的"；negeḥerün,"开启"之义。这是藏文 yang dag pavi sangs rgyas kyi sems skied(发正等觉佛之心)的蒙古语译文。

注3：从"将《金刚经》、《二十五佛》……《阿弥陀佛陀罗尼》等诸经"这一段话,在蒙古文原文中作为强调的宾语,写在补语"因为我佛慈悲……"之前。考虑到汉语句子的通顺,译文将其挪到现在位置上。

注4：指前文提到的明朝所封"大宝法王"、西藏噶玛噶举派黑帽系五世活佛却贝桑布。因为施主修积善住是大宝法王的信徒,他在该辑本中《诸佛菩萨妙相名号经》所附菩萨像中还特别为大宝法王创作了一幅版画。此处即指这幅画像。

---

① http://baike.baidu.čom/view/50801.htm
② 萧启庆：《元明之际的蒙古色目遗民》,载《内北国而外中国：蒙元史研究》,中华书局,2007年,第158—184页。

注 5：dörben ači（四恩）、qurban maḥui jayaḥan（三界）：dörben ači，"四恩"的直译。关于四恩，《心地观经》谓一父母恩，二众生恩，三国王恩，四三宝恩；《释氏要览》谓一父母恩，二师长恩，三国王恩，四三宝恩。qurban maḥui jayaḥan，直译为"三恶命"，相当于汉文跋文中的"三有"。关于"三有"，《遁麟记》曰："言三有者，即三界之异名。"三界即欲界、色界、无色界。《智度论》疏界品一曰："名三有者欲有、色有、无色有。"

四、1431 年当时古蒙古语的一些特点

四体合璧的《前序》之内容互相之间有很大的差别，除了交代刊印本书的目的和刊印施散的施主这两个基本信息外，没有多少共同点。四体合璧的跋则内容比较接近，但也不尽相同，仍各有润色。就蒙古文文本来说，序和跋都没有生硬的译文痕迹，可以视作独立的文本，因而对研究当时蒙古语有很重要的价值。

该蒙古文文本的一些蒙古语词汇的特殊形式和对一些汉字的音写给我们提供了当时蒙古语语音的一些重要信息。先看看两组特殊形式的蒙古语词汇。

第一组的第一个词是 AOIDORIDON（"引领"，《前序》第 5 行），读音为 uduridun，第二个词是 AOICIRACU（"遇见"，《前序》第 13 行），读音 učiraju（现在写为 učaraju），第三个词为 AOIROSIQOLOQSAN（"使存在"，《后序》第 9 行），读音为 orusiḥ-uluqsan。这三个词都是刚元音词，但是，这些词的词首都没有写成 AO 形，而写成了 AOI 形，也就是说，均写成为柔元音词。这是为什么呢？

第二组第一个词的字形为 SOSOK（"信奉"，《前序》第 16 行），读音为 süsüg，是柔元音词；第二个词的词形为 IOK（"方向"，《后序》第 12 行），读音为 jüg，仍为柔元音词。然而，这两个词第一音节的元音都没有写成 OI 形，而写成了 O 形，也即写成为刚元音词了。第三个词的词形为 SOMOR（"须弥山"，《前序》第 20 行），就词形来看似应读作 sumur。但是根据近代蒙古语文献，该词后来统统被写成

SOIMBOR,读音 sümbür,可见它一直是一个柔元音词。那么,它也被写成了刚元音词。这些又是为什么呢?

关于第二组特殊形式的词,亦邻真先生曾经做过精辟的论述。他通过与达斡尔、土族、东乡、保安等蒙古语族语言的比较后指出,突厥化以前的原蒙古语可能只有5个元音,即a、e、i、ŏ(偏中)、u,而a、ŏ是刚性,e、u是柔性,i则中性。古蒙古语a、è、i-ĭ、ŏ(偏中)、u、ö-o、ü-u 的7个元音是适应突厥语音的产物。突厥式的ö、ü浸入蒙古语之后引起了蒙古化的回潮,ö变o,ü变u的过程很快就发生了。元代的古蒙古语正处在ö和o、ü和u并存阶段。所以,在刚元音词和柔元音词中都有高后元音u。比如八思巴字中的kuchun(力量)是柔元音词,ulus(国家)是刚元音词,而这两个词的u元音音值并没有什么差别。① 亦邻真先生还以JOB(jöb,正确)和JOK(jüg,方向)两词为例指出,jöb的ö,实际读音是ö-o,jüg的ü,实际读音是ü-u,都不是前元音。尽管这个词是柔音词,因为元音不属于前列,所以用字便用O,而不用OI。② 简单地说,元代古蒙古语中ö和o、ü和u并存,所以ö和o、ü和u经常混淆。这些特殊形式的词的由来就是这样。

了解了第二组特殊形式词出现的原因,也就明白第一组词的问题所在了,即仍然是元音ö和o、u和ü混淆现象的结果。文本中JOK(jüg)和SOSOK(süsüg)的存在说明,直到1431年,ü和u混淆现象仍然存在,而AOIDORIDON(uduridun)、AOICIRACU(učiraju)、AOIROSIQOLOQSAN(orusiḥuluqsan)等形式的出现则说明,u和ü也在互换,u、ü的混淆现象普遍存在。

接下来,再通过一些汉字的蒙古语音写情况,看看蒙古语某些元音的读音。

首先是"宣"字。元代八思巴字写作suèn,uè的读音近乎蒙古语

---

① 亦邻真:《畏吾体蒙古文和蒙古语语音》,《内蒙古大学学报》1978年第1期,亦载《亦邻真蒙古学文集》,内蒙古人民出版社,2001年,第541—542页。
② 亦邻真:《元朝秘史及其复原》,载《元朝秘史(畏吾体蒙古文)》,内蒙古大学出版社,1987年,第95页。

第六元音的弱读,故其蒙古语音为 sön。元朝管理西藏和全国佛教事务的机构宣政院,元代畏吾体蒙古文里写作 SOINCINK AOIN(sönjing ön),这里的 SOIN 和 AOIN 分别为 sön 和 ön,也都是第六元音的弱读。1431 年文本中,明朝宣宗皇帝的年号"宣德"的"宣"与元代的写法完全一致。其次是"德"字。"德"的汉字读音与现在的 de 音不同,八思巴字写为 dhij。所以,汉字"德"在元代畏吾体蒙古文献里写作 dii 或 di,比如西宁王忻都碑里就用 SI TII(dzi dii)来音写"资德大夫"中的"资德"二字。1431 年文本把"宣德"音写为 sön dii,与元代写法完全一致。再其次是"善"字。"善"的汉字读音与现在不同,八思巴字作 šen。在写人名号"修积善住"时,"善"字的藏文为 shen,这说明,蒙古文 SAN 的读音和八思巴文标示的一样也是 šen。此外,"大宝法王"的"大王"写作 TAI AONG(dai ong),仍然反映了与它们元代的读音一致的情况。

通过这些例证,我们可以得出以下的重要结论。古蒙古语(有些学者称"中世纪蒙古语")的语音随着时间的推移不断地发生着变化,这是无争的事实,然而,它的变化倒不是人们想象的那样迅速。古蒙古语语音的变化,无法以元明两朝的改朝换代来做红线划阶段。1431 年的文本显示,直到当时,13、14 世纪蒙古语的一些语音特点仍然保留在蒙古高原的一些蒙古方言中。我们不掌握该 1431 年文本属于哪一个方言,也不掌握当时各方言之间的差距到底如何,但无论如何,该文本已用铁的事实证明,直到 1431 年当时,古蒙古语的语音并没有整齐划一地发展到与 13、14 世纪蒙古语不同的阶段,刚好相反,至少直到 15 世纪 40 年代初,蒙古语仍与前两个世纪保持许多类似之处。直到当时,古蒙古语语音的一大特点,就是原蒙古语固有元音和突厥化后的变音的同时存在。

正像亦邻真先生指出的那样,蒙古高原蒙古语突厥化的最终完成,与瓦剌(元代称"斡亦剌惕",明代称"瓦剌",清代称"额鲁特"或"卫拉特")统治蒙古高原同步。在明朝永乐年间,瓦剌势力迅速发展。宣德年间,瓦剌头目脱欢统一了瓦剌及乞儿吉思地区,并东犯蒙古。1430 年(宣德五年),脱欢打败东蒙古,扶立脱脱不花为汗(1433—1452),自己实掌朝廷大权,初步统一蒙古诸部。1439 年(明

第十九章 1431年木刻版畏吾体蒙古文佛经序与跋

英宗正统四年),脱欢死,其子也先袭位,打败东察合台汗国,使吐鲁番、哈密等地都臣服,势力西达楚河、塔拉斯河一带,一度达锡尔河,控制了中亚一部分地区。1443年(正统八年),又征服沙州、赤斤等卫,设立甘肃行省。脱脱不花汗出征兴安岭以南的兀良哈三卫,迫使其臣服,又出兵侵略东部的女真地区。后来,也先和脱脱不花争权,脱脱不花败亡,也先称汗(1453—1454)。也先父子前后控制着整个蒙古地区,其势力西至中亚,东达朝鲜边境。就在此时,突厥化程度相当高的瓦剌方言给蒙古高原的蒙古语带来了极其深远的影响。就蒙古语语音发展史来讲,蒙古语经过瓦剌化的过程后,15世纪后半叶进入了一个新的阶段,即近代蒙古语阶段。蒙古语7个元音逐渐发展,与现代蒙古语基本一致,这在15世纪下半叶的蒙古文文献中得到充分的证实。只有瓦剌影响不深的蒙古高原东段的科尔沁蒙古方言和兴安岭以南的山阳万户(《明史》称之为兀良哈等三卫)的兀良哈方言(即清代以后的所谓的喀喇沁方言)中还残存一些古代蒙古语元音发音特点,比如这些方言中第六元音不发达,因而ö读ü,等等。

根据以上情况,1431年的蒙古语文献的序与跋几乎可被称作古蒙古语的最后一篇书面资料。

蒙古文文本的畏吾体蒙古文还反映了15世纪40年代初畏吾体蒙古文的一些特征。但因篇幅关系,暂不涉及该问题。

图书在版编目(CIP)数据

青册金鬘:蒙古部族与文化史研究 / 乌云毕力格著.—上海:上海古籍出版社,2021.5
(蒙古文史语文学研究系列)
ISBN 978-7-5325-9980-6

Ⅰ.①青… Ⅱ.①乌… Ⅲ.①蒙古族-民族文化-研究-中国 Ⅳ.①K281.2

中国版本图书馆 CIP 数据核字(2021)第 082654 号

欧亚古典学研究丛书
青册金鬘:蒙古部族与文化史研究
乌云毕力格 著
上海古籍出版社出版发行
(上海瑞金二路 272 号 邮政编码 200020)
(1) 网址:www.guji.com.cn
(2) E-mail:guji1@guji.com.cn
(3) 易文网网址:www.ewen.co
常熟市新骅印刷有限公司印刷
开本 710×1000 1/16 印张 20.25 插页 6 字数 281,000
2021 年 5 月第 1 版 2021 年 5 月第 1 次印刷
ISBN 978-7-5325-9980-6
K·3005 定价:98.00 元
如有质量问题,请与承印公司联系